国家社科基金
后期资助项目
GUOJIA SHEKE JIJIN HOUQI ZIZHU XIANGMU

近世中国租佃制度

地权逻辑下的博弈与制衡

Tenancy System in Modern China

Game and Balance under the Logic of Land Right

彭 波 著

社会科学文献出版社
SOCIAL SCIENCES ACADEMIC PRESS (CHINA)

国家社科基金后期资助项目
出版说明

　　后期资助项目是国家社科基金设立的一类重要项目，旨在鼓励广大社科研究者潜心治学，支持基础研究多出优秀成果。它是经过严格评审，从接近完成的科研成果中遴选立项的。为扩大后期资助项目的影响，更好地推动学术发展，促进成果转化，全国哲学社会科学工作办公室按照"统一设计、统一标识、统一版式、形成系列"的总体要求，组织出版国家社科基金后期资助项目成果。

全国哲学社会科学工作办公室

摘　要

　　土地租佃制度在中国历史上延续数千年，在近世（宋代至民国）至少覆盖三分之一的土地和人口，构成中国传统社会的重要基础，被看作理解传统中国社会的重要部分。长期以来，关于这项制度的研究成果很丰富，同时也存在着很多普遍的误解。本书试图在前人研究基础上对一些重要问题展开讨论。

　　首先，长期以来，佃农仅仅被看作普通的劳动者。而根据本书的研究，他们同时也是企业家，在不同程度上介入市场，自主经营，自负盈亏。佃农不仅获得劳动报酬，也得到了企业家的报酬。因此，佃农与普通劳动者具有本质上的差异。

　　其次，从新的角度运用新的史料确认：在近世中国，市场是配置土地资源的主要方式。政府内部的自我约束及官员之间激烈的竞争关系保证了这一点。本书还提出：近世中国土地产权结构具有强烈的复合性，国家、地主与佃农都可以被看作不同土地权益的主人，三者并非截然对立；而且不同主体占有的土地，其运行机制及性质存在极大的差异，在一定意义上可以相互配合。

　　再次，以往的研究，把"田"和"地"仅仅看作土地，但实际上"田"和"地"更多的具有资本性质和货币性质，所谓"土地问题"在更大程度上其实是资本问题。土地制度（包括租佃制度）在一定程度上发挥着金融体系的作用，是金融发展不足情况下的替代物。土地的交易则调节着货币的供给与流通，同时从生产与消费两端深刻地影响经济乃至社会发展。

　　最后，本书对相关经济理论也有所探讨。在传统经济学理论中，以马歇尔为代表的经济学家，根据数学模型推导认为分成租制度会阻碍生产。张五常的《佃农理论——应用于亚洲的农业和台湾的土地改革》对此提出了不同意见，但其分析所依据的历史事实和推导过程都有可商榷之处。本书以史料为依据，在新的假设条件下对传统模型重新推导证明：

由于中国传统社会中资源的稀缺性和不平衡性，租佃制度对生产的阻碍作用并不能表现出来，而其组合不同生产要素以完成生产的功能却能够得到充分发挥。在一定条件下，租佃制度是对技术和生产资本的替代，是对近世中国技术不发展和生产资本不足的适应，代表着对人力和土地资本更加充分地利用和解放。因此，在近世中国社会的特定条件下，租佃制度造成的负面作用相对较小，正面意义却比较大。

总之，租佃制度固然有其内在缺陷，却是适应近世中国具体社会经济条件的一种重要制度。近世中国之所以能在相对落后的技术和资本条件下以有限的土地养活了世界四分之一乃至三分之一的人口，并在长期内维持了经济的持续发展和社会稳定，租佃制度功不可没。

目　录

第一章 引言

第一节 问题的提出

历史学是社会科学的"母学",历史学研究的问题、研究方法和结论对整个社会科学的发展具有重要的甚至根本性的影响。而经济史作为历史学的一个重要分支,从根本上影响着经济学和政治学甚至法学等研究领域的出发点、基本立场、问题提出和研究路径。正如吴承明所说:"经济史有广阔的天地,无尽的资源,它应当成为经济学的源,而不是经济学的流。"[①] 反过来说,经济学和政治学及法学等领域的研究也会反作用于经济史的研究,进而影响整个历史学的发展——它们之间是交互影响的关系!

中国传统社会的土地租佃就是这样一个问题。土地租佃问题的研究结论,可能对政治学、经济学、法学等其他社会科学产生重大的影响。反过来,土地租佃问题的研究方法,也受到政治学、经济学、法学及其他社会科学的影响。这是因为土地租佃对中国传统社会的存续与发展非常重要,因此所影响的相关研究领域也特别广泛、深入。

中国传统社会的土地租佃制度既是中国传统社会自身发展的结果,又反过来深刻地影响着中国传统社会的存续和发展。在中国南方地区,由于租佃率比较高,土地租佃制度更被当作"农村之中心问题"。[②] 作为在中国历史上延续数千年的一个重要制度,在近世至少影响了中国三分之一的土地和人口,构成中国社会的重要经济基础,同时深刻影响着人民的思想意识,意义非常重大。对这样一个问题,不同的人基于不同的学术背景,从不同的角度,用不同的方法进行了研究和表述。一直以来该问题广受社会各界关注,研究成果很多,但是诉求不同、分析方法各

[①] 吴承明:《经济史:历史观与方法论》,《中国经济史研究》2001年第3期,第17页。

[②] 郑行亮:《福建租佃制度》,台湾成文出版社、(美国)中文资料中心,1977,第31959页。

异，相互矛盾甚至自相矛盾，结论也常常冲突甚至刚好相反，使得这个问题变得混乱不清。

因此，土地租佃问题需要依靠整体的力量，不同领域的学者从不同角度进行研究和表述，逐步推进这个问题的研究，最终能够比较全面和真实地认清这个问题的本质和意义之所在。时间流逝，世事变迁，问题永不中止。

希望本书在这方面能够起到一点有益的作用，把这方面的研究又向前推进一步。

第二节　选题背景及意义

本书探讨的很多内容，前人也早有研究，并且已经有了丰硕成果。这些已有成果是笔者进一步研究的基础。同时，因为前人已经有了比较充分的研究，所以要做出自己的创新也很不容易。

本书试图从生产要素运动，也就是生产要素自身的发展及不同要素之间的关系变化角度来探讨这个问题。

生产要素的运动会影响制度的确定，反过来，制度又可能会深刻影响生产要素的运动。在不同制度条件下，要素运动规律和彼此之间关系不同。而且，当代经济学界与历史学界在制度问题上往往有很多误解，比如说把制度问题仅仅归结为交易成本问题。这是相当不完全的。准确的说法应该是：制度的建立和变迁更多的取决于要素组合与对收益分配的考虑。根据系统论的研究成果，我们需要意识到：性质来自结构，不同的制度组合具有不同的性质，而交易成本仅仅是一个次要的方面。

我们还必须意识到：在文明社会的发展运行中，国家并不是一个完全外生的变量。国家机器建立在财政基础上，而国家的财政基础又是建立在经济发展和社会稳定的基础之上。为了提升财政能力，国家就不得不努力促进经济发展和社会稳定。也就是说，政府不仅仅是某些经济学流派所认为的"守夜人"，根据组织理论，国家本身是具有自身发展规律和独立意志的主体，它建立在经济基础之上而又超越经济基础。所以，在某些特定时刻，国家意志对制度和生产要素关系发挥重要作用。

本书研究的问题，有些前人早已进行过深刻研究，并卓有成效。但是本研究换了一个角度，在其中发掘并展现出新的层面，也可以理解为是在前人研究的基础上更进一小步。在此过程中，笔者运用了新的史料，采用了新的方法。重要的是，建立了自己的新的理论框架，然后根据自己的新的理论框架，来对旧的以及新的史料进行整合，并对老问题予以新诠释，同时也提出新的问题。

第三节　学术史回顾

中国传统租佃制度及相应社会关系是中国历史学、经济学、社会学、政治学和法学领域的重要研究课题，这方面的研究历来很多。传统历史学研究领域有所谓的"五朵金花"：封建社会与奴隶社会的分期、汉民族的形成、农民起义、资本主义萌芽和封建土地制度。而土地租佃制度实际上被看作封建社会的等价物。

近世中国租佃制度是一个非常大的问题，研究者和研究成果向来很多，对其进行充分的归纳与总结也不是本书能够充分容纳的。所以，本书在学术史回顾中，着重关注那些影响比较大、研究比较深刻及比较新的成果。当然，水平有限，时间紧迫，难免挂一漏万。

关于20世纪80年代之前中国传统租佃制度的研究思路，秦晖有过完整的总结，本书全部引用如下。

"中国封建社会"理论亦称"租佃关系决定论"，其特点是特别强调租佃关系的作用。它大致有五个环环相扣的命题。

第一，认为传统农村最大的问题或最突出的特征就是地权集中、使用分散，由此造成耕者无其田，有田者不耕，形成地主和农民的根本对立——这种意义上的农民特指佃农——以致农村被割裂成两个阵营，存在着严重的阶级对立与阶级斗争。第二，造成这种现象的原因，据说就是土地私有、自由买卖，小农两极分化。这种以"私有－买卖"作为租佃关系成因的解释还引申出两个理论：一是认为既然小农经济会两极分化，租佃制又是中国一切灾难的根源，则土地改革消灭了大地产还不够，紧接着还要消灭小地产，搞集体化，否则又会启动下一轮"两极分化"。二是所谓"地主、商人、高利贷三位一体"之说。如果租佃制是万恶之渊（源），"私有－买卖"又是租佃之源，这就必然强调"抑商"的必要，同时忽视"限权"的必要——因为抑商正是要靠官家。第三，以"土地私有、自由买卖，兼并危机、主佃冲突，最终爆发农民战争"的模式，来阐述中国历史上的历史周期论，以此解释中国历代"分久必合，合久必分"、"乱极生治，治极生乱"的现象。第四，以"中国地主制，西方领主制"来解释中、西历史的区别，尤其是"中国为什么没有产生资本主义"的问题。当时两个流行说法都与"租佃决定论"有关：一是说中国的租佃制是小生产，而西方的领主制庄园据说是大生产，有利于使他们过渡到资本主义。二是说中国租佃制下土地可买卖，导致"以末治富，用本守之"，工商业积累都用来买地了，因此不能形成资本原始积累。而据说西方的土地是不能买卖的，所以工商业赚了钱只能在业内滚动，资本就积累起来了。第五，用这套说法解释近现代中国史，尤其是二十世纪中国革命的历史：近代国内的核心问题是土地问题，据认为不管是辛亥革命还是戊戌变法，失败的根本原因都是没有解决土地问题。后来的国共斗争，也是由于共产党解决了土地问题，所以胜利了，国民党没解决这个问题，就失败了。这种说法在很大程度上将国共两党的斗争描写成土地改革派和反土地改革派的斗争。这五个命题环环相扣，形成很完整的一个逻辑体系。[①]

以上可以看作20世纪80年代以前传统租佃关系研究思路及成果的总结，笔者水平有限，姑且完全借用。以下是近二三十年来的重要研究成果。

一　国内主要研究成果

许涤新、吴承明主编的《中国资本主义发展史》第一卷《中国资本主义的萌芽》[②] 总结以往学者的研究，在明清租佃关系方面做出了一些重要的判断，主要是证明田地自由买卖不断加强的趋势。在官僚缙绅的财富当中，土地所占的比重越来越低，且主要依靠市场兼并土地，而非

[①] 秦晖：《关于传统租佃制若干问题的商榷》，《中国农村观察》2007年第3期，第27页。
[②] 许涤新、吴承明主编《中国资本主义发展史》第一卷《中国资本主义的萌芽》，人民出版社，2003，第54、55、56、59、60、225、229、230页。

靠权力强制抢夺；反倒是商人资本对土地市场的介入日益积极，庶民地主大大增加。另外，该书也证明佃农多数在人身上还是独立的，而不是如过去认为的那样普遍处于对地主的依附地位。吴承明其他相关作品如《中国近代农业生产力的考察》① 也认为：从明到清，土地在增加，产量在波动上升，农业生产力有相当大的发展，但是劳动生产率已有下降的趋势，土地产量不能和投入的劳动量同比例增加。

傅衣凌的成果比较多。② 他对明清以来中国土地关系及租佃关系做了比较深入的研究和发掘。虽然囿于时代，不能突破当时理论的束缚，但能够做到实事求是、就事论事地对传统社会关系、农村、农业和租佃关系方面的资料进行大量的搜集整理，并做了客观的分析，得到了一些可以启发后人研究的结论。比如说傅先生重视传统农村经济与商品经济的关系，重视宗族的影响，注意到商品经济对宗族发展的促进作用，也注意到佃农中某些人具有出色的管理才能，可以上升为地主。③ 此外他还注意到地主和佃仆之间的互相依赖关系。"这说明其身分制与经济权有所分裂，而又抱合在一起，充分反映了封建社会某些小生产者（包括奴仆、佃仆、伴当等）既是被剥削者，又是剥削者的双重身分。"④ 这对本书是有启发的。

李文治的成果很多。李文治、魏金玉、经君健合著的《明清时代的农业资本主义萌芽问题》⑤ 与许涤新、吴承明主编的《中国资本主义的萌芽》、傅衣凌所著的《明清农村社会经济　明清社会经济变迁论》一起，常被看作资本主义萌芽问题研究的代表性著作和集大成著作。与另外两部书相比，李文治所合著《明清时代的农业资本主义萌芽问题》主要是从雇工的人身地位角度来探讨，认为明清时代农业雇工的身份虽然还不够自由，但毕竟是逐渐解放的，是"封建雇佣向自由雇佣的过渡"。至于佃农的自

---

① 吴承明：《中国近代农业生产力的考察》，《中国经济史研究》1989 年第 2 期。
② 如傅衣凌《明清社会经济变迁论》（人民出版社，1989）、《明清农村社会经济　明清社会经济变迁论》（中华书局，2007）、《明清农村社会经济》（三联书店，1961）、《明清封建土地所有制论纲》（中华书局，2007）、《明清社会经济史论文集》（中华书局，2008）等书及许多论文。
③ 傅衣凌：《明清农村社会经济　明清社会经济变迁论》，中华书局，2007。
④ 傅衣凌：《明清农村社会经济　明清社会经济变迁论》，中华书局，2007，第 217 页。
⑤ 李文治、魏金玉、经君健：《明清时代的农业资本主义萌芽问题》，中国社会科学出版社，2007。

由程度，可能有三种情况：或者完全没有自由；或者只有极少的自由；或者有完全的自由，与地主基本上平等，是纯粹的经济关系。李文治《论清代鸦片战前地价和购买年》① 认为：欧美资本主义国家地价地租购买年长，由于受资本主义平均利润的制约，地租和地价两者的发展变化是一致的。中国清代鸦片战争前封建性地价和地租，不为平均利润制约，购买年长主要是官、商追逐土地促使地价高昂的结果。这种现象的产生，又是农业相对先进，而工商业尤其是工业未能相应发展而形成的。反过来，社会财富集中于土地，也影响工商业尤其是工业不能正常顺利发展，中国资本主义萌芽发育进程遂十分迟缓，而呈现长期性。这种现象产生的最终根源则是中国地主经济制。李文治《从地权形式的变化看明清时代地主制经济的发展》② 认为：明清时代，商品经济伴随土地关系的变化有了进一步发展。这时土地关系的变化主要体现在以下三个方面：一是国家屯田、贵族庄田向民田转化，地主制经济不断扩大；二是官绅特权地主向一般地主过渡，庶民地主有所增长；三是地主经济本身的变化，封建依附关系趋向松解。李文治、江太新《中国地主制经济论》③ 指出了中国历史上"租佃农队伍扩大与社会地位上升"及"缙绅地主的衰落"与"庶民地主的发展"等现象。

章有义的研究成果也非常重要。《明清徽州土地关系研究》④ 一书首先强调指出了徽州地主收租簿的真实可靠性，远高于前人的记述，也高于中华人民共和国成立前的各种调查研究结果。其次，根据对徽州地主收租簿的研究，章有义证明了徽州地区地权存在继续集中的趋势，以及佃农相对于地主相对自由独立的趋势，证明最迟从乾隆中叶起就开始出现租额下降等情况。另外，章有义还认为：以往研究认为清代农业单位产量上升和地主对佃农的让步等理论也都是站不住脚的。章有义《本世纪二三十年代我国地权分配的再估计》⑤ 一文的重要结论如下：一是国

---

① 李文治：《论清代鸦片战前地价和购买年》，《中国社会经济史研究》1989 年第 2 期。
② 李文治：《从地权形式的变化看明清时代地主制经济的发展》，《中国社会经济史研究》1991 年第 1 期。
③ 李文治、江太新：《中国地主制经济论：封建土地关系发展与变化》，中国社会科学出版社，2005。
④ 章有义：《明清徽州土地关系研究》，中国社会科学出版社，1984。
⑤ 章有义：《本世纪二三十年代我国地权分配的再估计》，《中国社会经济史研究》1988 年第 2 期。

民党农民部对中华人民共和国成立前地权分配的估计不合理，对贫富不均程度估计过高；二是自宋代到民国，中国社会佃农比例几乎没有多大变化。《康熙初年江苏长洲三册鱼鳞簿所见》①一文则根据对江苏长洲三册鱼鳞簿的研究，认为清代耕地分配不平均的状况不如人们原来想象的那么严重，封建条件下土地不断集中的说法没有得到证实。

秦晖近年来对近世中国租佃关系有过比较全面的研究和分析，②既有实际材料的调查和梳理，又有理论上的深入和阐发。其《古典租佃制初探——汉代与罗马租佃制度比较研究》一文澄清了这样一个认识上的误区：即奴隶社会是奴隶劳动，封建社会是租佃劳动，资本主义社会是雇工劳动。"……不是租佃制决定了当时社会的封建性质，而是社会的封建性质决定了那种租佃关系的性质。"③《封建社会的"关中模式"——土改前关中农村经济研析之一》一文则根据史料总结出一个命题："关中无地主"，并对此一现象进行分析。《"关中模式"的社会历史渊源：清初至民国——关中农村经济与社会史研析之二》进一步证明：在抗战之前，关中地区就是"无地主"的。从历史记载上看，"关中无地主"的情况，至少是从清初就开始了，而这种情况是国家的重税政策造成的。关中地区的经营地主在经营中完全不讲经济效益，导致劳动过度集约。这与黄宗智在研究华北地区农民经济时发现的情况相反。《关于传统租佃制若干问题的商榷》则指出："把地权问题说成是中国传统社会的首要问题，把地权不均说成是传统中国社会弊病、社会冲突和社会危机的根本原因，从而把平均地权说成是解决这些问题的主要手段，甚至是根本改变中国社会性质……的标志，是没有根据的。"《"业佃"关系与官民关系：传统社会与租佃制再认识之二》这篇文章又进一步批驳了传统上

---

① 章有义：《康熙初年江苏长洲三册鱼鳞簿所见》，《中国经济史研究》1988年第4期。

② 如《古典租佃制初探——汉代与罗马租佃制度比较研究》，《中国经济史研究》1992年第4期；《封建社会的"关中模式"——土改前关中农村经济研析之一》，《中国经济史研究》1993年第1期；《"关中模式"的社会历史渊源：清初至民国——关中农村经济与社会史研析之二》，《中国经济史研究》1995年第1期；《关于传统租佃制若干问题的商榷》，《中国农村观察》2007年第3期；《"业佃"关系与官民关系——传统社会与租佃制再认识之二》，《学术月刊》2007年第1期。另外还有一本合著，秦晖、苏文：《田园诗与狂想曲——关中模式与前近代社会的再认识》，中央编译出版社，1996。

③ 秦晖：《古典租佃制初探——汉代与罗马租佃制度比较研究》，《中国经济史研究》1992年第4期，第59页。

关于中国官民关系的几个错误观点，比如说"皇帝本人是地主，所以代表地主"① 等。

方行对清代经济，特别是租佃制度相关问题研究很深。《清代前期的预租》② 对清代前期预租征收的基本情况进行了梳理。《中国封建社会农民的经营独立性》③ 认为中国的小农可以建立起自己的经济，相对独立地按照自己的意志去配置和使用劳动力和生产资料，选择从事生产经营以获取最大化经济利益，实现自己财产的保值与增值。概括地说，这就是自主经营、自负盈亏，以实现自我生存、自我发展。农民的这种经营独立性，正是由他们的生产资料所有权所决定要求的。《正确评价清代的农业经济》④ 认为中国传统农业，是"高度用地与积极养地相结合，以获得持续的、不断增高的单位面积产量"。"土地越种越肥，产量越种越高"。《清代租佃制度述略》⑤ 则探讨了清代租佃制度发展的民间立法问题，以及定额租制、押租制、永佃制的经济意义。⑥

---

① 秦晖：《"业佃"关系与官民关系——传统社会与租佃制再认识之二》，《学术月刊》2007 年第 1 期，第 131 页。
② 方行：《清代前期的预租》，《清史研究》1992 年第 2 期。
③ 方行：《中国封建社会农民的经营独立性》，《中国经济史研究》1995 年第 1 期。
④ 方行：《正确评价清代的农业经济》，《中国经济史研究》1997 年第 3 期。
⑤ 方行：《清代租佃制度述略》，《中国经济史研究》2006 年第 4 期。
⑥ 其他作品还有：《对清代经济的一些看法》（《清史研究》2008 年第 3 期，认为中国清代经济有了相当的发展，但是清政府未能更好地抓住机遇）、《对清代前期经济发展的一些看法》（《中国经济史研究》2008 年第 2 期）、《封建社会的自然经济和商品经济》（《中国经济史研究》1988 年第 1 期）、《封建社会地主的自给经济》（《中国经济史研究》1988 年第 4 期）、《价值规律在封建社会农民生产中的作用》（《中国经济史研究》1991 年第 2 期）、《领主制经济与地主制经济》（《中国经济史研究》2008 年第 1 期）、《清代江南经济：自然环境作用的一个典型》（《中国经济史研究》2006 年第 1 期）、《清代江南农村经济发展释例》（《中国农史》1999 年第 1 期）、《清代江南农民的消费》（《中国经济史研究》1996 年第 3 期）、《清代农民经济扩大再生产的形式》（《中国经济史研究》1996 年第 1 期）、《清代前期的封建地租率》（《中国经济史研究》1992 年第 2 期）、《清代前期的货币地租》（《中国经济史研究》2009 年第 3 期）、《清代前期的土地产权交易》（《中国经济史研究》2009 年第 2 期）、《清代前期的小农经济》（《中国经济史研究》1993 年第 3 期）、《清代前期江南的劳动力市场》（《中国经济史研究》2004 年第 2 期）、《中国封建地租与商品经济》（《中国经济史研究》2002 年第 2 期）、《中国封建经济发展阶段述略》（《中国经济史研究》2000 年第 4 期）、《中国封建社会的土地市场》（《中国经济史研究》2001 年第 2 期）、《中国封建社会农民的经营独立性》（《中国经济史研究》1995 年第 1 期）等。

　　乌廷玉在租佃制度方面用功较深，有较多成果，[①] 这些成果对全国各地租佃关系和佃农的一般状况、地租率、租佃手续、地租形态等都做了一定的展示和总结，提供了较丰富的文献资料。但由于缺乏深入的理论指导，所以在对材料的选择运用方面缺乏相应的辨别能力，没有得出更有意义的结论。

　　周远廉、谢肇华所著《清代租佃制度》[②] 一书主要利用历史档案馆乾隆朝刑科题本土地债务类五万八千件档案，对清代租佃关系的各个方面做了比较全面的阐述。与本书有关的观点是："佃农占有生产资料的差异""少数富裕佃农个人经济的发展""人身依附的松弛和'无主仆名分'的出现"等。

　　高王凌教授研究的重点是确认了佃农相对于地主的主动地位，而不是单纯的受压迫对象，即指出"佃农欺负地主"[③] 现象的普遍存在。高王凌认为："清代中国地租量下降的主要原因，恐怕并不在于所谓生产及产量方面，而不如说它正是由于农民的'抗租欠租'。"[④] 因此，主佃关系并非奴役关系。并且，"从另一种角度来看，租佃制在农村里还是一种'资金运作'方式，涉及到类似于'金融'的问题，而不仅是一种生产制度"。[⑤] 高王凌进一步提出疑问："历史上的土地制度是否应称为'地主土地所有制'"，"传统中国的乡村社会究竟是'在谁手中'"?[⑥] 高王凌的另一研究重点是地租率。他对过去土地制度研究中的基本结论进行了质疑，认为地租率不是通常的50%，而是只有30%左右。论证如下："农民交租，一般只交地租定额的八成或七八成左右，而且一般多交瘪

---

① 如《旧中国黄河流域各省的租佃关系》，《近代史研究》1987 年第 2 期；《旧中国苏浙皖三省的租佃关系》，《历史研究》1987 年第 6 期；《解放前东北三省的租佃关系》，《社会科学战线》1989 年第 2 期；《近代山西省的租佃关系》，《晋阳学刊》1989 年第 6 期；《解放前河北省的租佃关系》，《河北学刊》1991 年第 3 期；等等。《中国租佃关系通史》，吉林文史出版社，1992。
② 周远廉、谢肇华：《清代租佃制研究》，辽宁人民出版社，1986。
③ 高王凌教授本人在与本书作者进行交流时的总结。
④ 高王凌：《租佃关系新论——地主、农民和地租》，上海书店出版社，2005，第 177~178 页。
⑤ 高王凌：《租佃关系新论——地主、农民和地租》，第 181 页。
⑥ 高王凌：《租佃关系新论》，《中国经济史研究》2005 年第 3 期。

谷，即品类较次或水分较大的粮食。"[①] 不仅如此，"如果说地租实收率只有租额的七八成（即 70% ~ 80%）；同时，鉴于过去地租额的计算中只计入'正产物'，如果也计入副产品（如稻麦地区的小麦，以及田边地角的收获等），地租额大约只有土地总产出的 40% 的话，这样计算起来，实际地租率则只有单位面积产量 30% 的样子（即 70% ~ 80% 乘以40%）"。[②] 高王凌的研究揭示了主佃关系的另一面，给学术界以极大的影响。

龙登高《清代地权交易形式的多样化发展》[③] 揭示了清代地权交易的三大类型。借助这些交易手段，农户在保有地权的同时实现了其融通性需求，与现代金融工具相似。《地权交易与生产要素组合：1650—1950》[④] 指出：明清以来，地权形态的发育及其交易形式的多样化，使土地流转趋于活跃，促进了生产要素的组合与资源配置。通过地权市场，农户将目前收益与未来收益进行调剂，可以在各种要素及其收益之间自由选择与进行多样化安排，实现其融通需求。各种生产要素处于动态组合之中，资本从各社会阶层流向土地，土地通过各种交易配置到具有生产效能的劳动力手中，从而提高了农业经济效率。中国经济的这一历史遗产，在国内长期未得到学术开发与创新性挖掘，相反，旧有成说使人们陷入历史认识的误区，并对现实的土地制度变革产生疑虑。《11—19 世纪中国地权市场分析》[⑤] 指出：宋代以来，尤其是明清时期，地权市场不断扩大和深化。个体农户和地主家庭作为市场主体的行为特征，造成了地权转移的细密化；地权交易形式复杂多样，或转让部分土地权益，或追加其派生性价植；地权发生多层次的分化裂变，各自以独立形态进入市场；由于商业资本的发展，开始出现地权转化为商业资本的现象。这些表明，地权市场对家庭和社会财富的调节与平衡所起的负载作用日趋强化。龙登高、彭波《近世佃农的经营性质与收益比较》[⑥] 则指出并肯定了佃农的企业家性质。

---

① 高王凌：《租佃关系新论——地主、农民和地租》，上海书店出版社，2005，第 70 页。
② 高王凌：《租佃关系新论——地主、农民和地租》，第 75 ~ 76 页。
③ 龙登高：《清代地权交易形式的多样化发展》，《清史研究》2008 年第 3 期。
④ 龙登高：《地权交易与生产要素组合：1650—1950》，《经济研究》2009 年第 2 期。
⑤ 龙登高：《11—19 世纪中国地权市场分析》，《中国农史》1997 年第 3 期。
⑥ 龙登高、彭波：《近世佃农的经营性质与收益比较》，《经济研究》2010 年第 1 期。

罗仑、景甦《清代山东经营地主经济研究》① 对清代山东经营地主的经营投入与产出情况进行了深入的调查研究，并将其与一般农民、佃农的投入产出情况进行了对比，试图证明山东经营地主的先进性。此书数据更能够证明中国近世以来农业受资本投入影响甚巨。丁长清也证实：相对于一般农民，经营地主进行农业生产的商品率和单位面积产量都较高。② 曹幸穗则根据对苏南的研究认为：苏南面积狭小的农场由于物化劳动投入严重不足，故单位产量低于大农场。③

二 国外主要研究成果

对中国传统租佃问题感兴趣并有所研究的国外学者也不少。

〔美〕卜凯（John L. Buck）的《中国农家经济》④ 和《中国土地利用》⑤ 两书，不仅是调查资料汇编，也代表着卜凯对中国农业关系的分析及判断，对后来的研究者至关重要。卜凯是从农场经营的角度来认识中国农业经济的，或者说是从农业投资、管理、产出、收入这些现代经济学和管理学的范畴出发来分析此问题的。在卜凯看来：中国的租佃制度并没有太大问题。中国的佃农拥有比地主和自耕农更多的企业家才能，而且即使土地资本的回报率只按5%计算，佃农和地主在分配中也是各有优势的。

〔美〕赵冈等近些年来发表了一系列论著和文章，对中国古代土地制度和租佃问题提出了系统的看法，大致倾向是将西方当代经济学的分析方法引入对中国传统历史问题的分析当中。他们总结认为："如果地主阶级是指拥有田产数百亩或上千亩的人家，则经过几百年的巨大人口压力的压迫，地主人家大都自然地消失不见。而残存的几家，为数很少，不成其为一个'阶级'。"⑥ 因此"将中国的传统社会认定为封建地主经济制是一项很不幸的误判"。⑦ 他们又从各个方面加以论证租佃制度的优

---

① 罗仑、景甦：《清代山东经营地主经济研究》，齐鲁书社，1985。
② 丁长清：《二十世纪前半期的中国经营地主研究》，《中国经济史研究》1990年第4期。
③ 曹幸穗：《旧中国苏南农家经济研究》，中央编译出版社，1996，第128~129页。
④ 〔美〕卜凯：《中国农家经济》，张履鸾译，商务印书馆，1936。
⑤ 〔美〕卜凯：《中国土地利用》，金陵大学农学院农业经济系出版，1941。
⑥ 〔美〕赵冈、陈钟毅：《中国土地制度史》，新星出版社，2006，第179页。
⑦ 〔美〕赵冈编著《农业经济史论集——产权、人口与农业生产》，中国农业出版社，2001，第223页。

点和必要性，并证明中国古代的地权分配相当均平。《传统农村社会的地权分散过程》认为：在中国传统农村社会中，地权之集中程度受两项机制左右。一个是市场机制，即地价与粮价之相对变动，它决定积累田产的速度；一个是传统的诸子均分的财产继承制度，它决定了田产分散的速度。这正负两种力度联合决定农村地权是集中还是分散。《从制度学派的角度看租佃制》① 将西方制度学派对租佃制度性质之分析和评价与国内学者的看法和评价做了比较。制度学派认为租佃制能发挥重要的作用，不但在历史上如此，在现代农业生产中亦如此。以法令废除租佃制的国家与地区现在都在设法恢复此一经济制度。《从另一个角度看明清时期的土地租佃》② 和《地权分配的长期趋势》③ 认为，中国历史上地权分配的趋势并非所谓的"不断集中论"或"无限集中论"；相反，就长期趋势而言，中国历史上的地权转移（尤其是宋明以后）呈现出逐渐分散的倾向，并指出这一倾向可能与宋明以后中国人口的快速增长有关。《简论中国历史上地主经营方式的演变》④ 提出一般均衡论筑基于两项基本假设之上：第一，土地产权私有，私有产权包括自由选择经营自己财产的权利；第二，人们有人身自由，可以自由决定如何使用其劳动力。地主利用财产权，选择对他最有利的，也就是净所得最高的地土经营方式。《永佃制研究》⑤ 认为：永佃制的最终形态是传统的田地产权分化为两层，一方享有原始业主的所有权，被称为田骨；另一方是佃户获得的田地使用权，被称为田皮。分化后的两种产权是互相独立的，排他性的。双方业主均有独立自由处分其产权的权利，包括买卖、赠予、典押、临时租让及遗产传承等。⑥

---

① 〔美〕赵冈：《从制度学派的角度看租佃制》，《中国农史》1997 年第 2 期。

② 〔美〕赵冈：《从另一个角度看明清时期的土地租佃》，《中国农史》2000 年第 2 期。

③ 〔美〕赵冈：《地权分配的长期趋势》，《中国社会经济史研究》2002 年第 1 期。

④ 〔美〕赵冈：《简论中国历史上地主经营方式的演变》，《中国社会经济史研究》2000 年第 3 期。

⑤ 〔美〕赵冈：《永佃制研究》，中国农业出版社，2005，第 1 页。

⑥ 其他作品还有：《历史上农地经营方式的选择》（《中国经济史研究》2000 年第 2 期）；《农地的零细化》（《中国农史》1999 年第 3 期）；《清代前期地权分配的南北比较》（《中国农史》2004 年第 3 期）；〔美〕赵冈、梁敬明：《清末兰溪的地权分配》（《浙江学刊》2008 年第 1 期）；《永佃制的经济功能》（《中国经济史研究》2006 年第 3 期）等。

日本学者滨岛敦俊《试论明末东南诸省的抗、欠租与铺仓》①认为：到了明末，江南地主大部分已不能再通过超经济的强制来维护其剥削了。因此，他们就采取控告拖欠佃租的佃农的形式，企图依赖官府对这类佃农加以制裁。

美国学者德·希·珀金斯著、宋海文等译《中国农业的发展（1368—1968年）》一书第五章关心的问题是：租佃制度对中国明初至20世纪的粮食产出和全部农业生产的增长是否起过重大的阻碍或促进作用。他研究的结果是模糊的：一方面，认为租佃制度与更高的生产力之间似乎有一些联系；另一方面，又认为降低了平均生产力，不过并不多。②

日本学者三木聪《清代前期福建农村社会与佃农抗租斗争》研究认为：明末以后的福建，在热衷种植经济作物以及经常缺乏粮食的状态之下，佃农向地主抗交佃租的事情普遍存在。当时，随着所谓"财主"或者"谷主"的高利贷资本渗透到农村社会，有些佃农只有依靠高利贷的放债才能进行再生产。与此相反，在"青黄不接"时，已经不存在地主向佃农放粮的情况。所以，"宁负田主租，不敢负谷主债"这样的抗租现象，乃是在佃农对地主的经济依附性削弱，而同时接触到高利贷资本的社会经济结构中产生的。③

马若孟认为：华北地区农民对土地的占有状况是日益平均，而不是日益集中的。另外，马若孟还确认了在华北地区信贷对于土地的重要意义。并认为正因如此，华北地区租佃期限才会显得特别短。④

白凯主要研究了清代中晚期长江下游地区国家、地主与佃户三者之间的博弈关系。白凯指出佃户并不都是逆来顺受的，也可以有集体反抗行为。地主也并不都是压迫佃户的，也可以跟佃户联合起来反抗国家。至于国家也未必都跟地主联合起来压迫佃户，也可能跟佃户站在同一立

---

① 〔日〕滨岛敦俊：《试论明末东南诸省的抗、欠租与铺仓》，《中国社会经济史研究》1982年第3期。
② 〔美〕德·希·珀金斯：《中国农业的发展（1368—1968年）》，宋海文等译，上海译文出版社，1984，第111、131、139页。
③ 〔日〕三木聪：《清代前期福建农村社会与佃农抗租斗争》，《中国社会经济史研究》1988年第2期，第54页。
④ 〔美〕马若孟：《中国农民经济：河北和山东的农民发展，1890—1949》，史建云译，江苏人民出版社，1999。

场来抵制地主，当然更多的是为了赋税的目的而在地主与佃户之间维持平衡和秩序。从这本书的记述来看，清代中期之后，地主与佃农之间的关系受到外部环境的影响很大，特别是受到国家赋税和法令的影响。地主与佃农之间的紧张关系与其说是由内生的阶级矛盾造成的，还不如说是由过高的国家税赋负担造成的。[①]

岸本美绪讨论了明代与清代土地价格的变化趋势问题，并提出了明清时代土地价值的决定公式。[②] 这些都对本书研究的深入有较大借鉴意义。

除上述重要研究成果外，另有不少相关方面的研究成果，总结如下。

三　佃农比例方面的研究成果

佃农占农户比例往往被看作反映租佃制度发展程度和封建剥削程度的重要标志。曾经有一段时间，为了证明封建地主所有制的统治地位，学术界做了很大努力寻找佃农比例高的证据。

但是，早在 20 世纪二三十年代，当时金陵大学农学院美籍教授卜凯就提出过中国农村其实是一个以自耕农为主的社会。[③] 不过，受调查方法的影响，卜凯调查出来的租佃比例被认为是偏低的。近年来，史建云也认为，华北地区在近代直到 1937 年以前，自耕农一直占 50% 以上，租佃关系远不是占统治地位的生产关系，而且佃农比重还有逐步下降之势。[④] 徐浩、侯建新对清代华北地区和 20 世纪上半叶冀中农村的研究，也得出了类似的结论。[⑤] 当然，类似的观察结果是古人早就注意到了的，当代的学者不过是将这些观察和调查成果进行整理分析而已。另外，李

---

① 〔美〕白凯：《长江下游地区的地租、赋税与农民的反抗斗争（1840—1950）》，林枫译，上海书店出版社，2005。该书提到国外还有如下书籍是研究近世中国社会与租佃关系的，但是国内未查到。如，伊懋可：《中国过去的型式》，第 203 ~ 267 页；居密（Wiens）：《地主与农民：十六至十八世纪》；罗斯基（Rawski）：《华南农业变化和小农经济》；佩迪（Perdue）：《枯竭的地球：湖南的国家与农民（1500—1850）》。

② 〔日〕岸本美绪：《清代中国的物价与经济波动》，刘迪瑞译，社会科学文献出版社，2010。

③ 〔美〕卜凯：《中国农家经济》，商务印书馆，1936，第 195 ~ 196 页。

④ 史建云：《近代华北平原自耕农初探》，《中国经济史研究》1994 年第 1 期。

⑤ 徐浩：《农民经济的历史变迁——中英乡村社会区域发展比较》，社会科学文献出版社，2002，第 158 页；侯建新：《农民、市场与社会变迁——冀中 11 村透视并与英国乡村比较》，社会科学文献出版社，2002，第 71 页。

金铮对定县的研究也表明：虽然华北自耕农比例较大，但他们实际上多数是耕地不足的贫农。[①]

与北方相比，南方地区的佃农比例较高。章有义通过对徽州租佃关系进行研究，认为该地区租佃经营的比例较高，不过也很难说占到50%以上；而且从发展趋势上看，租佃户数和租佃经营的比例在近代没有什么变动。[②] 这本书还认为徽州地区其实地主占有的土地比例不大。[③] 温锐认为赣南闽西地区租佃土地占土地总数的比例达55%～65%。不过需要指出的是：赣南闽西地区的佃农很多租种的是自己家族的土地，所以交租条件会相对比较宽松。[④]

当然，最重要的成果还有郭德宏的《中国近现代农民土地问题研究》。此书用大量的材料证明：新中国成立前占农村人口10%左右的地主、富农占有的土地大体为50%多一点。而且，到抗日战争时期，中国佃农所占比例已经下降到30.96%，出租土地应该在35%～40%。这些成果对以后的研究都是具有重大意义的。[⑤]

此外，相关领域研究状况，高王凌于其《租佃关系新论——地主、农民和地租》一书的第一章中进行了一定的总结。

四 地租率方面的研究成果

地租率是指交租额/总产量，反映地主从农业收获中所得份额的比例。如果用经济学的概念解释，可以认为是通过出租土地所得报酬高低的指标。

以往政府和学者在考察和计算地租率时，大多数情况下估计偏高，主要原因是往往只计算地租在一季主要作物产量中的比例，然而实际上近世中国农业生产中一年两熟或两年三熟的比例甚大，忽视这一点就使得统计出的地租率较实际数值为高。曹幸穗在对苏南地区进行研究后也

---

① 李金铮：《试析二三十年代定县农民耕地之不足》，《河北大学学报》（哲学社会科学版）1991年第2期。

② 章有义：《近代徽州租佃关系案例研究》，中国社会科学出版社，1988，第313～315页。

③ 章有义：《近代徽州租佃关系案例研究》，前言。

④ 温锐：《清末民初赣闽边地区土地租佃制度与农村社会经济》，《中国经济史研究》2002年第4期。

⑤ 郭德宏：《中国近现代农民土地问题研究》，青岛出版社，1993，第42、83、87页。

指出：如果只按夏作物（该地区主要作物）计算，则地租率均超过产量的50%。如果把佃农的多季作物的产量合并计算，平均地租只占年总产出的44%。他还认为：近代百余年来本区地租额并无多大变化，[①] 这与白凯的看法是一致的。章有义对徽州的研究结果与此类似：如果单季租通行地租率为50%~70%，再将小季收成估算在内，实际地租率就只有40%~55%。而且，除了个别年代，近代时期，地租率不仅大多没有上升的迹象，总的趋势还是缓慢下降的。[②] 史建云同样指出，近代以来，华北佃农负担有减轻的趋势，因为近代佃农缴纳地租是以定额地租和货币地租为主，而定额地租率低于分成地租，货币地租率又低于定额地租率。[③] 高王凌在前人的基础上，进行了特别深入的研究和计算，也证明了这一点。《租佃关系新论》第五章就评价说："为何不许随意加租，清廷是有着自己的想法的，在昭梿一案中，仁宗皇帝谕内阁：'我国家永不加赋，正赋钱粮，只于按例催征，每遇水旱偏灾，仍必加恩蠲缓'，各王贝勒家衣租食税，'亦当仰体此意，岂宜分外苛求，恣行贪虐'（实录资料：325–326），表示政府尚秉承'永不加赋'之则，一般地主业户岂可随意增收地租?!"[④]

五　主佃关系方面的研究成果

主佃关系也是租佃关系的一个重要方面，而且也是本书需要重点讨论的问题之一。

传统研究往往将主佃关系概括为人身依附关系浓厚、斗争激烈、矛盾尖锐，而新的研究结果与此相差甚远。樊树志《明清的奴仆与奴仆化佃农》指出：明清时代伴随商品经济的繁荣，租佃关系充分发展，确立了田面权与田底权的分割以及永佃权，租佃双方的经济关系取代了人身依附关系。但就是在出现上述进展的地区，同时并存着奴仆化佃农与带有主仆名分的特殊租佃形态。奴仆化佃农，就其本质而言仍是佃农，又

---

① 曹幸穗：《旧中国苏南农家经济研究》，中央编译出版社，1996，第78、82页。
② 章有义：《近代徽州租佃关系案例研究》，中国社会科学出版社，1988，第331~332页。
③ 史建云：《近代华北平原佃农的土地经营及地租负担——近代华北平原租佃关系探索之二》，《近代史研究》1998年第6期。
④ 高王凌：《租佃关系新论——地主、农民和地租》，上海书店出版社，2005，第157页。

不同于一般佃农；接近于奴仆，又不同于奴仆。①

章有义认为：近代徽州一般佃户对地主的人身依附关系愈来愈淡薄，几乎只有"单纯纳租义务"，租佃关系基本上契约化了。② 当然，这并不否认主佃关系在有些地区比较紧张。章有义的观点应该是比较客观的。

黄宗智根据对山东后夏寨村的研究说明，主佃关系只是当时社会中多重纽带关系之一，在阶级关系之外还往往涉及亲属和朋友关系，③ 这些都会影响主佃关系的性质。单纯从阶级关系的角度来理解村庄内部的社会关系，是不尽符合实际的。美国学者马若孟（Ramon H. Myers）则以华北地区为例说明：民国时期租佃关系，在契约之外，没有明显表现出强制性的剥削，④ 没有强烈显示出一个集团或个人强加于另一个集团或个人的经济意志。

曹幸穗指出：在苏南，由于土地所有权绝大多数属于城居地主所有，地主与佃农一般无直接人身联系，佃户对地主的依附程度很微弱，佃农一般不在地租之外对地主提供额外的应酬和劳务。这说明在商品经济发展较快的社会背景下，传统的主佃关系开始向纯粹的经济契约关系转变。⑤

史建云也认为：在近代华北地区，地主对佃户经营的干涉已经降到最低程度，佃农对于地主基本上没有人身依附，主佃之间相对平等，大致是单纯的经济契约关系，传统的依附性的租佃制度正在走向衰退。⑥

钞晓鸿则认为：与"关中无地主"迥异，在租佃关系盛行的陕北、陕南，地主往往可以肆意撤佃，佃户则很少永佃，佃户还有为地主无偿劳作，送交礼物，甚至妻媳为地主做女佣或奶妈的义务。⑦

总而言之：全国情况不一，似乎是商品经济越发达的地区，主佃关

---

① 樊树志：《明清的奴仆与奴仆化佃农》，《学术月刊》1983 年第 4 期。

② 章有义：《近代徽州租佃关系案例研究》，中国社会科学出版社，1988，第 320 页。

③ 〔美〕黄宗智：《华北的小农经济与社会变迁》，中华书局，1986，第 270 页。

④ Ramon H. Myers，"North China Villages during the Republican Period：Socioeconomic Relationships"，In *Modern China*，vol. 6，no. 3，1980，转引自陈意新《美国学者对中国近代农业经济的研究》，《中国经济史研究》2001 年第 1 期。

⑤ 曹幸穗：《旧中国苏南农家经济研究》，中央编译出版社，1996，第 70、82 页。

⑥ 史建云：《近代华北平原地租形态研究——近代华北平原租佃关系探索之一》，《近代史研究》1997 年第 3 期。

⑦ 钞晓鸿：《本世纪前期陕西农业雇佣、租佃关系比较研究》，《中国经济史研究》1999 年第 3 期。

系越松散，越具有纯粹的市场性质。但与此同时，佃户同时也在一定程度上失去了地主的经济及非经济支持。

邓大才《土地政治：地主、佃农与国家》一书从大历史的角度出发，以农地流转的价格为研究对象，以交易成本为分析工具，考察地主、佃农和国家如何通过交易成本影响土地价格。作者运用博弈论建构了一个简单的三方博弈模型，考察地主、佃农和国家三者的互动关系。经过历史计量分析，作者认为：交易成本既可以促进土地流转价格上升，也可以诱致流转价格下降；制度安排既可以节约空间和交易成本，也可以制造交易成本；正式制度和非正式制度各有其调节空间和范围，只有较好地处理两者的度，才能够最大化节约交易成本。这本书最大的创新点是研究了土地租佃关系中的交易成本问题，认为官田和学田之所以地租率较低是因为中间人的中饱私囊行为。[①] 这是有创见的！不过，该书也有一些问题。比如说官田和学田之所以地租率较低，应该还有其他原因，如，相比普通主佃关系，学校和国家对佃农在生产生活上的支持比较少。而且，较低的地租率也不能说都是交易成本，不能说都是被中间人得到，也有很多实际上是被佃农得到的。道理很简单：如果佃农不能从中获得利益，他们为什么要那么热衷于向中间人行贿？其实，不仅是官田和学田有这样的特点，大地主的田地也一样有这种特点。高王凌"农民欺负地主"论[②]表明，佃农未必都是逆来顺受的被动者，也可以是积极谋取个人利益的主动方。

六　租佃关系与生产力的关系研究成果

租佃制度与生产力的关系，是本书研究的重点。作为传统中国常见的一种农业经营方式，租佃关系对农业生产力的影响如何呢？

20 世纪 80 年代及以前的研究成果往往更多地强调租佃制度的落后性、反动性和对生产及经济发展的阻碍作用。

曹幸穗通过对苏南地区的研究却认为，没有充分证据显示租佃关系对农业生产力的发展起阻碍作用，特别是永佃制条件下佃农具有充分的

---

① 邓大才：《土地政治：地主、佃农与国家》，中国社会科学出版社，2010。
② 高王凌：《租佃关系新论——地主、农民和地租》第三章、第四章，上海书店出版社，2005。

生产积极性。① 温锐对清末民初赣南闽西地区的研究也证明：土地租佃制作为一种重要的农业生产要素的配置方式，能够适应该地区生产力发展的要求，并促进了地富阶层转向工商业投资，也有利于劳动力的缓慢转移。这一制度能够在长期内延续，充分说明租佃制度的活力。② 赵冈则一直坚定不移地认为：租佃制是市场经济发展的结果，它可以减少农业生产的交易费用和管理费用，增加生产制度的灵活性，因此生产效率高，并成为破坏自然经济的强大力量。③

史建云指出，在华北地区短期租佃居于主要地位，主佃关系变动频繁，这是不利于调动佃农的积极性的。④ 不过，马若孟却认为：租佃制度作为一种长期延续的经营体制，在中国各种冲击面前却始终能够维持下来，本身就表明它具有相当的内在优越性和合理性，而我们的主要任务应该是解释其中的奥秘何在。高王凌更是反驳了近代亩产量下降说。⑤ 张履鹏等《中国农田制度变迁与展望》一书也认为：租佃制本身存在严重缺点，需要改革，但其他制度更糟糕。只有适应社会发展的田制，没有最好的田制。⑥

七　土地买卖与流转研究成果

土地市场与租佃市场紧密联结，构成租佃制度的重要约束条件。

彭超的《明清时期徽州地区的土地价格与地租》指出：土地价格的升降原因，要比地租复杂得多。在同一个朝代、同一个地区，地价比地租增长的幅度要大得多。总之，地价既受市场供求关系的影响，又受政治形势的影响。⑦

---

① 曹幸穗：《旧中国苏南农家经济研究》，中央编译出版社，1996，第 66～85、226～229 页。
② 温锐：《清末民初赣闽边地区土地租佃制度与农村社会经济》，《中国经济史研究》2002 年第 4 期。
③ 〔美〕赵冈：《从制度学派的角度看租佃制》，《中国农史》1997 年第 2 期。
④ 史建云：《近代华北平原地租形态研究——近代华北平原租佃关系探索之一》，《近代史研究》1997 年第 3 期。
⑤ 高王凌：《租佃关系新论——地主、农民和地租》第三章及附录一，上海书店出版社，2005。
⑥ 张履鹏、孙陶生、李扬、张翔迅：《中国农田制度变迁与展望》，中国农业出版社，2009，第 9 页。
⑦ 彭超：《明清时期徽州地区的土地价格与地租》，《中国社会经济史研究》1988 年第 2 期。

周绍泉的《试论明代徽州土地买卖的发展趋势》认为明代徽州的土地买卖呈现频率增加和速度加快的趋势，但是并没有走向土地财产转化为商业资本，商业资本赢利资本扩大，又转化为更多土地财产的循环。[1]

江太新的《传统市场与土地流向》承认有土地市场交易，而且突破了宗族的限制，但是又认为这种交易并未能使土地资源的配置优化。[2]

史建云的《近代华北土地买卖的几个问题》对华北土地买卖中的惯例和法律要求做了较详细的阐述和说明。[3]

任志强的《论清代土地流转形式》认为：清代土地流转形式多种多样，主要有绝卖、活卖、典当、转典、抵押、租佃、转佃、对换等形式，每一种形式又有多种表现方式。该文将流转形式进行分类并对其表现形式予以描述。有关具体流转形式的问题，前述龙登高的研究论述非常详尽。

八　租佃制度与商品经济关系研究成果

传统上，一般都认为中国传统的农业经济属于自给自足的经济，地主经济与佃农经济也是如此。

经君健的《试论地主制经济与商品经济的本质联系》着重指出佃农没有足够的连成大片的田地以从事多种经营，也没有足够的劳动力来进行多种生产活动，所以不可能自给自足。而地主也面临收入的单一性与需求的多样性的矛盾，势必要透过市场来调剂。也就是说地主势必要把剩余的实物地租卖掉，再买进其他必需的消费品。因此他说：地主制经济的发展是以商品交换关系为条件的，商品经济在地主制经济的运转中不是附加的，不是外在的。地主制和商品经济有着本质的联系。[4]

经君健的观点一般来说，得到了当前大多数经济史专家的赞同。如高王凌亦提出："中国传统经济并不是什么'自给自足'的'自然经济'；……农村经济的基本单元，不是农户或者村落，而是围绕着市场展

---

① 周绍泉：《试论明代徽州土地买卖的发展趋势——兼论徽商与徽州土地买卖的关系》，《中国经济史研究》1990 年第 4 期。
② 江太新：《传统市场与土地流向》，《中国经济史研究》1996 年第 2 期。
③ 史建云：《近代华北土地买卖的几个问题》，载王先明、郭卫民主编《乡村社会文化与权力结构的变迁——"华北乡村史学术研讨会"论文集》，人民出版社，2002。
④ 经君健：《试论地主制经济与商品经济的本质联系》，《中国经济史研究》1987 年第 2 期。

开的'场市区域'。"①

但是，李根蟠的《自然经济商品经济与中国封建地主制》则认为：中国封建地主制下自然经济仍占主要地位，但它已是一种不完全的自然经济；比之典型的封建领主制，中国封建地主制下的商品经济要发达得多；但它基础虚弱，带有浓厚的封建性，主要还是服务于封建地主经济的，新的生产方式很难在这个基础上获得发展。②

九　农村信贷和金融研究成果

租佃制度对于农村信贷和金融发展方面的作用，一向不为国内学者重视。不过，这种情况现在也在逐步发生改变，前述龙登高的研究，就已经显示出农村地权运动的金融性质。

近世中国农村地价的涨跌是受多方面因素影响的。刘克祥《1927—1937年的地价变动与土地买卖》一文注意到了20世纪20～30年代中国农村地价的暴跌及其影响，"20年代以前一直不断上涨的土地价格，也普遍狂跌，跌幅高达50%乃至80%以上。在这种情况下，自耕农和半自耕农必须加卖两三倍甚至四五倍的土地，才能清偿租税和债款……"对于地价下跌的原因，刘克祥强调了经济危机与捐税增加的影响。③

以往研究中一般都只提通货膨胀对农民生产生活的负面作用，而对其正面影响基本上是视而不见的。然而，史志宏《20世纪三、四十年代华北平原农村的土地分配及其变化》一文就注意到河北清苑农村通货膨胀对农民典当土地收回的正面影响。④

李金铮的《近代中国乡村社会经济探微》并不是一本专门研究租佃关系的书，但是该书对近代中国农村的金融信贷行为进行了较深入的研究，指出了传统中国民间信贷，包括高利贷存在的必要性。其研究给本书的写作和论证提供了数据上的支持。⑤

---

① 高王凌：《租佃关系新论——地主、农民和地租》，上海书店出版社，2005，第4页。
② 李根蟠：《自然经济商品经济与中国封建地主制》，《中国经济史研究》1988年第3期。
③ 刘克祥：《1927—1937年的地价变动与土地买卖——30年代土地问题研究之一》，《中国经济史研究》2000年第1期，第21页。
④ 史志宏：《20世纪三、四十年代华北平原农村的土地分配及其变化——以河北省清苑县4村为例》，《中国经济史研究》2002年第3期。
⑤ 李金铮：《近代中国乡村社会经济探微》，人民出版社，2004。

温锐的《民间传统借贷与农村社会经济》对20世纪初期即苏区革命前赣闽边农村民间传统借贷的状况、运作及其与社会经济关系的重新考察表明，当地的农村民间借贷关系不仅具有普遍性，利息也不是学术界长期所认定的那么高，而且它对当地农村社会经济运行与发展具有不可或缺性，其具体的运作则具有很强的市场趋向性。同时，边区民间传统借贷的负面作用也是明显的。因此，民间借贷不是需要不需要的问题，而是政府如何加以规制与调控的问题。[①]

刘秋根《清代农业合伙制初探》研究认为：清代农业中的合伙虽不如工商业中的合伙那么普遍、影响那么深远，但有着自己明显的特点，对清代农业资金的取得也发挥了一定的作用。清代农业中的合伙制存在着多种类型：与租佃制等有关的合伙制、资本与资本的合伙制、由共买共有关系转化来的合伙制等。清代农业中的合伙制发展水平还很有限，未能形成比较大规模的合伙企业。[②]

葛扬的《马克思土地资本化理论的现代分析》对马克思土地资本化思想进行了系统地挖掘和研究。认为在经济学说史上，马克思最早提出了收益资本化的思想。在马克思看来，当土地所具有的带来收益的权利能够进入市场流通并进行自由交易的时候，土地权利就被资本化了。土地资本化实际上是地租的资本化，本质上是土地所有权资本化。在中国社会主义市场经济体制中，特别是在现代产权结构及其权能条件下，土地资本化是通过土地使用权资本化实现的。对土地使用权实行资本化，就是通过一定的手段寻找能够带来等值收益的"资本"价值的工具。土地使用权资本化是社会主义市场经济运行中重要的经济分析工具。[③]

高王凌亦指出："从另一种角度来看，租佃制在农村里本是一种'资金运作'方式，它涉及的是一个类于'金融'的问题，而不仅是一种生产制度。……最近译成中文的一项早年发表的关于华北农村的研究也指出，农民常把土地看作一种'钱的近似物'，以致为此而典当、出售土地，或把它当作借款的担保。这一点作用，看似并不起眼，但在农民的日常经济

① 温锐：《民间传统借贷与农村社会经济——以20世纪初期（1900—1930）赣闽边区为例》，《近代史研究》2004年第3期。
② 刘秋根：《清代农业合伙制初探》，《石家庄学院学报》2006年第1期。
③ 葛扬：《马克思土地资本化理论的现代分析》，《南京社会科学》2007年第3期。

生活中却可能很重要，——它既提供了一种类似'金钱'的东西，也是一种'福利'或'保险'，尤其是对于一些劳力缺少或处于某种周期变化中的农家来说，——在一些时候，例如取消土地私有和土地报酬的年代里，这一点就会突显出来。"①

有关押租的研究成果如下。

广义上，押租可以被看作一种信贷行为，即抵押信贷。

魏金玉《清代押租制度新探》，对清代押租制度出现的前提条件、基本特征、类型变化以及其历史作用做了有益的探讨。认为押租是作为竞佃条件出现的。但是，押租期间，地主丧失了土地的耕作权。而且，押租期限长期有效。另外，押租关系不只发生在地主与佃户之间，也可以发生在佃户与佃户之间，甚而还可以辗转押佃，这明显说明押租制度乃是一种佃权的抵押制度。②

刘克祥则认为中国近代四川的押租是地主阶级对佃农阶级进行残酷剥削的重要手段。③

李德英在这方面的研究比较多，在其《从成都平原租佃纠纷个案论押租制的双重意义》中认为，对于佃农而言，押租既是一种负担，是获取一定时期内土地经营权的代价，也是其土地经营权的保障，是佃农维护自己权利的经济基础，是佃农摆脱地主超经济强制、走向独立化的基础。④ 其《国家法令与民间习惯：民国时期成都平原租佃制度新探》⑤ 一文利用成都平原县级档案资料和民国时期的档案资料，对民国时期成都平原的主佃结构、地租形态、地租额、地租率、押租押扣制度、佃农的经营与生活、佃农地位及主佃关系等问题进行了探讨，同时也对民国政府的佃农政策特别是"二五减租"运动在农村中的实施状况进行了一定的考察。在其《民国时期成都平原的押租与押扣》中研究认为：缴纳押

① 高王凌：《租佃关系新论——地主、农民和地租》，上海书店出版社，2005，第181~182页。
② 魏金玉：《清代押租制度新探》，《中国经济史研究》1993年第3期。
③ 刘克祥：《近代四川的押租制与地租剥削》，《中国经济史研究》2005年第1期。
④ 李德英：《从成都平原租佃纠纷个案论押租制的双重意义》，《历史档案》2005年第1期。
⑤ 李德英：《国家法令与民间习惯：民国时期成都平原租佃制度新探》，四川大学博士学位论文，2005。

租使租佃双方的经济关系比清代及以前更趋平等。①

另外其相关研究成果还有《生存与公正："二五减租"运动中四川农村租佃关系探讨》② 等。

十　土地产权关系研究成果

陈志红的《清代典权制度初步研究》以清代典权制度及其相关内容为研究对象，选取契约、习惯调查等资料加以分析。认为典权主要属于习惯法制度，明代典权始入律法，清代国家法对典权的规定有了较大的变化和发展。③

魏天安的《从模糊到明晰：中国古代土地产权制度之变迁》认为唐两税法后，国家对土地所有权由诸多限制变为更加尊重和放任，匿田漏税与查田均税的斗争代替了兼并与反兼并的斗争。中国古代土地产权制度的发展经过了从模糊到明晰的发展过程。④

王昉近年来从土地产权关系方面来分析租佃制度问题，成果不少。其《中国古代农村土地所有权和使用权思想》对中国古代农村土地所有权和使用权思想演进的历史路径进行了总结，在此基础上，提出国家和私人之间的关系调整是农村土地所有权和使用权关系处理上所应获取的重要历史经验。⑤《中国古代农村土地所有权与使用权关系：制度思想演进的历史考察》第四章以租佃制度为中心考察土地所有权和使用权思想的演变，第五章指出国家在制度层面上放弃了和私人争夺土地所有权，永佃制度的盛行充分反映了土地使用权长期化思想的发展。⑥《传统中国社会中租佃制度对产出的作用分析》借鉴美国学者德怀特·希·帕金斯研究中国近代农村土地分配和租佃制度的方法，对传统中国社会中租佃

---

①　李德英：《民国时期成都平原的押租与押扣——兼与刘克祥先生商榷》，《近代史研究》2007 年第 1 期。

②　李德英：《生存与公正："二五减租"运动中四川农村租佃关系探讨》，《史林》2009 年第 1 期。

③　陈志红：《清代典权制度初步研究》，中国政法大学硕士学位论文，2001。

④　魏天安：《从模糊到明晰：中国古代土地产权制度之变迁》，《中国农史》2003 年第 4 期。

⑤　王昉：《中国古代农村土地所有权和使用权思想》，《上海财经大学学报》2004 年第 3 期。

⑥　王昉：《中国古代农村土地所有权与使用权关系：制度思想演进的历史考察》，复旦大学出版社，2005。

制度对农业生产的作用进行了研究，通过对租佃率和租佃契约的内容以及性质进行分析，得出了在一定条件下租佃制度完全有可能对农业产出产生积极作用的结论。[1]《传统中国社会农村土地所有权和使用权关系的演变》从租佃制度的视角观察传统中国社会农村土地所有权和使用权之间关系的演进路径，认为：土地所有权和使用权之间的关系从不对等到逐渐平等，使用权的作用越来越重要，而且长期的土地使用权对农业生产有着十分重要的促进作用，这是其博士论文发表以来一贯的研究思想。[2]

柴荣的《明清时期土地交易的立法与实践》指出：明清时期，法律对土地交易有着严格而规范的要求：使用官印契本或具备契尾；买卖土地应诚信，不得重复典卖。制度层面要求废除"先问亲邻"的传统，缴纳契税、过割赋税。同时又禁止买卖旗人土地。但是，明清土地交易的实践中却有极强的变通复杂灵活性。[3]

王能应的《中国经济史上的农地产权制度变迁》认为：中国明清以来落后于西方的根本原因在于制度层面，在于土地产权制度即生产资料和劳动力的产权结合层面，中国地主型的土地制度对中国的整个经济发展造成了有害的影响，主要表现就是它阻碍了社会生产力的发展。在农业生产技术水平较低的封建社会，地租率超过50%显然偏高，超出佃农的承受能力，导致佃农无法进行农业积累。[4]

邓斌的《明代土地产权制度弊端及其分析》指出：明代土地产权制度有四大弊端：一是明代社会上下过分重视收益权的分离，而忽视所有权制度的完善，导致明代的土地产权制度在建立之初便存在模糊与混乱；二是土地产权管理系统超越了当时行政机构和技术条件的支撑能力，并缺乏相应的维护措施，滋生了产权制度做弊的温床；三是货币、财政政策的缺陷未能提供足以支撑小土地所有者正常经营的经济环境，加快了自耕农的破产；四是分封制和赋役豁免权催生了宗室贵戚和衿绅这两大土地产权制度的破坏者，但出于维护统治的需要，政府对其的打击往往

---

① 王昉：《传统中国社会中租佃制度对产出的作用分析——基于德怀特·希·帕金斯视角的研究》，《财经研究》2006年第3期。

② 王昉：《传统中国社会农村土地所有权和使用权关系的演变——以租佃制度为中心的分析》，《河北经贸大学学报》2007年第3期。

③ 柴荣：《明清时期土地交易的立法与实践》，《甘肃社会科学》2008年第1期。

④ 王能应：《中国经济史上的农地产权制度变迁》，华中科技大学博士学位论文，2008。

力不从心，因而加速了明代土地产权制度的瓦解。①

　　对永佃权和田面权方面的研究成果如下。

　　永佃权和田面权也是土地产权研究的一个子问题，而且是比较重要的子问题。近代以来永佃权和田面权方面的问题一直被学者和观察家们所重视。

　　杨国桢的《论中国永佃权的基本特征》对永佃权和田面权做了区分，指出拥有田面权的佃农其实是田面主，而不仅仅是佃农。②

　　梁治平则从习惯法的角度考察了永佃与一田二主，而避免使用"永佃权"一词，认为无论哪一种永佃权定义，其权能较"永佃权"为大，比"一田二主"为小。③

　　黄宗智发现：20世纪的华阳桥已形成了一个几乎是自由竞争的田底权市场。田底权几乎可以像股票和债券一样买卖，这与谁拥有田面权和谁实际使用土地完全无关。黄宗智将一田二主称为双层土地所有权，并考察了晚清、民国立法对田面权的排斥及具体实践。④

　　李文治、江太新认为，"一田二主"或"一田三主"之间的相互关系，并不属于佃户向地主租种土地的关系，而是双方或三方通过投入，在同一块土地上，共同享有产品分配权的关系，并不存在谁依附谁的问题，他们之间的关系仅是经济关系而已。所以，这种合伙（合股）关系，与主佃之间的关系是截然不同的。⑤ 江太新更将"一田二主"或"一田三主"称为土地股份所有制，它起到了分割地权的作用。他认为无论从土地价格构成看，还是从土地收益分配看，或是从政府法令看，这种类型的土地所有权至少在二人或二人以上。把这类土地地权计算到地主户头上，而形成的"地权集中"，从理论上和实践上都是说不过去的。在这种情况下，地权的集中或分散，与田骨、田皮分离状况有密切

① 邓斌：《明代土地产权制度弊端及其分析》，河北农业大学硕士学位论文，2008。

② 杨国桢：《论中国永佃权的基本特征》，《中国社会经济史研究》1988年第2期。

③ 梁治平：《清代习惯法：社会与国家》，中国政法大学出版社，1996，第88～91页。

④ 〔美〕黄宗智：《长江三角洲小农家庭与乡村发展》，中华书局，2000，第110页。另参见〔美〕黄宗智《法典、习俗与司法实践：清代与民国的比较》第六章"田面权"，上海书店出版社，2003。

⑤ 李文治、江太新：《中国地主制经济论——封建土地关系发展与变化》，中国社会科学出版社，2005，第438页。

关系。如苏州地区，历来号称地权高度集中，然而在地主占有的土地中，90% 是属于田骨、田皮分离者，即在 90% 的土地所有权中，有一半为农民所占有。①

李三谋、李震的《清代永佃权性质重探》指出，在永佃权作为长久使用权出现的同时，又以一部分所有权的身份存在于世，它是对田主土地产权的分割。② 王昉则认为"一田两主"（含"一田三主"）制度体现了所有权分割的思想，意味着土地所有权主体不仅可以是单一的，而且可以是多元的。③

慈鸿飞《民国江南永佃制新探》一文认为永佃权的基本特征就是田面权，而不是什么"永远耕种"权。并认为江南永佃制在民国时期的流行情况可能要比人们所了解的更为广泛，永佃制在近代并没有衰落。④

刘云生的《永佃权之历史解读与现实表达》认为：纵观中国唐代中叶以及西方古罗马时期以来的地权改革和变迁，永佃权制度在国家、地主和农民三者利益的平衡上形成了独特有效的协调机制，实现了土地利用效率的优化。这也从反面凸显了我国现行农村土地立法的缺失。在目前生产力水平条件下，我国要完成社会的现代化转型必须首先改革农村地权结构，以民法作为调整国家、集体、农民权利关系的根本法，最终使广大农村经济形成"人尽其力"、"地尽其利"的良性循环，而传统永佃权则可以从价值与制度两方面为中国地权改革提供可贵的制度支撑。⑤

张一平博士论文《地权变动与社会重构》第二章分析了近代苏南乡村的土地制度，指出苏南的土地占有与土地使用都较为分散，而租佃关系却很发达，特别是"一田二主"作为一种特殊的地权形态，其业佃对地权的分割反映了土地的资本化趋势。⑥

段本洛的《永佃制与近代江南租佃关系》对认为江南永佃制减轻农

---

① 江太新：《明清时期土地股份所有制萌生及其对地权的分割》，《中国经济史研究》2002年第3期。

② 李三谋、李震：《清代永佃权性质重探》，《中国农史》1999年第3期。

③ 王昉：《中国古代农村土地所有权与使用权关系：制度思想演进的历史考察》，复旦大学出版社，2005，第223页。

④ 慈鸿飞：《民国江南永佃制新探》，《中国经济史研究》2006年第3期。

⑤ 刘云生：《永佃权之历史解读与现实表达》，《法商研究》2006年第1期。

⑥ 张一平：《地权变动与社会重构》，复旦大学博士学位论文，2007。

民负担的观点提出了不同的意见。①

栾成显的《中国古代农村土地制度研究刍议》介绍了20世纪80年代以后中国古代农村土地制度的研究状况，从实证研究的角度进行了评议，对土地制度如何研究评价提出了新的见解。主要观点是：章有义先生对苏州三本鱼鳞图册资料的利用有误，导致了后面一系列错误的发生。另外就是当代很多研究者对基本的历史事实不做全面的叙述与分析，只注意搜集有利于自己观点的片面性史料，或对史料加以曲解。②

曹树基的《两种"田面权"与苏南的土地改革》则指出：在近代江南，有两种"田面权"，其中一种已经可以明确肯定，其所有权是属于拥有"田面权"的佃农的，而地主只不过拥有固定的收益权，其对土地使用价值的控制实际上已经完全失去了。③

十一　关于国民党浙江"二五减租"问题的研究成果

对于国民党浙江"二五减租"的成绩，民国时人即评价不一。或认为浙江"二五减租"改善了农民生活，保障了佃农权利，收到防止共产党之功；或认为只是"从地毯上跳到地板上"，毫无实效。④ 中华人民共和国成立后，大陆学界继承"中国农村派"的意见，代表性的观点见金德群的《民国时期农村土地问题》、⑤ 成汉昌的《中国土地制度与土地改革：20世纪前半期》⑥ 等。近年来，王合群尝试将浙江"二五减租"的成绩量化，⑦ 王小嘉的《从二五到三七五：近代浙江租佃制度与国民党浙江二五减租政策的嬗变》一文对前人成果和结论进行梳理总结，在考察浙

① 段本洛：《永佃制与近代江南租佃关系》，《苏州大学学报》（哲学社会科学版）1991年第3期。
② 栾成显：《中国古代农村土地制度研究刍议》，《河北大学学报》（哲学社会科学版）2008年第2期。
③ 曹树基：《两种"田面权"与苏南的土地改革》，载谢国兴主编《改革与改造——冷战初期两岸的粮食、土地与工商业变革》，台北，中研院近代史所，2010。
④ 郑震宇：《中国之佃耕制度与佃农保障》，《地政月刊》1933年第1（4）期，第485页；薛暮桥：《浙江省的二五减租》，载陈翰笙等编《解放前的中国农村》第二辑，中国展望出版社，1986，第261~266页；等等。
⑤ 金德群：《民国时期农村土地问题》，红旗出版社，1994，第157~161页。
⑥ 成汉昌：《中国土地制度与土地改革：20世纪前半期》，中国档案出版社，1994，第284~286页。
⑦ 王合群：《浙江"二五减租"研究（1927—1949）》，华东师范大学博士学位论文，2003。

江租佃制度的基础上，分析浙江"二五减租"过程中减租政策特别是减租标准的变化，并通过回溯减租运动的发展，揭示减租政策的变化是一个连续的过程。在这个过程中减租从农民运动演化为国家大法，减租标准从"二五"变为"三七五"，减租主体从农民变为国家，实质上是传统的私域减租到国家干预下的公域减租的质的飞跃。① 陈淑铢对浙江业佃关系的研究显示，尽管大部分地区主佃之间尚能友好相处，但不少县也常常发生纠纷乃至酿成案件。② 高王凌对此也有比较深入的研究和总结。③

十二　各区域租佃制度研究成果

中国地域广阔，各地方自然条件和经济发展程度各不相同，租佃制度的表现形态也不会相同。

前述乌廷玉之书就对若干省份的租佃制度分别进行过研究。

向达之对近代西北地区各省租佃制度的不同形态进行了研究。④

谭天星通过对地租率与租佃期限的相对稳定、地租形态的新变化、押租的矛盾发展，以及主佃关系的松弛趋向等几方面的分析，认为清前期两湖地区农业经济的发展是与凡此种种变化密切相关的，而且这种变化又使两湖地区农村经济生活增添了新的内容。⑤

刘永华分析了闽西地主、佃农与社区网络之间的互动关系。⑥

史建云研究了三方面的问题。第一，一般佃农和佃富农的土地经营状况；第二，近代华北三种主要地租形态：实物分成制、实物定额制和货币地租的地租率和地租额，这些内容与佃农的经济负担及其经营状况都有直接关系；第三，论地租之外的负担，包括劳役地租的残余、正租之外的实物副租和押租。由于华北的租佃制度不发达，研究者较少，所以

---

① 王小嘉：《从二五到三七五：近代浙江租佃制度与国民党浙江二五减租政策的嬗变》，《中国经济史研究》2006年第4期。
② 陈淑铢：《浙江省土地问题与二五减租（一九二七—一九三七）》，台北"国史馆"，1996，第419~425页。
③ 高王凌：《租佃关系新论——地主、农民和地租》，上海书店出版社，2005，第182~184页。
④ 向达之：《论近代西北地区的土地租佃制度》，《甘肃社会科学》1991年第4期。
⑤ 谭天星：《清前期两湖农村的租佃关系与民风》，《中国农史》1992年第3期。
⑥ 刘永华：《17至18世纪闽西佃农的抗租、农村社会与乡民文化》，《中国经济史研究》1998年第3期。

这些研究难能可贵。[①]

温锐认为，在清末民初，赣闽边地区农村的租佃制度与华北、苏南、关中等地的租佃制度相比，具有租佃土地多、公田多、分成租多、土地流转快等特点；该地区普遍的租佃制与边区地处三边商品流通、商品经济发展、农业比较效益、农户家庭经营的选择和政府无暇顾及社区公共事业的现状相联系，与当时农村社会生产力发展水平和农村生产要素流通体制相适应，是农村社会的经济选择，对边区农村社会经济有重大的影响。[②]

张永莉重点对20世纪二三十年代北方乡村的土地租佃制度及其对农村社会造成的影响进行了分析。说明这一时期北方的租佃制度具有封建性和落后性的特点，对当时的农村社会造成了诸多负面影响，加剧了农村经济的凋敝和农民生活的贫困，也是民国时期中国农村穷苦落后的重要根源之一。[③]

仲亚东的《集体化前的小农经济：1930~1952年徐海地区东海县农村研究》一文涉及经济史学中的三个问题：农业经济中小规模家庭经营体制的优劣、20世纪中叶的农村经济和农民生活，以及土地改革与小农经济的关系。该文充分注意到以往农民经济研究的成果，分析了其中的合理性与局限性，把实证研究与理论思考结合起来。由于具体研究对象的复杂性，该文的史料来源相当多样。文章综合运用公开出版物、地方档案馆馆藏文献和访谈记录等材料，在鉴别和分析各种史料的基础上，对历史进程进行了客观研究。[④] 其研究成果在本书中利用颇多。

甄华丽以陕北神府县八个自然村为研究对象，在主要借助历史学研究理论与方法的同时，吸取人口学、社会学、经济学和心理学等理论与方法，阐述20世纪三四十年代陕北神府县八个自然村的基本面貌（主要

---

① 史建云：《近代华北平原佃农的土地经营及地租负担——近代华北平原租佃关系探索之二》，《近代史研究》1998年第6期。

② 温锐：《清末民初赣闽边地区土地租佃制度与农村社会经济》，《中国经济史研究》2002年第4期。

③ 张永莉：《二十世纪二三十年代北方乡村租佃制度及影响研究》，西北大学硕士学位论文，2004。

④ 仲亚东：《集体化前的小农经济：1930~1952年徐海地区东海县农村研究》，清华大学博士学位论文，2007。

是农业生产和农民生活的变化）及其发生演变的原因。通过土地革命前后八个自然村的农业及农民生活的比较得出结论，即土地革命后农业生产力并未得到充分的发展，且从自然环境的恶化、中共土地政策的内在矛盾、各阶级对土地政策的回应三个方面加以分析。①

王玉贵的《货币地租在近代苏南的历史命运》认为货币地租逐步代替劳役地租和实物地租反映了历史的进步，但在近代苏南地区，这一过程呈现了较为缓慢并不断反复的特点，这是由近代中国的特殊国情决定的。②

赵彦玲的《民国时期湖北租佃关系研究（1927—1937）》用大量的史实证明，租佃经营是有效率的，为湖北农业经济的发展做出了一定的不可磨灭的贡献。民国时期严峻的人地矛盾、农地占有和使用上的分离等，都使得租佃制度成为时人诟病的对象，租佃关系有一定的不合理性，然而对它的认识上我们不能"泼洗澡水连孩子也泼掉"，实际上，租佃制度和租佃关系在不同的社会性质下，有着不同的性质和内容。而不同的社会性质中关于土地的根本区别是土地所有制的不同，租佃关系的性质最终是由土地所有制的性质决定的。③

张佩国指出：清末至民国时期，因地权渐趋分散，山东农村的土地租佃比例较小，佃户占总农户的 11.1%，半佃农占 18.5%，但租佃关系的分布在空间上较为广泛，几乎 80% 的自然村落存有租佃关系。④ 租地农户会面临两种契约关系：即租佃关系和户际劳动协作关系。张佩国所著《地权·家户·村落》一书强调农村土地资源分配所涵盖内容的广泛性，包括技术层面与制度层面的统一整体关系，试图寻求经济史与社会史研究的契合。这部著作更多从实证的角度来讨论近代山东农村的发展情况，通过这些史实从侧面反映出农业中资本缺乏实际上要比土地不足更为

---

① 甄华丽：《对中共土地政策的合理性研究——以 20 世纪三四十年代陕北神府县八个自然村为例》，山西大学硕士学位论文，2007。

② 王玉贵：《货币地租在近代苏南的历史命运》，《苏州大学学报》（哲学社会科学版）2008 年第 6 期。

③ 赵彦玲：《民国时期湖北租佃关系研究（1927—1937）》，华中师范大学硕士学位论文，2008。

④ 张佩国：《近代山东农村的土地经营方式：惯行述描与制度分析》，《东方论坛》2000 年第 2 期。

严重。①

其中台湾土地改革研究成果如下。

郭德宏对台湾土地改革的原因、过程和结果等做了比较系统的探讨。②

王侃对中国台湾土地改革的正面和负面影响进行了分析。③

徐世荣的《悲惨的共有出租耕地业主——台湾的土地改革》揭示出台湾土地改革的另一面：台湾改革领导者的失误，没有合理保障共有出租耕地业主的利益，导致这些人生活变得困苦不堪。④

十三　环境与租佃关系研究成果

环境与人类社会及制度的问题，日益受到重视。

黄启臣认为：清代前期的农业生产是向前发展的，超过了历史的最高水平。更重要地是表现在农业生产结构的变化发展上，粮食作物种植空前扩大；"生态农业"雏型出现；集约化程度提高；商业性农业高度发展。⑤

王建革从人口和生态两方面分析了历史上特别是清末、民国时期封建地租类型和分布特点。从历史上看，随着人口压力的增大，分租制逐渐过渡到定租制，在清晚期人口压力过大的条件下，出现了押租、预租等较为残酷的剥削类型。该文还指出，永佃制的产生和发展也与生态变迁，特别是土壤生态条件的变化有一定的联系。⑥

郑磊以 1928～1930 年西北大旱灾前后的陕西关中地区为研究对象，探讨了由灾害引发的生态环境变迁对农村社会经济结构的巨大影响。认为正是近现代以来西北地区生态环境的特殊性而非其他原因，才造就了关中地区农村社会经济结构的特殊表现形式，即频繁的灾荒造成了人口的大量死亡，使关中地区的人地关系出现了恶性宽松的局面，直接导致关中地区自耕农社会的出现，这也是作者所理解的所谓"关中模式"理

---

① 张佩国：《地权·家户·村落》，学林出版社，2007，导论第 6 页、第 41、89、129 页。
② 郭德宏：《中国国民党在台湾的土地改革》，《中国经济史研究》1992 年第 1 期。
③ 王侃：《略论 1949—1953 年的台湾土地改革》，《中共浙江省委党校学报》2005 年第 3 期。
④ 载谢国兴主编《改革与改造——冷战初期两岸的粮食、土地与工商业变革》，台北，中研院近代史所，2010。
⑤ 黄启臣：《清代前期农业生产的发展》，《中国社会经济史研究》1986 年第 4 期。
⑥ 王建革：《人口、生态与地租制度》，《中国农史》1998 年第 3 期。

论的真正本质。①

　　饶伟新的研究揭示：明清之际，随着闽粤移民的大规模佃垦和新经济作物的广泛种植，赣南的山区开发和乡村经济较明代有了较大的发展，同时人地关系日趋紧张，粮食供给严重不足。处于"寄籍"地位的闽粤佃农，一方面在佃耕的过程中围绕土地收益分配问题与土著田主产生竞争与冲突，另一方面则在定居入籍过程中围绕户籍控制问题与土著居民发生争执与对抗。清前期闽粤佃户发动的"佃变"，不仅反映了主佃之间的阶级矛盾，也反映了土客籍之间的族群矛盾。这种多元的社会矛盾组合形式，一直延续到土地革命时期。②③

　　刘永华以民国的档案与口述资料为基础，以闽西四保的个案研究为中心，着重考察了明清时期华南地区族田的形成与发展和乡村社会变迁的关系。认为自明末开始，四保地区经历了一个土地共有化过程，在此过程中，一半左右的私人土地逐渐转化为团体共有的族田。这一过程不仅对乡村的阶级关系有着重要影响，而且在很大程度上改变了社区关系。一方面，私人地主逐渐退出历史舞台，被团体地主所取代；另一方面，由于族田经营的特殊性，当地出现了与"阶级分化"、"人口分化"都不尽相同的"共同体分化"。

　　王福昌认为，租佃关系是一个由地主、土地、佃农三者组成的系统，包含人与自然关系的内容，至少是被土地这种自然物中介影响过的人与人的关系，而不能简单地等同于地主对农民的剥削关系。④

　　王福昌、罗莉指出：租佃制度，是一种以地主土地私有制为基础的制度。租佃制度不仅体现了地主与佃农之间的经济关系，还或明或暗地体现了人与自然之间的生态关系。过去，学术界对这个问题的研究不多，该文以明清以来租佃制度变化具有一定典型意义的闽粤赣边为考察对象，先探讨其变化的概况和实质，然后，再进一步深入追寻它们背后的生态

---

①　郑磊：《民国时期关中地区生态环境与社会经济结构变迁（1928—1949）》，《中国经济史研究》2001年第3期。

②　饶伟新：《生态、族群与阶级》，厦门大学博士学位论文，2002。

③　刘永华：《明中叶至民国时期华南地区的族田和乡村社会——以闽西四保为中心》，《中国经济史研究》2005年第3期。

④　王福昌：《生态·社会·共同体》，上海师范大学博士学位论文，2006。

根源。[1]

十四　经济学领域的研究成果

土地、地租与租佃关系是早期古典经济学家经常讨论的问题，魁奈、威廉·配第、亚当·斯密，大卫·李嘉图、西斯蒙第、穆勒、马歇尔等人对此都有过详细的分析和讨论。

有关研究成果回顾前人已经做得比较多了。

首先张五常的《佃农理论》对此已经进行了若干回顾。邓大才的《土地政治：地主、佃农与国家》对此的整理也颇清楚，[2] 本书第四章也将对此做了比较深入的分析，在此不赘述。

需要说明的是，张五常的《佃农理论——应用于亚洲的农业和台湾的土地改革》在国内影响比较大，做出了很多重要的贡献，但是由于涉及比较多的数学模型和公式，加上翻译艰涩难懂甚至错误，所以误读也最多。其实，《佃农理论——应用于亚洲的农业和台湾的土地改革》的核心是两个模型，但是这两个模型都有问题，笔者将在后文进行简略的说明。

至于《佃农理论——应用于亚洲的农业和台湾的土地改革》[3] 中开创的风险问题，即现代信息经济学和租佃理论的预期理论证明：当生产中风险很大，生产者的努力水平很难测度时，分成地租是最有效的；当风险很小时，固定地租最有效率，而生产者努力水平测度费用低时，雇佣关系也最有效率；当风险不太大也不太小时，分成地租和固定地租会在合约中同时出现，而分成地租由于地主与佃农分担风险，所以租金水平会高于地主不承担风险的固定地租。上述的这些研究成果是有价值的，但是社会价值不大，至少远不如当代某些人所认为的那么大。因为这些所谓的研究成果，早就被中国传统社会的人们观察到了，经济学家不过是换了一种方式对其进行表述罢了。本书对中国近世租佃制度还将进行更深入

---

① 王福昌、罗莉：《明清以来闽粤赣边租佃制度的激变及其生态根源》，《农业考古》2009
　　年第1期。
② 邓大才：《土地政治：地主、佃农与国家》，中国社会科学出版社，2010，第87、97页。
③ 〔美〕约瑟夫·斯蒂格利茨：《信息经济学基本原理》，纪沫、陈佳、刘海燕译，金融
　　出版社，2009；〔美〕张五常：《佃农理论——应用于亚洲的农业和台湾的土地改革》，
　　易宪容译，商务印书馆，2000。

的研究，从而证明：近世中国租佃制度的作用和意义远远不止于此！

第四节　研究方法

在研究路径方面，本书在展开论述的过程中具有自己的特点。具体来说，就是本书对问题的分析是多点齐下，多角度深入，同时又是层层递进的。有些问题从一个角度进行分析后，会跳到另外一个角度，继续深入研究。这是因为有些问题相当复杂，同时受多方面因素的共同影响，只有同时从多个角度进行分析，层层递进，才能够更加透彻地了解其本质。

例如，对佃农与土地产权关系的分析。第二章从佃农的地位与性质角度，强调了佃农与土地产权之间的粘着关系。然后到第三章，在讨论历史上地权关系演变的过程之后，再次分析了佃农对土地的产权，说明土地的现实所有权是如何落入佃农手中的。到第四章，则从土地资本化的角度，再次重申了佃农往往才是土地资本的真正主人。不居乡地主往往只是对土地的价值进行投资，而不是对土地的使用价值进行投资，并不真正拥有土地资本。

本书还试图将历史学研究方法和经济学研究方法结合起来。一般历史学研究成果对历史材料的运用比较多，这表明历史学者在对历史材料的掌握上很具功底。但是一旦转入到对有关经济学理论概念的运用上，往往就不是那么应用自如，比如说黄宗智对"内卷化"概念的理解和运用就是错误的。而经济学家则恰好相反。他们长于利用各种数学模型，也熟练掌握各种相关经济学概念，但是对相关史实常有隔膜。比如说张五常对近世中国社会农村的具体而复杂的现实就是非常不了解的。本书试图突破这当中的壁垒，把历史学与经济学的研究方法进行比较完善地结合，实现对近世中国租佃问题更加清晰准确的把握。此外，本书还试图采用一些人类文化学的成果进行补充说明，比如说对"刀耕火种"的研究对本书的展开和证明就具有比较重要的意义。

对于中国共产党土地改革对农村土地分配和社会经济发展的影响，本书不做专门研究，仅在必要时稍微提一下。但是其在农村实践中所进行的调查成果非常珍贵，在本书中有所引用。

第五节　本书结构安排和主要创新点

本书正文，共有五章。除掉引言和结论部分，共有三章。

第一章引言，主要是对以往的研究成果进行总结回顾，并对本书的结构和创新之处进行一定的介绍。

第二章近世中国佃农的地位与性质，主要讨论佃农在社会中的地位及其经济性质。这一章分为四节。

第一节对以往的研究进行简单的介绍，并说明本章想要探讨的内容。

第二节讨论佃农的人身独立性。过去史学界与经济学界关于这一问题有过长期争论。本节主要在前人对此问题研究的基础上，运用了一些新的史料进行分析，再次肯定了佃农相对于地主的人身独立性是相当高的。这一结论本身不过是前人提出观点的重复，并无多大创新，但是运用了一些新的材料，采用了新的计量方法进行分析。

本节的创新之处有以下几点：第一，认为佃农人身独立性的取得首先是国家意志作用的结果，而非佃农斗争的结果。这当然并不否认佃农斗争的必要性和积极性，而国家意志则是受经济发展和社会要素关系运动的影响。第二，强调在佃农地位方面，国家与地主之间存在竞争关系，这种竞争关系对于佃农的人身独立与解放是很有帮助的。第三，还强调了佃农与宗族之间的关系，认为佃农相对于宗族也是独立的。这个问题是以往研究本问题的学者比较少关注的。第四，强调地主与佃农之间存在一种小共同体性质的合作关系，这种合作关系的强弱大致与市场发展程度成反比。

第三节讨论佃农的经济独立性。这一节的主要创新点是根据近代一些大样本的调查资料，确认了近世中国佃农拥有的生产资本情况，及其与地主之间在生产资本拥有方面的对比与合作关系。最后，还强调很多佃农实际上拥有土地的所有权。对此问题的探讨在此处不够透彻，重要突破都留在后面章节继续推进。

第四节整节都具有创新性。如果说前面两节的内容是前人已经进行过一定的讨论，本书只是进行延伸研究，只是采用了一些新材料和新方法的话，那么本节却是完全创新的。本节指出：在近世中国的生产条件下，每一个佃农，本质上都是一个企业家。每一户佃农经济体，都相当于一个企业。佃农还拥有一种重要的，然而从来不被人重视的生产要素——企业家才能。[①] 因此，佃农在经营中应该获得企业家才能报酬，因此，佃农的经济地位比雇农高得多，经济性质和收入与佃农有本质的区别。

第三章《近世中国土地关系变迁与租佃关系发展》，这一章主要讨论中国近世以来土地要素的运动规律和市场化程度问题。讨论了如下三个问题，分为三节。

第一节"千年田换八百主"与近世中国土地市场，讨论土地占有和配置的主导因素是什么。是市场？还是政府的强制权力？这个问题在历史上有过很多争论。本书想澄清说明：近世中国土地市场上，政府力量当然是很重要，但也许并不如一般人所想象的干预那么多。政府内部的控制力及官员之间的竞争关系，保证了土地占有关系的基本市场化运行。这一部分研究也是在前人已有成果基础上的延伸性研究，创新点是提出官员、地主彼此之间的竞争关系是保障土地市场正常运行的重要条件。另外，还讨论了近世中国土地市场的流转速度问题。本书揭示：不同性质主体所占有的土地，其流转速度与运动规律是不一样的。这也是本书比较重要的创新观点之一。

第二节国家收入压力下的赋税制度与土地制度变迁，从历史角度讨论了从唐代到近代国家田赋制度的变迁与土地所有权的配置情况，证明了国家才是土地的最高所有者和最后所有者。但是，出于优化土地要素配置、提高经济效率的目的，土地的现实所有权，也就是资源配置权实际上是私有化了。本节的主要创新点如下：一是揭示了近世中国土地所有权的复合结构；二是揭示了土地与耕地的区别，这一点是过去的学者们常常搞混淆的；三是区分了土地的最高所有权、最后所有权、叠代所有权和现实所有权之间的区别。

第三节近世中国租佃市场发展的主要创新点如下：第一，通过测算，证明租佃经营比雇工经营节约成本，效率更高，这种观点前人早有意识，但是从来没有进行过精准的计算；第二，设计了租佃制度与商品市场结

---

① 随着本书的逐渐展开，我们将意识到这种要素才是近世中国要素结合的核心和经济活力的关键所在。

合的模型，说明近世中国土地所有权、商品市场与租佃制度是如何结合运行的。

第四章近世中国土地资本化与租佃制度发展很重要，是前面两章内容的递进和深入。这一章说明，近世以来的中国社会，土地问题实际上已经成为一种资本问题，在金融市场发展严重滞后的情况下，甚至成为一种货币问题。因此，全章都属于本书的创新之处。

第四章分为六节。第一节对资本和土地资本化的定义做了界定。这是必要的，而且具有对此问题激浊扬清之意义。

第二节界定了土地、土地资本和地租的含义。最重要的是：通过测算，说明中国近世以来的土地产出，主要是资本的报酬，而非土地的报酬。并通过对比计算经济意义上的地租与国家赋税之间的比较关系，揭示了真正经济意义上的地租已经完全被国家得到。所谓的"地主"实际上不可能得到地租，而只能是土地资本的主人，真正的天然土地的所有权当然是属于国家的。这一结论是对上一章有关结论的进一步总结和从另一角度的分析。

第三节继续深入分析近世以来土地资本化的情况，考证认为，近世很多所谓的地主，其实只是购买到一种收租的权利，并没有真正购买到土地。

第四节继续证明所谓的租佃关系本质上是信贷关系的变形，是以土地为担保物的对信贷关系的有效补充和替代。这一部分内容前人曾经有所提及，但未从理论高度进行归纳，也未把它与金融市场联系起来进行分析，而本书则在这一点上有所推进。

第五节从货币外生与内生的角度，说明土地买卖和租佃关系相当于一种货币的创生过程，这是对传统中国金融发展不足和货币缺乏的不完全却非常重要的补充，也是对中国近世以来经济和社会发展的必要支持。

第五章结论，对之前几章的研究成果进行总结归纳。

上述各章中，第二章说明佃农的人身关系和经济性质，肯定近世中国的佃农无论是人身还是经济，主体上都是越来越独立自主的。第三章主要说明土地的产权是私有的，包括现实所有权也是日益私有化的，土地资源是日益按市场规律进行配置的。这是要素运动和生产发展的必然结果，是不以个人和阶级意志为转移的。这两章是全书的基础，因为如果佃农在人身和财产上都是不自由、不独立的，土地也不是按市场规律进行配置的，则后面的资本化分析和经济模型分析就没有太大的意义。

第四章分析土地职能的深化。在近世中国社会中，由于自身经济体系的固有缺陷，土地起了特别重要的作用，已经绝对不仅仅是用于耕作那么简单，而是成为重要的资本和货币基础了。如果不能认识到这一点，就不能认识近世中国社会中各种经济现象的意义和内在规律性。

第六节　文献利用说明

本书的综合性比较强，对前人已有的研究成果利用较多。因此，本书的主要价值并不在于新史料的发掘和应用，而是对历史学与经济学、金融学、社会学领域已有研究成果的交叉整合，并用经济学理论及模型对以往成果进行系统贯通。这些参考的资料，在本书注释中都有体现，在书后参考文献中都有注明，所以本处不赘述。

同时，本书也利用了一些比较基本的档案资料。采用比较多的有这样几种。

一是《清实录》中有关租佃问题的材料。《清实录》卷帙浩繁，共有4400多卷，4000余万字。其中很多资料对土地问题和租佃问题是非常有价值的，尤其是讨论近世中国主佃关系与地权关系时，这些材料更是至关重要、无可替代的。

以往学者有很多人已经对其进行利用了，但是总的来说，还利用得比较少，笔者对《清实录》中有关租佃问题的材料进行了比较系统全面的梳理，整理出来跟租佃有关的史料达上千页之多，然后在这个基础上进行选择和运用。可以说，在研究租佃问题的前人当中，没有人比笔者应用这方面的材料更多。

二是李文海主编的《民国时期社会调查丛编（二编）·乡村经济卷》和《民国时期社会调查丛编（二编）·乡村社会卷》（福建教育出版社，2009）。这套书全面地整理和汇集了近代各界人士对农村经济社会生活所进行的数百个调查成果，意义重大。笔者对这套资料的使用比较多。

三是卜凯的《中国土地利用》和《中国农家经济》。这两本书在中国经济史学界名气非常大，但是从以往的研究中来看，似乎一直是被利用得比较少的。特别是对其中与生产力有关的部分，更是利用寥寥。由于这两本书价值重大，所以本书对这两本书的参考和引用也比较多。

此外还有其他一些资料也比较重要。

萧铮主编《民国二十年代中国大陆土地问题资料》（计200本；台北成文出版社，1977），对研究近代中国土地关系具有非常重要的意义，本书对这套书中的材料有所运用，但是本来应该利用得更多的。

中国第一历史档案馆、中国社会科学院历史研究所合编的《清代土地占有关系与佃农抗租斗争》，中华书局1988年出版。

革命根据地的调查材料，特别是《毛泽东农村调查文集》、《张闻天晋陕调查文集》等，因为比较有代表性和说服力，都是笔者使用得比较多的。其他还有各革命根据地的经济资料汇编、各地解放时期土地革命资料等，但是运用得不是很多。

另外还有瞿明宙的《台湾的租佃制度》（上海，1931，中研院社会科学工作者研究所农村经济参考资料之二）；国民政府主计处统计局编《中国租佃制度之统计分析》（正中书局印行，1946）；萧铮、吴家昌编著《复兴基地台湾之土地改革》（正中书局印行，1987）；沈时可等著，张力耕编校的《台湾土地改革文集》（"内政部"编印，2000）；薛暮桥的《旧中国的农村经济》（中国农业出版社，1980）。

同时，由于满铁的调查材料对于认识近世中国农村基层社会也非常重要，但是笔者对日文了解很少，所以更多地把德·希·珀金斯的《中国农业的发展（1368－1968年）》和马若孟的《中国农民经济：河北和山东的农民发展，1890－1949》等当作史料来利用。

笔者也到湖南省和福建省的档案馆阅读过一些土地改革及土地革命资料，获得过不少重要数据，但是由于种种原因，在本书中运用很少。

另外，清华大学购买的几个电子文献库对于本书的写作也非常重要。如"中国基本古籍库""文渊阁四库全书""瀚堂典藏数据库"、台湾"中研院"的电子资源，以及"中国期刊网"等。如果没有这些电子文献，很多资料是难以得到的，本书当然也难以顺利完成。

第二章　近世中国佃农的地位和性质

第一节　引论

人是社会存在的基础，也是社会一切活动的主体，阶级关系又是社会关系的重要体现。不同社会、不同个人对于阶级关系的性质和作用可能有不同的判断，但是至少学术界肯定阶级及阶级关系的客观存在。租佃制度是近世中国以来重要的社会经济制度，租佃关系也是中国近世[①]以来最重要的社会关系之一，要深入细致研究中国近世以来的社会和经济发展，不得不研究租佃制度和租佃关系，而确定佃农人身的自由程度及其社会经济性质是先中之先。[②] 如果这个问题不能得到解决，则其他一切理论和分析模型都将成为无本之木、无源之水。

一　前人对佃农地位和性质的研究成果

20 世纪 30~80 年代的政治观点和史学研究往往认为：中国传统上的佃农是属于被压迫和被剥削的阶层，其人身和经济都是依附于地主的。"明清时代的佃农，总的说来，是没有任何自由的，明代'佃户例算佃仆'，不得与齐民齿。见到主人，当拱恃如官府，不敢施揖，目其过而后

---

① "近世"一词日本学界多指中国宋代及以后的时期。本书在研究中尤其看重晚清民国时期，这是因为时代较近，材料较多且可信度较高。傅衣凌（《明清农村社会经济　明清社会经济变迁论》指出："其最明显的，即在明代中叶以后，在经济上产生了资本主义生产的萌芽因素，这是明清社会经济史上的一件大事，她的繁荣不是出现于王朝建立的早期，而在其中期以后，这是耐人寻味的一个问题。"）和许涤新、吴承明（《中国资本主义发展史》第一卷《中国资本主义萌芽》一书）均认为明中叶以降，中国社会发生了很大的变化，而且从明代中叶直到民国，虽然社会上层发生了天翻地覆的变化，基层经济制度却是按自身规律演进，未出现大的断层。曹树基也认为："何炳棣的著作将明清乃至民国时期的中国人口当作一个整体加以研究。""从人口调查和统计制度看，明清时期是一个相对完整而独立的时期，各种制度有其内在的延续性和连贯性。"（曹树基：《中国人口史》第四卷绪论，复旦大学出版社，2000，第 1 页。）
② 古希腊和古罗马走上民主道路，第一步都是人身的解放。

行。良贱为婚，名分不同，悬为厉禁。"[1]"这种农民，实际上还是农奴。"[2]"清王朝统治下的广大佃农，实质上仍然处于农奴的地位。"[3] 持这一类观点的史料和研究成果有很多。[4]

而经济学界的观点与此相反，一般多认为近世中国佃农的产生仅仅是由于一种经济上的原因，主佃之间除了经济上的合约关系之外，并无其他关系。美国学者卜凯根据 20 世纪 30 年代在中国农村进行的大范围调查，相继出版了《中国农家经济》和《中国土地利用》两本书。卜凯认为：从经营的角度来分析，中国近代农业经济的主要问题是广义技术上的"落后"，除此以外没有其他特别严重的问题。美国学者马若孟 1970 年出版了《中国农民经济：河北和山东的农民发展，1890 - 1949》，此书除利用大量的满铁资料外，还利用了他与当年在中国的满铁调查人员的访谈，对 1890 ~ 1949 年的中国河北和山东，或华北农村进行了研究，得出了与卜凯类似的结论。相比于传统史学界仅依靠个别人的观察材料进行分析判断，这种研究方法具有更大的说服力。

近年来，史学界对这个问题不断进行新的探索，所得成果非常丰富，对原有结论多有更新。李文治的《明清时代封建土地关系的松解》一书反复论证：明清以来，具有人身依附关系的封建租佃制度处于向一般租佃制过渡当中，佃农的人身自由的确是处于逐渐解放的过程当中。许涤新、吴承明的《中国资本主义萌芽》一书亦指出：佃仆的产生"大都不是以租佃关系为前提，仍是旧时依附农"[5]。但是，"经过明末的农民战争，依附农大大削弱了"[6]。"到清中期，在地主经济中，依附农和奴仆劳动已经很少……"[7]"到清中期，佃农已基本上有了择佃、退佃、迁徙

---

[1] 傅衣凌：《明清农村社会经济　明清社会经济变迁论》，中华书局，2007，第 240 页。

[2] 毛泽东：《中国革命与中国共产党》，载《毛泽东选集》第二卷，人民出版社，1991，第 624 页。

[3] 范文澜、蔡美彪等：《中国通史》第十册，人民出版社，2008，第 293 页。

[4] 详见樊树志《明清的奴仆与奴仆化佃农》，《学术月刊》1983 年第 4 期。

[5] 许涤新、吴承明主编《中国资本主义发展史》第一卷《中国资本主义的萌芽》，人民出版社，2003，第 59 页。

[6] 许涤新、吴承明主编《中国资本主义发展史》第一卷《中国资本主义的萌芽》，人民出版社，2003，第 227 页。

[7] 许涤新、吴承明主编《中国资本主义发展史》第一卷《中国资本主义的萌芽》，人民出版社，2003，第 229 页。

的自由了"①。这些结论，近乎是总结性的。方行的《中国封建社会农民的经营独立性》一文中更进一步指出：农民的经济和经营具有独立性。②近年来高王凌的多篇文章和著作，更是强调了主佃关系中佃农的强势地位，几乎颠覆了以往人们对此问题的一般观念。③傅衣凌的《明清农村社会经济　明清社会经济变迁论》等书虽然年代较早，却也强调了明清以来中国社会发展中的复杂性，"早熟而不成熟""死的拖住活的"等特征。傅衣凌在坚持佃农的"佃仆"地位的同时，也承认佃农在人身与经济地位方面具有新的社会性质。

二　本章想要进行的探讨

前人的研究成果很丰富了，本书也只是在李文治、方行、傅衣凌及其他前辈的基础上再往前进一步。

在近世中国社会中，佃农一般都属于现实生活中经济实力和政治力量较弱小的群体，其所能依赖的对象主要有三种：即国家、地主与小共同体。④吴承明、傅衣凌、李文治和方行等前辈学者在讨论中国佃农的人身自由与解放的时候，多侧重于讨论佃农相对于地主的独立性，却对佃农与国家及小共同体之间的关系研究甚少。但是在实际社会经济生活中，上述三者与佃农都存在密切的联系，无论是地主，还是国家、小共同体，都有可能成为控制佃农的主要力量，所以在讨论佃农的独立性的时候，不更进一步讨论其相对于国家与小共同体的独立，是不全面的。而且国家、地主、小共同体与佃农之间并不仅仅是斗争关系，更多的是既合作又斗争的关系。不仅如此，国家、地主与小共同体这三者之间，也是既斗争又合作的关系。

中国面积很大，近世的时间也很长，在漫长的岁月中和广袤的国土上，什么样的例子都可以找到。单独靠搜集个别例子或者若干例子都不足以说明近世以来佃农身份地位及经济性质的真实情况。所以本书所要

---

① 许涤新、吴承明主编《中国资本主义发展史》第一卷《中国资本主义的萌芽》，人民出版社，2003，第230页。

② 方行：《中国封建社会农民的经营独立性》，《中国经济史研究》1995年第1期。

③ 高王凌的观点从整体上来说未必完全正确，因为在近世社会中，主佃关系中各种情况可能是同时存在的。但是，高的研究毕竟给我们揭示出近世主佃关系中长期不为人所关注的另一面。

④ 其他小共同体主要表现为宗族或者乡族。这三者之间，也是常常可以重合的。

做的，就是对近世佃农的独立性①做一实证研究，考察一下近世佃农独立性的强弱情况。研究方法除利用前人观察的记录之外，还较多地利用民国时期大样本的调查统计数据，而非仅凭个别例子进行判断，并参考前人对此问题长期研究后的成果。这样得出来的结论，也许是更加让人信服的。

第二节　近世中国佃农人身独立性的确立

佃农在中国历史上出现的时间较早，有史可考的是：早在西汉时期，国家就曾经"假田"于贫民耕作维生，并相应收取租税。民间租佃方面，"耕豪民之田，见税什五"的也不少。到唐代中叶，封建地主对于佃农也常常"贷其种食，赁其田庐"，②就是说当时佃农缺乏基本的生产和生活条件，不但生产资料，而且生活资料也依靠地主提供。到宋代，欧阳修记录："今大率一户之田及百顷者，养客数十家。其间用主牛而出己力者，用己牛而事主田以分利者，不过十余户。其余皆出产租而侨居者曰浮客，而有畲田。"③直到这时为止，大部分佃农仍然是缺乏起码的生产资料和生活资料的。而且作为"客户"的事实，也导致其缺乏与其生产生活相应的社会关系基础，④更凸显出其弱小。

---

① 独立性是与依附性相对的综合性概念。马克思认为，现代资本主义发展的必要条件之一就是自由且一无所有的工人。讨论佃农人身关系的时候，可以用"自由"一词，也可以用"独立"来表示。但是相对而言，"自由"这个词具有更多整体和绝对性的内涵，而"独立"一词则可以具有局部和相对的内涵，比如说相对于某某独立等。考虑到人是不可能完全自由的，所以在这里更多采用"独立"这个词来进行分析。而在中国语境下的"自由"，其实也就是相对于国家政权和地主的"独立"，即人身不受国家和地主的过多干预，经济上也具有相对独立的，而非依附的地位。

② （唐）陆贽：《陆宣公集》卷二二，刘泽民校点，浙江古籍出版社，1988，第260页。

③ 《唐宋八大家文集》编委会编《唐宋八大家文集：欧阳修文集》，中央民族大学出版社，2002，第86页。

④ 在中国社会，"关系"是一个非常重要的事物。西方哲学家说："人生而自由，却无往不在枷锁之中"，但在中国，却是"人生而自由，却无往不在关系之中"。一个人的社会关系网络，对其生存与发展，是至关重要的。一个人的社会关系网络，对其生存与发展，会起非常重要的支持作用，但同时也会造成巨大的约束甚至压迫。但是对中国绝大多数人而言，这些错综复杂的"关系"，总的来说是帮助大而约束小的。而且帮助和约束这两者往往密不可分。在研究中国历史上的社会经济现象时，如果忽视了"关系"，就可能会出现比较大的错误，而无法真正了解中国的现实。

这种弱小可能是长期竞争的结果，也可能是佃农现实能力缺乏的一种表现。这种弱小的状态导致了佃农对其他社会主体的依赖要求相对比较强。但是这种依赖的要求未必一定表现为现实的依附性，是否表现出现实的依附性还要看其他各种社会条件。

一个非常重要的问题是：中国历代政府，在本质上都是反对地主和豪强与国家争夺民众的，因为这涉及国家的根本利益。是否能够将普通百姓从地主与豪强的掌握中解脱出来，而归入国家的直接掌握，这涉及国家和政权的兴衰，因而往往成为国家政策的重要任务。与此同时，地主与豪强为了自己的利益也存在与国家政权争夺民众的趋向。这样的争夺未必都是暴力手段，而更多的是一种利益上的竞争。不仅国家与地主及豪强之间存在争夺，国家与各种小共同体，尤其是乡族或者说宗族之间也一样存在竞争及对民众的争夺。国家与地主及小共同体对人民、土地和资本的争夺贯穿了中国几千年的历史，构成了中国历史演变的重要线索之一。至于普通劳动者，包括自耕农与佃农，则根据自己的利益依违于上述几者之间。由于存在这些竞争关系，而不存在由某个力量单独垄断的关系，这往往有利于下层普通民众的人身独立和经济条件的改善。

近世中国佃农的人身独立过程也是这一争夺的产物。所以佃农的人身独立性，可以从其与三个方面的关系，即相对国家的独立性，相对地主的独立性与相对小共同体的独立性中表现出来。同时，又可以从国家立法的规定及司法实践和现实斗争情况两方面来加以说明。前三者为暗，后二者为明。

从前人已有的种种研究成果及此前所发现的材料来看，近世以来中国佃农的人身独立性大致是逐渐提升的。[①]

一　国家法律原则逐步确定了佃农人身独立性

（一）立法精神上逐步确定了佃农人身独立性

唐代两税法的施行，开始逐渐改变"以丁身为本"的旧制，转而"以资产为宗"，国家税收逐渐转向对户资的财产征课，明代更进一步集

---

① 　也就是说大多数佃农在大多数情况下具有选择的权利和空间，同时，也不排除小部分佃农是相当缺乏独立性的可能性，大多数佃农在某些场合可能也缺乏选择的权利和空间。

中强调以田亩为征课对象（当然直接施加于人身的负担仍然很重）。在这种税收制度下，"户无主客，以见居为簿"，国家对人身的控制已经不如原来那么重要，不必再通过户籍制度对农民的迁徙进行严格的控制。学者反复提到宋仁宗天圣五年（1027）诏规定："江淮、两浙、荆湖、福建、广南州军旧条，私下分田客非时不得起移。如主人发遣，给予凭由，方许别住。多被主人折勒，不放起移。自今后，客户起移，更不取主人凭由，须每田（年）收（田）毕日，商量去住，各取稳便，即不得非时衷私起移。如是主人非拦理拦占，许经县论详。"① 根据这道诏书，佃农基本上获得了自由迁徙的权利。② 正如时人说，"客虽多，而转徙不定"。③ "近世之民，离乡轻家，东西南北，转徙而之四方，固不以为患，而居作一年，即听附籍。"④ 通过这些国家法令，佃农在立法上，也在实际上逐渐获得空间上的自由，即人身独立和迁徙自由，而这种独立和自由，既是相对地主的，也是相对国家的。⑤

既然佃农获得了迁徙和起移的自由，那么与租佃制度有关的佃田、退佃、择主等问题，也就更多地成为一个经济问题，佃农的存在也就更多地变成一种经济现象了。⑥

到明朝建立，政府率先从立法上逐步确立了佃农相对地主在人身上

---

① （清）徐松辑《宋会要辑稿》，中华书局，1957，第4813页。

② 不过宋代国家后来又一度在这个立场上有所后退。整个宋元时期，佃农相对地主的社会地位似乎是下降的。这一趋势到明代才得到扭转，也就是说，到明代才真正确定佃农身份的独立性。吴承明先生在《中国资本主义的萌芽》一书中认为这可能与明太祖朱元璋本人出身于佃农阶层有关。

③ （宋）吕大钧：《民议》，载（宋）吕祖谦编《宋文鉴》卷一〇六，齐治平点校，中华书局，1992，第1478页。

④ （宋）李焘撰《续资治通鉴长编》卷二一四，中华书局，2004，第5214页。

⑤ 秦晖多篇文章倾向于认为：从中国历史上看，中国传统社会的主要矛盾并不是主佃矛盾，而是国家与人民的矛盾。中国历来的政府，不仅仅是地主阶级的代表，而更多的是高居于地主与佃农之间，居于比较超然的裁判者的地位。所以我们可以判断：国家的法令，在相当大程度上是确定主佃关系的基础。

⑥ 在中国历史的发展中，国家渐渐发现通过经济力量来控制人口，比依靠地主来控制人口更加可靠。而地主也可能通过经济力量来获得收入，不大需要通过国家力量帮助控制人口来获得相应收入。所以佃农的人身解放过程，其实也是地主和国家合作关系的逐渐解体和松弛过程。不过，国家还需要通过保障主佃之间的经济关系来获得稳定的税收。但是这种保障与维持地主对佃农的人身控制相比，成本要小得多，而效率则要更高。

的独立性，① 此后清朝政府和民国政府，基本也秉承这种立法精神而不改。——这似乎可以说明佃农人身独立性首先是税收政策演变的结果。

明太祖朱元璋出身于社会底层，同时也受儒家礼法观念的影响比较大，强调用"礼法"治国，而非单凭"礼"或"法"治国的精神贯穿了明代的立法。洪武五年，朱元璋着手改革宋元以来的旧规，认为："乡党论齿从古所尚……佃见田主，不论齿序，并如少事长之礼；若在亲属，不拘主佃，则以亲属之礼行之……"② 一般认为，这其实是从立法上否定了地主对佃农的控制权和主导权，拉平了地主与佃农的法律地位。此一规定及《明律》和当时的礼法精神，大致存在这样一种倾向：即佃户和自耕农、庶民地主一样同被视为国家的编户齐民，除了对贵族和官僚地主等仍要守等级名分外，彼此纠纷一律按"凡人"律例科断，这对提高佃农的社会地位和加强其人身独立性是有利的。③

"即以一般佃农而论，虽然取得了'凡人'法律地位，却又规定佃农对地主要行'以少事长之礼'，给主佃之间加上了一重长幼尊卑关系的外衣，也就是把血缘宗法关系加在佃农身上。这种血缘宗法关系，对主佃关系来说，虽然不是地权属性，但它形成了主佃间的非完全平等关系。"④ 不过，这种虚拟的宗法关系带来的主佃间"非完全平等关系"其实是非常微弱的。对这种宗法关系，其实无论是地主还是佃农都有很大的选择权。有选择就有更大的自由和独立。

直到明代以前，比如说元代，地主对佃农的役使从来都是很严重的。但是明代法律规定：地主如非法役使佃客抬轿，除受刑罚制裁之外，还

---

① 明初对官僚地主和庶民地主都进行了严厉打击，也在法令上极大限制了官僚地主与庶民地主相对佃农和普遍百姓的权力。但是这种趋势在明代中叶发生了一定程度的逆转，官僚地主的力量不断加强，造成佃农和一般民众社会地位的下降。不过，这种逆转在清代再次得到遏制。事实上，在中国这样的社会里，国家力量和意志是一切关系的重要基础，违背国家意志的发展是不可能稳固的。特别是在明代中叶，这样的官僚地主力量的加强正是建立在国家力量的基础之上，同时利用国家管理上的松弛而发展起来的。一旦国家管理力量加强，其发展当然就不能持续。

② 《明太祖实录》卷七三，台北，中研院历史语言研究所校勘，国立北平图书馆红格钞本影印本，1962，第 1352~1353 页。

③ 如李文治、方行等前辈都认可这种观点。但是，这条法令也可以认为实际上降低了庶民地主的社会地位，这是符合中国古代的发展趋势的：即不断减少社会中间阶层，加强国家和皇帝对普通老百姓的直接干预和控制。

④ 李文治：《明清时代封建土地关系的松解》，中国社会科学出版社，2007，第 36 页。

要"每名计一日追给雇工钱六十文"。① 根据记载，这种法令在当时产生了实际效果，如明末清初的张履祥就是"本宅有事，佃户若来效力，仍计工值酬劳"。② 这就是把劳役转化为一种单纯的市场交易行为，③ 代表着货币和市场力量在租佃关系中的深入。当然，藐视国家法令的行为任何时候都有，但这不是一种受法律支持的正常现象。

明代法律在维护佃农对政府官吏的独立，不受非法役使方面也做出过一些规定，比如说"凡各衙门官吏及出使人员役使人民抬轿者，杖六十。有司应付者，减一等。若富豪之家，役使佃客抬轿者，罪亦如之"。④ 这里的"人民"当然也包括了佃户，而且在当时的现实条件下可能主要是佃户。⑤

如果地主役属佃户从事国家征调也必须另付工价，这样的事在文献上屡见不鲜。如徐光启就记录江苏常熟县有一年征调民夫修河，就规定田主如以佃户代工则必须"出备工食"，以为"小费"。下面的一份票据是很好的佐证（见表 2 - 1）。⑥

表 2 - 1　佃户支领工食票

佃户支领工食票	常熟县为大兴水利，以足民足国事：切惟国家赋税，赖租税以输将。业户田租，赖佃户以耕种。业户佃户，实有一体相须，休戚相关之义。本县督民浚河筑岸，不能尽佐官帑，量其工程难易，着令各业户出备工食，付给佃户佣工。此虽一时小费，实贻无穷后利。邑中如法付佃者固有，而吝惜厉民者不无。拟合给票为式。如业户某人应浚河一丈，应给佃户某人工食米若干，筑岸一丈，应给佃户某人工食米若干。着各该公正填注票尾，佃户执票对支。领讫方付业户执照。如有指扣赖租宿债，凌虐佃户者，即将原票缴还。公正类齐，造册缴纳。至纳租日，许令佃户加倍算除，设使今因而惰误工次，定行严提枷责，加倍罚工不恕。须至票者。

黄冕堂总结认为："总之，包括明代法典在内的种种记载表明：明代

---

① 清代刑部钞档，转引自黄冕堂《论明代农民的自由化倾向及其社会意义》，《文史哲》1983 年第 4 期，第 11 页。

② （清）张履祥：《杨园先生全集》卷一九，陈祖武点校，中华书局，2002，第 571 页。

③ 这种做法其实是符合市场化原则的，似乎可以算是唐宋以来中国社会经济市场化潮流中的一个组成部分。

④ （清）薛允升撰《唐明律合编》卷十，怀效锋、李鸣点校，法律出版社，1999，第 228 页。

⑤ 自宋代开始，国家在赋役方面似乎是趋向于将国家指令性的劳役安排转化为市场货币性的交易行为。当然，直至中华人民共和国成立，这个过程都没有最后完成。

⑥ （明）徐光启撰《农政全书》卷一五《水利》，载朱维铮、李天纲主编《徐光启全集》，上海古籍出版社，2010，第 308 页。

的佃户已经在社会上比较牢固地确立了国家编户齐民的地位。因此，国家官员不能对他们随意役使，地主对佃户在政治上和人身上不能横加侵暴和凌虐，地主还不能无偿地强令佃户承担自家应承的官差和随意召唤佃户在家内服役。地主如有公私差役需要佃户承担，则必须按雇请佣工的待遇一样另给工价，否则便是触犯了刑律，不仅要强令追给工价，而且要决杖六十，即使'豪富之家'，亦不例外。"

因此，"这类法令如果获得切实贯彻的话，则佃户的身分实际与自由雇工没有多少差别了。过去的庄园主无偿地征召部曲、佃客供役被认为是天经地义的、合法的，也是没有多少限制的，不仅部曲、佃客的剩余劳动被剥夺，而且还经常侵占其必要劳动"。

由此导致的经济结果是："明代法典对豪富役使和凌虐佃户所订出的种种限制，不仅使佃户能保障一定的剩余劳动，在经济上为佃户的个体经济发展提供新的刺激和活力，有重要的经济意义，更值得注意的是佃户的政治身份发生了明显的变化，它从法定的意义上宣告了封建徭役经济的没落和主仆关系的动摇。"①

"清承明制"，清代继承明代大部分的法律制度而略作修改，有关主佃之间关系日益平等的法律及其精神也保留了下来，地主凌驾于佃农之上的优势地位也在不断削弱，主佃之间的法律地位是相对平等的。②

比如说：国家在兴修各种水利工程之时，"业食佃力"成为惯例，为政府和民间所遵守，特别是被政府反复强调，各级官员的奏章和皇帝的上谕一再重申，以至于在《清实录》中"业食佃力"的出现达数百次之多。从生产要素关系的角度来说，这似乎可以说明社会公益在劳动和土地资本③之间的一种分担。

雍正五年内阁的谕旨说："朕以移风易俗为心，凡习俗相沿，不能振拔者，咸与以自新之路，如山西之乐户，浙江之惰民，皆除其贱籍，使

---

① 黄冕堂：《论明代农民的自由化倾向及其社会意义》，《文史哲》1983 年第 4 期，第 11 页。这种改变似乎是在市场经济发展的条件下达到的。对国家而言，这些法令的意义在于：政府可能通过市场来获得需要的劳役，那就不需要保持对底层劳动人民在人身关系上的约束。解放地主对佃农人身上的控制，更有利于佃农进入劳动力市场，更有利于政府用更低的价格更容易地获得所需要的资源。

② 绝对平等是不可能做到的，当代世界资本家与工人的地位难道能够完全平等吗？

③ 关于土地、资本和土地资本这三者的内涵及关系，笔者将在第四章详细说明。

为良民，所以励廉耻而广风化也。近闻江南徽州府则有伴偠，宁国府则有世仆，本地呼为细民，几与乐户、惰民相同。又其甚者，如二姓丁户村庄相等，而此姓乃尔彼姓伴偠、世仆、……若果有之，应予开豁为良。"①

后又规定："凡不法绅衿，私置板棍，擅责佃户者，乡绅照违制律议处，衿监吏员，革去顶职衔，杖八十。地方官失察，交部议处。如将佃户妇女占为婢妾者，绞监候。地方官失察徇纵，及该管上司不行揭参者，俱交部分别议处。"②

这种惩罚标准，与中国之前与之后的历朝历代相比，不可谓不重。此一条例颁布后，地主更不能通过暴力方式逼租。这代表着国家力量利用主佃斗争向租佃关系的伸展和制衡，地主对佃户的直接超经济强制权和收租能力被削弱，主佃关系也日益向单纯的市场关系方面转化。

方行指出：清代各级地方政府为了协调处理租佃关系，颁布了许多受国家强制力保证执行的具有法律效力的规章、条例等。其主要内容大致涉及两个方面，一方面是严禁佃农欠租、抗租。另一方面是防止和制止地主对佃农的苛繁索取。③ 总之，国家是尽量站在一比较公允的立场上，既不包庇佃户，也不偏袒地主。国家的意志促进了地主与佃农之间地位的平等，正是国家的保障和对主佃关系的强力介入，才促进了佃农的逐步解放和独立。

"明清时代封建租佃关系的重大变化之一是越来越多的佃农摆脱了严格隶属关系的束缚。经过宋元时代的变化，特别是朱明王朝废除了歧视佃户的众多法令之后，劳动者已不再是土地房产的附属物，不再属于地主，随主籍贯，在法律上具有与地主同等的地位，同地主一样是封建国家的编户齐民。"④

在迁徙自由方面，佃农的独立性也在加强。明代中叶之后，黄册制度逐渐松弛，特别是"一条鞭法"施行之后，农民就更容易离乡离土。

① 《清世宗实录》卷五六，中华书局，1985，第863—864页。
② 《大清律集解附例》卷二〇，载马建石、杨育棠主编《大清律例通考校注》，中国政法大学出版社，1992，第833页。
③ 方行：《清代租佃制度述要》，《中国经济史研究》2006年第4期，第117页。
④ 魏金玉：《我对明清租佃关系的认识》，《中国经济史研究》1999年增刊。种种研究表明，实际情况是：明初的法律的确是限制地主对佃农和奴仆的权利的，但是在明代中叶之后，官绅权利加强，对佃农和奴仆的压迫有所加重。

所以明代人观察说："今日赋税之法，密于田土而疏于户口，故土无不科之税，而册多不占之丁。"① 清代的编审制度已不如黄册之初严格，摊丁入地之后，役并入赋，更不需要严格控制人口。乾隆时期，国家废除编审制度，更无从控制农民为了生计的需要四处迁移。农民从宋代获得的迁徙自由遂进一步巩固。② 这造成的结果是清代人民"熙攘往来，编审不行，版图之籍亦莫可得而稽矣"。③ 政府既然不重视对人身自由的约束，权贵地主及庶民地主就不可能有能力对其进行束缚了。

民国以后，法律受西方资本主义法律原则的影响，更不存在对佃农的歧视。主佃之间的经济纠纷，一般都是通过正常的司法渠道解决的。

（二）司法实践的发展趋势

除了法律规定的人身独立与实际的经济独立之外，主佃双方的关系还受到国家司法的巨大影响。④

传统上，一般认为中国政府都是从司法上偏袒地主利益的，其实并不尽然。近代以来不同方面的材料和研究都表明，地主与佃农发生经济纠纷的时候，国家司法的原则并不尽是偏袒地主而压迫佃农，而是尽可能采取比较公允的立场。如果没有这一保障，即使法律规定佃农是独立的，也不能说佃农就真的从地主的压迫下完全解放出来。

首先，明清代的法律在逐渐加强对地主经济利益保护的同时，却又剥夺了地主对佃农的超经济强制力。问题在于，这两个过程并不是同步的。明代以来，普通地主已经失去了用暴力迫使佃农交租的权力，而政府并没有立即建立起针对佃农抗租的法律。"明末还没有确立适用于欠租

① （明）顾起元撰《客座赘语》卷二，谭棣华、陈稼禾点校，中华书局，1987，第60页。
② 方行：《中国封建社会农民的经营独立性》，《中国经济史研究》1995年第1期，第11页。关键问题是，国家放松对人民的人身控制，成本降低，税收并没有减少，国家开支仍然得到了相应地保障，这样就使得国家发现在当时的条件下，放松对人民的人身控制是有利而无害的事情。
③ （清）汪文炳等修纂《富阳县志》，清光绪三十二年刊影印本，《中国方志丛书》，华中地区第583号，台北成文出版社有限公司印行，1983年台一版，第948页。
④ 司法与立法是不同的。立法固然会对司法造成影响，但是立法在司法实践中得不到实行的也所在多有，立法没有规定，而司法却如此实行的，也是常有的事。而且相对立法而言，司法更加灵活，法无明文规定之事，执行官吏往往可以根据立法精神、实际情况和自己的判断灵活处理。因此，相比之下，司法更接近实践。

方面的律例条文，官府和地主尚无可以依靠的法律根据，地方官往往根据自己的理念①和国家立法精神进行办案，处理各种复杂的社会关系。"②比如说，海瑞在任淳安知县时的办案原则是："事在争言貌，与其屈乡宦，宁屈小民，以存体也。乡宦小民有贵贱之别，故曰存体。若乡宦擅作威福，打缚小民，又不可以存体论。"③ 这是符合朱元璋的立国精神的。"乡宦"与佃户的确是有"贵贱之别"，但朱元璋同时又明确承认佃户为国家齐民，公开宣称要"锄强扶弱""右贫抑富"，如果地主以及"乡宦"擅作威福，欺凌弱小，业主自己就已经陷身于刑网之中，根本谈不上"存体"了，而明代的法律（至少明初的法律）对各级官员乃至贵族是从不姑息的，对一般地主更可以想见。

其次，由于绅衿势力的相对衰弱、庶民地主的增多，主佃关系主要形成于庶民地主与佃农之间，佃户在人身地位上属于"凡人"的实际意义越来越大。"佃农人身的自由，主要是从法制地位上讲的。实际上，他们能否自由，还要受经济条件限制，并受宗法关系和习惯势力的约束。而法律限制解除后，地主阶级也就更多地采用经济手段来约束佃户。"④在司法实践中，地方官在处置主佃纠纷命案时，只要不是有服亲属等特殊情况，主佃之间一律都平等对待，"依凡斗科断"⑤。所以佃户不仅在法律规定上，而且在司法实践中都取得了与田主相对平等的地位。实际上政府也不愿意过多介入主佃纠纷，如王锡爵说："田之荒稔，官府通查则难，田主自查则易，而佃户之租，若今年无取，明年可弃而不种，此田主切身利害，不必尽烦官法者也。"⑥ 实际也就是说，在政府看来，无论是对地主还是对佃农，其纠纷是一种经济行为，完全可以通过市场规

① 这种理论多半是基于儒家思想的。而儒家思想的基本精神承认社会的不平等，但强调和追求社会不同等级个体在人格上的平等。
② 参见〔日〕滨岛敦俊《试论明末东南诸省的抗、欠租与铺仓》，《中国社会经济史研究》1982年第3期。
③ （明）海瑞：《海瑞集》，陈义钟编校，中华书局，1962，第117页。
④ 许涤新、吴承明主编《中国资本主义发展史》第一卷《中国资本主义的萌芽》，人民出版社，2003，第231页。
⑤ 史志宏：《清代前期的小农经济》，中国社会科学出版社，1994，第83页。
⑥ （明）张萱撰《西园闻见录》卷四〇，哈佛燕京学社，1940，第24页。

律来加以约束，无需政权机关过多干预。① 而且如果政府介入，则交易
成本过高。

所以，研究表明："为了维护'家天下'，帝王及其官府对主对佃都
要约束。即一方面打击'豪强'，诏令田主减租，甚至（如王莽、蔡京、
贾似道和朱元璋等那样）以'王田'、'刮田'、'公田'等名目没收其
地产；另一方面也镇压'佃变'，在'赋税属地，赋从租出'的近古各
朝要求佃户正常交租，以便业户按例完粮。但是，只要不出大的乱子，
官府对一般的主佃矛盾通常并无太多的干预兴趣。笔者曾经在浙江永康
县档案馆查阅清末民初的业佃纠纷档案，发现除了涉及公田的租佃纠纷
和出了人命的刑事案件外，各衙门对此种纠纷一般是互相推诿不愿处理
的：法院推给民政，民政推给地政，地政推给警局，警局又推给民政，
如此等等。"②

再次，与我们一般人的印象相反，国民政府对佃户更为同情和保护，
甚至可以说是偏袒的。北伐成功之后，国民政府在原则上对地主追租的
权力是加以削弱的。"民国以前，江苏等少佃户欠租时，田主往往请县署
拘押加以笞责，民国以后已为法律所禁矣。"③ 事实上，主要应该是在北
伐成功之后，政府力量相对提高，地主向佃农的追究权力更多地受到强
力限制。例如，韩德章分析过："收租时期，视各地种稻大多数品种成熟
而定，每以节气为指定偿租之期限。有过期不能缴租的，地主以种种严
厉办法催索。此种风气以江苏、浙江交界一带为甚。每年收租时由地主
会议，勒令佃户在指定的某一天以前，将租物一律缴清，如有拖欠等事，
地主即诉县追押，一再拷追，甚至有将佃户处死者，事后由地主出资收
殓或抚恤金若干了事，这种款项系由地主每年集资专为此种用途存储的。
这是调查那年以前习有的事，现时已经过一番社会与政治的革新，这种

① 这一段话其实还可以说明一个问题：即对土地实际生产信息，地主比政府掌握得要清
楚。租佃关系其实能够把有关农业生产信息暴露出来，从而有助于政府的税收。

② 秦晖：《"业佃"关系与官民关系——传统社会与租佃制再认识之二》，《学术月刊》
2007 年第 1 期，第 134 页。

③ 刘大钧：《我国佃农经济状况》，载李文海主编《民国时期社会调查丛编二编·乡村经
济卷下》，福建教育出版社，2009，第 151 页。

恶习当然是已经废绝的了。"①

　　当然，政府出于税收保障的需要，还是通过司法程序对主佃纠纷进行了一定程度的介入。中国农民银行委托金陵大学农学院农业经济系调查编纂的《豫鄂皖赣四省之租佃制度》显示："据一般情形而言，地主对待佃农态度，尚称公允，过分苛刻及藉势欺凌之事较属少见。佃农倘能按时缴租，不事拖欠，则地主对于佃农，恒存好感。有时佃农延迟交租，甚或抗不遵约，地主亦必先邀中保代为催租，如仍无效，方行控诉有司追邀或辞退之。在皖省舒城、桐城等县，每有苛刻之地主，遇佃农至规定时刻1月后仍未缴租时，即予以惩罚，每半月加一计算。若佃农至三四月后仍无力交纳，则控于官厅。"②

　　在四川等省份，政府在县乡普遍组织了调解主佃纠纷的县乡调解委员会。凡是出现了租佃纠纷，例先由县乡调解委员会予以调解。倘经调解未能解决，则进行法院司法程序。③ 在发生主佃纠纷，尤其是佃农抗租不交的情况下，地主自己是没有处理权力的，而必须由政府秉公而断。这种做法应该是合理的。

　　主佃之间一旦发生纠纷，经过诉讼之后，据说还多是地主胜利，这大概是因为地主的经济地位和知识背景还是相对较强。"解决纠纷，地主多胜。……其在法院起诉者，地主之法律知识较佃户为高，又较机警巧诈；且有资力延聘律师为之辩护，其胜诉机会，自较佃农为多。"④ 而且诉讼的起因多是佃农不能及时缴租，地主诉讼获胜的概率自然较大。

　　但是地主即使打官司胜利，代价也是很大的。《豫鄂皖赣四省之租佃制度》就提到湖北民生圩公司与佃农打官司，虽然官司胜利，但"金钱损失，亦属不赀，除该年度各股东应摊之稻租，均贴归公司作讼费外，

① 韩德章：《浙西农村之借贷制度》，载李文海主编《民国时期社会调查丛编二编·乡村经济卷下》，福建教育出版社，2009，第580页。
② 中国农民银行委托金陵大学农学院农业经济系调查编纂《豫鄂皖赣四省之租佃制度》，载李文海主编《民国时期社会调查丛编二编·乡村经济卷下》，福建教育出版社，2009，第1048页。
③ 参见郭汉鸣、孟光宇《四川租佃问题》，载李文海主编《民国时期社会调查丛编二编·乡村经济卷下》，福建教育出版社，2009，第890页。
④ 郭汉鸣、孟光宇：《四川租佃问题》，载李文海主编《民国时期社会调查丛编二编·乡村经济卷下》，福建教育出版社，2009，第891页。

每股尚须摊派数十元之多"。① 所以地主也还是尽量避免与佃农发生纠纷，因为不但打官司经济成本很高，而且名声特别不好。

最后，佃农上升的官方渠道也逐渐被打开。佃农中的大部分作为国家"编户齐民"，其社会地位和经济地位都是既自由又独立的，上升通道本身就没有问题，佃户甚至可以直接捐官。而身份地位更低的佃仆的上升空间在清代也被逐渐打开。"康熙初年……吉赣俗以佃为仆，子孙无得与童子试，公为按版籍，勒石永禁，破数百年旧俗。"② 科举考试是中国传统社会社会地位上升和经济条件改善最有效的手段，地位低下如佃仆既然有了这样的机会，其社会地位能否提升就仅仅是其能力问题了。

上述法令和现实充分说明了这样一个问题：即在近世中国社会，国家是主佃关系的仲裁者和决定者。主佃关系相当大程度上取决于国家的税收需要，充分体现了上层建筑对经济基础的强大反作用力。③

从法律角度观察，纵观中国近二千年历史，普通人民人身独立性加强是不可逆转的趋势，虽然遇到金、元、清三个落后少数民族入主中原建立朝代的冲击，而此潮流毕竟不可逆转，甚至清代可能还进一步推动这一趋势，这当然与清政府更深刻地接受汉族先进文化有关。即使社会地位低下如佃农等，其人身独立性增强的过程虽屡有反复，但大的方向毕竟是清晰明确的。越到近代，这种趋势就越是明显。

二 现实生活中的主佃斗争与佃农独立性的确立

法律往往是现实的反映，但是法律的反映可能滞后，也可能超前，所以法律规定和实际情况可能有所不同，而种种实际观察材料同样可以证明佃农人身上的独立性。这种独立性同样是佃农与地主及国家政权斗争的结果。

当然，一切斗争都必须在一定的外部环境基础上发生作用。如果没

① 中国农民银行委托金陵大学农学院农业经济系调查编纂《豫鄂皖赣四省之租佃制度》，载李文海主编《民国时期社会调查丛编二编·乡村经济卷下》，福建教育出版社，2009，第1053页。

② 《碑传集》卷81，邵长蘅《提调江西学政按察使司金事加一级邵公延龄墓碑》，转引自傅衣凌《明清农村社会经济》，三联书店，1961，第83页。

③ 这是否可以说明所谓主佃矛盾只是国家与人民矛盾的一个侧面及表现形式，从而成为秦晖系列研究成果的一个注解。

有市场的作用，没有政府、地主与小共同体等力量之间的制衡，单靠佃农的斗争不会发生什么实际的效果。① 所以，近世以来佃农独立性的加强和地位上升既是佃农斗争的结果，也是国家立法精神和司法实践共同作用的结果。

自明代中后期开始，随着人口的增长，资源约束的压力增强，加上国家政令逐渐松弛，及官僚地主的压迫加强，佃农日益增长地进行多种形式的政治和经济斗争，这也成为他们挣脱枷锁的重要原因。这些斗争内容包括逃亡、抗租、校斗斗争、反对额外索取"冬生"、霸佃、暴动等，有关材料和研究成果很多。这些斗争方式中，有些是合理的，有些是不合理的，但是给地主收租和压迫造成困难则是一致性的。

在佃农的经济斗争与非经济抗争下，地主逐渐发现使用人身不自由的佃仆是比较不方便的，成本太高，不如通过市场购买劳动力更加划得来。"家人奴仆，只宜论年雇佣，言定每年工银若干，按季支付，好则多用几年，坏则令其别雇，彼此具便。"② 这已经是承认雇来的工人比买来的奴仆在耕作中更加方便，在经济上更加有利了。当然，地主能够进行这样的比较，需要在自由劳动力市场相当发展和自由劳动力普遍存在之后才能做到。

至于经济性质的自由租佃制度，则在管理成本上比雇工经营还要低。庶民地主的力量既然不强，又受到政府的约束，其对佃农的压迫就不可能非常有力。超经济的人身压迫条件下的租佃制度不是没有，但是难以长期持续维持，更不可能发展。这也是符合制度经济学的逻辑与结论的。

通过各种形式的斗争，到明末的时候，除了部分贵族官僚地主可以凭借政治权势继续维持其奴役农民的强迫经济外，自由租佃的耕作制度已在全国许多地方确立起来。

这种情况在清代和民国进一步发展。如果说明代中后期缙绅地主的力量尚相当强大③，对佃农的控制力还比较大的话，那么，可以说清代之后，现实中庶民地主是占了绝大多数的。田主中"其田连阡陌者百无

---

① 佃农的斗争当然是有效且必要的，但是笔者不认可那种把佃农地位的改善单纯归因于其对地主阶级斗争的结果。中东欧国家的人民对领主阶级难道没有斗争吗？为什么他们是越斗争，社会地位越低下呢？

② （清）石成金编著《传家宝全集·人事通》，张惠民点校，中州古籍出版社，2002，第162页。

③ 明代初年，朱元璋对地主的打击也是相当严厉的。

一二，大抵多系奇零小户"①。在南方，"三吴之地，四百亩之家，百人而不可得其一也"②。绅衿较多、土地集中程度较高的江南尚且如此，其他地区也就可想而知了。

由于在经济效率和管理成本上的优越性，所以自明代历经清代直至民国，自由租佃制度一直处于不断发展和推广过程中。史料上能够发现：在明代江南还有比较多的经营地主，而到清代中后期经营地主则已经几乎完全让步给出租地主了。

出租地主对佃农的控制力往往是比较弱的，无论人身，还是经济，均是如此。这方面的材料很多。之前的研究成果也很多。方行先生的文章就清楚地指出："从秦汉至于明清，经过二千多年的发展，广大农民才基本上具备了比较完备的经营独立性。"农民已经逐渐获得了"自由迁徙""自由种植""自由支配劳动时间""自由支配劳动产品""自由占有土地"这样五大权利。③

进一步研究表明：近世中国绝大部分的佃农，作为自由农民的一个重要组成部分，当然也在相当程度上获得了这样五种权利。

首先，从现实情况来说，根据中华人民共和国成立前的种种观察和调查材料来看，租佃关系基本上是双方自愿订立的。这一过程从宋代开始，到民国基本上完成。

民国时期的调查材料的特点是：多数都是大样本调查材料，这样的统计材料比起个别案例，对说明一种现象具有更大的说服力。民国时期的调查材料表明：地主与佃农之间基本上是一种自由的契约关系，主佃之间多数是一种通过市场结合起来的经济关系。

郭汉鸣、孟光宇的《四川租佃问题》是 1940 ~ 1941 年在四川进行长时间深入民间的调查的报告。该报告指出在四川：

地主招揽佃客，恒由口头散布邻里，于逢场赶集的传入镇中，

---

① （清）秦蕙田：《龙德而正中者也》，载中国人民大学清史研究所、中国人民大学档案系中国政治制度研究室编《康雍乾时期城乡人民反抗斗争资料》，中华书局，1979，第12页。

② （清）张履祥：《杨园先生全集》，陈祖武点校，中华书局，2002，第227页。

③ 方行：《中国封建社会农民的经营独立性》，《中国经济史研究》1995 年第 1 期，第 8 ~ 21 页。

间亦有张贴广告于通衢者……凡有不满意其原佃耕土地或被地主撤佃之佃农，咸注意于此项消息，待辗转获得消息后，即先往"看田"，并访问该地之四邻，采询该田之生产情形，以为其认纳租额之主要参考，然后托人介绍与地主会面，此介绍人同时必为地主所认识，藉以调查佃户之为人，确为忠实勤俭，然后始能出租。……至公产学田之承佃手续，各县多用投标方法。①

刘大钧的《我国佃农经济状况》于 1929 年调查了全国的佃农经济情况：

租佃关系设定之手续，各地大略相同，皆用承佃契约。其名称不一……约中恒订明佃种之年限与每年纳租之数目种类，此二者为各约所同有。……少数地方亦间有以口约代笔约者。②

租佃关系既然在市场上自由订立，佃农与地主之间自然也就处于一种相对比较平等的地位了。

其次，资本市场发展导致主佃关系日益松散。20 世纪 30 年代的满铁调查发现：在华北的实物分成地租中，地主极少向他的佃农提供资本和信贷，一般不干预佃农对土地的经营，二者之间社会关系极为松散，不像日本的主佃之间有等级地位高下之别。③ 南方地区的佃农对借贷市场的依赖性很高，对地主则相对不那么重视。"宁负田主租，不敢负谷主债"④。

由以上种种材料可以看出：近世中国，特别是民国以来，租佃关系基本上是一种市场合同关系，在这种基本条件下，主佃双方都是自由的。

① 郭汉鸣、孟光宇：《四川租佃问题》，载李文海主编《民国时期社会调查丛编二编·乡村经济卷下》，福建教育出版社，2009，第 831 ~ 832 页。
② 刘大钧：《我国佃农经济状况》，载李文海主编《民国时期社会调查丛编二编·乡村经济卷下》，福建教育出版社，2009，第 145 页。
③ 〔美〕马若孟：《中国农民经济：河北和山东的农民发展 1890 ~ 1949》，江苏人民出版社，1999，第 257 页。
④ （明）周之夔撰《弃草集》卷五《广积谷以固闽围议》，转引自傅衣凌《明清农村社会经济　明清社会经济变迁论》，中华书局，2007，第 278 页。

因此，在传统政治经济社会关系中，如果说明代佃农对地主的依附性在局部还比较强的话，那么在清代和民国，如果还要说地主对佃农能够拥有很大的控制能力，那是相当值得怀疑的。

当然，中国很大，情况很复杂，佃户对地主的人身依附性也不能说完全没有。近世中国主佃关系中至少有两种情况是值得着重说明的。

（一）主佃之间力量悬殊

如果地主是大官僚、大富商，势力很大，这时佃户对地主就可能表现出更多的依附性。这种情况，不仅明代和清代是这样，直到民国时代还是如此。

刘大钧的《我国佃农经济状况》指出：

> 江苏灌云等地之承揽约中规定佃户须永远服从田主指挥，并于暇时为田主服役，是则佃户地位几近农奴。惟此种情形仅以田主为大地主，尤以其为显宦富商之时为然。若田主亦为农家，则约中虽设规定，亦仅有名无实。在湖北及他省多处地方，田主、佃户社会上皆处平等地位。①
>
> ……田主自为农家之时，其对于佃户之待遇亦较远客他乡之大地主为良，双方关系有若家人，故收获之后，往往彼此互馈，其田主为远客之资本家者（尤以为官宦时为甚），则佃户地位几同仆役，在田主之前，须垂手侍立，有事之时且与奴仆同服役。②

地主方面的势力越大，佃农所表现出来的依附性就越强。但是这种依附性其实还可以从三个方面加以解释。

第一，人身依附关系的根源并不在主佃关系。

这些大地主之所以能够取得这种超经济的人身主导，依赖的并不是其地主的地位，而是其大地主身份之外的政治势力和经济势力；佃农相对地主的依附关系，并不是法律所规定、承认和保护的，而是由地主个

---

① 刘大钧：《我国佃农经济状况》，载李文海主编《民国时期社会调查丛编二编·乡村经济卷下》，福建教育出版社，2009，第145页。

② 刘大钧：《我国佃农经济状况》，载李文海主编《民国时期社会调查丛编二编·乡村经济卷下》，福建教育出版社，2009，第150页。

体所表现出的超出其地主身份之外的其他社会政治地位上的强势所决定的。这种情况，其本质实际上与他们之间是否是主佃无大关系。

第二，这种地位是由租佃合约所规定的，本质上是自由交易的结果。

租佃合约本身是自由订立的，是有期限的，是伴随租佃关系的，所以也可以到期终止，佃农并不一定愿意永久保持这种依附关系。如果佃农认为在这种租佃关系中得不到相应的利益，不愿意继续保持这种身份，那么他可以在租约到期的时候离开地主去其他地方寻求租佃的机会。

第三，佃农的这种附属性质，其实往往是以其他取得为补偿的。

佃农依附大地主，往往有除租地之外的其他某种目的，如作为大地主的佃农负担更轻，而且可以得到大地主的权势的保护。

> ……赣省乐平县之某村，约 1500 余户，尽属有永佃权之佃农，该处之田地，肥沃异常，向无水旱等灾，每年且可栽种二季水稻，惟彼等因鉴于捐税之繁重，乃将田地廉价售于本县大户，但得保存其永佃权。闻该佃农等从未发生欠租等事，故地主之收入，除缴纳正当捐税外，尚有微利可图。皖省合肥等县，农家因争夺水利成讼，败诉者自知势薄，乃将全部田地，售与城内某大户，自为佃农，拟借地主之力，作为护符者。①

> ……在最不自由的佃仆、奴仆、伴当这些贱民阶层里，尽管他在身份上不与齐民齿，然他们却一样拥有自己的私有财产，可以继承或出卖土地。……明清时代徽州有些奴仆，一面对其主人有严格的身份隶属关系……但奴仆的身份却不是绝对的，他可以赎身出籍，对于女子还有夫权和多妻制的特权。其在经济上的活动，自由权亦较大，可以经商，可以购买土地，收取地租，也可以把土地出卖给人家。这说明其身份制与经济权有所分裂，而又抱合在一起，充分反映了封建社会某些小生产者（包括奴仆、佃仆、伴当等）既是被剥削

---

① 中国农民银行委托金陵大学农学院农业经济系调查编纂《豫鄂皖赣四省之租佃制度》，载李文海主编《民国时期社会调查丛编二编·乡村经济卷下》，福建教育出版社，2009，第1071 页。

者，又是剥削者的双重身分。[1]

佃农在这里表现出的依附性，往往并不是被迫的，至少并不是地主本身所迫，很大程度上还是佃农与地主主动交易的结果。自由民通过把自己的部分自由出售给地主，可以相应地获得财产和身份上的某种权利，以改善自己在竞争中的地位。

我们也可以说，这里表现出来的关系具有一定的复杂性，从表面上看是佃农对地主的依附性，但是从深层次来说并不是佃农对地主的依附关系，而是国家与地主之间对佃农的竞争关系。在这种竞争过程中，佃农主动采取趋利避害行动，在降低了自己相对某个地主地位的同时，却提高了自己相对国家政权和整体社会的地位，从而也保障了自己的经济利益。

这仍然是历史上长期以来广泛存在的政府与地主劳动力争夺战的延续，当然也受政府力量的强烈约束和限制，所以既不普遍，也难以发展，而只能随着国家政权力量的加强和改善而逐渐消失。

作为大地主的佃农，其代价是人身上受到较多的限制。如果不能准时交租，也会受到比较严厉的追讨。而这种追讨的严厉程度是一般中小地主不可能做到的。但是，佃户也可以通过贿赂大地主的代理人的方式来避免这种追讨。

即使是所谓的"佃仆"，其产生仍然是市场经济条件下的交易结果，而既非"乡村公社的残余"，[2] 也非暴力征服和奴役行为。其维持依靠的也是国家的裁判和强制力，而并非宗族的势力。

种种调查材料表明，佃户对地主的依附情况总体还是较少的。下面的数据将会提到，在旧中国，大地主的数量是非常少的。

（二）近世中国的劳役地租比重

劳役地租往往被视作佃农对地主人身依附性的表现，[3] 近世中国在

---

[1]　傅衣凌：《明清农村社会经济　明清社会经济变迁论》，中华书局，2007，第 217 ~ 218 页。

[2]　傅衣凌：《明清农村社会经济　明清社会经济变迁论》，中华书局，2007，第 221 页。

[3]　方行先生提到：在分成租制下，地主干预和指挥生产，并要求佃农提供一定的劳役，从本质上说，这也是地主与佃农之间另一种形式的依附关系。经济上的严重依赖，则是这种依附关系的现实根源。具有经济性质的依附关系，就是分成租制佃农的重要特征（参见方行《中国封建社会农民的经营独立性》，《中国经济史研究》1995 年第 1 期）。

很多地方的确还存在劳役地租的形式。

明清时期，在北方一些分成租制流行的地区，佃农"畏惧业主，而业主得奴视而役使之。"① 如在河南省，梁宋之间，"佣佃者，主家之手足也，夜警资为救护，兴修赖其筋力，杂忙资其使用"。② 佃户"见田主如见主人，而佃户如奴仆，有事服役，不敢辞劳"③。河南汝宁府地主把佃农视为佃仆，"肆行役使，过索租课，甚有呼其妇女至家服役，佃户不敢不从者。且有佃户死亡，欺其本家无人，遂嫁卖其妻若子，并收其家资，占以为利"④。山东牟平佃农到地主家服役，不给工钱，只管饭，有的地主只备一二小碗，佃农吃不饱也得干活。⑤ 在市场经济更为发达的南方，情况也一样。洪亮吉外祖父家的佃户马爵侯，每年都为地主家舂米，"辄数月乃返"。⑥ 至于像安徽宁国府的"世仆"、徽州府的"伴倘"，为主家承担吹鼓等"贱役"，更是为学界所周知了。

但是与上述记录相反的材料也很多。同样在河南、裕州，乾隆间"佃户向不听田主役使"，佃户不替主人家做活，如果做活，可"索取午饭钱"。⑦ 又如在康熙雍正间的江西"……族姓之家，不敢骄人。田主虽连阡累陌，其待佃客无千役万仆之意"⑧。而且这种劳役地租所占的比重越来越低，有的地方在向有偿的劳动交换转化，至少到民国时期，劳役地租所占的比重已经相当少了。

根据陈正谟的调查：

---

①　《那苏图奏议》，载中国人民大学清史研究所、中国人民大学档案系中国政治制度研究室编《康雍乾时期城乡人民反抗斗争资料》，中华书局，1979，第11页。

②　（明）吕坤撰《实政录》卷二，转引自方行《中国封建社会农民的经营独立性》，《中国经济史研究》1995年第1期，第16页。

③　《湖南省例成案》卷二，转引自方行《中国封建社会农民的经营独立性》，《中国经济史研究》1995年第1期，第16页。

④　（清）德昌修、（清）王增纂《嘉庆汝宁府志》卷二三《艺文》，赵心田，徐则挺点校，中州古籍出版社，2018。

⑤　（清）郝培元：《梅叟闲评》卷四，见《郝氏遗书六种》，转引自冯尔康《顾真斋文丛》，中华书局，2003，第47页。

⑥　（清）洪亮吉：《外家纪闻》，转引自冯尔康《顾真斋文丛》，中华书局，2003，第47页。

⑦　清代刑部钞档，转引自方行《中国封建社会农民的经营独立性》，《中国经济史研究》1995年第1期，第16页。

⑧　《古今图书集成·职方典》卷八八八，第130册，中华书局，1934，第52页。

　　各省的佃户专以劳力充当地租的甚少。……或以契约上规定佃户在一年之内，须为地主作工若干日，并无工资者为力租，则这种力租现在虽然还有，但为数极少。据我们调查研究的 22 省 1520 处言之，仅有 28 处，不到 2%。……佃户每年必须无代价的供地主役使，而其日数漫无规定的……就我们调查的地方说，约占 19%。……而佃户不必须为地主服役的地方当然要占多数。①

　　契约明文规定佃户必须为地主工作一段时间作为租佃报酬的只有不到 2%。没有明确规定，按习惯佃户应该无偿为地主做些事，约占 19%，也就是说并不占主要部分。而且这里的 19% 的劳役部分，大部分不是用于农业生产，更多的是一种生活中的杂役，而且即使是对这种杂役，佃农也有自己的选择权。严格地说：劳役地租本身并不一定表现为佃农对地主的依附性，只有不自由的和无选择的劳役地租才表现为佃农对地主的依附，至于市场条件下自由订立的租佃关系中的劳役地租则不能认为具有这种性质，而是具有影子价格的意义。

　　这个数字与其他调查材料可以对应起来进行比较。乔启明的《江苏昆山南通、安徽宿县农佃制度之比较以及改良农佃问题之建议》② 有如表 2-2 可以说明：

表 2-2　纳租制度表

单位：%

地区	昆山	南通	宿县
纳租金法		81.8	2.3
纳租谷法	100	8	7.2
粮食分租法		8.7	90.5
帮工佃种法		1.5	

---

① 《中国各省的地租》，载李文海主编《民国时期社会调查丛编二编·乡村经济卷下》，福建教育出版社，2009，第 222 页。

② 乔启明：《江苏昆山南通、安徽宿县农佃制度之比较以及改良农佃问题之建议》，载李文海主编《民国时期社会调查丛编二编·乡村经济卷下》，福建教育出版社，2009，第 599 页。

一般认为北方的劳役地租比较普遍，但是表 2－2 中的宿县属于北方,[①] 却已经没有劳役地租了。

福建的数字与此相仿。1942 年的调查表明："本省工租之百分率最低，在各种佃租种类中平均仅占 1.25%。就区域观察，以闽西之 2.82%为最高。"[②]

在江西，根据毛泽东同志的调查，20 世纪 20 年代："劳役制度全县都没有了。地主有紧急事如婚丧等类，也常常求佃户替他做事。地主带耕一点田地，农忙时候，也常常求佃户替他做工。但通通是出工钱的。"[③]

在很多地方，佃户为地主家提供一些劳动常常并不反映依附关系，而是一种互相帮助。

乾隆间，湖南永州府知府曾指出，"婚丧之家，主人应接不暇，至亲密友多有代为效劳执事者。身为佃户，偶一相帮，亦不得遽谓之役使，谓之厮仆"。[④] 这是把主佃之间的相帮与至亲密友的相互帮忙等量齐观，在这种情况下，如果还过份强调其强迫性质，无疑是不适当的。

> 通常佃农于缴纳规定租额之余，尚须负习惯上之义务，平时如帮工、守仓、抬轿、担水等等，婚嫁丧葬等大事例应前往服役，新年佳节，率多馈赠礼品，地主有助于佃农者通常不过代为书写文字或调解纠纷，惟主佃感情融洽时，地主频施小惠，佃农亦乐于协助，以求得其欢心也。[⑤]

习惯上，地主与佃农之间是应该相互帮助的，这是传统中所认为的主佃双方应有的权利与义务。

---

① 宿县位于安徽省北部，淮河以北。

② 郑林宽、黄春蔚：《福建省租佃制度之统计分析》，载李文海主编《民国时期社会调查丛编二编·乡村经济卷下》，福建教育出版社，2009，第 930 页。

③ 毛泽东：《寻乌调查》，载中共中央文献研究室编《毛泽东农村调查文集》，人民出版社，1982，第 143 页。

④ 《湖南省例成案》户律卷 5，转引自方行《中国封建社会农民的经营独立性》，《中国经济史研究》1995 年第 1 期，第 16 页。

⑤ 应廉耕：《四川省租佃制度》，载李文海主编《民国时期社会调查丛编二编·乡村经济卷下》，福建教育出版社，2009，第 810 页。

很多地主承担了地方公益事业责任，这种责任往往也需要佃农共同承担。在台湾地区，"……从前地方有公共工程及造桥铺路等事，只要地主一声号召，因业佃关系良好，一律前来帮忙。今则除少数外，其他大多数大都推说农事繁忙，不肯参加……"①。这里所谓的"良好"，在很大程度上应该是佃农迫于地主的压力而不得不讨好地主的性质，不过也能从另一个侧面反映出佃农所从事的一些劳役是具有社会公益性质的，而这些公益事业是在地主的领导下完成的。而国家的法令，在将佃农从地主的控制下解脱出来的同时，往往也消除了佃农对地方的公益事业的义务。

另外，佃户为地主提供一定的劳役，在很多情况下可能是农民由于资本不足，而必须获得地主资本的一种补偿形式，实际上属于劳动与资本之间的远期交易，本质上并非人身依附关系。因为既然佃农在人身上是自由，租佃关系总体上也是自由订立的，那么这种劳役地租当然就只能是一种经济关系的表现。

可见，从劳役地租的角度来分析，近世佃户对地主的人身依附关系应该是存在的，但既不普遍，也不严重。

农业生产有强烈的季节性，农忙时期劳动人手非常紧缺。但是"……太和堂李雇佣的长工王维明等却在农忙期间下了工，而雇工朝明法等却在农忙期间当了太和堂李的长工，这说明当时长工已经基本上能够'把自己的劳动力，当作自己的商品来处理'了"②。这也从一个侧面说明了清代农村劳动力的人身独立性，他们可以自由地决定自己劳动力的使用。至少从清代以来，佃农与农业雇工之间是相互流动的，佃农与雇工之间往往不存在身份上的差异，而只是职业选择的不同。清代民国时期农业雇工的独立性，从另一个侧面反映出佃农的独立性。

根据当前的研究成果，近世以来的佃农其实有两种：一种是无充分人身自由的佃仆；另一种是具有充分人身自由的平民佃农。但是随着中国近世社会的发展，总体来说，无人身自由的佃仆的比重越来越低，而具有人身自由的平民佃农的比重越来越大。所以到"明清时代，一般租佃制已占居统治地位，身分性租佃制和佃仆制只存在于某些地区"③。

---

① 沈时可等：《台湾土地改革文集》，张力耕编校，"内政部"编印，2000，第32页。
② 罗仑、景甦：《清代山东经营地主经济研究》，齐鲁书社，1985，第110页。
③ 李文治：《明清时代封建土地关系的松解》，中国社会科学出版社，2007，第82页。

而且在明清时期，即使是佃仆，其人身上的非独立性也是相对的。佃仆在人身上还是比较独立的，很大程度上仅仅是土地房产的附属物，然而有自己独立的经济、独立的经营和独立的生活。① 到民国时期，当然更是如此。

（三）佃农与小共同体的关系

长期以来，在讨论佃农独立性的时候，中国学者比较重视农民相对地主的依附关系，而对个人与宗族等小共同体之间的依附关系不够重视，但是这种研究问题的角度与马克思等前人差别很大。

> 显然，我国理论界长期流行的封建社会观与马克思的封建社会观有着巨大的差别。这两种封建社会观都谴责封建主对农民的压迫，但我们把它看作是个人（"贪婪的私有者"）对共同体（"广大劳动群众"）的压迫，而马克思却把它看作是共同体（通过其代表）对个人（人的个性及独立人格）的压迫。我们在封建社会里只看到私有者个人在剥削社群，而正统马克思主义看到的却是"剥削者的公社和被剥削的个人"（普列汉诺夫：《我们的意见分歧》）。我们只看到农民依附于地主，因而自然认为打倒了地主，也就不存在了人身依附问题，而马克思看到的是个人依附于共同体，由此得出逻辑结论是：即使打倒了地主，只要没有经历过发达商品经济的洗礼，没有在发达的交换中产生"成熟的个人"，则人身依附关系也就依然存在，甚至还可以依然占统治地位。我们把反封建理解为"均贫富"，而马克思把反封建理解为个人摆脱共同体的束缚；我们实际上认为在封建社会里"贪婪的私有者"太自由了，而马克思则认为封建社会的弊病恰恰在于：在共同体的束缚下"每一个人"都没有自由；我们从"私有制是万恶之渊"的角度去批判封建社会，而按马克思的观点，在封建社会与其说不受任何束缚的自由私有制是万恶之渊，不如说束缚私有制自由发展的宗法共同体才是万恶之渊。②

---

① 参见魏金玉《明清时代皖南佃仆奴仆辨》，《中国经济史研究》2005 年第 4 期。
② 秦晖、苏文：《田园诗与狂想曲——关中模式与前近代社会的再认识》，中央编译出版社，1996，第 33～34 页。

中国学者之所以不重视这个问题，与中国的历史现实有关。在中国，除了国家这个"大共同体"之外，其他小共同体不仅既弱且小，而且与农民及佃农之间的关系相当松散。但是考虑到中国的广土众民，不同地方的差异还是比较大的。所以，不能完全漠视这方面的研究。

（四）佃农与宗族的关系

传统中国，尤其是在南方地区，宗族的势力和影响比较强，族田很多，有些地方族田的比重还相当大，[①] 宗族或者说乡族的力量还不小。

> 由于中国地主制食土而不临民，地主阶级对于农民的统治，仅通过官僚机构、专制政体是很不够的。宋元以后，地主阶级便采取乡族的伪装，如吕大临兄弟的蓝田乡约、王守仁的南赣乡约、十家牌法等以统治农民。他们在地方上拥有莫大的力量，所以作为村社制的延长的中国宗族势力，便在地方或中央的政治舞台上起了作用。[②]

但是与西方世界和中国传统上一般市场性质的租佃关系相比，近世中国族田的经营及其中的主佃关系毕竟有自己的特点。

清代族田田产在经营上很少采取大规模的雇佣经营模式，而基本上采取租佃的方式。各地又依具体情况，分别采用佃仆制和一般的租佃制，或者两制并举。佃农如果与族田没有本族关系，那么就是一般租佃制，但是实际上有很多佃农是租种本族的田地。

族田采用封建租佃制的经营方式，原则上不许本族人租种。这是范仲淹范氏义庄传下来的老规矩："族人不得租佃义田，诈立名字者同。"[③] 道理很简单，担心本族人承租田地后不容易收到地租。"在召佃耕种时，一些地区（广东最多、江西两湖也有）常常采取'投标招佃'的办法"，[④] 也就是充分市场化的经营方式。

---

① 这一点过去研究很多，成果显著，有关数据问题将在后文谈到。
② 傅衣凌：《明清农村社会经济 明清社会经济变迁论》，中华书局，2007，第233页。
③ （宋）范仲淹：《义庄规矩》，载《范仲淹全集》，李勇先、王蓉贵点校，四川大学出版社，2007，第797～798页。
④ 张研：《清代族田与基层社会结构》，中国人民大学出版社，1991，第113页。

但实际上，族田不许族人耕种与族人不得作批耕引荐人的规定，至少是不能长久起作用的。[1]

……土改时华东军政委员会曾对安徽祁门莲花堂村公堂土地租佃情况进行过调查：该村有公堂土地1210亩，本宗轮种的占0.5%，出租本村外姓的占76.5%，出租本姓的占8.14%，出租外村外姓的占14.8%……[2]

在这个例子中，族田由本族耕作的比例不到10%，这算是比例比较小的。但是：

一旦取消了对全族人使用族田的限制，那么出租方法就很简单了。在新会县一个叫做鸢冈坊的村子里，百分之七十的耕地是族田，族中任何人都可以申请租种族田，而且无须交纳押金。在台山县的另一个叫做下川塔边的村子里，一百三十余户人家分组编妥后去申请租种族田；租期少则三年，多则五年；地租一年之内分两次交清，在歉收的年成地租酌减。如果某族的族田较少，则往往租给本族成员轮种。茂名、乐昌、蕉岭、会阳、梅县、琼东等县的许多村子均是如此。这种轮流出租或轮种的族田通常以一年为期，而且往往不收任何押金。[3]

佃农不仅在承租本族田地方面具有优先权，而且在缴租方面也有优势。"族中成员有时拥有使用本族耕地的优先权，有的时候，例如在翁源，本族成员可以比族外佃户少纳百分之二十的租。但是在大部分地区都既不承认这种优先权，租额也没有任何折扣。"[4]

---

① 张研：《清代族田与基层社会结构》，中国人民大学出版社，1991，第114页。
② 张研：《清代族田与基层社会结构》，中国人民大学出版社，1991，第113页。
③ 陈翰笙：《解放前的地主与农民：华南农村危机研究》，冯峰译，中国社会科学出版社，1984，第47页。
④ 陈翰笙：《解放前的地主与农民：华南农村危机研究》，冯峰译，中国社会科学出版社，1984，第46页。

赣闽边区土地则有 30%～40% 为宗族族田或社区公田，[①] 其收入主要用于维持乡村社区的公共服务，如教育、治安、交通、文化、祭祀等，社区宗亲与一般居民都有"份"；这些属于社区公共财产的公田，也分别租佃给本宗族的子孙和村中乡亲耕种，因此田租一般都"会便宜一些，大约可减少一至二成"[②]。

在四保，私人地主制下土地的租率一般是年收成的 50% 左右，而族田对本族（房）族人的租率，通常只在年收成的 30% 以下。曾经租种 5 亩余族田的雾阁村村民邹恒善，认为族田的租率很低，他每年只交出年收成的 30% 给本房。

有时候还会更低。

马屋村村民马序育曾经租种两块族田：一块有 9 挑，每年交租谷 2.2 挑；另一块有 12 挑，每年交租谷 6 挑。假如每挑土地年产 1.6 挑稻子（这是土改前当地中等土地的年平均产量），那么第二块土地的租率是 31% 左右，而第一块土地的租率还不到 15%。

调查中甚至发现还有更低的。

雾阁村民邹恒抚曾经租种 50 挑族田，根据他的说法，每挑族田的租钱一般是银元 3 毛，按照他的估算，土改前每亩土地的年平均产量大约是 400 市斤稻子，假如 100 市斤稻子的卖价是银元 3 元，每元值 18 毛，而且每亩等于 4 挑的话，那么，租率还不到年产量的 10%。雾阁村民、前任村长邹金富也支持这一估计，他指出族田的租率一般是年收成的 10% 左右。[③]

---

① 温锐：《清末民初赣闽边地区土地租佃制度与农村社会经济》，《中国经济史研究》2002年第 4 期，第 65 页。
② 杨彦杰主编《长汀县的宗族、经济与民俗》，国际客家学会、海外华人资料研究中心、法国远东学院，2002，第 595 页。
③ 刘永华：《明中叶至民国时期华南地区的族田和乡村社会——以闽西四保为中心》，《中国经济史研究》2005 年第 3 期，第 57 页。

抗战期间章振乾在《闽西农村调查日记》中也记录了多个类似例子。[1] 不仅闽西如此，广东、云南、河北等地的情形也很相似。土改期间学者在对位于广州附近南景村的调查发现，该村王氏宗族的族田在三四十年前的租额只占总收成的 10% 以下。又比如说在离南景十英里处的保村（Po Tsun），吴氏宗族族田的租额就只占年收成的 7%。[2]

华东军政委员会土地改革委员会在调查安徽的公堂时提及：

> 这些公堂的起源都是祖上弟兄分家留些养老地，等上人一死即存公作祭扫之用，由弟兄们分别经管。……这些公堂土地较分散，租额较轻，其收入每年除祭扫外，还作月半、过年接祖宗等用。[3]

族人不仅在收租例方面有优势，在地租的缴纳方式方面也有优势。

> 送租，全县说来百分之八十送谷子，百分之二十折钱。公堂、神会、庙宇、桥会的租，约有一半是交钱的，因为公堂、神会等佃农亦多半有份，因此佃农常常要照当时市价折钱送去，而把谷子留下备自己食用。……那些豪绅把持的公堂、神会，为了有利他们的侵蚀（候谷价高时钱卖得多），便强迫农民交谷上仓，农民亦无可奈何。同一理由，地主田租总是交谷而不准农民交钱，只有离田庄很远的地主才有准许折钱的。[4]

种种材料表明，佃农总能够从本宗族土地中获得一定利益（当然这种利益并不充分）。或者说他们在承租土地时有优先权，或者可以支付更低的租金，再不济，也可以从交纳地租的种类和时间上获得一定的好处。

---

[1] 章振乾撰述《闽西农村调查日记（1945 年 4 月—7 月）》，中国人民政治协商会议福建省委员会文史资料委员会编，1994，第 107、139 页。在该书第 142 页，章氏又记录说，茶境全乡，"祖田过去收租仅达租额的 25%"。

[2] 参见 C. K. Yang, *A Chinese Village in Early Communist Transition* (Cambridge, Mass.: M. I. T. Press, 1972), p. 47.

[3] 参见华东军政委员会土地改革委员会编《安徽省农村调查》，未刊本，1952，第 188 页。

[4] 毛泽东：《寻乌调查》，载中共中央文献研究室编《毛泽东农村调查文集》，人民出版社，1982，第 141 页。

而地租的收入，对整个宗族和佃农本身也是有相应的帮助的。而且规模越是小的宗族，宗族的共有土地越少，租佃行为就越是表现为内部关系。而规模越大的宗族，共有土地越多，出于管理的方便和降低交易成本的需要，租佃行为也就越市场化。从某种意义上说，中国的佃农从小共同体中得到的帮助居多，约束则是较少的。

除了族田的租佃之外，其他亲属关系也会影响租佃关系的操作。

"赣闽边区农村均为客家人聚居地，佃农和田主之间，大多数是本家叔伯子孙宗亲，有的则为婚姻亲戚"，"田主与佃户之间虽有不同阶层间的利益的博弈，但也并非就只是你死我活、水火不相容，而是也同时存在相互依存与互助的一面……"[①]

福建东南地区，人多地少，出洋的人向来很多，这些人往往把自己的土地，及出洋后购置的土地委托给亲戚近邻耕作，仅要求帮助支付赋税，而对其地租收益不很在意。这也能体现一种互助关系。[②]

对比前面秦晖的分析，我们可以看到：首先，在中国，所谓的宗法体系和宗族，并不是在市场关系产生之前产生的一种社会发展中的原始遗留物，而恰恰是在市场经济发展的过程中逐渐发展起来的。越是在市场经济发达的东南地区，宗族就越是发达，[③] 这代表着市场经济条件中的一种合理性。其次，宗族的土地虽然一般不允许出卖，但也是按照市场规律在经营。宗族成员虽然与市场租佃行为相比多少有所优惠，但也是参照市场价格和对比市场机制来进行，并不是完全封闭经营的。因此，我们可以确认拥有宗族土地的宗族与其本族佃农之间，更多的是市场关系＋互助关系，而较少是剥削与被剥削、控制与反控制的关系。所以宗族内部佃农相对宗族土地而言，在人身上的确是独立的。

至于在佃仆制度中，首先佃仆的比重非常少，而且自明清以至民国，

① 杨丽琼、温锐、赖晨：《苏区革命前后赣南闽西地租率再认识》，《古今农业》2009 年第 2 期，第 41 页。
② 参见郑行亮《福建租佃制度》，1936，载萧铮主编《民国二十年代中国大陆土地问题资料》第 62 册，台北，成文出版社有限公司（美国）中文资料中心，1977，第 32099 页。
③ 傅衣凌和秦晖都有这种类似观察结论。

是处于不断消亡过程当中。其次，佃仆与其服务的宗族之间，一般来说本身并不存在什么宗族关系。再次，即使是非本宗族的佃仆，尽管地位低下，但未必独立性就一定很差。徽州的《窦山公家议》卷6《庄佃议》便是该家族调整对庄佃剥削的新规定，引述如下：

> 议曰：前人置立庄佃，不惟耕种田地，且以备预役使，故驭之宽而取之恕。今时之弊，役使烦苦，且征收科取比昔不无加重，况又有分外之征，人所不知者乎，今宜悉革此弊以苏佃困。不然，敛愈繁而佃愈困，其不至于迁徙流亡者几希矣。此抚恤之不容已也，倘有奸黠之徒不遵主令者，又当以法绳之，难以一例拘矣。……今议凡有婚娶丧葬大事令赴役一日，其余寻常事务毋得滥征。凡自祖庄迁各房己庄佃仆系已长成而去，及墓坟葬在众山者，但遇各房婚娶丧葬事，专赴役一日。[①]

明清以来，在外部环境方面，农民是自由的，国家允许农民自由迁移，所以佃仆是有可能逃亡的。在佃仆流亡的威胁下，上面提到的窦式宗族不得不把佃仆的负担限定为仅仅"婚娶丧葬人事赴役一日"，其他时间佃仆都是自由的。这种负担，不能说是过重。

传统宗族的封建性当然比较强，但是宗族自身也是不断变革的。

> 至于宗祠之管理，一般皆由族长主持，以各分会长辅佐之。近以社会政治经济情形转变，宗祠之组织，亦渐由旧日之独裁制度，进于会议制度；如郑氏家庙，年来族长逝世，其族即成立议事会与董事会，审议及执行一切事务，即其一例。[②]

所以也不能说宗族都被地主阶级把持，在大部分的宗族内部，主要问题还是要由全族公议来决定，毛泽东在赣南的调查其实早就证明了这一点。

---

① 周绍泉、赵亚光：《窦山公家议校注》，黄山书社，1993，第95页。
② 李文海主编《民国时期社会调查丛编》二编《乡村社会卷》，福建教育出版社，2009，第352页。

三　主佃共同体及其瓦解

（一）地主与佃农之间的依赖互助关系

地主与佃农之间不仅仅是对立关系，也可以是一种彼此依赖的关系，甚至可以把某些主佃关系称为一种"小共同体"，特别是在主佃关系维持得相当长久，可以保持数代、十几代人的时候。

前面就提到：明代梁宋之间，"佣佃者，主家之手足也，夜警资为救护，兴修赖其筋力，杂忙资其使用"[①]。这是指地主阶级对佃农的依赖，佃农对地主的依赖当然更大。

> 查东省春麦被旱。……其在六七月之间，乏食贫民，宜量加赈恤。所奏委员查造户口，分别极次，豫给印票，交该户收执，以免移换添改等弊，俱属应行，应照所奏办理，将极贫赈三个月口粮，次贫两个月口粮，大口每月给谷三斗，小口谷一斗五升。统于六月为始，动用存仓谷石，文武生员，有真正赤贫者，亦一体赈恤。其商贾吏役绅衿大户之庄佃，及家有储蓄者，不准入册。[②]

在发生自然灾荒的时候，政府例应出面救济。但是，佃农是需要地主照顾的，国家责任在这时就被推卸掉了。这似乎可以说明北方地区佃户对地主的依赖关系。北方地区自然灾荒是常有的事，所以佃农对地主的依赖是经常的事。世界各地普遍存在的地主与佃农之间的共同体关系，及佃农对地主的深刻依赖关系，在近世中国的某些地区依然是存在的。

> 护理山东巡抚布政使黄叔琳奏菏泽等六州县卫被水发赈情形，并称佃种之户，因田主力能照管，是以例不予赈。今被水户口，佃户居多，田主自顾不暇，势难赡及佃人。兹值灾黎望救之时，似应查明田主无力、乏食之佃户，一体赈济。得旨，所见甚是。[③]

① 《实政录》卷二，转引自方行《中国封建社会农民的经营独立性》，《中国经济史研究》1995 年第 1 期，第 11 页。
② 《清高宗实录》卷四三，乾隆二年五月戊申，中华书局，1986 年影印本，第 760～761 页。
③ 《清高宗实录》卷九七，乾隆四年七月下，中华书局，1986 年影印本，第 479 页。

只有在地主照顾不了佃农的时候，国家才需要照顾佃农。如果地主自身有这种能力，那么国家宁愿把照顾贫苦佃农的义务留给地主承担。

在某些地区，主佃关系是一组生产组合关系，同时也是社会互助关系。这种关系是对国家保护不足的不完全、不充分、不完美的替代和补充。所以在近世以前，主佃关系可能本身就是一种小共同体关系。种种材料都表明，在中国的很多地区，主佃关系往往是相当稳定的，可能持续好几代、几百年而不改变。而且主佃双方都不觉得这种关系有什么不好。

所以，"……斯科特认为，'假使可以选择，农民便宁愿选择租佃即依赖制度，在这种制度下，地主（即保护人）保护其佃户（被保护人），使之在荒年免遭灭顶之灾'"。[①]

更重要的是：佃户对地主的依赖和利用绝对不仅仅是"在荒年免遭灭顶之灾"的问题，还有主动利用的关系。

《儒林外史》中那个穷得无法养活妻儿的54岁的老童生范进中举后，张乡绅对他说道：

> 弟却也无以为敬，谨具贺仪五十两，世先生权且收着。这华居其实住不得，将来当事拜往，俱不甚便。弟有空房一所，就在东门大街上，三进五间，虽不轩敞，也还干净，就送与世先生搬到那里去住，早晚也好请教些。……自此以后，果然有许多人来奉承他：有送田产的，有人送店屋的，还有那些破落户，两口子来投身为仆图荫庇的。到两三月，范进家奴仆、丫环都有了，钱、米是不消说了。[②]

为什么会有人主动投靠范进呢？因为在近世中国，"奴仆、佃仆，伴偠等，他们既是被剥削者，又具有剥削者的双重性格。在身分上他们是贱民，但在经济中，他们往往可以'累累起家为富翁'，[③] '鲜衣怒马，

---

① 吴滔：《清代江南市镇与农村关系的空间透视——以苏州地区为中心》，上海古籍出版社，2010，第230页。

② （清）吴敬梓：《儒林外史》，张慧剑校注，人民文学出版社，2002，第40页。

③ （清）佚名：《研堂见闻杂记》，转引自傅衣凌《明清农村社会经济　明清社会经济变迁论》，中华书局，2007，第256页。

非市井小民之利'，① '服食华美，奴隶之辈，与缙绅等。'"②

在中国传统社会中，地主的权势越大，佃农的权势也就越大。明初"诸勋臣所赐公田庄佃多倚势冒法，凌暴乡里，诸功臣不加禁戢"。③ 清代，"近日首府所属之全州、兴安、灵川，各州县所有恶棍，现犹纠众联谋，唆令富家佃户……常有伤毙多命之事。"④ 佃仗主势，在中国传统社会并不是个别现象。

正是由于中国历史和社会传统中的这种复杂情况，我们不能简单地把佃农的解放与其社会地位的提高相提并论。

我们可以把中国近世的佃农分成两种类型：纯粹经济性质的佃农与具有人身依附关系的佃仆。在佃仆中其实又可以分为两类：即属于一般庶族地主的佃仆和属于封建贵族和官僚地主的佃仆。佃仆的存在既然具有相当的强制性，而强制是具有高额成本的，那么一般庶族地主拥有的佃仆数量就不可能很大，大部分佃仆应该都属于封建贵族和官僚地主，至少也属于宗族所有，单个庶民地主想要拥有佃仆，这个成本是很高的。

从这个意义上说，一般农民投靠地主成为佃仆的过程，也许正是其社会地位上升和经济条件改善的过程。而作为封建贵族和官僚地主的佃仆而言，其解放的过程可能并不一定就是地位上升的过程，相反，倒更有可能是由社会特殊阶层下降为"编户齐民"的过程。

（二）国家和市场对主佃共同体的瓦解与替代

国家似乎总是试图打破主佃之间的这种依赖关系。清代曾对此下了谕旨。

> 谕：外省镇将等员，不许在任所置立产业，例有明禁，在内地且然。……置立庄田，垦种收利，纵无占夺民产之事，而家丁佃户，倚势凌人，生事滋扰，断所不免。⑤

---

① （明）方岳贡修，陈继儒、俞廷谔等纂崇祯《松江府志》卷七《风俗》。
② 乾隆《泉州府志》卷二十《风俗·同安县》，引自傅衣凌《明清农村社会经济　明清社会经济变迁论》，中华书局，2007，第256~257页。
③ 《明太祖宝训》卷五《保全功臣》，洪武四年十二月甲申，台北，中研院历史语言研究所，1962年校印本。
④ 《清宣宗实录》卷一七九，道光十年十一月乙丑，中华书局，1986年影印本，第819页。
⑤ 《清高宗实录》卷二一二，乾隆九年三月戊子，中华书局，1985年影印本。

户部议：查印委各官点验灾黎、按户计口。每有豪绅劣衿，将家人佃户，混报私收。甚至并无其人，捏造名口，借端影射，诡冒累累，转使真正饥户，遗漏删汰。应令该督抚严饬各属，尽心稽查。务使虚捏者不得冒领，则实在者不致删汰。①

谕总理事务王大臣：自京师至易州，共计七州县，民人供应差役，急公可嘉。朕已降旨，将本年应征钱粮，全行蠲免。并晓谕业户等，酌宽佃人租粮，使伊等同沾恩泽。……该督可即转饬州县官。遵朕谕旨。实力奉行。毋使胥吏侵蚀中饱。②

治天下之道，莫先于爱民。爱民之道，以减赋蠲租为首务也。惟是输纳钱粮，多由业户，则蠲免之典，大概业户邀恩者居多，彼无业贫民，终岁勤动，按产输粮，未被国家之恩泽，尚非公溥之义。若欲照所蠲之数，履亩除租，绳以官法，则势有不能，徒滋纷扰，然业户受朕惠者，十苟捐其五，以分惠佃户，亦未为不可。近闻江南已有向义乐输之业户，情愿蠲免佃户之租者，闾阎兴仁让之风，朕实嘉悦。其令所在有司，善为劝谕各业户，酌量减彼佃户之租，不必限定分数，使耕作贫民，有余粮以赡妻子。若有素丰业户，能善体此意，加惠佃户者，则酌量奖赏之，其不愿者听之，亦不得勉强从事，此非捐修公项之比。有司当善体朕意，虚心开导，以兴仁让而均惠泽，若彼习顽佃户，藉此观望迁延，则仍治以抗租之罪。朕视天下业户、佃户，皆吾赤子，恩欲其均也。业户沾朕之恩，使佃户又得拜业户之惠，则君民一心，彼此体恤，以人和感召天和，行见风雨以时，屡丰可庆矣。③

上面这道谕旨十分重要，可以说是乾隆帝处理主佃减租之事的基本文件，虽然后来有时小有修改，但大体上乾隆年间是以此为据的，而且还延续到嘉庆、道光以后，所以这道谕旨也可以称为清朝中后期处理主佃关系的基本纲领性文件。

对国家而言，资源的汲取是维持存续的重要前提，主佃关系的强化

① 《清高宗实录》卷二七，乾隆元年九月下己酉，中华书局，1985 年影印本。
② 《清高宗实录》卷三一，乾隆元年十一月丁巳，中华书局，1985 年影印本。
③ 《清高宗实录》卷九，雍正十三年十二月壬午，中华书局，1985 年影印本。

与否以资源汲取效率为标准。国家一旦发现仅仅通过权力与市场关系就可以获得所需要的足够资源，它就不会再强迫佃农对地主保持依附关系，因为佃农从地主的控制下解放出来，对国家所依赖的市场发展是有利的。"政权与绅权的互相结合，又互相排斥，过份膨胀的绅权，势必影响皇家政权的专制统治，因而也要受到一定的限制……。"[1]

不仅如此，国家将佃农从地主的控制下解放出来，对地主阶级的发展其实也是有利的。因为对佃农的人身控制和压迫对一般庶民地主而言，不仅难以做到，而且也是成本高昂、代价很大。国家通过法令和司法操作，消除地主对佃农的人身控制，并通过政权力量保证主佃关系在经济层面上的运行，有利于普通人购买土地成为地主，也有利于纯粹经济关系的主佃关系的发展。

所以市场经济的发展、佃农经济实力的提升也是瓦解主佃关系的一种重要力量。

然而，在江南的一田两主制下，田底业被视为田产的合法所有者，负责纳税并向田面所有者收租，双方都可以自由地抵押或出卖各自的权利，其中一方地位的变化不会影响到另一方，这种租佃制度并不造成佃农对地主的依赖，主佃的居住空间可以不在同一地点。[2]

江南这种情况与闽西赣南地区类似。当地存在主客关系，常常是地主集中在一个村，佃户集中在另一个村，在空间上无形中加强了主佃矛盾。

抗租事件的发生通常并不是因为绅士们调高了地租，主要是因为地主未依佃农的要求降租。正由于士绅们缺少藉生产工具赏罚农民的能力，在社会结构上，清代以来的江南农村是"松散的"。[3]

---

[1] 傅衣凌：《明清农村社会经济　明清社会经济变迁论》，中华书局，2007，第249页。
[2] 吴滔：《清代江南市镇与农村关系的空间透视——以苏州地区为中心》，上海古籍出版社，2010，第230页。
[3] 吴滔：《清代江南市镇与农村关系的空间透视——以苏州地区为中心》，上海古籍出版社，2010，第231页。

国家干预力的加强和市场的发展，瓦解并替代了主佃之间的相互依赖关系。而主佃双方的共同要求，也从内部加速了这种关系的松弛。

假如按照惯例把主佃关系比作父子关系的话，传统社会中那种稳定主佃关系的解散正如父子之间的分家。这种分家既有国家威权干预的影响，也有市场发展的影响。同时，还有内生的影响。在国家干预力量加强与市场运行的作用之下，有时候是地主方面首先觉得没有必要保持这种关系，有时候则是佃农方面首先觉得没有必要保持这种关系，还有时候可能是双方同时觉得这种关系是不必要且无益的。于是"父不慈而子不孝"的现象，不仅出现在沙俄晚期的社会经济生活中，同样也出现在中国近世。

以上材料和研究成果其实都指出这种有些诡异的状况：那就是中国近世的劳动力市场上，无论是自由劳动还是不自由劳动，在很大程度上都是市场运行的结果，也是自由选择的结果，即自由的劳动者可以选择在一定范围内放弃自己及后代的自由，而且这种选择不会从整体上影响市场规律及市场效率发挥作用。市场上所交易的，也不仅是商品和劳务，也包括地位和权利。① 佃农不仅可以自由交易商品，甚至可以自由交易自己的人身地位，甚至自由。

一般认为：近世以来中国佃农人身独立性的增强是经济和社会发展的自然结果，佃农之间的竞争，佃农与国家、地主及宗族等小共同体之间的既合作又斗争的关系是其发展的动力，国家立法上的改变只是对既定事实的承认，同时也是顺应潮流的一种巨大的推动力量。在近世中国那种人多地少②的现实经济条件下，对政府和地主而言，只要抓住了土地，也就抓住了收益。佃农的人身依附性对国家和一般庶民地主③来说，虽然有时可能有利，但也可能造成不必要的麻烦，成本与收益相比不成比例，所以一般是不必要的。即使对清政府而言，在对东北等地的开发中，我们从《清实录》等材料中，也可以多次看到"招佃开垦"的字样，而从来没

---

① 从这个意义上说，中国近世的市场比当今的市场还要深入，还要全面。

② 在后面的分析中我们将会比较详细地谈到，中国近世以来的情况不可以简单地用"人多地少"一语来概括，因为近世中国资本的缺乏比土地的缺乏更加严重。由于土地是各种生产要素中信息最公开、最透明的，所以能够成为其他生产要素附着的对象。旧中国社会心理中对土地的普遍渴求只不过是资本缺乏和市场不发达的另一种表现而已。

③ 包括宗法地主。

有过"移民开垦"的字样。租佃关系在经济效率上的优势可见一斑。

当然，对佃农来说，除了某些特殊情况，也一样不需要对地主的人身依附关系。既然双方都不需要，当然这种主佃之间的人身依附关系也就难以持续，而只能慢慢消亡了。

第三节　近世中国佃农经济独立性的逐步发展

如果佃农仅仅具有法律上和现实中的人身独立性，却在经济上完全不能自立，那么我们仍然不能认为佃农是独立的，至少独立性是不充分的，或者说是相当不稳定的。因为为了经济上的要求而主动放弃人身的自由与独立的情况，在传统社会屡见不鲜。

> 　在明清时代，一无所有、赤贫如洗的劳动者，没有土地可以耕种，没有房屋可以居住，没有地方可作葬所，[①] 投靠或卖身给地主，地主给劳动者提供土地耕种，提供房屋居住，提供山场安葬。这就是文献中所说的，地主取田与耕、取屋与住、取山与葬、劳动者葬主山、住主屋、佃主田的现象。劳动者一家随之而丧失了自身的自由，子子孙孙、世世代代隶属于地主，纳租服役。劳动者与生产资料如此结合起来，就形成了佃仆关系。[②] 楚俗贫而自鬻者，至奴于其族，更数世，犹隶役如旧。[③]

中国近世的佃仆，不是原始社会和奴隶社会的残余，而是市场经济条件下，由于缺乏生活保障，自愿做出的选择，也就是自愿放弃一部分自由以换取必要的生存和发展条件。

---

① "死无葬身之地"在中国是很严厉的骂人的话。朱元璋父亲去世后，找不到埋葬的地方，有邻人施舍一块地方予以埋葬，朱元璋非常感激，视为莫大的恩典，多年后还记得很清楚。

② 魏金玉：《试说明清皖南佃仆制度的历史地位——为祝贺汪敬虞先生九十寿辰而作》，《中国经济史研究》2006年第3期。问题在于：这种依附关系是通过市场交易形成的，当然也是依赖于国家的承认和保护，佃仆制度条件下的地主，仍然不拥有对佃仆的人身制裁权力。

③ 《福建通志列传》卷二十六《张治具传》，转引自傅衣凌《明清农村社会经济　明清社会经济变迁论》，中华书局，2007，第81页。

但是从经济独立性的角度考察，我们发现近世以来中国佃农的独立性也是相当强的，而且是逐渐增强，当然这种经济上的独立性也仍然不是绝对的。

我们可以从以下几个方面分别探讨。

一　佃农自有资本的拥有情况

总体来说，佃农之所以能成为佃农，往往是因为自己拥有一部分生产资料，[①] 这是其经济独立性的重要凭借。

那么，佃农自有资本的比重又有多大呢？佃农在生产中运用的资本来源如何呢？这都是需要根据实际调查资料来考察的。

早期的时候，佃农的经济实力是相当弱小的。"犁牛稼器无所不贷于人"[②] 或"室庐之备，耕稼之资，刍粮之费，百无一有"。[③] 为了顺利完成生产，在耕作中地主对佃农要"借贷种粮，与夫室庐牛具之属，其费动千百计，例不取息"。[④] 佃农遇有经济困难，还要周济。正如王岩史所说："富民召客为佃户，每岁未收获间，借贷周给，无所不至，一失抚存，明年必去而之他。"[⑤]

甚至到了清代，在华北及其他分成租制流行的地区，佃农或者是"耕牛籽粒多取给于业主"。[⑥] 或者是"居住业主之庄屋，其牛犁谷种间亦仰资于业主"。[⑦] 在山东日照县，佃农甚至"不特牛具、房屋田主出办，正月以后，口粮、牛草亦仰给焉。主人或限于财力，安置未妥，则耕种失时，

---

① 如果农民不能拥有这部分生产资料，就一般只能成为雇农了。当然如果雇农的确与地主关系良好，地主的经济实力也比较雄厚，地主往往也乐意帮助雇农成为佃农，如《清代山东经营地主经济研究》中的太和堂后来就把经营的土地全部改成出租，帮助其雇工转化成佃农。

② （宋）陈舜俞：《都官集》卷二《陆宣公集》卷二二，转引自方行《中国封建经济发展阶段述略》，《中国经济史研究》2000 年第 4 期，第 19 页。

③ 《续资治通鉴长编》卷三九七，《文渊阁四库全书·史部·编年类》，电子版。

④ （宋）薛季宣：《浪语集》卷十七，《文渊阁四库全书》，电子版。

⑤ （清）徐松辑《宋会要辑稿》第 128 册《食货》13 之 21，中华书局，1957，第 5030 页。

⑥ 《孙文定公奏疏》卷 8，转引自方行《中国封建社会农民的经营独立性》，《中国经济史研究》1995 年第 1 期，第 11 页。

⑦ 两江总督那苏图奏，中国人民大学清史研究所编《康雍乾时期城乡人民反抗斗争资料》上册，中华书局，1979，第 11 页。

锄耘少数，秋成因而减少"。就是佃户锄豆，"添工千钱"，也要"主认三百"。① 在山东淄川县，到三月地主"每日只与佃户谷一升，使锄麦"。到五月，又"每佃人借粮一斗，不责其息，则使锄（谷）四遍"。②

在这种情况下，佃农不但经济上的独立性难以保证，人身上的独立性往往也难以保证。

但是随着时代的发展，这种情况不断发生变化，佃农的经济实力的确是处于缓慢加强过程当中。

至少到清代中叶以后，永佃制条件下，佃农依赖自己的资本，当无大的问题。"种子肥料，普通多由佃户自备，尤以有田面权者为然。"③导致的结果是："田中事，田主一概不问"，"……又如关于佃户个人之事，一时力有不逮，可请田主帮助，或临时贷款，但此事虽属常有，不过因感情上之融洽而发生，并非以田地关系而发生也。至田主对于佃户，只有收租之权利，佃户对于田主，只有还租之义务，此外并无他项之关系"。④

而在定额租制下，佃农往往"自居己屋，自备牛种，不过借业主之块地而耕之。交租之外，两不相问。即或退佃，尽可别图，故其视业主也轻，而业主亦不能甚加凌虐"。⑤ 经济上的独立带来了人身的独立与平等的社会地位。

华北地区的分成租佃关系中，直到清代，如上所述，佃农对地主的资本依赖性还是相当高的。但是到民国，情况就发生了很大变化。

　　　佃农资本，大部均属自有，集腋成裘，殊属不易。地主供给者，豫省较盛，惟为数不多。佃农平时负债，除少数借自地主外，恒向亲戚、邻居、朋友、商人等借贷，所付利率，泰半视双方平时之感

---

① （清）丁宜曾：《西石梁农圃便览》，见《续修四库全书》编纂委员会编《续修四库全书》第976册，上海古籍出版社，2002，第52页。

② 蒲松龄撰《农桑经校注》，李长年校，农业出版社，1982，第14、26页。

③ 刘大钧：《我国佃农经济状况》，载李文海主编《民国时期社会调查丛编二编·乡村经济卷下》，福建教育出版社，2009，第149页。

④ 刘大钧：《浙江农佃状况》，载李文海主编《民国时期社会调查丛编二编·乡村经济卷下》，福建教育出版社，2009，第159页。

⑤ 陶煦：《租核》，载赵靖、易梦虹主编《中国近代经济思想资料选辑》上册，中华书局，1982，第395页。

情而定。……豫省及皖鄂二省之北部，佃农自置牛车者甚多，因其用途甚广，必须置办也。①

乔启明的《江苏昆山南通、安徽宿县农佃制度之比较以及改良农佃问题之建议》对江苏昆山、南通和安徽宿县三地的佃农资本做了一个调查，结果如下（见表2-3）：

表2-3　田主与佃户占有生产资料表

单位：%

	有牲畜农具之田主所占百分率		有牲畜农具之佃户所占百分率	
昆山	69.5	69.1	40	43.6
南通	65.3	56.8	56.8	21.8
宿县	60.5	45.2	45.2	90

1930年代徐海地区的人地关系作出大致的描述：耕地总面积在二千万亩到二千五百万亩之间，农业人口在五百万左右，其中成年男性劳动力约一百三四十万，人均耕地四五亩，户均耕地二十至二十五亩，一般来说每户有一个成年劳动力。②

按当时的生产力水平，一个标准的自耕农只需20亩地就可维持基本生活，土地其实并不算缺乏。③ 然而，同时据当时八里屯、长安村、王花园的相关文献，拥有两头及两头以上耕畜④的农户占各村总户数的22%、27%、23%，无耕畜的要占到48%、44%、36%，无大车的占89%、74%、79%，无犁耙的占79%、65%、60%。所以就徐海地区而言，紧缺的并不是土地，而是资本。资本相对土地更加缺乏和紧张，

① 中国农民银行委托金陵大学农学院农业经济系调查编纂《豫鄂皖赣四省之租佃制度》（民国二十三年至二十四年），李文海主编《民国时期社会调查丛编二编·乡村经济卷下》，福建教育出版社，2009，第1071页。
② 仲亚东：《集体化前的小农经济：1930—1952年徐海地区东海县农村研究》，清华大学博士学位论文，2007，第49页。
③ 按仲亚东的计算，参见仲亚东《集体化前的小农经济：1930—1952年徐海地区东海县农村研究》，清华大学博士学位论文，2007。
④ 当时一套犁耙要两三头牲畜（至少有一头牛）共同牵引才能使用。

并不只是对佃户是这样，对地主也同样是这样。但是同时，佃农又与地主一样拥有相当数量的生产资本。这导致主佃关系似乎更多地表现为一种土地及生产资料上的合作关系，而不是一种剥削与被剥削、压迫与被压迫、控制与被控制的关系。剥削与被剥削、压迫与被压迫、控制与被控制的关系当然也是存在的，但并不占主导地位。

总的来说，佃农与地主相比，其资本的拥有数量要少一些，但他们之间似乎并无本质上的巨大鸿沟。在某些地区的某些方面，佃农似乎比地主的生产资料条件还要好一些。比如说宿县的佃农，所拥有的牲畜比例就要优于地主。

表2-3还说明一个问题：在近世中国，资本是相当缺乏的。仅凭地主和佃农，似乎都不足以顺利完成生产，需要组合地主与佃农的资本才能够做到这一点。甚至在南通地区，地主与佃农的牲畜加在一起，足用良好牲畜的比重都达不到100%，这时候，主佃之间形成租佃关系的时候，对牲畜的考虑肯定是相当重要的。

押租是近代逐渐发展并日益流行的一种制度，对租佃关系的形成有至关重要的作用。那么佃农所提供的押租来源于哪里呢？在四川省，"……佃农向地主缴纳之押租金，依照年息在其谷额中，扣回谷利……此制在成都平原普遍流行。……押租之来源，不外三途"。

表2-4　押租佃户之押租来源[①]

单位：户，%

区域	押租户数	全部自有		全部借来		一部自有		未详	
		户数	百分比	户数	百分比	户数	百分比	户数	百分比
成都平原区	2027	1522	75.09	166	8.19	211	10.41	128	6.31
川西南区	1661	1352	81.40	116	6.98	193	11.62		
川西北区	1100	746	67.82	191	17.36	111	10.59	52	4.73
川东区	1371	1123	81.91	121	8.83	127	9.26		
总计	6159	4743	77.01	594	9.64	642	10.42	180	2.93

---

① 郭汉鸣、孟光宇：《四川租佃问题》，载李文海主编《民国时期社会调查丛编二编·乡村经济卷下》，福建教育出版社，2009，第831页。关于这个调查的数据，李德英有过研究，认为这个数据是可以信赖的。

　　四川省的永佃制很少，租佃合约的时间也很短，佃农的地位很低且不稳定。但是从表2-4来看，佃户大多数还是拥有自己生产所必备的资本的。

　　以上材料涉及苏、浙、皖、川、豫、鄂等省，大致可以看出近世中国佃农的经济实力和拥有生产资料的一般情况。即其生产基本上是独立的，只是还不能完全满足自己在生产中的资本要求。但总的来说，具备独立生产的能力，不足的生产资料可以通过租佃市场和资本市场来获得。通过租佃市场获得即是从地主手中获得生产资料，如果佃农是通过资本市场获得生产资料的话，那么其相对地主的独立性会较高。

　　现实情况是，要求完全拥有自己生产中所需要的全部资本，现代也没有哪个国家的农民能够完全具备。现代的很多发达国家，相当多农民在生产中也是需要依赖外部资本市场的。因此，近世，特别是近代中国租佃市场中佃农的经济地位，也许不能说是非常糟糕，至少比一般人想象的要好得多。[①]

二　佃农在生产中对地主资本的依赖情况

　　从前文来看，佃农是拥有一部分自己的生产资料的，但这还不足以应付生产需要。佃农在生产中对地主的资本的依赖，总体上来说还是比较普遍的。

　　刘大钧调查认为：

　　　　种子肥料……广东、山西两省皆间有由田主供给者，江苏灌云之田主代备种子，收获之后，按每石先提1斗作为报酬。安徽宿县田主供给种子者约占三分之二，供给肥料者约居三分之一，收成之后，佃户恒偿还肥料费用之半，种子则不偿还，烟台佃户皆自备肥料种子。多数地方皆由田主供给农房，不另取租，其修缮等费则或属田主，如江苏北部是，或属佃户，如湖南是，湘省田主不仅代备农房，并稍予山地以供薪柴。安徽莱安习惯，田主于租地外，更稍

---

　　① 事实上，晚清以来佃农与地主之间激烈和反复的斗争，恰恰说明了佃农的经济实力有所上升，否则佃农是不可能有力量与地主进行斗争的。

给棉田，不另取租。①

相当部分的佃农必须依赖一部分地主提供的生产和生活资料，否则，他们不但不能完成生产任务，连基本的生活保障也是困难的。

但是除了地主之外，佃农还可以依赖其他资本来源。所以对地主的依赖性也不能说很强。在消解主佃关系方面，资本市场的发展起了重要作用。

清代以后，高利贷资本和信用关系的发展使得许多农民可以通过借贷来补充自己的生产资料，从而减少对地主的依赖。比如江南地区的农民通过"赊豆饼壅田"，② 养蚕的农民"贷钱于富家，蚕毕，贸丝以偿"。③ 江西种烟草的农民可以"借债囤粪"，④ 甚至"杭嘉湖民以养蚕为事，官粮及一切日用，皆借此立办。间遇丝客未至，需用孔亟，向典质银，价长赎回另售，起息甚微"。⑤ 这其实也能反映出当时的农民对市场的敏感性，懂得利用金融市场进行期货交易，让自己的劳动产品获得更加理想的价格。

到民国后，佃农在生产上对地主的依赖更小，但是不同的地方有较大的区别。乔启明根据调查认为：

> 按调查所得，佃户之向地主借款者，在昆山占66.4%，宿县占41.2%，南通占3.3%。地主放债招佃，佃户资本充实，故对于耕种尽力，收获多佳，地主收租，因之亦不难。按佃户惟与地主相近，他处不易借贷，故不得不开口于地主之前。佃户借贷方法，分现金与粮食两种。现金作农业资本或付债之用，粮食充任食用。⑥ 昆山、

---

①　刘大钧：《我国佃农经济状况》，载李文海主编《民国时期社会调查丛编二编·乡村经济卷下》，福建教育出版社，2009，第150页。

②　（清）博润修，（清）姚光发等纂《光绪松江府续志》卷五，上海书店出版社，1991。

③　（清）汪日桢纂《咸丰南浔镇志》卷二一，清咸丰九年修同治二年刻本。

④　（清）刘昌岳修，邓家祺纂《同治新城县志》卷一，同治九年，凤凰出版社，2013。

⑤　《清史稿·唐绥祖传》，转引自刘秋根《15—18世纪中国资金市场发育水平蠡测》，《人文杂志》2008年第1期。

⑥　乔启明著《江苏昆山南通、安徽宿县农佃制度之比较以及改良农佃问题之建议》，载李文海主编《民国时期社会调查丛编二编·乡村经济卷下》，福建教育出版社，2009，第599页。

宿县之佃户，皆借自地主，而在南通者，则多借自富翁，地主之贷
款佃户者甚少。昆山佃户，由地主方面借款者，殆占66.4%，宿县
占41.1%。平均年息，昆山约二分半，宿县地主，大半不取利息，
南通佃户借自富翁者，年利亦为二分左右。

佃农的确要依赖地主提供的帮助，但是如果没有地主提供的支持，
佃农也可以通过社会其他途径，比如说通过社会金融组织和其他个人获
得这些资料。这在客观上也削弱了佃农对地主的依赖性，也正能说明市
场与主佃共同体之间的竞争与替代关系。

表 2 - 5　四川佃农向地主借贷百分比①

单位：%

县名	万县	绵阳	合川	宜宾	乐山	内江	巴县	射洪	南充	安县	平均
借贷比例	27.8	15.0		18.8	14.3	25.0	11.8	0	25.0	66.7	20.44

四川是一个租佃制度比较发达的省份。从表 2 - 5 可以看出，佃农并
不一定非要从地主那里获得资金方面的支持不可，佃农对地主资本的依
赖是有的，但不是很强。当然，即使是在四川一省之内，佃农对地主资
本的依赖情况也存在较大差别。如安县的佃农就对地主依赖性很强，而
乐山、宜宾、巴县则很弱，至于合川和射洪的佃农与地主之间则基本上
没有什么借贷行为发生。

不同的纳租制度与佃农对地主资本的依赖性也是不一样的。在定额
租条件下，地主对佃户的资本支持比较少，而在分成租条件下的支持力
度则比较大。在这方面，不同的地方习惯影响也是非常大。

昆山地区是永佃制条件下的定额租，地主与佃农之间几无资本支持
关系，但是佃农向地主借贷的非常多。而南通同样是以定额租为主，佃
农向地主借贷的却又很少。总体来说，地主对佃农直接的生产上的资本
支持是不多的，更不是唯一的。佃农对地主资本支持的需要存在着市场
上的替代选择。

---

① 应廉耕：《四川省租佃制度》，载李文海主编《民国时期社会调查丛编二编·乡村经济
卷下》，福建教育出版社，2009，第810页。

表 2 - 6 中，以南通与宿县进行比较，则南通地区提供的资本多为固定资本，如草棚、水车和石碾都是可以长期使用的资产，而宿县提供的多为可变资本，如种子、肥料都是当期就消耗掉的。当然，肥料具有双重性质，虽然是当期就会消耗，但其影响可能不仅是当期，而且可能对长远造成影响。宿县地主提供的牲畜应该不多，因为表 2 - 3 说得很清楚，宿县 90% 以上的佃农拥有良好的牲畜。

表 2 - 6　纳租制度表①

	百分率			除田地外地主所供给之物		
	昆山	南通	宿县	昆山	南通	宿县
纳租金法		81.8	2.3		草棚、水车、石碾居少数，大半除田地外无他	无
纳租谷法	100	8	7.2	无	草棚、水车、石碾居少数，大半除田地外无他	无
粮食分租法		8.7	90.5		草棚、水车、石碾与肥料，居少数	种子、肥料与牲畜，但各处情形不同，办法多异
帮工佃种法		1.5				

分成租中，地主的投入常类似于投资性质。

　　（南通）如草棚（田间放置水车之处）、水车、石碾与肥料等，常为地主所供给者。惟此种情形，并非普行全县，北乡之刘桥、石港、西亭等处，行之者较多。盖此一部分之田地，肥沃稍逊，地主如无供给，以作佃户之补助资本，则地主与佃户间之利益，不克平均也。②

①　乔启明著《江苏昆山南通、安徽宿县农佃制度之比较以及改良农佃问题之建议》，载李文海主编《民国时期社会调查丛编》二编《乡村经济卷》下，福建教育出版社，2009，第599页。

②　乔启明：《江苏昆山南通、安徽宿县农佃制度之比较以及改良农佃问题之建议》，载李文海主编《民国时期社会调查丛编》二编《乡村经济卷》下，福建教育出版社，2009，第600～601页。

详细分析起来，这已经有些类似的投资了！而这种情况在近世分成租中还是比较普遍的。

> 粮食分租法。此种分租法，亦随田地之肥沃与否，与地位环境之关系而异。大半粮食分租法，多行于土地瘠瘦、水旱不均、人工价廉之区。盖惟如此，佃户始不至受大危险与荒年之损失也。粮食分租法，种类甚多，如对半分租法、四六分租法等等，不待尽述。各种分租比例，亦随田地之良瘠，与地主资本供给之多寡而转移。……在南通，地主所供给佃户者……除田地之外，尚须供给草棚、水车、石碾与肥料是也，惟只有限于县北数处。宿县除土地之供给外，其他供给之项甚杂，最著者如种子、肥料与牲畜等。然因各地土地肥瘠之不同，所供给之方法，亦因之而稍异。……现就宿县境内 21 处之调查，知地主供给佃户种子，迨打落后，佃户须交还其种子者，约占 66.7%，不交还者，占 33.3%，地主供给牛力者占 11.3%，供给肥料，以后与佃户均分其值者，占 38%。大致地主供给种子、肥料与牛者，多见该县西部，因该处土地稍佳，地势较高，不易受水灾，故地主愿意投资，藉图最高之收入，而所用之种子与肥料，由地主与佃户均摊。东部与北部，土地瘠瘦，地面起伏不平，且易遭水患，故地主只供给种子，佃户用后，皆不偿还。至肥料与牲畜两项，地主完全不给，因该处作物收获不定，故所入多不敷所出也。[1]

在分成租条件下，地主对佃农生产的资本支持力度比较大。这是因为在分成租条件下，地主与佃户是共同出资，共享收益，共担风险的。但是如前所述，20 世纪 30 年代的满铁调查证明：在华北的实物分成地租中，地主极少向他的佃农提供资本和信贷，并且一般不干预佃农对土地的经营，二者之间社会关系极为松散，不像日本的主佃之间有等级地位高下之别[2]。这其实说明外部环境资本市场的发展减少了佃农对地主

---

[1] 乔启明：《江苏昆山南通、安徽宿县农佃制度之比较以及改良农佃问题之建议》，载李文海主编《民国时期社会调查丛编》二编《乡村经济卷》下，福建教育出版社，2009，第 600~601 页。

[2] 马若孟：《中国农民经济》，江苏人民出版社，1999，第 257 页。

的依赖，从而改变了地主和佃农的等级高下区别。

西北地区与东南地区相比，佃户普遍更加贫穷，社会金融体系更不发达，佃户对地主的经济依赖性当然也就更强。

> 出租人不但租给承租人土地，而且要供给各种生产工具——畜力、肥料、农具以及供给他和他的家属吃用粮食，耕畜饲料、种籽以至住的窑洞用具等。[①]当然我们也应当承认，这种租佃形式对四十年前期陇东地区移民安置有一定作用。[②]

> 宁夏地主出租田地一般甚少与外乡人打交道，不少地区非本乡本地人不租，即使如此，亦须中人介绍作保。凡承租佃户大多生活困难，更无力进行生产性投资，但为了维系生产和生活，估计超过十分之四的佃户都须向地主借债，借钱多半用于耕作，少数用于糊口。此种借款利率按月计，一般为二分五，亦有高于三分者。收获后归还本利，习惯是还现金和粮食各半，债款粮食折价，一般还债粮价要普遍低于市价十分之一。[③]

也就是说：佃农对地主在生产资料方面的依赖性，常受资本市场发展程度的影响。如果当地有较发达的资本市场，那么佃农对地主在经济上的依赖性就会减弱。

所以我们可以得出一个结论：即发达的资本市场是减少佃农对地主经济依赖的重要条件。

三　租佃关系的解除

租佃关系的订立与解除对租佃关系的性质是有决定影响的两个方面。关于租佃关系的订立我们已经在前面进行过讨论：由于租佃关系订立的自由性和市场性，近世以来租佃关系大多数都是比较平等的。

---

① 向达之：《论近代西北地区的土地租佃制度》，《甘肃社会科学》1991年第4期，第79页。

② 向达之：《论近代西北地区的土地租佃制度》，《甘肃社会科学》1991年第4期，第79页。

③ 向达之：《论近代西北地区的土地租佃制度》，《甘肃社会科学》1991年第4期，第80页。其实，这是可以理解的，因为市场上的粮食价格包含交易成本和利润在内。

　　至于租佃关系的解除，也是对佃农的生活和独立性有极大影响的一个问题。

　　从近世中国农村的实际情况来看，租佃关系的解除方面对佃户而言并非一定不利，甚至可以说是比较有利的。

　　一般来说，佃农最担心的是地主可以随时解约，这对佃农的生产和生活的稳定性是不利的，同时，也担心地主不允许佃农的自由"起移"。但是宋代以来国家法令逐渐赋予了佃农"起移"的自由，所以地主对佃农人身上的限制是比较小的。

　　近世以来，中国农村租佃市场有相当多的制度安排在相当大的程度上保障了佃农的生产稳定性。

　　首先，永佃制和长期租佃契约对佃农是有利的，而中华人民共和国成立前至少在南方，永佃制是相当普遍的。

　　……30 年代苏南农村中，90% 的租佃契约都是永佃及不定期租佃，而租期为 1~10 年的定期租佃只有 2.5%[①]。据前东南大学之调查，江苏金陵道佃户中为终身租佃者居 55%，苏常道 91%，沪海道 90%，此三道占苏省江南之全部，足征大多数佃户皆得享终身租佃之利。[②]

　　广东福建地区，则"一田二主"，甚至"一田三主"的情况相当普遍。对永佃权下的土地，地主方面无权单方面解约。

　　没有永佃制的地区，租约时间其实相对也比较长。"……在村地主较多的华北农村，30 年代的租佃契约主要还是 10 年以下的定期租佃。根据满铁 1937 在冀东地区的平谷县、丰润县及昌黎县等地农村的调查资料所作的统计，当地各种租佃契约期限的比重是，10 年以下的定期租佃占76.4%，其中租佃期限仅 1 年的占 28.9%，而 10 年以上的长期租约只有23.6%"。[③] 但是，租约时期的长短是按 10 年划分的，这就不能说佃农

---

① 王露璐：《"生存伦理"与"理性意识"的共生与紧张——20 世纪 20—40 年代苏南乡村地权关系的经济伦理解读》，《江苏社会科学》2007 年第 6 期，第 57 页。

② 刘大钧：《我国佃农经济状况》，载李文海主编《民国时期社会调查丛编》二编《乡村经济卷》下，福建教育出版社，2009，第 150 页。

③ 〔美〕黄宗智：《华北的小农经济与社会变迁》，中华书局，1986，第 220 页。

的生产生活毫无保障。

其次，定期契约或者说短期契约，地主往往也不能随意解约。明清时期的记载都表明，"……一般地说，只要佃农能够履行下列规定……'照额完纳'……（就可以）'仍凭照常耕作，断无生端召佃之理'，年限是比较长的"。① 至于"增租夺佃"行为更被清代政府厉行禁止。

民国时期更是如此："上列怀宁四区永佃租约内，载有'佃不欠租，东不得收回'，所以表明如佃户无欠租不缴，业主不得予以撤佃另召或收回自耕之处分。"②

> 浙西大多数农村，对于租佃年限，俱无明白的规定，在租契上多不注明租期久暂，惟地主非因不得已的原因平日不肯轻易改佃。因为照习惯，地主辞退佃户，须在先一年通知，在这最末的一年，佃户对于土壤的经营，多不肯致力，如为求增加租额而更换佃户，结果对于地主常得不偿失的。③

福建地区，近代调查表明不定期租佃契约占多数，但是"各县习惯，不欠租者，不得撤佃一语，传布亦广，为不定期租佃缺点之唯一补救办法也"④。

这说明地主在择佃方面并不是绝对自由的。

再次，佃农解除租佃关系及转佃都是相当自由的。在很多情况下：

> 倘承种人不愿自种，并可转佃第三者，惟对于田主之租金仍由承种人负责，田主不向第三者取租，承种人并得向第三者于租额外

---

① 傅衣凌：《明清农村社会经济　明清社会经济变迁论》，中华书局，2007，第67页。

② 乔启明：《江苏昆山南通、安徽宿县农佃制度之比较以及改良农佃问题之建议》，载李文海主编《民国时期社会调查丛编》二编《乡村经济卷》下，福建教育出版社，2009，第599页。

③ 韩德章：《浙西农村之租佃制度》，载李文海主编《民国时期社会调查丛编》二编《乡村经济卷》下，福建教育出版社，2009，第580页。

④ 郑行亮：《福建租佃制度》，载萧铮主编《民国二十年代中国大陆土地问题资料》第62册，成文出版社有限公司（美国）中文资料中心，1977，第32152页。

另征小取租，田主亦不过问也。[①]

最后，对佃农方面的违约欠租，除退佃外，地主往往没有有力手段。

表 2 - 7　四川各地退佃原因分析[②]

地区	退佃户数	赔累欠租另佃新庄	无力增佃逼迫退租	劳力不足因而改营他业或另佃	地主收回自耕或出卖出典	砍伐地主树株或行为不正	其他（保人退保或违约佃等）
成都平原	15	9		2	1		3
川西南区	36	19		2	4	7	4
川西北区	45	16	15	4	2		8
川东区	34	23	1	2		2	6
总计	130	67	16	10	7	9	21
百分比（%）	100	51.5	12.3	7.8	5.2	7.7	15.5

　　四川地区永佃制几乎没有，长期租佃条约也比较少，而是以短期租佃关系比较多，这对佃农来说比较不利。因为租佃关系的解除比较频繁，不利于佃农生产和生活关系的稳定。但是从表 2 - 7 所列租佃合约解除的原因来看，地主方面主动解除合同不是主要的，多数解除租佃契约还是佃农主动提出来的。佃农感觉租佃关系不太有利，并且欠租而另佃新的农场的占 51.5%，劳力不足而主动解除合同的也占 7.8%。而地主方面主动解除合同的只有逼迫退租的 12.3% 和收回自耕及出卖出典的 5.2%。总计，佃农主动解除合同的大概是地主主动的三倍。

　　表 2 - 7 中欠租而另佃新的农场的占 51.5%，这还说明了一点：即如果佃农真的欠租不交，地主大多数情况下除了解除租约让佃农另谋生路之外，对佃农也没有太多的制裁办法。

四　地主与佃农的力量对比

　　传统观念往往认为地主都是强者，而佃户都是弱者，地主经常欺凌

---

① 刘大钧：《我国佃农经济状况》，载李文海主编《民国时期社会调查丛编》二编《乡村经济卷》下，福建教育出版社，2009，第 150 页。

② 郭汉鸣、孟光宇：《四川租佃问题》，载李文海主编《民国时期社会调查丛编》二编《乡村经济卷》下，福建教育出版社，2009，第 831 页。

佃户。但是近代的种种调查材料表明，不能认为地主都对佃农有压倒性的优势，地主在经济实力和社会地位方面往往与佃户相去不远。

清代庶民地主占了绝大多数。田主中"其田连阡陌者百无一二，大抵多系奇零小户"。[①] 在南方，"三吴之地，四十亩之家，百人而不可得其一也，其躬亲置买者千人而不得一也。"[②] 绅衿较多、土地集中程度较高的江南尚且如此，其他地区也就可想而知了。

所以到民国时期，"……亦有业佃关系甚为平等，佃户送租，款若宾客者。更有佃强业弱，租不可得者。情形亦至不一"[③]。

赵承信的《广东新会慈溪土地分配调查》（全乡共 777 家，调查了 768 家）：

> 农业层的第一层是地主，他们的田产有在 160 亩以上的，亦有在 2.5 亩以下的，平均每家得 22.98 亩……有田 8 亩至 9 亩的地主是慈溪地主层中的最常态……慈溪的地主在 10 亩以下的占绝对多数，百分数为 70.67，就是在 80 亩以上的所谓大地主也不过 10 家，百分数为 5.24。

表 2-8　慈溪地主职业分类家数及田亩数

地主职业分类	家数		亩数		平均每家亩数（亩）
	实数	百分数（%）	实数	百分数（%）	
绅士	8	4.19	104.8	2.6	13.10
无业	16	8.38	433.81	10.75	27.11
死亡	22	11.52	459.59	11.38	20.89
国外商	102	53.41	1762.62	43.66	17.28
地方商	23	12.04	651.93	16.15	28.34
香港商	13	6.80	427.37	10.59	32.87

---

① 中国人民大学清史研究所编《康雍乾时期城乡人民反抗斗争资料》上册，中华书局，1979，第 12 页。

② （清）张履祥：《杨园先生全集》卷八，中华书局，2002，第 227 页。

③ 土地委员会编《全国土地调查报告纲要》，载李文海主编《民国时期社会调查丛编》二编《乡村经济卷》下，福建教育出版社，2009，第 337 页。

地主职业分类	家数		亩数		平均每家亩数（亩）
	实数	百分数（％）	实数	百分数（％）	
其他	7	3.66	196.8	4.87	28.11
总数	191	100	4036.91	100	22.98

可见，大多数地主所占有的土地数量并不很多，这些地主本身社会地位也很低，他们其实并不能在社会上为所欲为、以势凌人。

根据土地委员会编《全国土地调查报告纲要》对 16 省 1534920 农户的摸底调查：除察哈尔和绥远、山西外，其他各省拥有 300 亩以上土地的大地主占全部户数均不超过 0.1％。浙江、安徽、湖北和福建数省都不过 0.01％ ~ 0.02％，江西和广东两省更是少到可以忽略不计。[①] 全国合计，拥有 50 亩田以下的小地主占地主总数的 80％ 以上。所以凭借大地产对佃户造成压倒优势的情况即使不能说完全没有，也可以说是非常轻微的。绝大多数地主本身并不比佃农强大多少，地主与佃农之间占压倒多数的关系还是平等关系。

其次，即使是大地主与佃农之间，也未必有很尖锐的矛盾和对抗。大地主的主要收入一般来源于做官或经商的收入，土地收入不是很重要，他们也未必会非常重视。

> 中国的地主经济，无论是身分性地主或非身分性地主以及一部分的商人，都以经商、放高利贷为增殖财产的最好途径。所谓"江北、江南豪殖者，竞为质邸，操其奇赢，逐什之一息"。[②]

大官僚和大商人置地，更多的是出于"以末求富，以本守之"的目的，而非盈利。如红楼梦中秦可卿对王熙凤所说的那段话：

> 目今祖茔虽四时祭祀，只是无一定的钱粮；第二，家塾虽立，

---

① 土地委员会编《全国土地调查报告纲要》，载李文海主编《民国时期社会调查丛编》二编《乡村经济卷》下，福建教育出版社，2009，第 337 页。
② 恽绍芳：《光禄寺丞兼翰林院典籍梦竹胡公墓志铭》，载《皇明文海》卷七《勋寺》。

无一定的供给。依我想来，如今盛时固不缺祭祀供给，但将来败落
之时，此二项有何出处？莫若依我定见，赶今日富贵，将祖茔附近
多置田庄、房舍、地亩，以备祭祀、供给之费皆出自此处；将家塾
亦设于此。合同族中长幼，大家定了则例，日后按房掌管这一年的
地亩钱粮、祭祀供给之事。如此周流，又无争竞，也没有典卖诸弊。
便是有罪，己物可以入官，这祭祀产业，连官也不入的。便败落下
来，子孙回家读书务农，也有个退步，祭祀又可永继。若目今以为
荣华不绝，不思后日，终非长策。[①]

张英的《恒产琐言》是最能说明这种思想的典型例证。他说："独
有田产，不忧水火，不忧盗贼。……千顷万顷，可以值万金之产，不劳
一人守护。"[②] 又云："天下之物，有新则必有故。屋久而颓，衣久而敝，
臧获牛马服役久而老且死……独有田之为物，百年千年而常新。"[③]

根据毛泽东的调查："上面所说那种所谓新发户子的小地主，在有些
人的说法却不叫小地主，而叫他作富农，即所谓'半地主性的富农'。
这种半地主性的富农，是农村中最恶劣的敌人阶级，在贫农眼中是没有
什么理由不把他打倒的。"[④] 也就是说，靠自己的努力从贫困中刚刚上升
上来的小地主才是农村中施行剥削最狠的群体，但是这个群体往往并没
有多么强大的政治和社会力量，他们只能依靠市场力量来尽可能地争取
自己的利益。

最后，地主之间的斗争是非常激烈的。郭汉鸣、孟光宇在四川观察到：

由地主所有土地之面积，可观察出极端相反而同时并存之两种
现象。一为小地主之普遍。我国以多子继承故，土地所有权之分配，
极为普遍，通常拥有三五十亩土地者，川乡呼之曰"绅粮"，小于
此数者，亦复比比皆是，甚至有一佃农而须由八个地主租得田地，
始能足其全家之经营。……地主之小，于兹可见。而其生活之苦，

① （清）曹雪芹、无名氏：《红楼梦》第十三回，人民文学出版社，2008。
② （清）张英：《笃素堂文集》卷三《恒产琐言》，上海源记书庄，1933，第49页。
③ （清）张英：《笃素堂文集》卷三《恒产琐言》，上海源记书庄，1933，第46页。
④ 中共中央文献研究室编辑《毛泽东农村调查文集》，人民出版社，1982，第131页。

亦可推知，往往有远不及其佃户者，以其所有土地不敷自己经营，或无相当之资本与劳力为之经营，故不得不出租也。另一现象为土地之集中，川省在防区时代，因苛捐杂税，悉出自土地，故中小地主极端没落，且大小军阀，争置田产。政客商人亦起效尤，各县收成可靠之膏腴沃土，一时颇有集中之趋势。①

势力大的地主不能说没有，势力弱小的地主却的确是大多数的。而且地主阶级内部分化也很厉害，存在激烈的斗争关系。在民国时期，军阀地主此起彼落、盛衰无常，很难保持长久地位。在某种意义上，传统中国特别是近代中国，最激烈的斗争可能并不是发生在地主与佃农之间，而是发生在地主与地主之间。地主与地主之间的斗争，打击的是地主，"苛捐杂税，悉出自土地，故中小地主极端没落"，而对佃农来说未必都是不利的。

五　佃农的种植自由

近世以来的情况是离当前的时代越近，佃农的经营自主性越强。

大多数情况下，不论是永佃制，定额制还是分成制，地主对佃户的经营是毫不干涉的。

《江阴县志·风俗》记载，所谓"其佃人之田，视同己业，或筑为场圃，或构以屋庐，或作之坟墓其上，皆自专之，业主不得问焉。老则以分之子，贫则以卖于人"。嘉庆《增城县志》说，佃农租种地主土地，"或以永远为期，硗瘠之土，一经承佃，辄不惜工本以渔利，而田主莫能取盈。"陶煦《租核》所谓"田中事，田主一切不问，皆佃农任之"。

《晋省农佃状况》记载："至佃户承种田地以后其所享权利，即田地内种何农产，如何耕作，均得自由支配。"②

浙江农佃状况如下。

---

① 郭汉鸣、孟光宇：《四川租佃问题》，载李文海主编《民国时期社会调查丛编》二编《乡村经济卷》下，福建教育出版社，2009，第831页。
② 刘大钧：《我国佃农经济状况》，载李文海主编《民国时期社会调查丛编》二编《乡村经济卷》下，福建教育出版社，2009，第150页。

　　如关于田地上对外交涉，佃户必报告田主，请其处理。又如田地上有利益之事（开渠灌溉等），佃户力难独任时，则请田主分任其责。……又如关于佃户个人之事，一时力有不逮，可请田主帮助，或临时贷款，但此事虽属常有，不过因感情上之融洽而发生，并非以田地关系而发生也。至田主对于佃户，只有收租之权利，佃户对于田主，只有还租之义务，此外并无他项之关系。①

这应该是当地主佃关系一般性情况的记录。

的确是有地主部分限制和干预佃农的种植和经营自由，但这不能简单地认为是一种依附关系。

首先，是在分成租条件下，地主应该享有这种权利。乔启明著《江苏昆山南通、安徽宿县农佃制度之比较以及改良农佃问题之建议》提到：

　　（三）粮食分租法对于地主与佃户之利益。…兹先就地主之利益，述之如下：1. 地主管理田场自由，随时有督促佃户维持地力之权，例如增加肥料，与牲畜饲养数目，均有限制……

　　对于佃户之利益，亦有数端，兹更述之如下：……2. 佃户需较少之资本，因地主有所供给，故初为佃者，多喜此法以求增进。3. 地主多愿投资改良，佃户亦能增加其收入。4. 地主能帮助佃户经济与食粮之不足，以鼓励其耕种，不至中途辍耕。②

既然地主对生产有更多的投资和帮助，那么他对生产的干预和参与管理，应该是理所当然的。

所以地主对佃农经营的干预和参与，对佃农的经营来说，未必就没有一定的支持和帮助，甚至可以说在某些情况下这种干预是必要的。

另外，"……宿县多为对成分租法……该县佃户，多喜栽植红芋，因

---

① 刘大钧：《我国佃农经济状况》，载李文海主编《民国时期社会调查丛编》二编《乡村经济卷》下，福建教育出版社，2009，第150页。

② 乔启明：《江苏昆山南通、安徽宿县农佃制度之比较以及改良农佃问题之建议》，载李文海主编《民国时期社会调查丛编》二编《乡村经济卷》下，福建教育出版社，2009，第603页。

此种作物，劳力可省，而产量又丰，较为经济也，但地主则又因红芋不易收藏，多不喜食故，时有限制佃户耕种之事。故佃户虽明知栽培红芋为有利，而为地主所限制，亦无可如何"[1]。事实上，过多地种植红芋，对土地的肥力是有破坏性影响的。分成租既然是主佃双方共同投资、共同受益，地主当然也有自己应有的权利。尤其是对土壤肥力之保障，更是地主应有之权利。"台北州的佃农要栽培一种足以减退地力的作物或多年生植物时，必须得到地主的同意。"[2] 更证明了地主在保障土地生产力方面的努力和作用，而佃农方面则似乎是更看重眼前利益的。

其次，即使是在定额租条件下，地主也有干预的权利。因为从经济上说，合约双方的利益都应该得到保障，而不仅是佃农的利益应该得到保障。

近世中国，南方的租佃关系已经多数成为定额租，甚至是永佃制。在定额制和永佃制条件下，地主对佃农的实际生产很少干预，甚至毫不干预。但是即使如此，地主可能也有不得不干预的理由。

　　　　乃有黠佃弄巧，每致田主受亏自食。每值嘉禾纳输，偏栽异种，一粒而芒长径寸，斗量尽有全完之名。每桶而搀伴数斗，秤较仅得半收之实。[3] 近三十年，邑通栽一种曰硬枯。壳厚谷重，作饭硬而变味，藏隔年即蠹。以其耐风，佃耕利之。田主无如何也。[4]

佃户任意选择耕作种类，其实是把风险和损失转嫁给了地主，这对地主的正常权益造成了损害。比如说："糖利甚多，种蔗田多则妨稻，奸佃借以抗租。"[5] 也就是说：明中叶以后，泉州府的佃农，在向地主租佃

---

① 乔启明：《江苏昆山南通、安徽宿县农佃制度之比较以及改良农佃问题之建议》，载李文海主编《民国时期社会调查丛编》二编《乡村经济卷》下，福建教育出版社，2009，第 599 页。

② 瞿明宙：《台湾的租佃制度》，中研院社会科学研究所，1931，第 18 页。

③ （清）韩琮修、（清）朱霞纂《乾隆建宁县志》，乾隆二十四年刻本。

④ （清）伍炜，（清）王见川修纂，《乾隆永定县志》卷一，福建省地方志编纂委员会整理，厦门大学出版社，2012。

⑤ （清）吴裕仁、（清）娄云纂修，（清）杜昌丁修，郑翘松等纂《嘉庆惠安县志》卷三，上海书店出版社，2000。

田地上尽力种植甘蔗，抗纳佃租。经济作物受市场风险的影响比较大。佃农不经地主同意擅自改变种植种类，有可能造成受益归自己，风险归地主。从合约精神来说，佃农的做法不一定是合理的，[1] 是一种不道德的行为，也是一种破坏契约的行为。

由此可见，佃农不经地主的同意，擅自更改种植种类，就有可能侵害地主根据合同所确定的正当权益，地主进行一定程度的干预应该是理所当然的。这不能简单地归于地主对佃农经营的干预，更不能简单地归为地主对佃农的压迫和剥削。

六　佃农对土地的产权拥有

这主要表现在两个方面：一是永佃权和田面权；二是押租。这些做法都约束了地主的产权，而加强了佃农对土地的产权。既然佃农也拥有一部分土地的产权，那么他们与地主之间在经济上和权利上就近乎是平等的，甚至权利更大，而无须依附地主。

清代很多地方盛行永佃制和"一田两主"。在实行永佃制和"一田两主"的条件下，土地的所有权和使用权分离，佃农拥有相当稳定的经营权。由于佃权增强，田主往往不能随便增租夺佃，于是"刁奸佃户，辄恃不能起耕，遂逋租不清，历年积累，动盈数百石"。[2]

尤其是在"一田两主"的条件下，惯例是如果欠租数额达不到田面价格，田主就不能起田另佃。甚至在个别地方，"若田皮所有人欠租不完，田骨所有人只能向其追租，不能改佃"。[3]

甚至根据1918年民商法习惯调查，有些田面权，即使是欠租，地主也是无法撤佃的。

"……相沿日久，佃户竟持其永佃权视为一部分之所有权，不准业主自由夺佃，业主亦无异议。……既积欠田租，业主提起诉讼，只能至追

---

[1] 当前的世界金融风暴发生的重要原因，就是所谓的代理人风险：国际大金融公司的领导们，热衷于从事高风险的投机。如果投机成功，则利润归自己；如果投机失败，则损失由公司股东和社会公众承担。这是一种道德风险。
[2] （清）凌焘：《西江视臬纪事》卷二《平钱价禁祠本严霸种条议》，古抄本，第53页。
[3] 前南京国民政府司法行政部编《民事习惯调查报告录》，胡旭晟、夏新华、李交发点校，中国政法大学出版社，2000，第281页。

租之程度为止，不得请求退田。"①

　　所以曹树基认为这里的田面权 "……是指田面业主处置田面的所有权"，② 而不是什么永佃权。这时候，佃农对土地产权的拥有已经成为实质性的了。

　　即使在佃农并未明确拥有所佃耕土地的情况下，往往也在实际上控制了土地。康熙时：

> 今和邑（福建平和）之俗，业主虽有田产之名，而佃户有操纵之实，甚至拖欠累累，年年未结，业主虽欲起抽，而租户以粪土田根之说争衡掣肘，此又积习之难以遽更者也。③

　　以上各种材料都能够说明，近世中国佃农，特别是近代以来的中国佃农，生产生活上并不需要太多地依赖地主。佃农经济上自由选择的可能性增加，在经济上的独立性相当强。当然，中国很大，各地方的情况千差万别，并非所有地方发展程度都是一致的。不过，总体而言，佃农已经不是传统话语中那种处于地主经济压迫下，只能唯唯诺诺任人指使了。

　　综合傅衣凌先生的研究，在中国传统农村社会，阶级的对立、乡族的结合、政权的压迫、绅权的压迫、经济强制、超经济强制、身份制和经济权等因素是相互结合、相互联系并相互融通的。地主与佃农之间，"主户强则役客，客户强则累主"，④ 地主强大则压迫佃农，佃农强有力则欺负地主，这应该是一般状态，也符合我们日常观察中的认识。但是所有这些因素都指向共同的方向：即国家需要更多的赋税，地主和农民需要更多的收入和更高的生活水平。也就是说：生产关系是为生产力的发展服务，生产力的发展则促进了生产关系的发展。在社会主体的多方博弈和斗争下，在市场经济发展的条件下，其他手段往往都要逐渐让位

---

① 国民政府司法行政部编《民商事习惯调查报告录》上册，编者印行，1930，第 317 页。

② 曹树基：《两种"田面权"与苏南的土地改革》，见谢国兴主编《改革与改造——冷战初期两岸的粮食、土地与工商业变革》，中研院近代史所，2010，第 98 页。

③ （清）王相修、（清）姚循义修，郑丰稔纂《康熙平和县志》卷六《赋役》，上海书店出版社，2000。

④ （明）顾炎武：《天下郡国利病书》卷七二《湖广一》，《顾炎武全集》，顾宏义、严佐之、严文儒校点，上海古籍出版社，2012。

于经济手段。因此，近世以来，佃农在人身上的逐渐独立，在经济实力上的逐渐加强也就是可以理解的了。

第四节　中国近世佃农经济企业化的趋势

在确认了佃农在人身和经济权利方面的自由独立状态之后，我们可以进一步研究佃农的经济性质。

历史学界和经济学界对中国近世佃农的社会地位有着迥然不同的看法。与此相反，对佃农的经济性质，似乎无论在历史学界还是在经济学界，在看法上基本上是一致的。

长期以来，在政治学、社会学和历史学界的认识中，中国的佃农在经济地位上一直是一个与雇农相提并论的阶层。在人们心目中，佃农和雇农没有什么明显的区别，他们都是被地主阶级压迫和剥削的对象。他们的收入，也都差不多，[①] 都是社会的最底层。影响所及，即使在现代经济理论中，中国近世的佃农也仍然仅仅被当作一个普通劳动者，仅仅能够得到正常的劳动力价格。在这类观点的表述中，最权威、最有影响、也最明确的是张五常的《佃农理论——应用于亚洲的农业和台湾的土地改革》。

张五常的《佃农理论——应用于亚洲的农业和台湾的土地改革》一书讨论的是中国传统的佃农经济，因而其分析不能仅看作是一种理论分析，更应该看作是对中国传统经济现实的一种诠释。因此我们在讨论《佃农理论——应用于亚洲的农业和台湾的土地改革》的时候，不能仅仅看其理论分析是否精彩，更应该看其假设和结论是否符合中国传统的现实。——而这正是本书试图讨论的！

《佃农理论——应用于亚洲的农业和台湾的土地改革》一书开宗明义的假设前提就是"佃农的收入等于农业雇工的收入"，这一假设贯穿全文，是随后一切分析的前提和基础。

张五常在《佃农理论——应用于亚洲的农业和台湾的土地改革》一

---

① 形象的说法就是，杨白劳和高玉宝并没有什么区别。他们都是穷苦人，是社会的最底层。

书的做图①分析中，反复强调在竞争条件下，佃农得到的，"不大于他从事其他经济活动可能得到的收入"。② 而地主在分成租条件下所得的"地租额"，不应该"小于所有者自己耕作、工资合约或定额合约情况下的地租额"。③ "我很容易知道地主在土地上的分成收入与固定租金、雇用农民自耕自种等不同形式的收入大致相同"④。可见，所谓"其他经济活动可能得到的收入"也就相当于作为农业雇工所得到的收入，即佃农的收入应该等于农业雇工，或者说雇农所得到的收入。

后来，张五常在其《经济解释》中再一次强调，"农户的分成所得在竞争下等于另谋高就的工资"，进一步明确了他的判断。

但是根据国内经济史学界最新研究成果和实际调查资料，我们发现，把佃农看作是与雇农类似的阶层，并把佃农的收入等同于普通农业劳动者的假设，在理论上是无法自洽的，在事实上也是不能成立的。

张五常没有考虑到：在实际生产中，一个农民在承佃土地的条件下，所付出远大于仅仅作为一个普通农业工人的付出。至少一个普通的农业工人不需要承担经营和决策职责，也不需要承担经营失败的风险，而这却是作为一个佃农必须承担的。即使扣除了风险因素，佃农还必须承担组织生产要素、判断市场行情以进行生产的责任。如果承租土地的佃农得到的收入只能与其作为普通农业工人得到的一样多的话，那么我们也就难以理解为什么有那么多农民更愿意承租土地，而不是成为一个长工了。

反过来，如果地主能够仅靠出租土地就得到与自己直接经营土地一样多的收入，那么我们就不禁要问：出租土地与自己经营相比，付出既然少得多，风险也小得多，为什么还有很多人愿意自己经营土地，而不是简单地出租？所以张五常的假设在逻辑上是讲不通的。

---

① 张五常：《佃农理论——应用于亚洲的农业和台湾的土地改革》，商务印书馆，2000，第 75 页，图 5。

② 张五常：《佃农理论——应用于亚洲的农业和台湾的土地改革》，商务印书馆，2000，第 76 页。

③ 张五常：《佃农理论——应用于亚洲的农业和台湾的土地改革》，商务印书馆，2000，第 76 页。

④ 张五常：《佃农理论——应用于亚洲的农业和台湾的土地改革》，商务印书馆，2000，第 3 页。

种种材料说明：把佃农仅看作是一个与雇农类似的普通劳动者的观点可能是一个常识谬误。

正确的认识应该是：再小的一户佃农，也相当于一个企业。而经营该企业的佃农本人，不仅是一个普通劳动者，他还具有企业家的性质。所以佃农的收入也不应该仅是劳动力价格，还应当包括企业家才能的报酬。我们可以根据自己的分析需要对佃农的性质和收入做种种不同的假设，但不论如何假设，我们都必须认识到：佃农的企业性质是一种历史现实。如果认识不到这一点，我们对中国近世以来的社会性质就会做出错误判断。

一 小农经济的企业性质

要确认佃农的企业家性质，就必须先厘清企业的性质和小农经济的性质。

什么是企业？目前理论界还没有统一的定义。著名经济学家科斯在其名篇《企业的性质》中把企业看作是"价格机制的替代物"。科斯提到：

> 马歇尔把组织作为第四种生产要素引入经济学理论；J. B. 克拉克赋予企业家以统筹职能；奈特教授强调了经理的协调作用。在企业之外，价格变动决定生产，这是通过一系列市场交易来协调的。在企业之内，市场交易被取消，伴随着交易的复杂的市场结构被企业家所替代，企业家指挥生产。就事实而言，虽然经济学家们将价格机制作为一种协调工具，可他们也承认了"企业家"的协调功能……①

阿尔钦和德姆塞茨在分析企业产生原因时，指出企业实质上是一种团队生产方式。② ——不论如何定义，有一点是必须承认的，那就是企业是一种组合不同生产资源以进行生产的组织。作为一个独立的企业，必须达到自主经营、自主决策，独立核算、自负盈亏的要求，而且在市

---

① 〔美〕罗纳德·哈里·科斯：《企业、市场与法律》，盛洪、陈郁译，格致出版社，2009，第3、4页。
② 路易斯·普特曼、兰德尔·克罗茨纳编著《企业的经济性质》，孙经纬译，上海财经大学出版社，2000。

场经济的背景下，企业必须对市场变化高度敏感。

农民常常被看作是落后生产力的代表，是中国长期以来自给自足的自然经济的基础和市场经济发展的桎梏。传统中国农民（也包括佃农）在生产过程中，难道说能够做到像一个企业一样自主经营、自主决策、独立核算、自负盈亏吗？

黄宗智教授是历史学界研究小农问题的专家，他就对中国小农的市场性质表示怀疑。黄宗智在《华北的小农经济与社会变迁》一书开头就提到：

> 革命前，中国的小农具有三种不同的面貌。首先，是在一定程度上直接为自家消费而生产的单位，他在生产上所作的抉择，部分地取决于家庭的需要。在这方面，他与生产、消费、工作和居住截然分开的现代都市居民显然不同。其次，他也像一个追求利润的单位，因为在某种程度上他又为市场而生产，必须根据价格，供求和成本与收益来作出生产上的抉择。在这方面，小农家庭的"农场"也具备一些类似资本主义的特点。最后，我们可以把小农看作一个阶级社会和政权体系下的成员。其剩余产品被用来供应非农业部门的消费需要。①

小农的这三种面貌当然是同一事物的不同方面。其中最后一种面貌涉及政治学范畴，与本书探讨的无关，而且也不矛盾。而第一种面貌与第二种面貌难道说会矛盾吗？一个职业是裁缝的个体户，他可以为自己及家人做衣服，然而这不能否定其企业的性质。一个职业是杂货商的小企业主，他可能消费一些自己经营的商品，这并不能否定其企业的性质。一个职业是木匠的小工厂主，他可能为自己的家庭生产一些家具，然而这也不能否定其工厂主的性质。一个小农，既面对自身的需求，也面对市场的需求，并且"根据价格，供求和成本与收益来作出生产上的抉择"，那么如果我们说小农同时具备企业和家庭的双重性质应该是可以被接受的。就如经济学假设每个人都是理性的"经济人"，但是并不否定

---

① 〔美〕黄宗智：《华北的小农经济与社会变迁》，中华书局，1986，第1页。

人在某些方面既不理性，也不"经济"。或者反过来说：某些人在某些时候并不理性也不"经济"的事实并不能从根本上否定"人是理性的经济人"这样一个基本假设。

黄宗智还认为：小农种植棉花是出于生活所迫，而不是出于追求利润的动机。[①] 这种判断似乎是不合理的！因为小农的土地太少，不追求利润就无法维生，追求利润与维持生存是一致的，是同一事物的两面！事实上，满铁的材料就反映出越是土地少的农民，就越深地卷入专业化的市场经营，这恰好能够说明小农的市场化经营对其生活的重要性。我们还可以从另一个角度来分析这个问题。小农由于土地太少，在劳动力与土地的比较关系中，劳动力过剩而土地相对不足。如果他们改种植棉花的话，由于单位面积的棉花种植需要更多劳动力，恰好就能让劳力和土地的结合更加有效。对"面积在十八世纪后，缩小到生产不足维持其家庭的食用"的"贫农农场"而言，"生存的考虑"和"利润的追求"[②]并不矛盾。如果不能追求到利润，那么就不能维持生存。既然小农"如果市场行情发生剧变，他们便相应地调整作物组合比例"，[③] 我们把小农看作是一个对市场价格变化灵活反应的企业，就更没有问题了！

黄宗智还认为："高土地生产率与低劳动生产率的结合，恰恰是农业内卷化的证明。"[④] 但是这恰恰是中国的小农经过长期尝试摸索之后，对自己的生产进行调整以适应生产环境的行为。因为与西方国家特别是黄宗智所举例的美国相比，中国的人地关系要紧张得多。如果中国也按照美国的生产模式生产，根本就不可能养活那么多的人口。正如卜凯的资料早已指出的：中国农业在 20 世纪 30 年代所达到的单位面积产量，实际上比当时已相当现代化的美国农业高出很多。[⑤] 本书不试图否认中国农业的生产技术要低于美国，而只是试图说明中国的农业生产模式是对中国的人地关系和技术条件的一种适应。中国具有的这种人地关系和技术条件必然会在市场价格体系中反映出来，而中国的小农能够接受相应

---

① 〔美〕黄宗智：《华北的小农经济与社会变迁》，中华书局，1986，第 5 页。
② 〔美〕黄宗智：《华北的小农经济与社会变迁》，第 5 页。
③ 〔美〕黄宗智：《华北的小农经济与社会变迁》，第 5 页。
④ 〔美〕黄宗智：《华北的小农经济与社会变迁》，第 13 页。
⑤ 〔美〕黄宗智：《华北的小农经济与社会变迁》，第 13 页。

的市场价格反映出来的信号，并按照相应的市场体系来调整生产，正是市场化条件下企业生产的特征。如果不是按照这种市场安排，中国又如何能以只占世界7%的耕地，养活世界四分之一到三分之一的人口[1]呢？

在图2-1的模型中，纵轴表示价格水平，横轴表示供求数量。S为供给曲线，D为需求曲线，反映农产品市场上的供求关系。农产品市场中总的供求关系及其形成的均衡价格引导单块农场的生产和投入，要求把生产进行到L_0的水平。

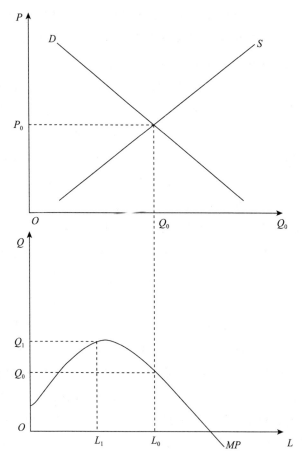

图2-1　农产品市场供求平衡与土地边际产量的关系

把生产进行到L_0的时候，边际产量的确是下降了，人均劳动生产率

---

① 清代中叶中国人口一度占世界人口的三分之一。

的确是下降了，这却能提供更高的总产量。而社会总产量则是由社会总供求关系决定，并不是由单一块土地决定。反过来说，中华人民共和国成立前以相当有限的土地养活了那么多的人口，并不证明中国农村生产模式的失败，相反却能证明其成功与富有成效。

在人身独立性方面，中国近世以来的农民是普遍自由的。如前文所述：明中叶以后，黄册制度瓦解，特别是一条鞭法的施行，"今日赋税之法，密于田土而疏于户口，故土无不科之税，而册多不占之丁"，[①] 农民的自由迁徙已经难以限制。乾隆初，国家废除编审制度，更无由控制农民离乡。因此当时是人民"熙攘往来，编审不行，版图之籍亦莫可得而稽矣"。[②] 农民在人身上也是越来越独立的。在经济上，也如前所述，近世中国的佃农逐渐具备了一定的经济实力，同时也获得了生产上的经营独立性。

中华人民共和国成立前陈正谟的全国调查指出："河北有10%，山东有12%的农村人口做长工（全国则有10%）。"[③] 满铁的调查材料表明："……占所有户数12.5%的家中有人受雇为长工，36.2%的家中有人受雇为短工。"[④] "例如1350年至1950年间长江三角洲的雇工市场有所发展，大约三分之一的农户在某种程度上外出受雇，同时三分之一的农户雇用劳动力。我们不能把蔡雅诺夫的小农家庭全靠自身劳动力来生产的抽象模式等同于明清时期的真实情况。"[⑤] 农村劳动力市场普遍而深入的存在，本身就说明农民是能够主动调整自己的劳动力安排的。

华北的农民有理性地、精于算计地利用他的有限的资源，[⑥] 从土地获得生活资料。他对于他周围的外部环境的变化极为敏感，当他对这些变化有足够的了解时，他就会努力调整他利用资源的方法。……必须把户看作基本的经济决策单位。农户以最大的能力运用手头的资

---

① （明）顾起元著《客座赘语》卷二，谭棣华、陈稼禾点校，中华书局，1987，第60页。
② 光绪《富阳县志》卷一三。
③ 〔美〕黄宗智：《华北的小农经济与社会变迁》，中华书局，1986，第79页。
④ 〔美〕黄宗智：《华北的小农经济与社会变迁》，第80页。
⑤ 〔美〕黄宗智：《长江三角洲小农家庭与乡村发展》，中华书局，2000，第8、213页。
⑥ 单个农民也许没有能力精确算计利用他的资源，但是作为整体，农民却可能通过学习效应及反复尝试大致做到这一点。

源和几代人积累起来的农业知识，尽力使其最大化。①

诺贝尔经济学奖获得者舒尔茨认为小农作为"经济人"，对市场有相当敏感的反应，毫不逊色于任何资本主义企业家。② 以历史材料来检验，中国的小农是符合舒尔茨的判断的。

因此，我们可能需要重新思考中国的小农经济。直到今天，小农经济还是通常被认为是中国落后的标志，那些落后的思想，往往被冠以"小农意识"的称谓。但是，意大利经济学家乔万尼·阿里吉在其《亚当·斯密在北京》一书中提醒我们，这种观点即使不是错误的，至少也是片面的。小农经济是回应中国紧张的人地关系的自然结果。③ 乔万尼·阿里吉强调指出：中国的崛起是中国重视人力资本积累的结果。亚当·斯密认为，经济发展的动力来自劳动分工。但是东亚小农体系下的劳动分工却不很明显。一个小农家庭就是一个完整的生产单位，就像当代企业一样，它要预测未来的市场行情，制定作物生产计划，理解生产的全过程以及影响生产的外在因素特别是气候，规划劳动力投入，然后掌握在市场上出售产品的时机。④

当然，小农作为企业，与一般企业是有区别的。但这种区别只是表现为在知识和信息掌握上比较缺乏，这些并不是本质上的区别。所以这种区别不能否定小农（包括佃农）作为企业的性质。

的确，大多数中国农民比较缺乏知识和视野，他们不可能对很多事物，特别是新鲜事物有清楚的认知。但是他们可以根据经验试错。中国的传统农业就是以大量的小农经济为主要特色的。小农的经济规模太小了，所以很难承受大规模革新的成本。但是小农又太多了，总是有些人在尝试和发现新事物。

---

① 〔美〕马若孟：《中国农民经济：河北和山东的农民发展1890~1949》，史建云译，江苏人民出版社，1999，第240页。

② 〔美〕西奥多·W. 舒尔茨：《改造传统农业》第2、3章，梁小民译，商务印书馆，1987。

③ 转自姚洋《重新认识中国的小农经济——阿里吉〈亚当·斯密在北京〉的一种解》，见"人文与社会"网址，http://wen. org. cn/modules/article/view. article. php/c6/1745。

④ 转自姚洋《重新认识中国的小农经济——阿里吉〈亚当·斯密在北京〉的一种解》，见"人文与社会"网址，http://wen. org. cn/modules/article/view. article. php/c6/1745。

有很多农民在试错的过程中，找到一些正确的方法和途径，但也有很多农民没有找到。有些农民在这个地方找到了正确的方法，另一些农民在另外的地方找到了正确的方法。有些农民在此时找到了正确的方法，另一些农民则在彼时找到了正确的方法。在任何时候、任何地方，都有很多农民不是按照理性的原则在行事，但是在任何时候、任何地点，也有很多农民是按照理性方法在行动。

农民中那些有智慧和有创造力的及在试错过程中找到正确路径的人，就会在竞争中生存下来。而那些没有智慧和创造力，在试错过程中走错路的人，就很有可能被淘汰。这种尝试和淘汰的过程，构成了中国农业经济发展进步的历史。我们必须意识到：作为整体的中国农民与作为个体的中国农民，是非常不同的。作为个体的中国农民，可能非常聪明，也可能非常愚蠢；可能非常有经营头脑，也可能一无所知；可能最大限度地参与市场，也可能最大限度地远离市场。但是淘汰和选择的过程会驱动中国农民在整体上按照正确的方向行动。虽然这种行动可能非常缓慢！然而，长期来看，这种行动的方向在整体上是正确的，并且比很多自以为聪明的学者要正确得多。

不仅如此，农民是会相互学习的，榜样的力量是无穷的！错误的向正确的学习，就可能比较迅速地扩大成功的模式。那些能够及时学习有效经验的人，也可能生存下来。如果某种模式足够正确，经得起实践的检验，学习采用某种生产生活模式的人就会比较多。学习的过程，将让中国的农民在选择理性的生产方式时更迅速、更准确，代价更小、效率更高。因此我们可以说：虽然相当多作为个体的中国农民的确是相当不理性的，在很多时候，大多数作为个体的中国农民的确也没有按照理性的方式行动，但是长期内，作为整体的中国农民是非常理性的，是能够按照理性的方式行动的。

张五常的《经济解释》举过这样一个例子：

有些白痴听说汽油站很好玩，于是每个人都开办油站了。因为是白痴，他们之中有些把油站建在荒山之上，有些建在密林之中，也有些建在海上的。没有公路汽车经过，油站怎可以生存呢？但他们当中有几个同样的白痴，却胡里胡涂地把汽油站建在公路旁。过不了多久，适者生存，不适者淘汰，只有在公路旁建油站的白痴能生存。[①]

所有的企业，包括巨型跨国公司，他们尽管掌握到了尽可能多的知识和信息，在某种程度上其实也与白痴类似，谁也不能保证他们的决策都是正确的，市场会选择他们。等而下之的中小企业，出错的机率更大，当然市场也会选择他们。最下等的就是小农，包括佃农。他们掌握的信息和知识最少，判断的能力最差。但是这不妨碍他们在市场的引导下在正确的道路上发展。他们中的很多个体也许并不理性，但是这不妨碍他们在整体上、长期按照理性的原则来决策和安排生产。

中国的小农就像电子一样，对于任何一个电子，在某个特定的时刻去观察它们，都是在做随机无序的运动。但是作为一个整体，从较长时段来看，却是按照一定的轨道围绕原子核有规律地运行。

所以，方行认为：

> 农民经济是所有者、经营者和劳动者统一于一个家庭之中，所有成员在经济利益上具有高度一致性。因此，对外部信号具有独立和迅速作出决策的能力，对生产也具有主动和协作精神。[②]

因此，中国历史上小农经济的企业性质是可以得到确认的。

二　佃农经济的企业性质

在确认了中国历史上传统小农经济的企业性质之后，我们再来分析中国历史上佃农的性质。

佃农是近世中国农民群体的重要组成部分，因而受到人们的普遍注意。过去，在认识中国传统农村社会方面影响最大的理论就是所谓的"阶级斗争论"，也叫"租佃关系决定论"。这种理论强调农村中的阶级分化，特别是地主与佃农之间的对立，认为在中国农村经济中，是以地

---

① 张五常：《经济解释——张五常经济论文选》，商务印书馆，2000，第四节。

② 方行：《中国封建社会农民的经营独立性》，《中国经济史研究》1995 年第 1 期。

主和佃农的两极对立经济为主体，而佃农是属于被剥削被压迫的阶级，是陷入困境而不可自拔的。但是现在很多历史学家和经济学家[1]的研究都表明：这种观点是站不住脚的。地主与佃农之间与其简单地说是剥削与被剥削的关系，还不如说是生产中基于资源的拥有情况而进行的生产组合（或者说合伙经营）更合适一些。

按照西方经济学理论：在生产的成果中，劳动得到工资，土地得到地租，而资本得到利息，企业家才能得到企业家才能报酬，或者通俗地讲：经营企业的利润。一个老板，或者说一个资本家可以亲自经营，既得到资本的利息，也得到经营的利润。他也可以选择仅提供资本，而满足于获得资本的利息。而获得该资本并进行经营的人，由于付出了管理劳动，则可以获得相应的利润。

在农业生产中，道理也是一样的。一个地主可以亲自经营自己的土地，直接雇佣农业工人生产。这时候，地主既是资本家，也是企业家，通过资本和企业家才能的付出，他既能够得到资本的利息，也能够得到地租及经营农业企业的企业家才能报酬。同时，他也承担相应的风险。而农业工人则不需要经营，只是付出劳动，他只能得到工资，当然也不需要承担生产中的风险。但是地主也可以考虑把土地出租出去，满足于仅仅得到地租。[2]而缺乏土地的佃农，则可以通过支付地租的办法获得土地的使用权，并组合土地与其他生产资源从事生产。从经济角度分析，租佃制度是一种正常且合理的制度，在一定条件下应该是有效的，是对主佃双方都有利的经济安排，所以在中国传统上得到广泛应用，持续数千年，而且在世界各地也一样得到普遍运用。这种经济制度如果不是因为内在合理性，我们就不能理解它为什么能够持续这么久，且这么普遍，并支撑了中国经济的长期增长和庞大人口。

根据方行的研究，在中国历史上，越是晚近的时代，佃农就拥有越多的生产资料。在中国历史上，特别是在宋以来的中国历史上，佃农在经济上日益独立，越来越多地从事独立生产，构成舒尔茨和阿里吉所说

---

[1]　如方行、秦晖、赵冈、龙登高等。

[2]　至于生产资料的提供，则取决于地主与佃农双方的经济实力。在实际生产中，有些时候生产资料是由地主提供的，有些时候则由佃农提供，更多时候，似乎是地主与佃农各出一部分。

的小农经济的重要组成部分。——这是社会和经济发展进步的结果！不仅如此，即使是没有什么生产资料的佃农，只要他租到了一小块土地，开始自己独立的生产，[①] 也同样需要跟其他自耕农一样，需要自己决策、指挥和协调生产，至少他要对自己小农场的生产进行安排和决策。——而这是一般的农业工人不需要承担的工作。

实际上，在租佃农场的生产上，佃农是相当独立的！如果是定额租佃，地主仅满足于固定的地租收入，而不参与出租土地的生产经营。这时候，地主相当于资本家，自己完全不承担任何经营管理职能，他向佃农提供土地和生产资本，自己得到应有的地租和利息。这时候，经营管理农业生产的职责，就将完全由佃农承担，这时候佃农可以称为企业家。[②] 因为虽然企业的规模可能很小，但是他负担完全的经营职责，并完全享受企业家才能的报酬，或者说是佃农农场的经营利润。同时，他也自主承担经营中的风险。"田中事，田主一切不问，皆佃农任之"[③]。更重要的是：佃农"自居己屋，自备牛种，不过借业主之块地而耕之。交租之外，两不相问。即或退佃，尽可别图"。[④] "农勤则倍收，户户不得过而问焉。"[⑤] 至少在定额租佃制度中，佃农是拥有企业经营中至关重要的、完整的剩余索取权的！[⑥]

如果在分成租佃条件下，地主和佃农共同承担经营管理的职责，共同分担风险，都是企业家，这属于合伙制企业。在这种情况下，地主承担的责任比较大，所以权利也比较大，但是佃农也还是有自己的独立核

---

① 生产资料可以由地主提供，但是佃农往往需要支付更高比率的地租。

② 根据前面的分析，其实很多佃农也一样是拥有自己的资本和土地产权的。

③ 陶煦：《租核》，载赵靖、易梦虹主编《中国近代经济思想资料选辑》上册，中华书局，1980，第395页。

④ 两江总督那苏图奏折，载中国人民大学清史研究所编《康雍乾时期城乡人民反抗斗争资料》上册，中华书局，1979，第11页。

⑤ 光绪《平湖县志》卷二，转引自方行《清代租佃制度述略》，《中国经济史研究》2006年第4期。

⑥ 阿尔钦和德姆塞茨在分析企业产生原因的过程中，指出企业实质上是一种团队生产方式。单个的私产所有者为了更好地利用自身的比较优势进行合作生产，而合作生产的总产出会大于他们单独生产所得的产出之和。由于最终产出是团队成员共同努力的结果，每个人的贡献不可能精确测量，这就会产生一个偷懒问题，因而必须确定部分成员专门从事监督工作，同时赋予这些监督者剩余索取权。在企业经营中，这种剩余索取权常常被视作与实际所有权相等。

算和利益的。比如说蒲松龄对其佃户"岁与小猪一口，使养之，卖后只取其本。一年积粪二十车，多者，按车计价；少者，使卖猪赔补"①。这就是地主通过利益杠杆诱导佃农按地主的规划行动的实例，也恰恰说明佃农即使在分成租条件下，也仍然拥有自己独立的经济利益和核算，而不是完全按照地主的指令行动。在清代刑部钞档中，因为佃户"种地不力""地不加肥"，不服从地主命令"先给人工作锄地""种植烟叶"②等原因造成纠纷，甚至导致人命案件的事例，也时有发生。这些材料一方面当然说明了地主对佃农经济生产的干预，同时也说明佃农相对地主而言，利益和经营权是独立的，与地主的利益并不完全重合，所以也往往并不是完全按照地主的安排进行生产。

20 世纪 30 年代的调查证明：在华北的实物分成地租中，地主极少向他的佃农提供资本和信贷，一般不干预佃农对土地的经营，二者之间社会关系极为松散，不像日本的主佃之间有等级地位高下之别。③ 1929年的调查，"至佃户承种田地以后其所享权利，即田地内种何农产，如何耕作，均得自由支配"。④ 即使是在地主提供种子、肥料及其他若干生产资料的情况下，地主对具体的经营也很少过问。

在田面权或永佃制之下，佃农还实质性地拥有土地。所谓"其佃人之田，视同己业，或筑为场圃，或构以屋庐，或作之坟墓其上，皆自专之，业主不得问焉。老则以分之子，贫则以卖于人"。这时佃农的经营权和对土地的部分所有权都是可以得到确认的。

近世佃农经济中另一重要的变化是市场的介入日益加深。在福建永安，"永邑山多田少，依山者半皆梯田……比来佃田者，不顾民食，将平洋膄田，种蔗栽烟，利较谷倍……"⑤　"袁州接壤于南，为吴楚咽喉重地。百年以前，因土旷人稀，招入闽省诸不逞之徒，赁山种麻，蔓延至

---

① （清）蒲松龄：《农桑经》，李长年注，农业出版社，1982，第 20 页。
② 《清史论丛》第二辑，转引自方行《中国封建社会农民经营的独立性》，《中国经济史研究》1995 年第 1 期。
③ 马若孟：《中国农民经济：河北和山东的农民发展 1890～1949》，江苏人民出版社，1999，257。
④ 刘大钧：《我国佃农经济状况》，载李文海主编《民国时期社会调查丛编二编·乡村经济卷下》，福建教育出版社，2009，第 155 页。
⑤ （清）裘树荣修，吴九叙竺纂《永安县志》卷五《风俗志》，清道光十三年刻本。

十余万，盘踞深谷。""是身承去入山开挖起蓬，锄耕青靛生姜，三面言定，递年交纳租钱壹两八钱整。"① 福建的建阳县，"山多田少，荒山无粮，以历来管业者为主，近来多租于江西人开垦种茶"。② 这些实例都证明了佃农对市场经济的敏感和把握。

佃户拥有自己的主要生产资料和工具，如耕牛、农具、种子，还有家庭代际传承的生产技术，资本亦由自家筹集，或通过家族互济及求助于市场信贷。家庭生产中他们充分利用自身劳动力，男女老幼搭配以完成工作，农忙时则求助于短工市场或邻里亲友互助，农闲时外出从事副业。③ 总之，佃农将自己的、地主的、外界和市场的不同生产要素组合起来从事生产，家庭缺乏的生产资料和工具从市场购买，耕地则以租佃的方式获取，使佃农在生产中的积极主动性和独立经营能力得到充分发挥。

在生产效率和生产能力方面，卜凯对 1921～1925 年中国 7 省 17 个县 2866 个农场进行了调查，并按类别、农场面积、家庭大小、利润、地价、工作效率等指标进行了统计，对自耕农、半自耕农和佃农的生产状况进行了比较，认为自耕农、半自耕农、佃农在生产效率上没有显著差别，单位产量水平相当。至于佃农的经营规模，则明显大于自耕农和半自耕农。

表 2 - 9　自耕农、半自耕农、佃农劳动力与土地的经营规模比较

	自耕农	半自耕农	佃农
家庭大小（成年男子单位①）	4.38	4.52	4.33
农场面积②（本地亩）	39.39	35.04	61.78
每人平均耕作的作物亩③	25.15	26.06	34.44

注：①"成年男子单位"用来表示家庭劳动力的情况。将不同年龄和性别的劳动力，根据爱特华尔氏标准数（Atwater's Scale）折算成多少个成年男性的劳动力。如一名年龄 15～16 岁的女性为 0.8 个成年男子单位。

②"农场面积"是指农场全部的土地面积，包括耕地和属于农场主的其他所有土地。

③"作物亩"是指周年内各季所收获作物的种植总亩数。比如一亩田地一年内可收获两季作物，则计为两作物亩。

---

① 中国社会科学院历史研究所藏《凌氏敦义堂祠合同文约拼契誊录簿》，编 1000043 号。

② 《道光建阳县志》卷二《舆地志》，道光十二年抄本。

③ 参见李文海主编《民国时期社会调查丛编二编·乡村经济卷》，福建教育出版社，2009。

这其实说明佃农在总的生产效率上要高于自耕农。

李德英对民国时期四川温江县的佃农经营的研究也得出了类似的结论：在该地区佃农平均耕种的农场面积、作物面积及产量方面甚至要优于自耕农。

佃富农和佃中农在传统中国农村社会中也是普遍存在的，而且"……有的小农，虽租入土地，但经济情况比较好，不需要出外佣工，并可能雇佣他人"[①]。佃富农和佃中农一般被认为是农村中经济状况比较好的阶层。以河南省为例，据 1933 年的调查，辉县 4 村的富农中，有 48.6% 要租入土地，这个比例中农只有 15.9%，贫农 35.6%。许昌 5 村的富农有 30.4% 租入土地，中农和贫农租入土地的比重分别是 15.4% 和 26.7%。在镇平 6 村中，租入土地的富农、中农和贫农各占本阶级农户总数的 58.3%、55.8% 和 30.9%。[②]

甚至很多佃农在租种别人土地的同时，又把自己的土地租给别人耕种。国民党土地委员会 1934 年全国调查后所编《全国土地调查报告纲要》及郭汉鸣、孟光宇根据 1940 ~ 1941 年的调查所著的《四川租佃问题》都表明在当时的农村，生产形式是多种多样的，纯粹地主、地主兼自耕农、地主兼自耕农兼佃农、地主兼佃农、自耕农、自耕农兼佃农、佃农、佃农兼雇农和纯粹雇农是同时存在的。这清楚地表明佃农在经济上是理性的，租佃制在很大程度上是对土地和其他生产资源的优化组合方式。

1980 年国家统计局曾经以当年的各地土改档案综合推算，认为全国土改前地主占有的土地比例为 38.26%，[③] 农村中租佃关系则与此相当。中共中央党校郭德宏教授则根据不同来源、相互独立性比较强的几百份统计资料汇总平均，算得 20 世纪 20 ~ 40 年代地主占有的土地全国平均约为 41%，而到中华人民共和国成立前夕降为 32.16%。[④] 当时的中国永佃

---

① 〔美〕黄宗智：《华北的小农经济与社会变迁》，中华书局，1986，第 66 页。

② 行政院农村复兴委员会编《河南省农村调查》，商务印书馆，1934，第 59 ~ 61 页，表 69 ~ 72。

③ 国家统计局编《建国三十年全国农业统计资料》，1980，第 19 页。转引自秦晖《关于传统租佃制若干问题的商榷》，《中国农村观察》2007 年第 3 期。

④ 郭德宏：《中国近现代农民土地问题研究》，青岛出版社，1993，第 6、42 ~ 43 页。郭德宏说明：上述资料有不少是地主富农合计的，因此，"实际上加大了地主土地占有的比例"。

制已相当广泛，既不可剥夺又可交易的永佃权（"田面"权）实际上已具有部分地权的性质，不可完全视为地主所有，而"佃户"并非完全没有地权。在地租率方面，高王凌则认为：实际地租率只占总产量的三分之一左右。[1] 而且在地主所得的三分之一当中，地主还要承担国家的赋税，而佃农则不需要负担这一切，所以佃农的经济状况未必一定比地主差。民国时期，在成都平原一些县，佃农的生活优于田主。例如灌县"租佃手续，照例按亩需缴押金若干，业主于每年秋收时，须除谷米若干给佃农，以当押银之息，佃农既全得小春，又获谷利，岂非较业主优胜而何？"[2] 可见，近世中国佃农的经济条件和经济状况也并非想象中的那么差。

佃农也并非一定是没落中的阶级：

> 农佃高下悬殊，彭汤两水之间，巨富相望，连阡接畛。田不一庄，众佃所耕，轮租自百石以下，少亦四五十石。压桩之费，常逾千两或数百两……旧田取租最轻，获十输五，尤轻者主四佃六，山地杂植，虽略征佃钱，余润正多。主不加租，佃亦尽力垦荒成熟，增种桐柏，佃收岁赢。……佃有余利，久亦买田作富人，而为佃如故。他农百计营夺，固不可动，数世相安，视同己产。[3]

江西宁都的"闽佃尝赤贫赁耕，往往驯至富饶，或挈家还本贯，或即本庄轮奂其居，役财自雄，比比而是"。[4] "……要注意到这些从小块土地所有者或租佃者中人的不断加入地主的行列，他们很懂得调整关系，安排生产，使得中国地主经济更加坚韧有力……"[5] 可见佃农因为懂得安排生产而上升为地主不是不可能的事，在社会处于上升时期这更非难事。

曹幸穗根据满铁调查资料甚至发现：

---

① 高王凌：《租佃关系新论——地主、农民和地租》，上海书店出版社，2005，第47页。
② 四川地方银行经济调查部：《灌县农村调查》，《四川经济月刊》第3期，1935年3月，第51页。转引自李德英《民国时期成都平原的押租与押扣兼与刘克祥先生商榷》，《近代史研究》2007年第1期。
③ 民国《云阳县志》卷一三《礼俗中》。
④ （清）魏礼《魏季子文集》卷八《与李邑侯书》，道光二十五年本，第79页。
⑤ 傅衣凌：《明清农村社会经济　明清社会经济变迁论》，中华书局，2007，第273页。

　　……农村中出现小土地出租者的原因很多，其中有孤寡病残无力耕种自家的小块耕地而出租者，更多的是由于农场面积过于狭小无法维持家庭生计，迫使农户干脆出租自家土地，而转到农业以外去谋生，这正是农村中出租土地者多见于10亩以下的农户的原因。……这种出租的动机当然首先不是为了收取地租（二三亩的地租是很有限的），主要是为了在村中留下一处安身之地，以便在外面遇到挫折时有一条后退的生路。[①]

　　这同样说明了小农对外部环境和经济规律的理解和把握，同时也可以看出，在中国传统农村中，所谓地主的经济条件也不那么好，甚至可能是农村社会中无法自存，而不得不出租土地的那一部分最穷的人。由此看来，地主与佃农之间的阶级对立似乎并不那么尖锐。

　　当然，在很大程度上，佃农的经济生活要受近代中国衰落的影响，生活水平一般比较低下。[②] 但从经济本质和社会地位上来看，佃农经济不能简单地判断为社会中受压抑的一极。相反，佃农经济是传统经济中比较活跃的一部分。佃农经济与其他小农经济之间，互相补充、互相推进、互相依赖。佃农经济至少不比自耕农经济效率差，也不见得比自耕农经济地位要低。

　　所以方行在对中国历史长期研究后总结认为：

　　……佃农，根据约定，租种地主的土地，并或多或少地拥有农具、耕牛、种子等其他生产资料。从理论上说，他们根据生产资料所有权，对自己的生产资料享有占有、使用、收益和处分的权利。在此基础上，他们可以建立起自己的经济，相对独立地按照自己的意志，去配置和使用劳动力和生产资料，从事生产经营，以获取经济利益，实现自己财产的保值与增值。概括地说，这就是自主经营，

---

① 曹幸穗：《旧中国苏南农家经济研究》，中央编译出版社，1996，第68页。
② 但是同时，社会的其他阶层，包括绝大多数地主的生活也好不到哪里去。所以孙中山先生说，传统中国社会并无贫富之别，而只有"大贫小贫"的区别。

自负盈亏，以实现自我生存，自我发展。①

进一步的研究表明：中国历史上商品经济很不发达的地方（如华北），往往租佃关系也较不发达。即便那里有一些大地产，也大都是用雇工经营的，就是说北方多经营地主，南方多租佃地主，这是很早人们就已经观察到的现象。② 这说明佃农经济是与市场高度结合的，是符合经济发展方向的。

在这种情况下，佃农作为一个经济体是不是企业呢？而承担经营管理责任的佃农个人，是不是可以认为是企业家呢？

所以在中国历史上，一般的佃农也同时属于舒尔茨和阿里吉所说的对市场灵活反应的小农这个范畴。中国传统上独立经营、自负盈亏的小农（包括佃农）经济长期发展的过程，既是一个佃农经济地位不断提高、日益独立的过程，也是一个人力资本积累不断提高的过程。如果意识不到佃农的这种经济性质，就不能认识中国传统农村经济的奥秘。

阿里吉的理论提醒我们，小农经济……看似落后的生产关系，却孕育了中国社会对知识的重视的传统，当中国融入当代资本主义体系之后，这个趋势的优势显现出来，成为促成中国经济赶超的重要原因。③ 而这种效应只能在独立经营的自耕农和佃农经济中产生，与一般雇农是无关的。④

因此，近世中国的佃农经济大体上⑤算是独立的经济体，佃农个人可以认为属于企业家范畴（虽然这个企业非常小，但不能因为大小否定其性质），这决定着佃农与雇农之间存在着本质的差异！

三 佃农与雇农收入差距的理论分析

张五常坚信：在市场竞争条件下，佃农的收入不会高于雇工的收入，

---

① 方行：《中国封建社会农民的经营独立性》，载方行《中国封建经济论稿》，商务印书馆，2004，第96页。

② 秦晖：《关于传统租佃制若干问题的商榷》，《中国农村观察》2007年第3期，第35～36页。

③ 转自姚洋《重新认识中国的小农经济——阿里吉〈亚当·斯密在北京〉的一种解》，见"人文与社会"网址，http://wen.org.cn/modules/article/view.article.php/c6/1745。

④ 在中国近世，一无所有的雇农对市场也可能是敏感的，但其缺乏必要的经济基础，无法进行独立的经营活动。

⑤ 依附性的佃农也仍然是存在的，只是不占主流。

但这种论断是主观的，在理论上无法成立。

从理论上分析，佃农的收入和雇工的收入明显属于不同性质，这一点我们可以用图2-2来加以说明。

土地的自然生产力会影响佃农与雇农的收入差别。

与一般的生产相比，由于自然力的作用，农业生产具有边际生产力曲线幅度很高的特点。农民在从事农业生产的过程中，在投入合适劳动的情况下，边际报酬是很高的，要远远高于一般劳动力工资。这一点即使在现代社会中也是这样。黄宗智在《长江三角洲的小农家庭与乡村发展》中就提道："业余时间种口粮，收益是相当高的。村民一般无可能找到另一个如此收益而只需要干6整天活加上业余时间的工作。"[1]农民不愿意放弃土地和农业生产，因为农业的边际生产曲线很高，但又不愿意仅从事农业劳动，他们非常积极地从事农业之外的活动，因为农业生产的边际生产力曲线下降很快。

我们可以用图2-2的曲线来分析说明农业生产的特点和农户的收入变化情况。

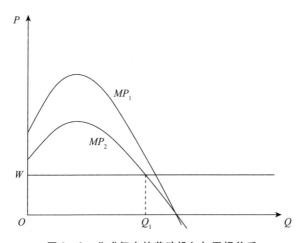

图2-2　分成佃农的劳动投入与回报关系

在图2-2中，纵轴P表示产量，横轴Q代表劳动投入。MP_1曲线代表边际产量曲线，MP_2曲线代表佃农交完地租之后剩余的部分。而W水平线则代表工资水平，说明在农业市场上，单个劳动者的劳动投入变化

---

[1]　〔美〕黄宗智：《长江三角洲小农家庭与乡村发展》，中华书局，2000，第214页。

不可能影响到市场价格。

在图 2-2 中，很明显地看到：在劳动投入量达到 Q_1 之前，佃农从事农业生产的边际报酬是远高于市场工资水平的。即使考虑到扣除地租的部分，农业生产的报酬也仍然高于一般市场工资水平。这也就是为什么在中华人民共和国成立前及成立后的改革开放时代，农民都不愿意轻易放弃土地的原因，因为在一定的劳动投入范围内，在农业中进行投入的回报是高于市场价格的。

但是小农又是经常性和普遍地从事小规模的工商业经营。这是因为小块土地上的农业生产边际报酬曲线下降很快。一旦劳动在农业的投入达到 Q_1 之后，继续投入所能得到的边际报酬就会低于市场劳动力价格，这时候继续在农业中投入就是划不来的。因此，无论是中华人民共和国成立前的农民，还是改革开放之后的农民，无论是自耕农还是佃农，如果土地不足不能充分容纳自身的劳动，就不可能全心全力地投入农业生产，而必须要依靠土地以外的收入为补充，或者是从事副业生产，或者是充当农业雇工。

李金铮在《从冀中看近代中国农村经济的发展与不发展》[1] 一文中也提到："种田越多的农户，从事副业的户数比例和副业在总收入中所占的比例越小；相反，种田少且经济困难的农户，从事副业的户数比例和副业在总收入中的比例越大。"这从另一个角度证明了农业生产的上述生产性质。[2] 这一点同样被曹幸穗的研究[3]证实。

佃农与雇农收入上的差距是明显的，经营地主与出租地主的收入也同样是根本不同的。

图 2-3 中纵轴 P 表示产量，横轴 Q 代表投入（为了分析方便，这里假设所有的可变投入都是劳动）。TP 代表总产量曲线，根据经济原理，总产量曲线有一个先上升后下降的过程，表明一块土地上能够容纳的最大投入（根据前面的假设，大致可以认为代表着容纳的就业机会）是有限的，在一定技术条件下生产潜力也是有限的。W 表示雇工的工资水平。

---

[1] 载于李金铮《近代中国乡村社会经济探微》，人民出版社，2004。

[2] 如果单个农民拥有的土地数量较大，则单位土地所承载的劳动量就不容易过密，边际产量就不容易下降。这时候主要经营土地，或者把全部劳力都投入土地生产就是有利的。

[3] 曹幸穗：《旧中国苏南农家经济研究》，中央编译出版社，1996。

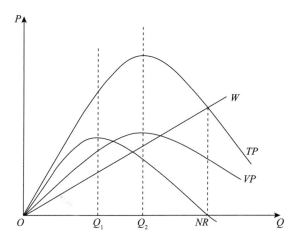

图 2 – 3　经营地主与出租地主的收入曲线对比

W 为向右上方倾斜的直线说明工资的水平是一定的，随着（购买）投入的劳动单位增加，地主在雇佣劳动中支付的收入也表现为平均增长。

同时，为了简便起见，图 2 – 3 中假设地主与佃农是对半分租，即产出中各得一半，所以图 2 – 3 中的 VP 曲线同时代表分成租条件下的地主与佃农的收入，在每一个投入水平上，都相当于总产量水平的一半。$VP = TP/2$。NR 曲线则代表经营地主的收入，等于总产量减去雇工的支出。即：

$$NR = TP - WQ$$

即表示地主通过自己经营获得的收入。TP 表示总产量（收入），WQ 表示在雇佣劳动中支付的工资问题。W 表示工资水平，Q 代表投入的劳动数量。

从图 2 – 3 中可以很清楚地看到几点。

（一）经营地主的收入与出租地主的收入曲线完全不同。

经营地主的收入曲线为 NR，而出租地主的收入曲线为 VP，经营地主的收入 NR 比出租地主的收入 VP 更早到达最高点，VP 最大的点，也就是 TP 最大的点。而根据数学原理，NR 实现最大的时候，必定是在 TP 到达最高点之前的。

对于地主而言，如果直接经营土地，一般情况下，得到的要比单纯出租土地更多一些。黄宗智在《华北的小农经济与社会变迁》一书中提到："……我们已经看到大部分的乡村富户都是经营式农场主，而非出租地主。""被同村居民视为富户的，大多数是经营式农场主。"[1] 这些话再清楚不过地说明了，土地收租与经营在收入上的巨大区别，而绝对不可能是"在竞争条件下相等"。当然，直接经营土地对地主而言，投入的成本要高得多，而且要承担经营失败带来的风险。不过，即使是考虑了风险问题，在相同的土地规模条件下，经营地主还是应该得到比出租地主更高的报酬。至于出租地主，则应该考虑时间节省下来从事其他工作的报酬。

但是 NR 曲线下降得更快，在 W 与 TP 相交的时候，NR 等于零。而 VP 则在 TP 等于零的时候，才能等于零。所以两者之间明显有一个交错的过程，反映在生产中就是地主的土地规模比较小的时候，适合采取自己经营的方式。但如果他拥有的土地规模比较大，就不得不采取出租方式了。

罗仑、景甦在《清代山东经营地主经济研究》一书中研究的 131 家地主，雇工经营面积在 499 亩以下的占 80.1%，超过 1000 亩的只占 6.9%。这 131 家地主，总共拥有 234678 亩土地，而其中 183003 亩（80%）是用来出租的，只有 48675 亩（20%）土地是自己雇工经营的，[2] 这很能说明这个问题。

至于 NR 与 VP 何者能够实现最高回报，根据产量曲线和劳动工资的不同有所差异。但是无论何者更高或更低，我们都能够看到，在地主的土地超过一定规模之后，他必然要采取出租方式以实现尽可能大的收入，在中华人民共和国成立前的技术条件下，在相当大规模上进行农业自主经营是相当不容易的。

（二）佃农的收入与雇工的收入曲线完全不同。

雇工的收入明显是一条水平线，这是因为农业劳动市场是一个很大的市场，单个地主和雇工本身，都不能影响劳动价格。而且对雇农来说，他不用承担风险，不用负担生产成本，也不需要考虑要素组合和生产规

---

① 〔美〕黄宗智：《华北的小农经济与社会变迁》，中华书局，1986，第 74、78 页。
② 罗仑、景甦：《清代山东经营地主经济研究》，齐鲁书社，1985，第 124、260 页。数据为原文如此。

模，其收入完全与他付出的劳动量成正比。而佃农的收入性质却与此相差甚远，是一条先上升再下降的曲线。对佃农而言，他必须承担风险，必须考虑要素组合和生产规模。对佃农而言，他不能在生产中投入太少，那样实现不了最大利润，也不能投入太多，那样收入反而会下降。要选准这样一个合适的生产规模均衡点，可以说是相当不容易的，这却是佃农（和分成租条件下的地主）不得不精心安排的。

所以从大多数情况来看，考虑到佃农付出的努力和承担的风险要大于雇工，佃农的收入应该是高过雇工的。如果雇工的收入高过佃农，那么不会有人愿意去做佃农。

实际上，一般农民都愿意做佃农而不愿意做雇工，因为佃农代表着更高的收入，虽然同时也代表着更高的风险。

但是，从图 2－3 中也可以看到，佃农的收入也不会一直高于雇工。佃农的土地往往很少，因而生产规模有限，如果在农场中的投入超过了适度的规模，佃农报酬就会小于雇工的收入。正因为如此，传统中国农业社会才会存在大比例的短工，因为农民一旦发现自己拥有的小块土地不再能容纳更多的劳动，他们就会安排一定的时间去当短工。这样既能够保证自己小农场的收入，又能够从劳动力市场上获得其他收入进行补充。

比如在苏北，即使自家耕作的土地很少，农民也不愿放弃土地去做长工，而宁愿在完成自家田地的耕作后打短工赚钱。有人调查萧县东南乡时说："近来长工颇有供不应求之势，原因是贫农大多嫌长工生活的死板，不若租到三五亩田地，种瓜或大麻蔬菜，获较丰；且有时可以做短工，或做贩卖鸡子时果及其他等营业，在生活上较为灵活（本处大多数贫农干这样生活）。"[1]

前引满铁的调查材料也显示出短工的数量大大超过长工："……占所有户数 12.5% 的家中有人受雇为长工，36.2% 的家中有人受雇为短工。"[2]

从上面的材料中我们可以清楚地看到，在近世中国农村社会中，不但农业雇工的收入远比不上佃农，而且长工的收入也比不上佃农＋短工

---

① 卢株守：《江苏萧县东南九个村庄的农业生产方式》，《中国农村》第 1 期，1935 年 2 月，第 67 页。

② 〔美〕黄宗智：《华北的小农经济与社会变迁》，中华书局，1986，第 80 页。

的组合。所以一般来说，只要能够承租到一块足够大、能够充分容纳自己劳动的土地，佃农就不会愿意去做短工。如果有一小块土地有着做佃农＋短工的机会，人们不会愿意去做长工。

张五常理论的另一个问题在于：他坚持认为在市场竞争条件下，经营地主和出租地主的收入相等，雇工和佃农的收入相等。但是从图 2 - 3 上看，这两个"相等"同时实现的可能性几乎是不存在的。

四　佃农与雇农的收入实证比较

中华人民共和国成立前的长工，或者说雇农，即那些仅靠出卖劳动力为生，只能获得一般劳动力价格的人。在实际经济条件下，他们的收入水平如何呢？佃农的收入与他们相比，又是什么状况呢？我们会发现：不同时代、不同区域、不同角度的观察和调查都表明，佃农的收入比雇农不仅高得多，而且更有保障。

相应的，根据图 2 - 3 的分析，如果某个农民完全没有土地，而只依靠自己的劳动为生，他所能得到的报酬将是非常低的。在中华人民共和国成立前生产力水平低下、工商业相当不发达的情况下，所谓的劳动力价格，其实也就仅仅是糊口的水平而已。

至于佃农，虽然他不一定拥有土地的所有权，[①] 但是他至少拥有土地的经营权和收益权。而土地能够带来的报酬，相对是比较高的。因此，不同主体、不同时代的实际调查材料一再说明：农民具有非常强烈的意愿要抓住自己的小块土地。在支付了地租之后，佃农所实际得到的，要远大于劳动力价格。——这一点，我们已经用不同时代不同来源的材料进行过充分的证明。佃农与雇农之间存在着本质的差异，佃农与雇农之间在收入上也存在本质的差异。而这种差异，不可以用一个假设作借口轻轻地抹杀。

中华人民共和国成立前陈正谟于 1933 年对全国 21 省的调查表明："任长工的人多家贫如洗，孤苦伶仃。"[②] "盖雇农之痛苦犹胜于佃农也。……

---

① 佃农在永佃制条件下拥有田面权，这相当于一种所有权。

② 陈正谟编著《各省农工雇佣习惯及需供状况》，载李文海主编《民国时期社会调查丛编二编·乡村经济卷下》，福建教育出版社，2009，第 1133 页。

然佃农之经济状况终较雇农差胜一着也。"①

黄宗智在《华北的小农经济与社会变迁》一书中根据满铁的调查材料做出如下判断：

> 长工是社会最贫困的阶层，往往就是一个家庭的最后一代，没有成家生子的机会。而佃农的生活，相对于长工来说，基本上还是比较有保障的。即使是短工，其收入也要比长工好得多，至少一般还有自己的小块土地，哪怕是租来的，并能够维持自己的土地的生产。经营式的农业包含这个过程的两端：最上层的农场主以及最下层的长工。②"一个完全无产化的雇农，一般只可能是光棍一个，而成为他家最终的一代。"③

这一点可以被毛泽东的调查证实，虽然毛泽东所考察的区域、方法和角度及所使用的理论都与满铁的调查差别很大，但结论是一致的。毛泽东在《兴国调查》中写道：

> 雇农没有老婆的占百分之九十九，是农村中最苦的一个阶级。地主富农不但人人有老婆，一人几个老婆的也有。中农百分之九十有老婆，百分之十没有。贫农百分之七十有老婆，百分之三十没有。手工工人百分之七十有老婆，百分之三十没有。游民百分之十有老婆，百分之九十没有，也比雇农中有老婆的多些，只有雇农才是百分之九十九无老婆。④

长工或雇农作为一个普通的农业劳动者只能得到最基本的劳动力价格，也就是劳动工资。而这种收入，除了维持自身的起码生存之外，不能维持家庭的延续。至于佃农，他毕竟拥有一小块自己的或者说是租来

---

① 陈正谟编著《各省农工雇佣习惯及需供状况》，载李文海主编《民国时期社会调查丛编二编·乡村经济卷下》，福建教育出版社，2009，第114页。
② 〔美〕黄宗智：《华北的小农经济与社会变迁》，中华书局，1986，第123页。
③ 〔美〕黄宗智：《华北的小农经济与社会变迁》，第210页。
④ 中共中央文献研究室编《毛泽东农村调查文集》，人民出版社出版，1982，第222页。

的土地，可以依靠这一小块土地来维持自己的经济，而不需要去为别人当长工。

在苏北，20 世纪 30 年代，一个长工一年收入约 35 元左右。但是"一个五口之家的全年消费量应相当于四个成年男子的消费量，即年生存所需费用在 80 元左右。"① 而这已经是最低消费水平，以高粱和红薯为主食，实在是不能更低了。所以一般长工不可能维持家庭的延续，是明显可知的。而一户标准的佃农，即拥有 50 亩土地的佃农，其全部土地都是佃来的，只有一个成年劳动力，再雇佣一个长工，其收入大约在 110～120 元左右，扣掉雇工的工资，盈利是 76 元。② 如果家庭在农业生产之余，再从事一些其他的经营，大致可以维持一家人的生活。③ 如果生产和生活安排得比较好的话，还可能略有盈余。

彭慕兰的研究又是一种完全不同的区域、角度和方法，却同样证明了这一点："……18 世纪中叶和 20 世纪初长江下游的有保障的佃农（注：拥有永佃权的佃农）的收入 2.5～3 倍于无地的农业工人。"④

不仅如此，"……有的小农，虽租入土地，但经济情况比较好，不需要出外佣工，并可能雇佣他人"。⑤ 佃农不仅有自己独立的经济，而且可能与雇农构成经济对立的两极。

在近世中国农村，不同性质农民之间的收入是有本质不同的，反映的是其在社会变动中的改良或者恶化的处境。"一户小农的经济情况有可能因此开始下滑……进而可能失去土地，沦为佃农，出外受雇干零活，最

---

① 仲亚东：《集体化前的小农经济：1930—1952 徐海地区东海县农村研究》，清华大学博士学位论文，2007，第 82 页。
② 仲亚东：《集体化前的小农经济：1930—1952 徐海地区东海县农村研究》，清华大学博士学位论文，2007，第 74 页。
③ 考虑到前引各种材料，在中国传统农村，农民从事其他各种小本经营及充当短工的现象是比较普遍的。所以近代西方观察家发现中国的小农，既是农民，也是工人，还是小商人。这种生产组合，既能够在一定程度上补充小农的收入，也可以在一定程度上分散风险。
④ Kenneth Pomeranz, "Chinese Development in Long-Run perspective," *proceedings of American philo-sophical society* (volume 152, number 1, march 2008), preliminary estimates suggest that secure tenants in both mid-eighteenth and early twentieth-century Lower Yangzi earned 2.5 – 3 times as much as landless laborers.
⑤ 〔美〕黄宗智：《华北的小农经济与社会变迁》，中华书局，1986，第 66 页。

后成为没有土地的雇农。"① 雇农或者说长工是社会的底层，而佃农的收入和社会地位虽然也不高，但至少高于长工或雇农，这是一种常态。而绝对不可能如张五常所假设的那样：一个佃农只能得到"劳动力价格"，或者说是"等于另谋高就的工资"。合约选择是张五常的贡献，但将佃农和雇工相提并论则是错误的。②

佃农和雇农在收入上的差距，很大程度上正是在经营权和企业家才能报酬方面的差异。佃农拥有经营权，能够获得企业家才能报酬，而雇农是不可能获得这一切的。

因此，张五常的《佃农理论——应用于亚洲的农业和台湾的土地改革》虽然看似论证精确，也取得了比较大的成就，但是基本假设却是错误的，难以反映真实的经济社会生活。

五　结论

综上所述，我们可以清楚地看到：佃农的企业家性质，是应该能够被确认的。佃农应该得到企业家才能的报酬和其他性质的报酬，因而其收入和雇农有本质的差异，这也是为理论和实践共同证明的。所以张五常假设的和佃农收入水平相等的一般"劳动力价格"，或者说等于其在"其他经济活动所能得到的收入"，在现实生活中是一个根本不可能存在的概念。佃农由于在生产中具有比一般劳动者更加重要的地位，做出了比一般劳动者更大的贡献，得到比一般劳动力价格更高的回报也是理所当然的，同时也是被实际情况证实的。只有在这个基础上认识佃农的性质，才能真正理解中国独有的农业乃至经济发展的本质。

第五节　关于近代佃农身份地位的一个总结

首先，现在让我们回到本章的开头提出的问题和争议。根据我们这一章的材料和分析，我们能够看到：说中国"明清时代的佃农，总的说

---

① 〔美〕黄宗智：《华北的小农经济与社会变迁》，中华书局，1986，第111页。
② 杨白劳和高玉宝其实是有本质不同的。他们的确都很穷，但杨白劳作为一个佃农能够有自己的经济，能够组成自己的家庭。而高玉宝作为一个雇农，如果说不是因为革命，就很少会有这种机会。

来，是没有任何自由的……"　"这种农民，实际上还是农奴"的说法固然是可争议的，说地主和佃农之间完全是经济关系的说法也同样未必完全正确。真实的说法应该是：主佃关系是包含着经济关系在内的各种社会关系的一个总体名词，内涵非常丰富，既有经济性质，同时也包含着其他社会关系在内。但是总的来说，主佃关系日益市场化和经济化却是近世以来主佃关系发展的主要趋势。

其次，根据本章的分析，我们能够看到，近世以来，佃农的人身基本上是自由和独立的。佃农身上所附加的劳动、资本和企业家才能乃至土地等各种生产要素也是自由的，可以根据市场需求流动，可以在利益的驱动下自由组合。

本书的结论与张五常相比，从根本上说并不冲突，甚至相得益彰，然而分析问题的出发点却是相左的。张五常的研究从理论出发，其分析有三个隐含的前提：一是佃农和雇农性质相同，收入相同；二是市场自由；三是佃农和雇农均在人身和经济上自由。而本书则是从历史现实出发，通过对历史资料的考察，指出佃农与雇农的经济性质迥异，收入也大相径庭。这一点不同于张五常的假设。然而另一部分的证明结果却支持了张五常分析的另一部分假设前提：即中国传统的农村市场是相当自由的，佃农的人身和经济也是独立的，其一般行为也是符合市场规律的。从这个意义上说，本书既是对张五常《佃农理论——应用于亚洲的农业和台湾的土地改革》的修正，也同时提供了实证的支持。

总之，本书想要说明的是：近世以来中国佃农的主体部分在人身上是独立的，大部分也有独立的经济，他们能够拥有独立经营小农场的权利和能力，也能够对市场有理性的认识，他们的行为是符合市场规律的。并且这种独立性和对市场的把握与参与处在不断发展的过程当中。因此，我们完全可以把佃农看作企业家，把每一个佃农农场看作一个企业，这对我们认识近世以来中国社会经济的发展和内在规律是有帮助的。

当然，佃农和自耕农一样是中国传统社会经济的微观原子，所以具有多重复合特点，但这不能掩盖其企业的特性。虽然佃农经济中也可能存在种种不符合经济规律的现象和行为，但是佃农在整体上和长期内不仅是一个劳动者，而且还是一个企业家的本质是可以得到确认的。而且恰恰是由于这种复合关系，导致中国的农民（包括佃农）经济，既有强大的适应能力，又能够对市场信号迅速反应，对经济利益高度敏感。

有了以上结论，我们才能在后面进行有效的经济模型分析。

第三章　近世中国土地关系变迁与租佃关系发展

《大学》说："有人斯有土，有土斯有财，有财斯有用。"土地是国家的根本，田地是生民之命脉。认真经营土地，就会获得相应的财富。有了稳定的收入来源，就能够维持基本生计。所以《孟子》说："有恒产者有恒心"，这里的"产"，指的就是对土地的权利。就中国历史而言，一个社会的土地权利及土地交易情况历来构成一国的立国之本。

本章主要探讨的是土地作为一种生产要素，在中国近世以来的社会中，是否可以根据市场规律进行配置，是否能够满足市场引导生产要素配置的要求。

为了解答上述问题，我们首先要问的是：在近世以来的中国社会中，土地主要是根据什么力量进行占有？是根据权力？还是根据财富？其占有结构如何？其流转速度又是如何？

根据研究，我们大致可以认为：在近世中国的农业生产条件下，权力可以占有土地，但是不能保证收入，而不能保证收入的土地占有是没有意义的。因为在不同的土地制度条件下，土地带来的总产出和净剩余都是不同的。所以近世以来，为了保证封建王朝的收入，国家逐渐减少对土地的直接控制和配置，不同层次的土地产权都普遍进入市场，由市场来配置资源，这对提高土地乃至整个社会的生产效率，支持近世以来中国人口的巨大增长和社会经济发展都有着显著作用。

第一节　"千年田换八百主"与中国近世土地市场

一　从"千年田换八百主"谈起

"千年田换八百主"（或作"千年田地八百主"）这句话，在中国近年来的经济史学界，可以说已成为老生常谈，常常被不同的学者引用。但是不同的学者对其的理解往往相差甚远，甚至截然相反。

（一）关于"千年田换八百主"的不同理解

据李埏先生考证：它不是出自市井中一般求田问舍者之口，而是来自南宋杰出诗人辛弃疾的笔下。辛弃疾，宋光宗绍熙年间（1190～1194）宦游福建，打算辞官归家。他的儿子以未多置田产而加以劝阻。于是他写了一首词斥责儿子。原词见今本《稼轩集》卷三，牌名《最高楼》，有小序云："吾拟乞归，犬子以田产未置止我，赋此骂之。"全词是这样的：

> 吾衰矣，须富贵何时？富贵是危机。暂忘设醴抽身去，未曾得米弃官归。穆先生，陶县令，是吾师。待葺个园儿名"佚老"，更作个亭儿名"亦好"，闲吟酒，醉吟诗。千年田换八百主，一人口插几张匙。便休休，更说甚，是和非？①

对这首词的解读大致分为两个方面：经济竞争论和权力决定论。执这两种观点的两派学者均不乏经济史学界的大家。经济竞争论的代表人物是李埏和萧国亮，基本观点是中国传统社会的土地买卖相当自由，土地所有权转移频繁。如李埏先生就认为：

> ……而贫富又纯是经济的意义，中间也没有不可逾越的障碍。这就使得地主农民两大阶级及其各个等级之间的出入升降可以成为经常的事。一个农民，财产增殖了，买田置地，就可能变成庶民地主；反之，一个庶民地主，家道中落了，地产卖尽，也可能变成贫农。……"千年田换八百主"的名句就反映了这种情况。②

萧国亮同样认为：

---

① 有人考证：辛弃疾并不是最早说这句话的，早于辛弃疾近 200 年，北宋释道原于真宗赵恒景德元年（1004）成书的《景德传灯录》就提到"千年田八百主"类似的禅语。不过，从目前的文献来看，"千年田换八百主"这一句话还是辛弃疾第一个写出来的。

② 李埏：《不自小斋文存》，云南人民出版社，2001，第61～62页。

"出现这种情况的根源，乃是地主经济的竞争机制。""在中国封建社会，小农善于经营，可以'累其赢余，益市田数亩'，上升为自耕农或小地主。小地主经营得法，也能上升为大地主。……不善经营，大地主也会下降为小地主，小地主破产为自耕农，乃至佃农，身无立锥之地。……这是经济上的竞争。"①

另一种有代表性的观点是政治权力决定论。

傅衣凌的观点提出比较早，他强调中国历史上地权随着政权的更迭而转移：

> ……中国历史上的时局，有如走马灯般的变动，封建王朝不断兴衰更迭，农民战争此起彼伏，连绵不绝，不时出现新贵族代替旧贵族、游牧贵族代替农耕贵族的情况，其在财产权上也不是很稳定的，所谓"千年田，八百主"，即足说明其间变动的剧烈。②

秦晖也认同这种观点，他认为：

> 首先这个"千年田换八百主"是被误解的，因为辛弃疾《最高楼》这首词中"千年田换八百主"讲的根本就不是土地买卖，讲的恰恰是地权的分配主要是由政治身份所决定的现象。当时辛弃疾宦途受到很大挫折而心灰意冷，打算归隐。他的儿子就阻止他，说你千万不能退休，我们家的土地还没有捞够呢。于是他就写了《最高楼》这首词：……辛弃疾将儿子骂了一通，说你只图富贵，不晓得宦途非常危险，多少人宠辱相继，财产因之易手。显然，辛家"田产"规模完全取决于他的政治升降，而"千年田换八百主"指的是官场斗争的风险莫测，和土地买卖是没有什么关系的。③

---

① 萧国亮：《中国封建经济中的竞争与垄断》，《读书》1988 年第 4 期。
② 傅衣凌：《论中国封建社会中的村社制和奴隶制残余》，《厦门大学学报》（哲学社会科学版）1980 年第 3 期，第 1 页。
③ 秦晖：《关于传统租佃制若干问题的商榷》，《中国农村观察》2007 年第 3 期，第 35 ~ 36 页。

以上两种解读不仅仅是对辛弃疾这首词的不同理解，更代表了对中国传统土地市场状态的两种观点。

（二）对"千年田换八百主"的综合解释

应该说，以上这两种解读其实既矛盾又不矛盾，都有正确的地方，同时也有偏颇的一面。两种解读放在一起对比，恰好可以更全面地理解辛弃疾这句词和近世中国土地市场交易的全部内涵。

一方面，在传统社会，封建特权的确是影响土地买卖和占有的重要因素，仕途是获取物质利益的最佳选择。张仲礼就写道：

> 做官，在中华帝国通常被认为是读书人的最高理想。儒家学说将出仕作为其弟子的重要职责。用子夏的话来说，即"仕而优则学，学而优则仕"。官职同时也是一种巨大的权力和威望。……这种地位给了绅士们迅速积累财富的最大机会。在向绅士提供的各种机会之中，当官不仅是最荣耀的职业，而且几乎是获取巨额财产的唯一途径。在中华帝国，授予官职，同时也就是赐予财富。俗话就说，"升官发财"。[1]

这种情况在明代特别明显。明太祖朱元璋于开国之时，正式给予官员阶层以特殊优待。"谕中书省，自今以后，百司见任官员之家，有田土者输税租外，悉免其徭役。著为令。"[2]这就给明代官员们的兼并之途开辟了道路，当然这也许不是出于朱元璋的本意。

如明代小说《醉醒石》第八回写道：

> 大凡大家，出于祖父以这枝笔取功名，子孙承他这些荫籍，高堂大厦，衣轻食肥，美姬媚妾，这样的十之七。出于祖父，以这锄头柄博豪富，子孙承他这些基业，也良田腴地，丰衣足食，呼奴使

---

[1] 张仲礼：《中国绅士的收入》，费成康、王寅通译，上海社会科学院出版社，2001，第4页。

[2] 《明太祖实录》卷一一一，洪武十年二月丁卯，国立北平图书馆红格钞本影印，台北，中研院历史语言研究所校印本，1962，第1847页。

婢，这样的十之三。①

只有做官，才能更容易地获得巨大的财富，也更容易买到土地。所以秦晖认为：

> 按顾炎武之说，当时一县之内平民富人，即没有特权的"粗能自立之家"有百名左右，而缙绅"有优免权的官僚及士大夫"中仅最低级的生员一县即有三百，千人以上亦不罕见。如果一县地有十万顷，则在比较严重的情况下，生员要占去五至九万顷之多。唐以后的"土地买卖"时代尚且如此，唐以前的等级占田制时代更不用说。这样的"兼并"就其主流而言，与其说是富民兼并贫民，"大私有"兼并"小私有"，不如说是有权者兼并无权者（包括无权的富民）、权贵兼并平民、统治者兼并所有者。用马克思的话说就是"权力也统治着财产"、"通过如任意征税、没收、特权、官僚制度加于工商业的干扰等等办法来捉弄财产"。②

在封建社会，如果自身不是官僚，或者有官员地位（捐官），或者有官员可以依靠，是很难占有大量财富和大面积的土地的。③ 著名的徽商和晋商，乃至"十三行"的商人，本质上都是官商。他们在资本所有性质上可以说的确是私人的，在经营上却的确是极大地依靠政府给予的特殊垄断权力。

在清代和民国时期也是一样。清代鸦片战争前一些占有大量土地的地主无一不是有官职或有官方背景（见表3-1）。

表3-1　清代鸦片战争前一些省大地主占田示例

时期	地区	地主姓名	占田面积
清初	湖南桂阳县	邓仁心、邓仁恩兄弟（诸生）	田数百顷

---

① （清）东鲁古狂生：《醉醒石》，金城出版社，2000，第97页。
② 秦晖：《中国经济史上的怪圈："抑兼并"与"不抑兼并"》，《战略与管理》1997年第4期，第73页。
③ 并不是说完全不可以。

续表

时期	地区	地主姓名	占田面积
康熙（1662～1722）	江苏无锡县	徐乾学（刑部尚书）	买慕天颜无锡田地一万顷
	浙江平湖县	高士奇（少詹事）	置田千顷
乾隆（1736～1795）	直隶怀柔县	郝氏	好的田产万顷
	江苏海州	孟思鉴	五千余亩
嘉庆（1796～1820）		和珅（大学士）	地亩八千余顷
		刘全及马某（和珅家仆）	地亩六百余顷
	湖南衡阳县	刘重伟（木商）子孙	田至万亩
		百龄（广东巡抚）	买地五千余顷
道光（1821～1850）	江苏吴江县	沈懋德	有田万余亩
		娄步瀛	地四十余顷
	直隶静海县	琦善（总督，大学士）	土地二百五十六万一千二百十七亩
	湖南武陵县	丁炳鲲	地四千亩以上

资料来源：农也：《清代鸦片战争前的地租、商业资本、高利贷与农民生活》，《经济研究》1956 年第 1 期。

民国时期的大军阀也是占有大量土地。北洋军阀方面，安徽霍邱的张敬尧家和阜阳的倪嗣冲家各拥有七八万亩以上的土地；徐世昌在辉县有五十多顷土地；[1] 张作霖在东北占有土地十五万余垧（每垧合十亩）。[2] 冯国璋是河北省河间人，《新青年》的编者在 1919 年曾用 "河间府的田地现在也买不着了"[3] 这样的话来形容冯国璋在家乡抢购田产的情况，冯国璋在苏北还有田地七十五万亩；曹锟弟兄是天津静海一带最大的地主，且垄断了那一带的水利机关。[4]

再如，在 1913～1922 年历任福建镇守使、护军使、巡按使、督军、省长等职的李厚基在江苏徐海一带就占有二百多顷土地。[5]

《清代山东经营地主经济研究》里面研究调查的近代山东地主，如临清城东南大辛庄以孙樊龙、孙樊月兄弟为首的孙氏家族，在清末即占

---

①　李文治主编《中国近代农业史资料》第二辑，三联书店，1957，第 14 页。

②　章有义编《中国近代农业史资料》第二辑，三联书店，1957，第 15 页。

③　《新青年》第 7 卷，第一号，第 119 页。

④　章有义编《中国近代农业史资料》第二辑，三联书店，1957，第 16 页。

⑤　吴寿彭：《逗留于农村经济时代的徐海各属》，《东方杂志》第二七卷第六号，第 78 页。

有土地 8000 余亩，人称"孙百顷"。孙氏兄弟及后代就是通过开办钱庄、捐官、科举入仕等农业经济之外的途径积累资金购买土地的。与此相类似的，还有民初的大官僚靳云鹏在济宁附近购置田产达 10 万亩。①

> 莒南县大店区大地主较多，"楼院相联，共七十二个地主堂号，为明清两代大地主。土地号称四百八十顷，以双柳堂及知松堂各百二十顷为最多，拥有六七十个庄子，分布于方圆百余里内"；不过，大店地主土地兼并主要依靠政治权力，"大店地主祖祖辈辈都当官，大者如山西巡抚、湖南湖北道，此外大同、××两个知府，八个县知事，十二顶轿出来进去，极盛一时。功名上有秀才十五个，进士四个，拔贡两个，举人五个，翰林一个。大店庄氏家族成员庄明远官至国民党军长，抗战时期任印缅军参谋长，和国民党要员丁惟芬、秦德纯等姻亲相联，来往密切。"②

在近世中国，如果不拥有一定的政治权力，大地产就很难获得，即使获得了也很难维持下来。

另一方面，自宋代"田制不立，不抑兼并"以来，土地的所有权大量进入市场进行流转。即使是对官员，土地也很少是政府直接分配给他，而是政府给予他相应的财富，由他自己去支配，或者直接消费，或者通过市场去购买土地。

这其实反映了唐宋之交中国经济社会最根本的一个变化：即对土地这种严重稀缺的生产要素，由国家行政力量配置为主转向依靠市场力量为主进行配置。

宋代最有名的例子就是宋太祖"杯酒释兵权"。宋太祖告诉石守信等人："人生如白驹过隙，所欲富贵者，不过多得金钱，厚自娱乐，使子孙无贫乏耳。汝曹何不释去兵权，择便好田宅市之，为子孙立永久之业；

---

① 〔日〕小林一美：《近代华北的土地经营与商行运行的特征》，载中国社会科学院近代史研究所《国外中国近代史研究》编辑部编《国外中国近代史研究》第 26 辑，中国社会科学出版社，1994，第 175 页。

② 中共中央山东分局调研室：《莒南县三个区十一个村的调查》，1945 年 8 月，转引自张佩国《地权分配·农家经济·村落社会区 1900—1945 年间的山东农村》，齐鲁书社，2000。

多置歌儿舞女，日饮酒相欢，以终其天年？君臣之间，两无猜嫌，不亦善乎！"[1] 这个例子非常鲜明地告诉我们：宋代分配给官员的主要是一般财富，按现在的说法是流动资产，而田宅是由官员自己去购买的，"择便好田宅市之"。

即使国家想分配田地作为俸禄，实际上也做不到。宋高宗时，"户部奏以官田授汰去使臣，祖舜言：'使臣汰者一千六百余人，临安官田仅为亩一千一百。计其请而给田，则不过数十人。'事不行"[2]。宋朝政府实际上是掌握了比较多的官田，如公廨田等，但是这些官田在空间上的分布是不均衡的，所以无法作为正式俸田普遍分配，而以货币等流动性财富作为正式俸禄来分配是最合适的，也是不得已的。

明代初年，承元末大乱之余，北方地区荒地很多，似乎又到可以分配田地作为俸禄的时候了。但是"明初，勋戚皆赐官田以代常禄。其后令还田给禄米"[3]。这么做的原因，据说还是由于"诸勋臣所赐公田庄佃多倚势冒法，凌暴乡里，诸功臣不加禁戢"[4]。土地关系归根结底还是人际关系的延伸，并不是说国家手中掌握了足够的土地，就可以随便分配。

至于"百官之俸，自洪武初，定丞相、御史大夫以下岁禄数，刻石官署，取给于江南官田"[5]。由国家掌握官田的经营，将其收益作为俸禄发给百官，而不是直接分给百官。这样做，如前所述，当然是有其不得已之处。

徐光启曾记录说：高皇"以田不井授为憾"[6]。朱元璋以白手取天下，治国手段猛烈凌厉，元末起义所留下的荒地也很多，尚且做不到恢复均田制，后代当然就更不可能做到了。

所以人们能够观察到：

---

[1] （宋）司马光撰《涑水记闻》卷一，邓广铭、张希清点校，中华书局，1989，第11页。《宋史》卷二五〇《石守信传》的说法与此相仿："人生驹过隙尔，不如多积金、市田宅以遗子孙，歌儿舞女以终天年。君臣之间无所猜嫌，不亦善乎？"（《宋史》，中华书局，1977，第8810页。）

[2] （元）脱脱等：《宋史》卷三八六《黄祖舜传》，中华书局，1977，第11855页。

[3] （清）张廷玉等：《明史·食货志六》卷八二，中华书局，1974，第2001页。

[4] 《明太祖宝训》卷五《保全功臣》，洪武四年十二月甲申，中研院历史语言研究所，1962年校印本。

[5] （清）张廷玉等：《明史·食货志六》卷八二，中华书局，1974，第2002页。

[6] （明）徐光启：《农政全书》卷三，中华书局，1956，第61页。

　　像刑部尚书徐乾学、权倾一时的和珅这些一次集中大量土地的例子，他们的土地也是买来的，在他们受控或抄家的案卷中，并无霸占民产的罪状。[①] 长期以来，至少从宋代以来，地权转移主要是通过买卖方式。凭国家权力进行分配和政治势力强占只是例外现象。[②]

　　所以在中国近世以来的社会中，土地通过市场转移与官僚凭借政治权力更加容易占有和保持土地这两种现象是同时并存的。确切地说，中国社会上存在着一种通过权力获得财富，通过财富购买土地的现象。也就是说，官僚并不是通过权力直接占有土地，而是通过权力来掠夺财富，然后再通过财富来购买土地（见图3－1、图3－2）。即使是在北洋军阀时期，王纲解纽、中央政令不行的时代，如冯国璋、靳云鹏、曹锟、张敬尧等人，也还是购买土地，没有听说直接强夺民田的。道理很简单，直接抢夺民田成本太高，代价太大了。即使抢夺成功，舆论上也非常不利。而张作霖在东北，则是借助国家力量直接圈占国有土地。

图3－1　官员通过政治权力直接占有土地

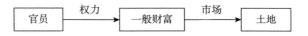

图3－2　官员以一般财富为中介购买土地

　　这反映了唐宋之交中国经济社会转型中最根本的一个变化：即对土地这种严重稀缺的生产要素，由国家行政力量配置为主转向依靠市场力量为主进行配置。至少，官职的高低不再是占田多少的标准。这种状况的存在，对于土地按市场规律来配置是有利的，对于提高生产要素市场的生产效率是有利的，对于扩大国家的收入和官僚的财富总量也是有利的。

　　这里需要强调指出的是大官僚购买及经营土地与一般民众相比，成

① 许涤新、吴承明主编《中国资本主义发展史》第一卷《中国资本主义的萌芽》，人民出版社，2003，第225页。
② 章有义：《本世纪二三十年代我国地权分配的再估计》，《中国社会经济史研究》1988年第2期。

本更低，效益更高，从而在竞争中具有各种有利条件。因此，在近世土地市场上，从来不是公平竞争。不过，不公平竞争仍然是竞争，不完善的市场毕竟还是市场。

二　官员之间的竞争与土地市场中市场规律作用的发挥

什么是市场？《易·系辞》："日中为市，聚天下之财，交易而退，各得其所。"

亚当·斯密在《国富论》中没有定义市场，但是根据其第一篇第 1~3 章的分析，市场应该是和分工和交换结合在一起的。而且市场应该是买方与卖方之间自由交易的场所，买卖本身不受强力干预。

马歇尔的《经济学原理》："经济学家所说的市场，并不是指任何一个特定的货物交易场所，而是指任何地区的全部。在这些地区中，买主与卖主彼此之间往来自由，相同商品的价格有迅速变得相等的趋势。"[1]

曼昆的《经济学原理》指出：市场（Market）是某种物品或劳务的买者与卖者组成的一个群体。买者作为一个群体决定了一种产品的需求，而卖者作为一个群体决定了一种产品的供给。[2]

市场的本质是信息公开、自愿交易和多点议价。在市场的条件下：价格是由买卖双方的竞争决定，并通过价格引导资源配置。这里所说的竞争，既包括买者与卖者之间的议价竞争，也包括买者与买者之间，卖者与卖者之间的出价竞争。不同的买者和卖者，既然在竞争中有胜有负，说明其具备的条件是多少不同的。

如果用现代经济学的模型来表示，则见图 3-3。

图 3-3 是经济学中用来表示市场均衡的模型。纵轴 P 表示价格，横轴 Q 表示数量，S 表示供给曲线，D 表示需求曲线，供给曲线与需求曲线上，每一个点都代表一个出价关系。在供给与需求相等的时候，即在 E 点，实现了均衡，这时候存在均衡价格（在下文分析中能够看到，近世中国土地市场是存在均衡价格的）和均衡数量。

---

① 〔英〕阿弗里德·马歇尔：《经济学原理》，廉运杰译，华夏出版社，2005，第 270 页。
② 〔美〕N. 格里高利·曼昆：《经济学原理》，梁小民、梁砾译，北京大学出版社，2009，第 71 页。

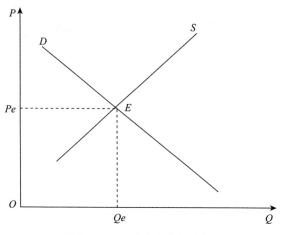

图 3 - 3　供求决定市场均衡

市场条件下，商品的配置由市场决定，出价高者先得。[①] 而价格由买卖双方竞争决定，并通过价格引导资源的配置。这里所说的竞争，既包括买者与卖者之间的议价竞争，也包括买者与买者之间，卖者与卖者之间的出价竞争。保证土地市场在相当良性程度上发挥作用的，是具有充分竞争力的竞争者的数量。而在非市场条件下，即在通过政治地位及权力大小进行土地分配和占有的情况下，以上分析完全不能存在。也就是说，不可能出现连续性的供给及需求曲线。

所以我们能够看到，即使是在传统中国社会，被官员势力大大侵入的土地市场上，虽然有种种扭曲之处，但大体上仍然是一个市场，官员与官员之间的土地交易市场毕竟也是市场的一部分，官员与平民、商人之间的市场也是市场的一个部分。即使这个市场多少受到了一定的扭曲，但市场本身的规律并没有被完全打破。市场规律还在发挥作用，土地的流转和价格大致上还是按市场规律运行。

（一）官场竞争与土地市场的保障

在近世中国，在土地这个有些扭曲的市场上，不同类型的价格竞争都是强烈存在的，尤其重要的是官员与官员之间的竞争比较激烈。

如前面辛弃疾的词中就提到"须富贵何时？富贵是危机"。官场上

---

① 完全竞争的市场只是在理论上存在，在现实中是不存在的。

得来的富贵是很不稳定的，而不稳定的最主要因素就是官场上的对手。

前文中提到：在中国传统社会，本身不是官员或者没有政府背景的人和家庭，很难占有和保持大量土地。即使本身是官员或者说有政府背景的地主，在官场竞争对手虎视眈眈之下，单纯依靠政治力量占有的土地也一样很难保持，通过市场公平购买来的土地反倒稍微好一些，不过同样很难长期保持。

明代向来被认为是官僚地主利用特权占地比较突出的朝代。但是早在明代中叶，霍韬就警告自己的家人说："减价买田，他日身后有讼。杨阁老家所买田，俱被告称减价，官司尽为断田还主，就将每年所收租利，准还半价。自杨阁老中进士后，六十年田业尽数退给小民，家业一空。"① 明代"阁老"地位很高，尚且如此，何况其他地主？

这种状况导致的部分结果就是：明代的官僚地主虽然仍在增加占有的土地，但是也能够在相当程度上约束自己的行为，尽量不过分偏离市场规律。

予累有戒谕，今后田土不许再经营了，沙田不许再做了，家业不许再增了，如何又与人做香山沙？可是不遵戒谕？……今后勿许到门汾水头地，只可做房与人赁住，本家却不可在此抽地头钱物，及假借人声势做各项买卖，必招大祸……今后尔兄弟如再做沙，及再增别处田地，我回日俱退了，有引做田人，此处访闻，即送官一百棍打死……②

减价买田尚有严重后患，何况抢夺？

官僚中有一部分懂得约束自己的行为，但是也有相当部分是不懂得约束自己的。即使官僚不能约束自己的购买土地的冲动，官僚之间的竞争也会使其行为趋向于市场交易，而土地价格也趋于市场价格。

朱元璋对地主阶级的打击是研究者所熟悉的，"右贫抑富""兼并之

---

① （明）霍韬：《霍文敏公全集》卷七下《家书》，第26～27页，转引自《梁方仲读书札记》，中华书局，2008，第267页。

② （明）霍韬：《霍文敏公全集》卷七下《家书》，第26～27页。转引自《梁方仲读书札记》，中华书局，2008，第267～268页。

徒多占田以为己业而转令贫民佃种者，罪之！"① 实际上直到明代末年，这种倾向都一直存在。崇祯帝的"素封是诛"② 也是常被学者提到的。

事实上，皇帝与官员打击的并不仅仅是无权势的富人和庶民地主，有权势的官僚地主也往往在打击之列。

明代，海瑞"素疾大户兼并，力摧豪强，抚穷弱。贫民田入于富室者，率夺还之。徐阶罢相里居，按问其家无少贷。下令飙发凌厉，所司惴惴奉行，豪有力者至窜他郡以避。而奸民多乘机告讦，故家大姓时有被诬负屈者。"③ 既然是"故家大姓"，那么出身官僚的可能性就很大了。

这种情况并不是特例，而是被相当多的官员仿效，甚至发展到谢肇淛说，官府"动以为卖者贫而买者富，每讼辄为断给"。④ 冯梦龙也说，官府往往"怜贫量断，亦从俗云耳"。⑤ 这些记录可能有所夸张，但也能够说明其实政府和官员并不是单纯站在富人和有势力者一边来欺压贫困民众的，甚至整个明代官方的态度都更倾向于反对地主对土地的过多占有。

> 神宗即位，江陵当国，巡抚林润起而均粮。时徐文贞阶罢相家居，田园最广，最多五升粮田，殊不乐有是举。林乃上书江陵。复书曰：方今主上幼冲，仆以一身承天下之重。倘如有关国计而阻挠之者，则国法具在云云。林得此，胆益壮，文贞慑息而粮始均。⑥

以上情况，如果从阶级斗争和"官官相卫"的角度来看，似乎很难理解，但是如果从官场竞争"同行是冤家""官官相斗"的角度来看，似乎就很好理解了。官员彼此之间并不是完全抱成一团的，一般也未必具有强烈的阶级意识，而是往往存在观念及利益上的激烈对撞，那么官

---

① （清）于万培修，谢永泰续修，王汝琛续纂《光绪凤阳县志》卷一五，清光绪十三年刻本。
② （清）顾泗、（清）李辉祖修，（清）张沐纂《康熙河南通志》卷四十，清康熙三十四年刻本。
③ （清）张廷玉等：《明史·海瑞传》，中华书局，1974，第5931页。
④ 《五杂俎》卷四，转引自方行《中国封建社会的土地市场》，《中国经济史研究》2001年第2期，第20页。
⑤ （明）冯梦龙：《寿宁待志》卷上，福建人民出版社，1983，第41页。
⑥ 雷晋《说梦》卷一，清人说荟本。

员与官员之间的竞争约束，也就与商品市场上公司与公司之间的竞争约束一样具有差不多的意义。虽不充分，但效果也是比较显著的。

所以秦晖总结道：

> 在不存在委托—代理关系的情况下，同行不仅无法"代表"同行，而且恰恰容易产生利益竞争和"同行是冤家"现象。军阀混战只会在军阀间进行，官场恶斗只能是官僚间的事，文人官僚是制造"文字狱"整文人的高手，而最严酷的抑商、灭商行为都是桑弘羊、孔仅、东郭咸阳这些"红顶商人"干出来的。因此，如果传统帝王像有人所说的那样自我定位为"最大的地主"，恐怕他们倒会更严厉地打击"豪强"，正如他们自我定位为最大掌权人因而也就最严厉地打击权力觊觎者那样。反过来说，恐怕正因为皇上并不把自己看成民间意义上所谓的最大地主，他才虽不"代表"地主、但也不至于把"其他"地主当成竞争对手来打击。①

事实上，有些皇帝是把"其他"地主当作自己的竞争对手打击的，比较突出的如朱元璋。所以"像这种几十万亩以至一百万亩的民田大地主，在明代还罕见"。② 根据秦晖考证：明代地主占有土地似乎并不集中，传说中江南庶民占有土地七万顷的例子，在实际上是不可能存在的。③

相应的，地主与皇帝之间的竞争，则具有保护农民的作用。历史上很多农民宁愿不作自耕农，而成为佃农。同时，也有很多佃农从地主的控制下设法逃避出来，宁愿成为国家的"编户齐民"。这种农民在国家与地主之间依违和摇摆，在某种程度上也可以反映这种因为竞争而带来的保障机制。

也正因如此，所以"……宦途非常危险，多少人宠辱相继，财产因之易手"。这里面的财产，当然很大一部分就是土地。

---

① 秦晖：《业佃关系与官民关系——传统社会与租佃制再认识之二》，《学术月刊》2007年第1期，第132页。

② 许涤新、吴承明主编《中国资本主义发展史》第一卷《中国资本主义的萌芽》，人民出版社，1985，第225页。

③ 秦晖：《关于传统租佃制若干问题的商榷》，《中国农村观察》2007年第3期，第35～36页。

　　官官相护的确是存在的，但是官官相斗、官官相杀，在传统中国政治生活中也是非常普遍的现象。这种皇帝与官员、官员与官员之间的竞争，在很大程度上会保障土地交易的正常进行，而不会过多地偏离市场规律。

　　这可以用数学公式证明。假设 Ai 为一随机出现数值，而数字足够大，那么 $F(Ai)=(A1+A2+\cdots\cdots An)/n$ 就会趋向于平均值，而不会出现太大的偏离。

　　也就是说，在官员数量足够多的时候，其彼此之间的竞争将导致市场趋向于正常运转。当然，这个计算并不否定在某些特殊的情况下，市场可能偏离正常的运行机制。但是从总体上说，从总体趋势上说，应该是趋向于正常运行的。

　　当然，我们也要承认，仅仅有这种竞争约束是不够的，但是这种竞争约束在传统中国社会毕竟是最有效的，可能比普通农民自己的斗争还更加有效。

　　就市场经济理论而言，只有厂商极少的情况下才可能形成垄断或者寡头垄断，在厂商数目较多的情况下，是不可能形成垄断的。近世中国历代政府的官员数量虽少，但也总有数千乃至数万人之多，介入土地交易的的士绅数量则更多。如果我们假设这数万名官员都会仅仅因为大家都是官绅而互相包庇，共同掠夺土地，那是不可想象的。姑且不论这些官绅彼此之间可能并不熟悉，甚至互不相识，更何况他们之间可能会存在严重的政见分歧及利益冲突。因此，我们假设近世中国土地市场是一个分层的，却是接近完全竞争的市场，并不过分。[①]

　　土地所有权性质的变化是近世中国土地关系变化的另一重要特点。

　　唐代以前，政府对土地的掌握比较严密。"普天之下，莫非王土；率土之滨，莫非王臣。"理论上一切土地都是皇帝的家产，国家有权力也有理由对其直接占有或者分配。对此问题当然不是不存在争议，但国家对土地占有控制得比较严密、对土地配置干涉较多也是事实。

　　宋代以后，土地所有权关系发生变化。国家并没有明确规定土地的私有权，但是"田制不立，不抑兼并"。在法令的实际执行中，国家并

---

　　① 理论上的完全竞争市场，在任何国家都是不存在的。即使是在号称最接近完全竞争的美国农产品市场，各种外在的干预和控制情况仍然是比较普遍的。

不干预民间土地的买卖和流转。中国传统社会中，田赋是国家维持运行的主要收入来源，国家的大部分注意力集中在此，国家一切工作的核心也为完成此一任务。只要能够保证田赋的稳定收入，国家并不很在意土地究竟掌握在谁的手中。

国家对土地占有及配置关系的放任自流，导致民间土地交易的日益频繁，政府同时也尽量保障土地买卖过程的利益保障。如此等等日益造成民间形成此一强烈观念，即土地的私有。也就是说，我买到的土地，就是我的。或者说我开垦出来的土地，就应该是我的。土地私有观念形成之后，要改变一块土地的占有关系，就会比较困难。人们都不愿意轻易让渡自己掌握的土地占有权利。要获得土地的占有权利，就必须要支付一定的代价。

而且普遍私有化之后，土地分散在千家万户手中。越是贫穷的家庭，土地就越重要，事关生死存亡，不得不争。并且大多数家庭的土地其实都是从市场上购买，或者是开垦出来的，也就是说支付了足够的代价。想要让这样的家庭随便放弃手中的土地权利，是不可能的。

因此，土地权利的私有化及分散化，并不是减少了农民对抗政治权力的能力，而是加强了这种能力。虽然单户小农对抗政治权力的能力有所下降，但总体上却是加强了。如果官绅希望凭借政治权力来强夺民田，就会发现：收益相当小，而成本相当高。由于大多数农民拥有的土地都非常小，事关生死，且普遍支付了代价，所以他们普遍地对土地的强行掠夺抵抗非常强烈。即使抢夺成功，舆论上对官绅也非常不利。

相反，官绅凭借政治权力谋取国家的公有土地就比较容易。国有或者公有土地，由于存在所有者缺位的情况，官绅利用权力占有就不会遇到直接的利益损害者，因而会显得比较容易，利益较大，而成本较低。比如说，由于东北当时刚刚开发，国有土地较多，与其他大军阀相比，张作霖占有的土地就是国有土地，面积既大，150多万亩，成本也最低。冯国璋在苏北占有的75万亩土地，多数也是国有荒地。这并不是说别的官绅与张作霖和冯国璋相比，就吃了亏。情况并不是这样，不同官绅都想方设法占有国家的利益，只是形式不同而已。与张作霖相比，他们更可能直接从国家财政收入中获利。

张仲礼在《中国绅士的收入》中对此问题进行了大量的研究。清代和明代的地方官，通过在国家征收赋税上增加附加的方式，足可以掠夺大量的财富。这些都是属于直接侵占国家公共权力的行为。而通过这种搭便车的方式来获得财富，成本极小、代价极低、收益极大，而且很隐蔽，风险也几乎没有。与直接掠夺民间私人土地相比较，孰优孰劣，自不待言。

官员之间的竞争及土地私有化带来的小农对土地侵占的反抗，官绅利益来源的变化，促进了土地市场的发展与成熟。

（二）土地市场公平价格观念的形成

中国近世土地交易中的种种竞争约束实际上导致了市场上土地公平价格观念的形成。"近日潮州陈世杰亦被人告占田半价；官司见告占田，即迫契退田，见告半价，即责退田给主，算递年所收租利，准还半价。……"① "我家买田，凡减价者，与璞皆与访实，召原主给领原价，勿贻后患，就无后患亦折子孙，承受不得。"②

一般认为，明代算是政府力量对市场介入相当严重的时期，尤其明代政策优待官僚地主，所以明代官僚地主大量获得土地所有权。即使如此，从上面所引的例子来看，以地价作为多年地租的贴现价格来折算，明代的土地市场价格不能算是不合理。

钱谦益曾记载："公令常熟时，余为书生，揖余而语曰，吴中士大夫田连阡陌，受请寄，'避徭役……而子孙为流佣者，多矣。君异日必自表异以风励流俗。'"③ 这表明，根据当时人的观察，"田连阡陌，受请寄，避徭役"的士大夫的确很多，他们即使一时能够逃避得了徭役的负担，但是在中国传统政治框架下权力不能长久，其财产也很难逃得过"秋后算总账"的追究。"六十年田业尽数退给小民，家业一空"的境遇并不是个别官僚地主才能碰到的。

清人入关后，一方面依靠汉族地主，另一方面又对汉族地主进行了

---

① （明）霍韬：《霍文敏公全集》卷七下《家书》，第 26 ~ 27 页，转引自《梁方仲读书札记》，中华书局，2008，第 267 页。
② （明）霍韬：《霍文敏公全集》卷七下《家书》，第 26 ~ 27 页，转引自《梁方仲读书札记》，中华书局，2008，第 267 ~ 268 页。
③ （清）钱谦益著，（清）钱曾笺注，钱仲联标注《牧斋初学集》卷五三，上海古籍出版社，1985，第 1332 页。

严厉的打击,① 而且主要打击的就是官僚缙绅地主,这种打击减少了官僚缙绅地主在土地上的优势地位,限制了他们对土地的占有,更迫使土地市场和土地价格进一步向市场规律回归。

"清政府入关建立政权后,取消了官吏优免赋役的办法,严加禁革投献田产之风,国内的土地市场,除了旗地外,又都恢复了自由放任的状态。"②

其实,在明代时,虽然国家的政策造成了土地市场上比较严重的不平等现象,但是土地市场仍然是按照市场规律运行的,这种状况又贯穿了整个清代。

叶梦珠曾经记录松江一带自崇祯至康熙中期田价的长期变动趋势。

> 崇祯中,华、青美田,每亩价值十余两。上海田美者,每亩价值三、四、五两,缙绅富室,最多不过数千亩。无贱价之田,亦无盈万之产也。顺治初,米价腾涌,人争置产。已卖之业,加赎争讼;连界之田,挽谋构隙。因而破家者有之,因而起家者亦有之。华、青石五六斗田,每亩价值十五六两;上海六七斗田,每亩价值三四两不等。田产之贵,至此极矣。厥后米价渐平,赋役日重,田价立渐驯减。至康熙元、二、三年间,石米价至五六钱,而差役四出,一签赋长,立刻破家;里中小户,有田三亩、五亩者,役及毫厘,中人之产,化为乌有。狡书贪吏,朋比作奸,图蠹虎差,追呼络绎,视南亩如畏途,相率以有田为戒矣。往往空书契券,求送缙绅,力拒坚却,并归大户,若将浼焉,不得已委而去之,逃避他乡者。中产不值一文,最美之业,每亩所值不过三钱、五钱而已。自均田、均赋之法行,而民心稍定。然而谷贱伤农,流离初复,无暇问产。于是有心计之家,乘机广收,遂有一户而田连数万亩;次则三、四、五万至一、二万者,亦田产之一变也。是时,数年之间,丰歉不一,米价亦不大昂,然赋役大非昔比,故惟多田者多藏。第绅户漕白已加征十之三,士民之差派,如十六年之舡工、青树、灰炭、河夫,

① 参见陈登原《地赋丛钞》,丁集"清初惩处汉族地主",中国财政经济出版社,1987,第 373～340 页。

② 〔美〕赵冈:《中国传统农村的地权分配》,新星出版社,2006,第 149 页。

亦稍稍渐起，彼越陌度阡之家，不可不思预为之备耳。康熙十九年庚申春，因米价腾贵，田价骤长，如吾邑七斗起租之田，价至二两一亩，甚至有田地方，各就近争买者，价至二两五钱以及三两。华、娄石四五斗起租之田，价至七八两一亩。昔年贱价之田，加价回赎者蜂起。至次年辛酉，米价顿减，其风稍息。①

　　笔者不惜大段摘录上述文字，目的是把问题揭示得更加清楚。从上文来看，近世以来中国的土地市场上，土地的流转通过市场进行是毋庸置疑的，土地的价格受收益的决定是毋庸置疑的。而且在上述例子中，我们可以看到：在土地回报下降的时候，无论是官僚缙绅还是商人平民，都一样抛弃土地。而在土地回报提升的时候，无论官僚缙绅、商人平民，也都无一例外地追逐土地。在对土地的追逐方面，政治地位低的人也许遇到的困难较多，但是争夺的积极性可能会更高。一般官僚地主，固然在皇权面前没有抗拒的能力，"昔年贱价之田，加价回赎者蜂起。至次年辛酉，米价顿减，其风稍息"。普通人民在利益面前，又何尝害怕权力？《阅世编》中的这段记录，其实告诉我们，在明清以来的土地占有方面，市场的力量压倒了政治力量。或者说，政治力量也要借助市场趋势来获得利益，而不是阻碍市场的趋势，事实上也不可能阻碍。所以：

　　　　"那些人数更多的生员（据说全国不下50万人），恐怕就多半是要买田了，价买田的面积一般不会很大的。同时，明代庶民地主也已有相当力量了……这些庶民地主的土地基本上是购买得来的。"② "清代庶民地主大量增加，土地买卖也大为繁盛了。当然，土地买卖中仍然是以小量交易为主……"③

　　只要土地的转移主要通过市场进行，市场规律对土地的配置就可以

① （清）叶梦珠：《阅世编》卷一，来新夏点校，中华书局，2007，第24页。
② 许涤新、吴承明主编《中国资本主义发展史》第一卷《中国资本主义的萌芽》，人民出版社，2003，第56页。
③ 许涤新、吴承明主编《中国资本主义发展史》第一卷《中国资本主义的萌芽》，人民出版社，2003，第225页。

起到决定性的作用。

明代土地兼并中,过去研究者常常注意到所谓规模巨大的王府庄田。可是顾诚先生在研究后却指出:明后期数额越来越惊人的庄田封赐实际上大都是官府把该数额的"庄田籽粒"分摊到民间田赋中加征后拨给王府的,亦即实际上是"赐赋不赐田"。这种赐赋会造成土地向官绅阶层的集中,但是这样的集中也是通过市场实现的。

我们可以用如下计算来证明这种情况。假如在一个市场上,对一块土地,有三个竞买者。A 有 30% 的概率公平出价,B 只有 10% 的概率公平出价,但是 C 有 90% 的概率公平出价。假设三个竞买者其他条件相同,那么这个市场上最后实现公平价格的概率 Q 是多大呢?

假如三个地主之间是彼此独立的,则答案是:Q > 1 − (1 − 30%)(1 − 90%)(1 − 10%) = 97.3%

假如竞买者的数量足够多的话,实现公平价格的可能性则无限大。而土地的私有权又保证了对公平价格信息进行搜寻的动力。因此,从前面所提供的种种材料来看,近世中国土地市场上,土地的价格受多方面因素的影响,但基本上是受经济因素的影响,政治方面的影响并不突出。

(三)一个官僚地主与土地市场关系的例子

《二十年目睹之怪现状》用三章的文字(第 18~20 回)详细记录了一个卖地的故事,很能够说明清代中国土地买卖的具体情况。

一个商人家的后代(吴趼人)住在外省,在故乡有一些土地,因为族大人多事杂,常受族人欺负和骚扰,所以想把地卖掉,带着母亲家人搬到南京去住。在卖地的过程中,就受到附近一位李举人家的敲诈。更准确地说,是受到中人的敲诈,中人想借李举人家的势力压价,在为举人家买地的同时中饱私囊。但是吴趼人没有上当,而是通过关系,把地卖给了另外一位进士家,并且是卖到了相对合理的价格。① 由于进士家的势力更大,所以中人无法干预,举人家也没有办法。

仔细分析起来,这个故事其实说明了中国近世土地市场上的若干问题。在近世中国,无权势的人家想要买地是不容易的(并不是不可以!)。

---

① 实际上是名义上卖给进士家。不过,并不影响下面的分析,同样可能说明不同官僚地主在土地市场上的竞争关系。

有权势的人家常常是可以压价买地的（未必会真的压价！）。

不同官绅人家之间在土地市场上是有竞争关系的。这种竞争的影响抑制了前面所说的部分官宦人家压价买地的情况。也就是说，无权势的人家想买地不大容易，但是有权势的人家也不能随意压价买地。

不同官绅人家的思想观念和在土地市场上的行为准则是不一样的。按照市场关系竞买土地的人家更容易买到土地，而且会导致土地市场趋向正常。

土地的价格受多方面因素的影响，但基本上受经济因素的影响，政治方面的影响并不突出。比如说在中人为了压价说行情不好的时候，卖主吴趼人的母亲就说了一段话："若说是年岁不好，我们这几年的租米也不曾缺少一点。要是这个样子，我就不出门去了。就是出门，也可以托个人经管，我断不拿来贱卖的。"可见土地的价格的确在相当程度上，至少在当时人看来，是地租（收益）的贴现。但是土地的价格不仅仅是地租的贴现，还涉及其他经济因素，比如说管理成本。李举人家之所以想购买这块土地，"因为东西两至都是李家的地界，那李氏是个暴发家，他嫌府上的田把他的隔断了，打算要买了过去连成一片……"所以"府上的田，非但没有贬价，还在那里涨价呢"。连成一片的田地，因为管理比较容易，所以在市场上价值更大。

官绅人家压价买地的现象本身似乎并不严重。这从市场上土地公平价格的普遍存在并深入人心中可以看出来。

经手人借势压人的情况倒是比较突出的。从《二十年目睹之怪现状》中的文字来看，中人原来想把土地从正常价格一千两压价到五百两的，但当知道吴趼人已经把土地卖给别人之后，"顿足道：'此刻李家肯出一千了，你怎么轻易就把他卖掉？……'"[1] 不过，这仍然说明官宦人家进入土地市场是对土地市场的一种干扰。

官绅人家进入土地市场，对土地价值的实现是双重的：一方面，导致无权势的普通百姓购买土地和保有土地的成本提高，压低了土地的价值；另一方面，官宦人家资本量较大，更容易形成整片的土地，提高了土地的价值。

---

① （清）吴趼人：《二十年目睹之怪现状》，山东文艺出版社，2016，第80、84页。

从中人的行为来看，土地的交易成本是比较高的。[①]

还有一个问题是笔者想特别强调指出的：即一般认为官绅人家由于具有一般人不具备的优势，他介入土地市场往往会干扰土地交易，导致价格规律失灵。

我们不否认这种情况在局部地区的存在，但是在另一方面，官绅人家进入土地市场，也会产生提高土地交易效率、促进价格发现的作用。

还是如上面这个例子。吴趼人家算是中等商人，拥有的土地数量是比较多的。如果他想迅速将土地转手，则除了经济实力比较强的人家之外，一般地主是买不起的。因此，实力雄厚的官员（及大商人）的存在，增加了土地市场的流动性。

另外，官绅地主对土地的追逐，加速了土地的流转。又由于官绅地主购买土地一般都不是亲自经营，而是为了出租获得地租收益，所以更有利于加快土地经营权的流转，这对发现土地的合理价格和提高资源配置效率是有利的。

所以笔者认为：只有多角度看待官僚地主的购买土地的行为，才是辩证的态度。

过去有流行的说法认为，由于土地买卖导致"土地兼并"不断发展，因而中国"封建社会"土地集中表现为两个趋势：一是从长时段讲后代比前代更集中；二是在一个朝代内晚期比早期更集中。但是秦晖经过研究后认为：这两个说法都有问题，从现有的史料数据看不出有土地不断集中的趋向。[②] 我们也可以进一步延伸判断：其实政府和官员对土地的追逐并没有从根本上改变土地市场的运行规律，至少在清代和民国时期是这样的。

三　近世土地市场的多层性

事实上，从交易成本的角度来说，一般官僚地主与普通小地主之间对土地的争夺冲突并不严重，也不可能会很严重。因为两者虽然都渴望获得土地，但是土地对两者的意义是不一样的。

---

①　不过，在中国，土地的交易成本向来是很高的。

②　秦晖：《关于传统租佃制若干问题的商榷》，《中国农村观察》2007 年第 3 期，第 35～36 页。

（一）官僚地主的主要利益来源

正如《清代山东经营地主经济研究》和李文治、章有义、吴承明、赵冈等学者对地主经济进行的研究所揭示的那样，往往庶族小地主的土地是由小自耕农，甚至佃农日积月累逐渐零碎购买而得。而官僚地主的积累方式往往与此不同，小地产的土地面积太小，不值得大官僚地主去争夺，大官僚地主往往是一次性购买大量土地的。

> 嘉庆年间，孙玉庭官两江总督时，孙氏家内开始在独山湖一带兼并土地，达三万余亩。……玉堂孙家的土地绝大部分是从破产大地主手中买来的。据说，独山湖附近的湖田土质贫瘠，每年只能收一季麦子，三亩五亩的买了来，他们嫌没法招人佃种，只有大片大片的买，出租才有利可图。[①]

可见，土地出租的回报未必很高，这同时还说明土地的租佃是市场行为。甚至大官僚大面积收购土地在一定时期还会产生让土地集中经营的好处，有可能产生规模经济的效益。

大官僚地主获得土地的另一重要途径其实是侵占国有土地。

国家很强大，但是并不如一般人所想象的那么强大，国家的利益也常常为市场力量侵蚀。或者更准确地说：在政府力量失控的情况下，官僚和地方缙绅可能会干预国家土地的权益，从中侵占土地。甚至一般佃农也可能加入这一行列，逐渐把国有土地转变为私有。

明代国有土地规模较大，种类较多。国有土地有官庄、屯田、没官田、无主荒地等，法律上禁止买卖，但明中叶以后逐渐向私有和民田转化，并进入土地市场。官田多招人承佃，承佃既久，遂"各自以为己业，实与民田无异"[②]。虽然官田禁止买卖，但在佃权的转让过程中，形式上的承佃契约变成买卖契约，实际上也就实现了地权的转移，所谓"其更田实同鬻田，系契券则书承而已"[③]。屯田尤甚，早在弘治年间，明人马文升

① 罗仑、景甦：《清代山东经营地主经济研究》，齐鲁书社，1985，第110页。
② （明）顾起元：《客座赘语》卷二，谭棣华、陈稼禾点校，中华书局，1987，第60页。
③ （明）王一化纂，（明）程嗣功修《万历应天府志》卷一九，南京出版社，2011。

说"十去五六""屯地多为势家侵占，或被军士盗卖，多不过三分"。①
嘉靖年间（1522～1566），魏焕判断："今之屯田，十无一存。"② 万历末
年，大学士叶向高谓屯田"大约损故额十之六七"。③

至于清代，官田数目相对较少，吴承明先生认为："雍正二年（1724），
官庄、旗地与屯田合计约0.54亿亩，仅占全部耕地面积的7.4%（明前期
占14%）。"④ "到乾隆时连同屯田只占耕地总面积的5.7%。"⑤ 情况与此
类似。早在雍正年间，皇帝就已经意识到：旗地买卖"相沿以久"。至
道咸年间，"大抵二百年来此十五万余顷地，除王庄田而外，沿未典卖与
民者，盖亦鲜矣"⑥。

清道光《白山司志》载有乾隆五十九年广西巡抚姚棻的奏疏，疏中
提到庆远、思恩、南宁、太平、镇安五府属下土司因用费无度，先向汉
民借债，后被迫将官田典卖，朝廷多次明令禁止，并采取回赎措施，但
都未奏效。庆远所属的南丹、那地、东兰三土司、忻地土司、永定土司、
永顺正土司、永顺副土司，他们的祖遗田产都已典当殆尽。清朝刑科题
本存嘉庆四年广西巡抚台布的《土司地亩请开设官当另编客籍》的奏议
中叙述庆远五府土司典卖官庄田的情况，与姚棻的奏疏相同。清廷禁不
胜禁，最后只好承认既成事实。⑦

民国时期，情况更加严重。前引张作霖在东北的圈地，实际也是侵
占国有土地。我们可以理解，从逻辑上说，即使是对掌握国家权力的官
僚而言，侵占国有土地，成本也比侵占普通小民低得多，而效率则要高
得多。

① 《明孝宗实录》卷七五，弘治六年五月壬申，中研院历史语言研究所校勘，国立北平图
书馆红格钞本影印本，1962，第1410页。
② （明）魏焕：《边墙论》，载于（明）陈子龙、徐孚远、宋徵璧等《皇明经世文编》卷
二五，中华书局，1962。
③ （明）叶向高：《屯政考》，载于（明）陈子龙、徐孚远、宋徵璧等《皇明经世文编》
卷四六一，中华书局，1962。
④ 许涤新、吴承明主编《中国资本主义发展史》第一卷《中国资本主义的萌芽》，人民
出版社，2003，第222页。
⑤ 许涤新、吴承明主编《中国资本主义发展史》第一卷《中国资本主义的萌芽》，人民
出版社，2003，第225页。
⑥ （清）李鸿章，（清）黄彭年纂《光绪畿辅通志》卷九五，崔广社点校，河北大学出版
社，2017。
⑦ 转引自李炳东等著《广西农业经济史稿》，广西民族出版社，1985，第70页。

国有土地或者说官田的流失是一种长时段现象，在一定程度上代表着封建统治力量的松解和市场力量对土地所有权的侵蚀，或者说代表着不同所有权关系之间在生产效率和管理成本方面的竞争结果。

> 据《续通考》载，明弘治十五年（1502），广西官田 284154 亩……屯田原为 51340 亩，嘉靖中为 461034 亩。另据《一统志》载，清乾隆年间，广西官民瑶壮田地山塘共 8263398 亩，屯田共 195824 亩，土司遗田共开垦首报 7176 亩，官族夫役工食田共 4671 亩。又据《清会典》载，广西民田 8740060 亩，屯田 199662 亩，学田 13407 亩……①

而且明代的官田到清代已经大部分转化为民田了。明代时广西官田加上屯田共有 745188 亩，而到清代乾隆年间就只剩下 200295 亩（屯田加上工食田），经过 200 多年，将近 300 年的流失之后，全部官田只剩下 26.9%，只保留下约四分之一多一点。这个速度应该是一个既有特殊性又有代表性的数字。说它是特殊的数字，是因为这其中经过了明清易代的变革，官田当然也不可避免地在朝代更替的过程中损失很大，剩下的官田应该不会很快流失，而是会保持相对的稳定。但这个数字又应该是很有代表性的，因为从长时段来说，朝代更替在中国历史上并不是什么特殊事件。而且朝代更替也是全国性的整体影响，并不限于广西。因此，这应该是一个包括了动乱时期和安宁时期在内的长时段内官田流失的正常速度。

天津附近小站地区本为荒地，清雍正年间，政府在此主持水利事业，开辟稻田，此后，这里成为屯田区域。到清后期，淮军周盛传部在此经营营田达 6 万余亩，此后，这些营田成为盛军将领的私田。光绪末年，一叫张建勋的道台以贱价购得营田上游荒地 3 万余亩，拦河截水，开垦荒地。②

清代中叶之后，东北和蒙地"招佃开垦"的情况比较普遍，地方官员和庄头从中侵渔不少。到民国初期，荒地放垦，往往是由大地主取得大片土地的开垦权，再分租给佃农开荒耕种，这些大地主中亦不乏军阀

---

① 李炳东等著《广西农业经济史稿》，广西民族出版社，1985，第 75 页。
② 张培刚：《清苑的农家经济》，《社会科学杂志》第 7 卷第 1 期，1934 年 3 月，第 10 页。

豪绅。在寺田以至旗地的处置过程中，军阀豪绅地主凭借政治军事权力，也可以较容易地廉价获得土地。这可以称为官僚私人趁国家最高权力出现真空，盗取国家的利益。

国家直接大规模管理经营土地，成本很高，利益很小。

> 民典旗地，令地方官领帑回赎，交官征租，徒为土豪胥役侵渔。……向日旗地。每亩收租，系二钱三钱者，今所定官租，每亩自六分至钱许不等。土豪胥役，遂将地亩包揽，仍照原额，转租佃民，从中取利。再地亩多寡，必原业旗人，方知实数。去冬赎地，但凭民人首报，未经传问旗人，以致隐匿。[①]

所以国有土地的私有化，在保证国家税收不减少的前提下，一般来说，不一定会损害国家利益，对提高土地利用效率却是有帮助的。所以皇帝和政府对此行为虽然反对，但态度并不坚决，往往是睁一眼闭一眼。因此，官员侵占盗卖国有土地的行为有时多有时少，却是一直在持续不断地进行着，这会提高私有土地占全部土地的比例，让更多的土地进入土地市场进行流通。

（二）土地市场分层运动与官僚地主在土地占有中的地位

种种迹象表明：近世以来，中国的土地市场应该是分层运动的（见图3-4）。

在市场的下层，小地主或者小商人与普通小地权所有者之间进行地权交易，逐渐积累起一定规模的地产。

在中国，长久保持家业的家族是很少的。如果这些积累起来的土地没有因分家而分散掉，那就可能被更大的地主吞并掉。这就是说下层土地相对集中趋势和土地向上运动的趋势同时并存。

而更大地主的土地，或者在败落的时候被其他地主吞并。这是土地在社会上层内部横向运动。或者也会因为分家而分散，增加进入土地市场交易的土地数量。这是土地从社会的上层向下层运动。

至于大地主与一般小自耕农和半自耕农之间，应该是比较少发生直

---

① 《清高宗实录》卷二六〇，乾隆十一年三月壬申，中华书局，1985年影印本。

接的土地交易的。

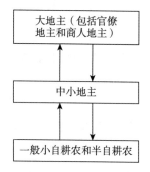

图 3 - 4　土地在不同等级地主之间运动

注：图 3 - 4 中，笔者所理解的上中下三层在数量上的界线是：100 亩以下，1000 亩以下和 1000 亩以上。

大地产虽然很引人注目，但是从清末到民国的实际资料来看，大官僚地主与大地产的实际占有土地数量在比例上其实并不突出。

在中国传统社会的土地市场上，大地主是很少的。赵冈引用江太新的研究成果总结认为："在土地市场上最活跃的不是大业主，而是中小业主。"[1]

前面根据《清代山东经营地主经济研究》一书和近代史料的记录，我们指出近代中国最大的土地占有者往往都有官僚背景。但是这些官僚占有的土地加总起来却并不占地主占有土地的主体。《清代山东经营地主经济研究》一书调查研究了 153 家地主，其中官僚地主不过 8 家而已，只占 6.0%。

表 3 - 2　《清代山东经营地主经济研究》官僚地主一览

官僚地主姓名	占有田地数量（亩）	雇工经营数量（亩）
李树廉	1000	1000
王季良	300	300
鲁果	300	300
王绪增	1380	180
孙云章	3000	200
孙云书	1000	100

---

[1]　〔美〕赵冈：《中国传统农村的地权分配》，新星出版社，2006，第 109 页。

续表

官僚地主姓名	占有田地数量（亩）	雇工经营数量（亩）
李梦月	300	200
陈方均	900	900
总计	8180	3180

　　八家官僚地主总共占有 8180 亩地，只占全部 134 家地主总共占有土地数量 233259.5 亩的 3.5% 而已，比官僚地主占全部地主的比重还要小（见表 3-2）。

　　所以张佩国认为："从土地占有的集中与分配相弥和的角度看，少数官僚地主、商人地主占有大量土地毕竟是特例，不能从根本上否定清末至民国前期土地占有分散化的总体格局。"[①]——这是讲的山东，不过全国其他地方大致也差不多！

　　其实道理很简单，在中国传统社会，官员占全体人口的比重是非常低的，所以官僚地主占地主比例当然不会太高。而且官僚地主直接从小老百姓那里零星购买土地的成本很高，前引明代霍韬对家人的警告也是命令他们不许再做沙田，而不是直接侵占普通人民已经垦熟的土地。这证明官僚地主获得土地的主要途径要么是兼并其他破产地主的土地，要么是直接兼并荒地或者侵占国有土地，而不是直接侵夺一般百姓的小块土地，这对官僚地主迅速扩大占有的土地是相当大的限制。

　　土地的市场化进程限制了官僚凭借权力强占土地。"自由买卖使土地有了价格，乃至有了一定行市，在群众中有了价值观念，这就在一定程度上限制着巧取豪夺。"[②]

　　官僚的财富比较容易取得，从另外一个角度来说，反而可能限制其获得更多的土地，因为他们没有足够的时间进行积累。"就土地的出卖者来看，除盗卖的官产外，主要是陷于困难的自耕农和破产的中小地主，

---

① 张佩国：《地权分配·农家经济·村落社区：1900—1945 年的山东农村》，齐鲁书社，2000，第 67~68 页。
② 许涤新、吴承明主编《中国资本主义发展史》第一卷《中国资本主义的萌芽》，人民出版社，2003，第 56 页。

即使是没落的大户，也不会一次卖光，而是零星出卖，以救眉急。"①

　　皖南某地汪姓人家的"汪姓契底簿"记录的汪家原是佃户出身，佃耕他人的田地。他在崇祯十三年（1640）买入了一块"田皮"，也就是取得了一块土地的永佃权。然后直到康熙四十六年（1707）才买进又一块土地，由佃农变为自耕农。然后直到1914年，这家汪姓人家共买进39笔田地，共计46亩多一点，平均每六年才能买进田地一亩，前后历时几近三百年。与此类似的是"孙姓契墨抄白总登"内的孙家的资料。此孙姓人家也是佃户出身，到雍正十一年（1733）才买入一块田皮，然后到了乾隆四十四年（1779）才有能力买入第一块真正属于自己的田地。直到道光二十二年（1842）才陆陆续续买进26笔田地山林，其中田地不过15亩多一点。种种迹象都显示农业生产的内部积累十分不易，要经过多年甚至几代人的努力才能熬成大地主。②

　　以上并非特例。我们看到的很多材料都表明地主的土地是在长期内逐渐累积的，③而官僚地主往往乍起乍落，除非是特别有势力的大官僚，否则一般不会有足够的时间去积累大规模的土地。所以上面《清代山东经营地主经济研究》中的官僚地主，除了少数人外，其占有的土地并不很多。

　　大土地所有者购买土地是比较大规模进行的，他们出卖土地往往也是大规模出售的，零星出售对他们来说成本太高了。即使是上面吴承明先生所说的"零星出售"，也只能说是相对而言。对大地产来说，一次性出售数十亩乃至上百亩土地也许算是零星出售，而相对一般农户来说，这已经不是他们力所能及的了。

　　比如《二十年目睹之怪现状》中吴趼人一次卖地价值一千两银子，至少有数十亩土地。这不是一般人家所能想望的，所以只能在官僚地主和大商人阶层内部进行交易。

　　《醒世恒言》卷二五《徐老仆义愤成家》中徐老仆就是通过经商致富。致富之后，也不是通过零星购买土地来积累地产，而是：

---

① 许涤新、吴承明主编《中国资本主义发展史》第一卷《中国资本主义的萌芽》，人民出版社，2003，第56页。

② 〔美〕赵冈：《中国传统农村的地权分配》，新星出版社，2006，第119页。

③ 有一种例外的情况是灾荒。但是只要灾荒不是特别严重，多年恢复不了，灾荒造成的土地兼并多数就只是暂时的。这一点后面会详细讨论。

　　大抵出一个财主,生一个败子。那锦沙村有个晏大户,家私豪富,田产广多,单生一子名为世保,取世守其业的意思。谁知这晏世保专于嫖赌,把那老头儿活活气死。合村的人道他是个败子,将"晏世保"三字,顺口改为"献世保"。那献世保同着一班无籍朝欢暮乐,弄完了家中财物,渐渐摇动产业,道是零星卖来不匀用,索性卖一千亩,讨价三千余两,又要一注儿交银。那村中富者虽有,一时凑不起许多银子,无人上桩。延至岁底,献世保手中越觉干逼,情愿连一所庄房,只要半价。

　　一次性大规模购买是较有利于迅速积累土地的。但是根据近代以来对明清地籍册档和地主置产簿的研究,这样的机会是比较少的,而且也是一般中小地主所不可能做到的。

(二) 官僚投资土地的理由

　　以往的研究成果一般都承认官僚对土地的追逐,但是官僚为什么要追逐土地? 却往往没有一个清醒的认识。

　　一般认为,官僚地主对土地的追逐有两个目标:一是追求财富;二是保持财富。

　　然而,在近世中国,官僚地主对土地的追逐并不是通过"力田致富",也不是试图通过收租来致富,而是因为土地本身就是财富。土地作为财富是由商品市场和土地市场的运动造成的,贵族地主和官僚地主通过控制国家权力和侵夺国有土地,本身就获得了巨大的财富。

　　贵族地主和官僚地主在侵夺国有土地和占有民间土地之后,也就占有了巨大的财富,但是财富并不是通过土地出租来获得的。通过出租并不容易获得财富,财富的增值速度也不可能快。

　　赵冈认为:"中国的地主就完全不同,只有很少比例的地主的土地是受赐而得,绝大多数是靠着经营能力,逐渐积累,从市场上买进田产。将中国力田致富的地主与西欧封建领主承继采邑蜕变而成的地主相提并论,等量齐观,是不对的。"[1]

　　严格地说,根据种种记录和上面的分析,我们可以认为赵冈的说法

---

[1] 〔美〕赵冈:《中国传统农村的地权分配》,新星出版社,2006,第107页。

并不完全正确，中国的地主大多数并不是"力田致富"，而是通过做官和经商致富。土地主要是守富的手段，而不是致富的手段。但是我们也要承认，中国的地主绝大多数的确通过市场购买土地，而且其土地的减少绝大多数也是通过市场出售的。

"中国的地主经济，无论是身分性地主或非身分性地主以及一部分的商人，都以经商、放高利贷为增殖财产的最好途径。所谓'江南豪殖者，竞为质邸，操其奇赢，逐什之一息'。"①

那么是不是占有土地真的不能致富呢？那当然也不是。在中国传统社会，通过占有土地其实也是很容易致富的。

谢肇淛《五杂俎》卷四："江南大贾，强半无田，盖利息薄而赋役重也。江右荆楚、五岭之间，米贱田多，无人可耕，人亦不以田为贵。故其人虽无甚贫，亦无甚富，百物俱贱，无可化居转徙故也。闽中田赋亦轻，而米价稍为适中，故仕宦富室，相竞畜田……故富者日富而贫者日贫。"② 从这里来看，土地作为一种投资品的作用是非常清楚的。方苞计算说："积至六七百金则以买上等冲田，不可置杂业。十年之后可加良田一倍。……二十年后，祭田又倍；……三十年后，祭田又倍。"③ ——土地的投资回报率的确不高，但是财富积累的能力却很强。这是因为土地的确不容易损耗。

但是能够做到上面扩张的家庭却很少。矛盾在于，农业是一个回报率比较低的产业，而且受自然灾害和社会风险的冲击很大，除非精打细算，对农业生产很在行，对市场有比较清楚的把握，否则很难通过"力田致富"。而官僚地主家庭往往做不到这一点，他们往往既不善于经营，且日常生活花销又很大，通过投资土地致富，对他们来说，一般是不可能的。所以说，官僚地主和大地主家庭往往是因为富裕才买田，而不是因为买田才富裕。所以在《二十年目睹之怪现状》中，中人听说吴趼人已经把田地卖了之后说了一句话："吴继之家是本省数一数二的富户，到

---

① （明）恽绍芳：《光禄寺丞兼翰林院典籍梦竹胡公墓志铭》，载（明）顾嗣立编《皇明文海》卷七九《勋寺》，转引自傅衣凌《明清农村社会经济　明清社会经济变迁论》，中华书局，2007，第 278 页。

② 上海古籍出版社编《明代笔记小说大观》，上海古籍出版社，2005，第 1562 ~ 1563 页。

③ 《教忠祠祭田条目》，载方苞《望溪集》。

了他手里，哪里还肯卖出来？"这就很能说明问题。

官僚地主和贵族地主追逐土地，还是秉承中国传统"以末求富，以本守之"的思想，通过追逐土地来保持财富，而不是通过追逐土地来致富。一般官僚之所以买田，主要不是因为他们要追逐富贵，而是因为他们要保持富贵。石守信们之所以买田，不是要通过买田来致富，而是因为皇帝已经赐给了他们巨大的财富。他们自己完全可以"多置歌儿舞女，日饮酒相欢，以终其天年"，买田则是为了子孙。"择便好田宅市之，为子孙立永久之业"。

中国土地市场的上中下三层中，最有可能通过"力田致富"的是下层，因为这个阶层的人民最为勤苦节约，也最懂得农业生产的规律。虽然很艰难，但是贫者变富并不是完全不可能。

但是他们的所谓"力田致富"所能够达到的富裕程度，一般来说，与做官和经商致富相比是比较小的，在上层阶层的眼中根本就算不上什么！

相反，上层阶层中的富者变穷却是很容易的。这种变穷，一是因为分家，二是因为政治风险，三是因为奢侈浪费的生活方式。官僚大地主要规避的风险主要是后两者。

官僚彼此之间的斗争是很激烈的，官场上的富贵是不长久的。前引《红楼梦》中秦可卿寄梦王熙凤的话，这里再说一遍：

> 莫若依我定见，趁今日富贵，将祖茔附近多置田庄、房舍、地亩，以备祭祀，供给之费皆出自此处；将家塾亦设于此。合同族中长幼，大家定了则例，日后按房掌管这一年的地亩钱粮、祭祀供给之事。如此周流，又无争竞，也没有典卖诸弊。便是有罪，己物可以入官，这祭祀产业，连官也不入的。……若目今以为荣华不绝，不思后日，终非长策。眼见不日又有一件非常的喜事，真是烈火烹油、鲜花着锦之盛。——要知道也不过是瞬息的繁华，一时的欢乐，万不可忘了那"盛筵必散"的俗语。若不早为后虑，只恐后悔无益了。①

这正说明官僚购买土地不是为了求富，正是为了保富。而在当时的

---

① 曹雪芹、高鹗：《红楼梦》，人民文学出版社，2002，第131页。

历史条件下，保富的最好手段就是购买土地。

总之，贵族地主和官僚地主对土地的追逐不能简单地说是追逐财富，侵占国家土地和倚势强占民田的确是追逐财富，但是通过市场购买田地很大程度上就只能说是转换财富的形式，把易于变现的土地转为比较容易保持的财富，把易于损失的财富转变为不容易损失的财富。

（三）投资土地对于保富的可能性

一般来说，政府和官员在购买和占有土地的过程中是占据比较有利地位的。他们拥有的财富更多，他们的土地承担的负担更轻，他们承受市场风险的能力更强。但是他们在购买和占有土地方面也有不利的地方，即他们承担的社会风险和政治风险也很大。

前引钱谦益："公令常熟时……揖余而语曰，吴中士大夫田连阡陌，受请寄，避徭役……而子孙为流佣者，多矣。君异日必自表异以风励流俗。"[1] 可见即使在明代，官僚通过投资土地，也是难保富的。

"进入 20 世纪 20 年代以后，这些旧式官僚地主的政治特权逐渐消失，在 1922 年和 1927 年的政治动乱中，其财产被军阀所剥夺，得到的是连废纸都不如的军用票，遂致纷纷破产。"[2] 这种情况并不仅仅发生在 20 世纪 20 年代，在历史上也反复发生。

比较能够保持家业的是设置族田。这是由于族田在名义上属家族共同拥有，具有家族公产和社会公益的性质，通常情况下，族田受封建政府和宗族的保护不准售卖，又具有严格的制度，在收支方面都比较有控制。所以族田这种土地占有关系就能长期保持相对的稳定性。关键还在于族田是公产，个别人不可以买卖，其出售必须经过族人公议，所以出售相当困难。

在广东，

　　　　族田是唯一占支配地位的共同占有土地的形式……1934 年初春，台山县某刘氏宗族的一名负责管理族田的官员曾试图私卖族田。此事被他的同族人发现，于是召开全族大会以惩罚他。为了赎罪，

---

① （清）钱谦益：《谭太仆墓志铭》，载《牧斋初学集》卷五三，（清）钱曾笺注，上海古籍出版社，1985，第 1332 页。

② 张佩国：《地权分配·农家经济·村落社区：1900—1945 年的山东农村》，齐鲁书社，2000，第 104～105 页。

他只得宰了几口猪专门祭祀了一番本族的祖先。正因为族田历来不易被出卖，加上有助于扩大原有地产的每年租金的积累，族田或所谓太公田便为集团地产提供了最稳固的基础。①

族田的存在和发展，在近世以来商品货币经济比较发达、土地买卖活跃、地权易手频繁的情况下起到了稳定封建土地所有制及扩大宗族土地的作用，这也是近世南方族田不断发展的原因之一。

但是族田毕竟是具有社会性质和公益性质的资产，已经不能完全算是私产了。而这正符合《老子》所说："既以为人己愈有，既以与人己愈多"的道理。

所以我们可以得出这样一个结论：即投资土地是可以保富的，但是要看通过什么方式来占有土地。族田的形式是最好的保富手段，如果不采取这种方式，官僚地主和富贵商人占有的土地很快就会丧失掉。在近世的土地市场上，我们看到这样一种奇怪的现象，越是市场发达、土地交易活跃的地方，公有性质的土地比重就越高。这当然不是绝对的，却似乎是一般性的规律。

（四）分家对土地市场的意义

导致土地市场能够正常发挥作用的另一因素是诸子均分。

……对于地权分配，长期起作用的两个基本因素是土地自由买卖和遗产多子均分制。……经常有些地主之家，因家道中落而出卖土地，但这并不意味着地权分散，因为其中大部分是为另一些有力之家所兼并，并非转入农民手中。而多子均产则起着相反的作用，它使大地产不断分裂，中小地主有可能下降为自耕农，从而削弱和阻止集中趋势。②

诸子均分的结果具有重要意义。除了以往学者的认识，如章有义先

① 陈翰笙：《解放前的地主与农民：华南农村危机研究》，冯峰译，中国社会科学出版社，1984，第31页。
② 章有义：《本世纪二三十年代我国地权分配的再估计》，《中国社会经济史研究》1988年第2期，第9页。

生认为："任何时期、任何地区，经常发生地权流动，既有分散又有集中。两者互相抵消的结果，就显示某个时期、某个地区地权比较集中或比较分散……"① 之外，其实很重要的一点是土地在不同层级的土地占有者之间流动，即从大土地占有转化为小土地占有，导致了中国社会对土地占有的平均化和细碎化。如果不是因为诸子均分的话，中国传统上土地的占有就可能仅仅是由一家大地主转移到另一家大地主，由一家大官僚转移给另一家大官僚，而无法分散到下层百姓手中。至于这种机制从社会和经济的角度来说是好是坏，对中国发展是起到了促进作用还是阻碍作用，那就是"仁者见仁，智者见智"了。

据说分家可能会致贫，这是可以理解的，在传统中国的法律制度下也是不可避免的。动乱时期，冲击的对象首先也是大地主。分家以减少个别家庭的财富，"不把鸡蛋放在同一个篮子里"来规避不可抗拒的风险，在不安定时期，倒正是保护家庭财产的重要手段。

（五）军阀地主和豪强地主的作用

军阀和豪强在历代动乱时期都会出现，这个阶层的存在对土地市场的干扰是比较大的。但是相对于中国历史上的长期稳定而言，这个阶层的存在和对土地市场的干扰也只能说是一种例外，因为其存在是需要很多必要条件的。我们在对经济史上若干问题，比如说租佃问题进行研究的时候，对这种现象不能不注意，但是没有必要过多关注，更没有必要去强调。

元末农民起义和明末农民起义进行得都比较暴烈，对社会经济生活和人口造成的破坏巨大，同时中央政府的控制能力也比较强，实际上不存在土地兼并的条件，所以军阀和豪强对土地市场的影响并不是很大。而在民国时期，社会动乱的程度与历史上相比，并不是很高，投资或者说争夺土地还比较有利可图。与此同时，中央政府却显得相对软弱无力，常处于真空状态，而地方政府也变动不定，对地方基层的控制力相对薄弱，所以这时候在土地市场上，军阀地主和豪强地主的表现就很活跃。

军阀地主和普通官僚地主一样，一般都按照惯例，在土地市场上用

---

① 章有义：《本世纪二三十年代我国地权分配的再估计》，《中国社会经济史研究》1988年第2期，第9页。

货币按市价购买土地。当然，近代军阀在购买土地的过程中，有两点是值得注意的。一是军阀聚敛财富的速度和规模都比较突出。历代官吏贪污受贿以敛财都是常事，但除极少数特别有权势者外，一般官吏敛财受贿限制比较多。据张仲礼的研究：清代一个县令一年也不过能聚敛数千两银子。而在清末，尤其民国初年，中央政令不行，军阀在国家政令系统内受的约束较少，军阀之间的斗争倒很激烈，因此任意摊派捐税的现象很严重。二是在军阀统治下，上下均朝不保夕，所以苛捐杂税增加，农户（包括无权势的中小地主在内）负担特别沉重，土地有时甚至成为累赘，而军阀地主常不必负担这些捐税，土地仍然是有利可图的产业，可以趁地价下降时大肆兼并土地。不过，从当时总体地价变动趋势来看，这种现象似乎也不是非常严重。

另一种干扰力量是"豪强地主"。笔者这里所说的豪强地主其实是指一些凭借本人势力和借助官府势力侵占土地所形成的下层中小地主。这种人一般都是基层小官员，类似于封建时代的胥吏。在中国历代政局混乱、政府控制力减弱的时候都会出现大量豪强地主，民国时期自然也不例外。当然，民国时期，政府力量相对而言还是相当强大，豪强地主主要依靠的也是政府力量，并利用这种力量上下其手，谋夺利益，而不大可能脱离政府的势力，独立发展。

如 20 世纪 20 年代山东临沂县甄家沟的一个乡长，诬指一个农民是土匪，罚地 12 亩，霸为己有，又把另一个与他有过口角的农民吓跑，没收了这户农民的 80 亩地。此外，还用半价强买了相邻的一些土地。[①] 比较极端的例子是民国时期"关中无地主，关中有封建"，[②] 也就是关中地区的豪强地主已经发展到对大规模占有土地不感兴趣的地步，仅仅依靠政府力量，他们就可以获得利益。一般认为，国家是站在地主利益的一边，官僚通过政府最高权力夺取税收和利用地主的身份获得地租两种手段兼而用之。但是在民国时期的关中，由于赋税已经与田租接近甚至有过之，这时候购买土地成为地主就成为无利可图的事情了。

军阀地主土地占有的特点是集中快、分散也快，一旦军事政治上失

---

① 天津《益世报》1936 年 12 月 26 日。

② 参见秦晖《封建社会的"关中模式"——土改前关中农村经济研析之一》，《中国经济史研究》1993 年第 1 期。

势，土地占有往往立刻丧失。比如说军阀张敬尧死后，其在天津小站的
40万亩稻田全部被政府没收出卖。袁世凯死后，其在河南拥有的数万亩
土地，也由政府没收。前引几个大军阀地主，后来由于失势、分家或出
售及被后来官员侵夺，最后都只剩几千亩地。所以官僚地主和缙绅地主
阶层，在清末民初的政治变革中变动很大，对整个土地市场的冲击没有
造成根本性的影响。

至于一般小豪强地主，或者凭借小官吏身份占有土地的地主，其占
有土地就更加不稳定了。一旦其所凭借的政治势力更换了，靠山倒了，
占有的土地也往往被其他人夺走。

不仅如此，无论是清朝入关时大规模圈占土地，还是民国时期军阀
豪强地主通过各种手段占有土地，在整个土地市场上都不占主体地位，
所以并没有从根本上破坏土地市场的交易和流通。我们可以从清代与民
国时期土地价格的变动上看到这一点。

明代后期和清初期如康熙初年，[①] 土地负担过重，一度达到土地白
送都没有人要的地步，那时候土地市场的确是已经完全被破坏了，土地
交易已经无法进行，从皇亲国戚、官僚贵族直到中下庶民地主，都不大可
能有人去争夺土地。大多数时候当然不是这样，即使如此，明代后期土地
价格相对明代中前期比较低落，仍然说明土地市场受到的干扰比较大。

而清代和民国时期，绝大多数时候土地价格都处于上升趋势当中，
土地市场正常发挥作用的迹象是相当明显的，同时也反证清末至民国时
期军阀地主和豪强地主对土地市场的冲击的确存在，但是破坏并不明显，
正常的市场规律仍然在顽强地发挥作用。

而且无论性质如何，绝大多数大土地占有者仍然是通过市场把土地
出租经营，从生产力的角度引导土地趋于合理分配。土地使用权市场的
正常运行，牵制并保障土地所有权市场正常发挥作用。

四　近世以来影响土地价格和土地运动的主要因素

（一）土地价格公式

马克思的股票价格理论为：

---

① （清）叶梦珠：《阅世编》卷一，中华书局，2007，第24页。

$$P = R/i \qquad (3-1)$$

其中 P 为股票价格，R 为收益，i 为市场利率水平。

其实，这个公式 3-1 同样可以用来套用土地市场价格的规定。假设 R 为地租净收益，则公式 3-1 中的 P 可以代表土地价格。

日本的野口悠纪雄将地价理论分为以地租为基础的古典地价理论和作为资产价格的现代资产价格理论。其中古典地价理论的计算公式为：

$$P = \frac{R}{i - g} \qquad (3-2)$$

其中 P 表示土地的市场价格，R 代表地租，i 代表市场一般利率水平，g 代表地租自然增长率，即人们在购买某块田地的时候，不光要考虑该块田地自身的地租水平，还要考虑整个租佃市场上地租的增长情况。

但是人们在购买土地的时候，不仅要考虑土地的直接收益，还会考虑土地自身的价格涨落。

$$i = \frac{R}{p} + \frac{\Delta p^e}{p} \qquad (3-3)$$

公式 3-3 中，设当前的地价为 P，土地收益为 R，利息率（土地作为资产的收益率）为 i，心理预期地价上升额为 Δp^e。资产市场均衡的条件是土地资产收益率和其他资产收益率相等。

从式 3-3 可以推出地价公式：

$$p = PVR_{(n-1)} \frac{p_n^e}{(1+i)^n} \qquad (3-4)$$

式 3-4 中，$PVR_{(n-1)}$ 表示（n-1）年后利用收益现值的和，p_n^e 表示 n 年后的预期地价。当 p_n^e 与 p_n 相等时，土地资产价格计算公式等于古典地价计算公式。但是现实中，预期一般不会那么准确，所以地价不一定会成为古典理论所表示的地价。[1]

上述公式 3-4 比较复杂，更一般性的土地价格公式或者可以表示如式 3-5：

$$P = F(R, i, S, r, C\cdots\cdots) \qquad (3-5)$$

---

① 〔日〕野口悠纪雄：《土地经济学》，商务印书馆，1997，第 49～50 页。引文中有修改。

式 3 - 5 中，P 为土地价格，R 为土地占有期间的净收益，i 为预期的增值收益率，S 为土地供不应求缺口，r 为资本利息率，C 为交易成本，表明土地的价格由上述因素共同决定。

$$\frac{\partial p}{\partial R} > 0, \frac{\partial p}{\partial i} > 0, \frac{\partial p}{\partial S} > 0, \frac{\partial p}{\partial r} < 0, \frac{\partial p}{\partial C} < 0 \qquad (3-6)$$

公式 3 - 6 表明，净收益越高，土地价格越高；预期增值收益越高，土地价格越高；土地供不应于求的缺口越大，土地价格越高。但是市场上一般资本利息率越高，土地价格越低；土地交易成本越大，土地价格越低。[1]

（二）　近世以来影响地价因素初步分析

第一，在土地净收益方面。

岸本美绪总结出一个土地收益的公式。[2]

土地净收益 =（佃租额 - 现物形态的税粮负担）× 米价（银或铜钱）
　　　　　 - 货币形态（银或铜钱）的赋、役负担

这个公式大致符合中国近世以来田地收益的规律。

第二，预期收益也会对土地价格有影响。

"自均田、均赋之法行，而民心稍定。然而谷贱伤农，流离初复，无暇问产。"[3] 这就反映了收益预期对土地价格的影响。

第三，在土地供求方面。

"明初地旷人稀，土田不过亩一金，是时法尚严密，缙绅士庶罔敢侈肆……役轻省费，生理滋殖，田或亩十金。"[4] 这反映了土地供求情况对价格的影响。

第四，市场一般利息率的影响。这一点将在下文详细讨论。

第五，社会观念的影响。

---

① 此处参考了邓大才《土地政治：地主、佃农与国家》（中国社会科学出版社，2010）一书第 305 ~ 306 页的内容，但是做了一些修改和订正。

② 〔日〕岸本美绪：《清代中国的物价与经济波动》，刘迪瑞译，社会科学文献出版社，2010，第 153 页。

③ （清）叶梦珠：《阅世编》卷一，中华书局，2007，第 24 页。

④ 《雍正浙江通志（三）》，《中国地方志集成·省志辑·浙江》第五册，凤凰出版社，上海书店，巴蜀书社，2010 年，第 174 页。

"……安徽芜湖县，土地既佳，地主且能购买土地而增高其社会上的地位，所以地价也是甚高。"[1]

第六，交易成本的影响。

比如说："一条鞭法"和"摊丁入亩"，并没有在多大程度上减少国家的赋税收入，但是极大地减轻了社会占有土地的交易成本，所以土地价格发生了很大的改变。这一点，还会在下文详细讨论。

近世以来，政府和依附于政府的各种势力虽然不再直接参与土地的配置，但仍然是影响土地市场的重要力量。

政府影响土地价格最大的做法就是赋税（包括税收和徭役），赋税是土地经营中的成本，赋税的变动会影响土地经营的收入变化，从而导致土地价格的变动，至于政府和官僚对土地的买卖，倒是看不出对市场规律的过多破坏和影响。明清之后直到民国，一般情况下，除非是大规模开垦荒地，政府对土地的买卖极少，所以不能说有多少直接影响。

岸本美绪的《清代中国的物价与经济波动》第六章引用赵冈、陈钟毅在1980年发表的土地价格表，指出当时中国其他地方的土地价格变动："基本上与上述徽州的土地价格动向相符。"（见图3-5）

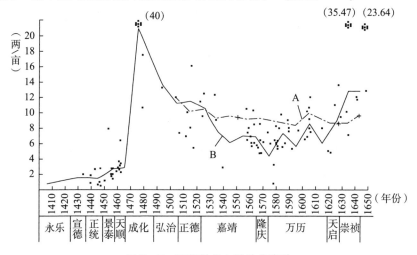

图3-5　明代徽州土地价格变动

---

① 〔美〕卜凯：《中国农家经济》，张履鸾译，商务印书馆，1936，第83页。

全国性的土地价格波动趋势只能是与国家整体政策有关，而这种价格变动完全是土地的收益变动造成的。而这种土地的收益变动主要是由政府的财税政策和征收效率造成。

一般研究都表明，明代中后期是贵族官僚地主势力比较大、地产兼并比较严重的时候，而这时候土地价格总体上是下降的。

前面引用了叶梦珠的《阅世编》和《二十年目睹之怪现状》中关于土地价格和土地市场的记述，此外钱泳的有关记录也是常常被人引用的。

> 从叶梦珠的《阅世编》和钱泳等所述的一系列材料看，清代前期的地价变化同样可划分为三个时期。顺治康熙年间，由于更多的原因，地价与明初一样十分低贱，有时甚至以田送人，人且不受，上等土地每亩不过数两，康熙后期，地价略见上涨，雍正摊丁入亩，又一度下落。乾隆时，其价稳定上升，但截至末年，每亩价未有达三十两者，从十八例档案分析，每亩过二十两者仅有四例，仅够全部材料的四分之一。道光时，所取档案十六例，每亩超过二十两者已达十例，超过了全数的六成，其中广西兴安每亩价高六十八两，浙江绍兴也每亩价将近六十两。因此，钱泳说，嘉道之际，地价每亩过五十两，是信而有征的。这时一般田土之价总在一亩二十两至三十五两之间。据此，对清代前期的地价可以总结如下：顺康之岁，每亩数两，乾隆时，亩价十至二十两，嘉道之际，则在二十至三十五两之间，但有少数地亩高达五六十两不等。[1]

对比上面两段材料，可以清楚地看出政治因素对土地市场及其价格的影响，需要强调指出的是：土地市场在明朝末年的确一度到了白送都没有人要的地步，这时候土地市场已经陷于崩溃。而在大多数情况下，土地市场是存在的，而且其价格正是收益的反映。这证明在明清以来的中国，土地市场在大多数时间内是正常发挥作用的。

---

[1]　周远廉、孙文良主编《中国通史》第10卷上册，上海人民出版社，2013，第559~560页。

表 3 - 3　清代长江三角洲粮价

单位：两/石

时　期	粮价	时　期	粮价
1641 ~ 1650	3.05	1781 ~ 1790	1.89
1651 ~ 1660	2.24	1791 ~ 1800	1.30
1661 ~ 1670	1.21	1801 ~ 1810	2.54
1671 ~ 1680	1.09	1811 ~ 1820	2.55
1681 ~ 1690	0.97	1821 ~ 1830	2.36
1691 ~ 1700	0.86	1831 ~ 1840	2.45
1701 ~ 1710	1.16	1841 ~ 1850	2.24
1711 ~ 1720	0.88	1851 ~ 1860	1.87
1721 ~ 1730	1.11	1861 ~ 1870	2.89
1731 ~ 1740	1.21	1871 ~ 1880	1.76
1741 ~ 1750	1.58	1881 ~ 1890	1.77
1751 ~ 1760	1.98	1891 ~ 1900	2.39
1761 ~ 1770	1.85	1901 ~ 1910	3.45
1771 ~ 1780	1.81		

资料来源：王业键、黄莹钰：《清代中国气候变迁、自然灾害与粮价》，《中国经济研究》1999 年第 1 期，第 16 页。

从表 3 - 3 来看，有清一代粮食价格存在着先下降后上升的趋势。但是如果排除王朝建立初年和末年的国内政治动乱造成的冲击，大体上粮食价格是逐渐上升的，由 1.00 左右上升到 2.00 以上，大致上涨了一倍多。考虑到清朝人口增加了两到三倍，白银的大量流入也造成了通货膨胀，价格水平整体有比较大的上升，粮价的这种上涨幅度应该算是比较温和的。而且除了个别特殊时期如灾荒和动乱的影响外，整体上并没有出现比较严重的粮食短缺。这实际上证明了中国近世以来的土地市场和粮食市场是有效率的。

而粮食价格的这种上涨也和土地价格的上涨基本适应。

综合起来，粮食价格、土地规模、土地肥沃程度和耕作便利条件及承担的赋税徭役都是影响回报，从而影响土地价格涨落的重要因素。而且总的来说，与赵冈和岸本美绪所研究的明代土地价格是中前期最高，后期逐渐跌落，然后又有所回升，但是没有达到中前期最高价位的趋势相比，清代的土地价格却基本上是在震荡中上升的。这似乎可以说明清代的土地市场比明代的土地市场更趋于理性，更受市场规律的支配。[①]

到民国时期，土地价格对收益的反应更加敏感。卜凯在河北盐山的调查指出：

> 在本调查年期内，全场土地之价值，每家平均增多 40.46 元。……此盖因盐山地价之涨落，常视收成之丰歉为转移。本调查期之前一年，较通常为歉收，而调查年期适较为丰收，故在调查年期之初，地价甚低，而一至年期之终，地价忽增也。[②]

一般看来，河北盐山是一个经济比较落后、市场化程度较低的地方。即使如此，土地的价格变动对农业生产也仍然具有高度的敏感性。

> （嘉兴）玉溪镇和渠东乡那里的水田，分为田底和田面两部分，水田田底价格，目前以每亩 25 元为最普通，高者亦不过 40 元，低者仅 10 元左右。过去民十二至十五，地价最高，每亩普通可卖 60 元，高者 100 元，低者三四十元。至民十六，每亩尚可售洋 50 元，嗣后二五减租实行，地价低降，至民二十，每亩仅值 30 元。后又因"谷贱伤农"，水旱频仍，去年今年，每亩之价格，25 元而已。即此低廉之地价，事实上却仍是买者少而卖者多，有些地方，买卖情形，完全绝迹。桑园价格，与水田价格略同，过去高时较水田为高，目下则反比水田略低。……反之，田面权价格在十六年以前，每亩仅值 3 至 5 元，迨二五减租实行，每亩面价即增至 10 元左右，肥沃之田地，且可卖至 15 元。……泰安乡民七八年以后数年，地价最高，每亩水田普通可卖七八十元，至民十六，仅值 40 元；入后渐跌，到

[①] 清代后期，中国已经与国际市场紧密结合，与明代后期局势完全不同。

[②] 〔美〕卜凯：《河北盐山县一百五十农家之经济及社会调查》，孙文郁译，载李文海主编《民国时期社会调查丛编》二编《乡村经济卷》上，福建教育出版社，2009，第137 页。

最近，每亩 20 元，已算是卖得很贵的。[①]

在以上例子中，国民党减租减息的政策及农业歉收的影响，导致田底权价格下跌。相反，田面权的价格却因为收益的增加而上升。不过，从上述材料中数据也可以看出，田面权的价格上升不足以弥补田底权价格的下降，这反映了减租政策在造成社会财富重新分配的同时，也造成了社会总资本存量的丧失。

山西往往并不被看作是市场经济介入很深的地区，甚至毋宁说比较远离东南地区发达的市场。即使如此，山西省的地价和粮价也保持着密切的互动关系。

表 3 - 4　3 村粮食每斗价格涨落之比较[②]

单位：元

地点年度 类别		狄村				西流村				享堂村			
		民国 元年	民国 10 年	民国 20 年	民国 21 年	民国 元年	民国 10 年	民国 20 年	民国 21 年	民国 元年	民国 10 年	民国 20 年	民国 21 年
实数	大麦					0.13	0.30	0.50	0.40				
	小麦	0.40	0.75	1.00	0.70	0.35	0.70	0.90	0.60	0.40	0.90	0.95	0.70
	高粱	0.15	0.30	0.40	0.25	0.15	0.25	0.50	0.30	0.15	0.30	0.40	0.25
	小米	0.35	0.55	0.70	0.42	0.35	0.40	0.80	0.50	0.30	0.50	0.60	0.40
	黍	0.30	0.58	0.75	0.45	0.25	0.63	0.80	0.60	0.30	0.50	0.75	0.45
	黑豆	0.30	0.50	0.60	0.40	0.20	0.40	0.50	0.40	0.25	0.45	0.50	0.37
	绿豆	0.35	0.60	0.90	0.50					0.30	0.55	0.80	0.40
	黄豆					0.20	0.40	0.60	0.50				
	荞麦					0.25	0.30	0.40	0.30	0.25	0.30	0.40	0.30
指数	大麦					100	230	384	307				
	小麦	100	185	250	175	100	200	257	171	100	225	237	175
	高粱	100	200	266	166	100	166	333	200	100	200	266	166
	小米	100	157	200	120	100	114	228	142	100	166	200	133

---

① 冯紫岗编《嘉兴县农村调查》，载李文海主编《民国时期社会调查丛编》二编《乡村经济卷》上，福建教育出版社，2009，第 265 页。

② 刘容亭：《山西阳曲县三个乡村农田及教育概况调查之研究》，载李文海主编《民国时期社会调查丛编》二编《乡村社会》卷，福建教育出版社，2009，第 211～212 页。

续表

地点年度类别		狄村				西流村				享堂村			
		民国元年	民国10年	民国20年	民国21年	民国元年	民国10年	民国20年	民国21年	民国元年	民国10年	民国20年	民国21年
指数	黍	100	193	250	150	100	252	320	240	100	166	250	150
	黑豆	100	166	200	133	100	200	250	200	100	180	200	148
	绿豆	100	171	257	142					100	189	266	133
	黄豆					100	200	300	250				
	荞麦					100	120	160	120	100	120	160	120

表3-5　3村农田价格涨落之比较[①]

单位：元

地点年度类别			狄村				西流村				享堂村			
			民国元年	民国10年	民国20年	民国21年	民国元年	民国10年	民国20年	民国21年	民国元年	民国10年	民国20年	民国21年
实数		园地	30.00	65.00	70.00	40.00	18.00	25.00	40.00	30.00	25.00	34.00	120.00	90.00
	旱地	上地	15.00	45.00	50.00	25.00	15.00	20.00	35.00	25.00	20.00	25.00	90.00	70.00
		中地	10.00	35.00	40.00	17.00	11.00	15.00	25.00	18.00	14.00	18.00	60.00	40.00
		下地	5.00	15.00	20.00	8.00	8.00	11.00	17.00	13.00	8.00	10.00	30.00	15.00
指数		园地	100	215	233	133	100	138	222	166	100	132	400	360
	旱地	上地	100	300	333	133	100	133	233	166	100	125	450	350
		中地	100	350	400	170	100	136	227	163	100	128	428	287
		下地	100	300	400	160	100	137	212	162	100	125	375	187

从表3-4、3-5来看，地价的涨落和粮价的涨落保持着密切的相关性。这同时也可以说明民国时期即使在山西农村也已经不再是简单的自然经济了，农业生产是和外界的市场密切互动的。

岸本美绪认为：

　　在探讨清代的田价时，还有些需要特别注意之处。第一，清代"田价"的概念不是清晰自明的，清代存在着田产一度卖出，经过

---

①　刘容亭：《山西阳曲县三个乡村农田及教育概况调查之研究》，载李文海主编《民国时期社会调查丛编》二编《乡村社会》卷，福建教育出版社，2009，第213页。

相当长的时日后，卖主要求买主添补田价的"找价"惯行，以及田底与田面按各自的价格行情互不干涉地进行买卖的"一田两主"惯行等，因此清代"田价"所表示的价格，未必体现的是对土地本身所支付的总体性价格。"田价"意义本身的模糊性，加上清代物价所普遍存在的度量衡不统一及价格形成过程中的偶然性、任意性等共同问题，可以推测，田产与其他商品相比，具有更大的偶然性、任意性乃至不统一性。因此，上一章阐述过的与孤立的价格资料相比，更值得依赖的是同时代人对价格趋势的感觉这一原则，对田价的适用性更胜于其他各种物价。①

虽然如此，我们还是能够看得出来，近世以来中国的土地价格，其变动关系的确是越来越与其收益紧密相连。

民国时期土地价格对收益的高度敏感，恰好说明了民国时期土地市场和资本市场的高效运行。

从某种意义上说，中国近世以来，官员对土地的追逐和之前并无二致，但是土地进入市场的趋势已经无法扭转。宋代之前，官员要获得土地，常常直接依靠政治势力夺取。而宋代以后，官员一般只能通过政治势力夺取财富，然后再进入土地市场购买。官员对土地的追逐有多种形式，但是用货币购买却是主要形式。这种购买可能会有凭借势力压价的成分在内，但并没有从根本上改变土地市场价格的规律和水平。否则也就不会有人到官府控告半价压价购买了。因为既然有半价压价，也就有原价。而从文中看，所谓的"原价"当属地租的一种贴现价格，这证明不但公认的市场均衡价格已经出现，甚至资本市场也已经发展到相当程度。这种情况在明代既已如此，到民国自然更加清晰。

五　土地的流转速度分析

近世中国社会，严格地说，土地所有权的流转速度总体并不是很快。

---

① 〔日〕岸本美绪：《清代中国的物价与经济波动》，刘迪瑞译，社会科学文献出版社，2010，第147页。

（一）总体流转速度研究

中国传统观念非常重视对土地的占有，而瞧不起出卖祖先土地的人。

（寅）遗产承继。中国土地的大部分，不是由出典和买卖而转动的，而是作为遗产而承继的。……中国的家族制度和祖先崇拜思想，很厌恶出卖祖先传来的土地。[1]

秦晖根据关中朝邑县《下鲁坡村鱼鳞正册》的记录发现：在该册400块共283.94亩土地中，1890～1932年后某年至少42年间，买卖易主的土地累计最多只有32.74亩次，按此频率，全部土地平均周转一次的周期至少为400年左右，若按地块计更达千年以上。[2]

郭爱民计算比较后认为：民国初期长江三角洲地区土地市场流转率为0.424%，接近英格兰转型期的水平。[3] 按照这个流转率，全部土地流转一遍需要200多年时间，和秦晖所计算的关中地区相当。

"据江苏、安徽一部分的调查（遗产承继之部参照），土地所有者，约百分之十，是由卖买取得的。这种情形，也是因地不同，如地价比较低廉的地方，农民易于取得土地，而买卖频繁。"[4] 只有10%的土地是土地所有者自己购买的，其他的都是祖上遗传下来的，如果按人口的正常增殖速度，25年算一代的话，土地全部轮转一遍必定在200年以上。

商品化对长江三角洲村社的影响，与对小农家庭的影响如出一辙。它带来的不是质变性的发展，而是更大的连续性和稳定性。副业和农业外就业机会并未改造农村经济，反而支持了它。收入微薄的家庭可以依靠副业和农业外就业以增加收入，使家庭农场得以维

---

① 〔日〕长野郎：《中国土地制度的研究》，强我译，中国政法大学出版社，2004，第121页。

② 秦晖：《关于传统租佃制若干问题的商榷》，《中国农村观察》2007年第3期，第35～36页。

③ 郭爱民：《转型时期英格兰、长三角土地市场发育程度的比较》，《中国农史》2007年第4期，第64页。

④ 〔日〕长野郎：《中国土地制度的研究》，强我译，中国政法大学出版社，2004，第117页。

持。结果是土地使用的稳定性远远大于华北平原。一般农民（尤其是稻作区和稻丝产区的农民），耕种的都是其父、祖辈耕种过的土地。[1]

所以，占地较多、财力较为雄厚的地主要想直接购买土地，颇为不易。[2]

自 1761～1905 年的 140 余年里，太和堂李家地主平均每年买入土地仅 4.22 亩，且大多是采取典当、抵押的形式，可见土地兼并的不易。[3]

现在让我们再次回到辛弃疾的这首词"吾衰矣，须富贵何时?"，仔细品读这首词，并不是说置了田产就富贵，而是因为富贵了才置田产。真正说起来，富贵了置田产只是因为土地比较安全。再进一步说，恰恰是因为土地在流转上比较困难，不容易轻易消费掉，才会成为很多人的追逐目标。而且从舆论角度来说，土地出卖是暴露在光天化日之下的事情，容易被舆论指责，而这恰恰成为延缓田产流动的重要因素。如果田产真的很容易卖掉，恐怕也就不那么容易起到资产保障的作用了，官僚也就不那么热衷追逐土地了。

不仅土地的流转速度不快，而且在某一个时候进入市场进行流转的土地比重也不是太高。

葛金芳计算后认为：宋代投入流通中的土地约占在籍耕地的 20%。[4]那就是说大量的土地其实并不在流通当中。

不仅如此，考虑到土地的长久使用性和交易的规模性，土地的交易具有相当的"粘性"，即交易成本比较高。这反而有利于保护土地这种资本在所有者后代手中，而不容易被挥霍一空。

（二）不同类型土地流转速度

过去的学者，往往笼统地评价说中国古代的土地流转速度很快或者

---

[1] 〔美〕黄宗智：《长江三角洲小农家庭与乡村发展》，中华书局，1992，第 314 页。

[2] 张佩国：《地权分配・农家经济・村落社区：1900—1945 年的山东农村》，齐鲁书社，2000，第 79 页。

[3] 罗仑、景甦：《清代山东经营地主经济研究》，齐鲁书社，1985，第 65～69 页。

[4] 葛金芳：《对宋代超经济强制变动趋势的经济考察》，《江汉论坛》1983 年第 1 期，第 67 页。

很慢，他们都只说明了事物的某一方面。实际上，中国传统上的土地流转，根据占有性质的不同而具有不同流转速度。

第一，国有土地是不断流失的。李文治《从地权形式的变化看明清时代地主制经济的发展》① 一文对此阐述甚详。本书上一小节对此亦有讨论。

第二，一般平民的土地所有权的流动恰恰是相当不容易的。这一点已经有了很详细的研究成果。如上文提到的章有义、赵冈、秦晖等学者的研究都证明了这一点。

第三，官僚地主的土地是流转很快的。

如果再进一步仔细考察，我们会发现，在土地所有权市场上流通最快和交易最频繁的土地正是属于官僚地主的土地。宋代刘克庄已有"庄田置后频移主"的慨叹。明代归有光甚至说："罕有百年富室。虽为大官，家不一二世辄败。"② 前面所说的"千年田换八百主"，指的也正是官僚地主的土地。

政治力量既是土地集中的原因，也是土地分散的原因，从根本上说是土地趋于分散的原因，也是大的经营性地主不能广泛存在，租佃制度流行的原因。前面提到说：在近世中国，如果不拥有一定的政治权力，大地产不但难以获得，即使获得了也很难维持下来。

其实，在近世以来的中国，没有权力，固然难以获得大地产，即使有了权力，也一样难以维持大地产。前清诸如和珅、徐乾学等人，民国如张作霖、曹锟等人虽然拥有盛极一时的权力，但是他们占有的土地也一样很快就丧失了。

所以中国近世以来，大地产的无法维持的确是一个值得注意和研究的问题，无论在政治学、经济学还是社会学上均有重要研究价值，却似乎没有得到应有的重视。

从经济上说，土地具有双重性质：财富性质和资本性质。作为资本，是能够增值的；而作为一般财富，就只能消费。在一般小农和中小地主手中，土地是作为资本存在的，所以能够成为"力农致富"的基础。而在官僚地主手中，土地往往只能成为财富的储藏形式，很快就消费掉了。

① 李文治：《从地权形式的变化看明清时代地主制经济的发展》，《中国社会经济史研究》1991年第1期。
② （明）归有光：《震川先生集》下册，周本淳点校，上海古籍出版社，1981，第587页。

事实上，如石守信等人，购买土地也不是把土地看作增值的资本，不过是为满足子孙的消费而已。只不过，财富转化为土地形式，在进行储存的时候，比较安全；消费的时候，消耗也比较慢一点而已。

第四，一般族田的流转也相当慢，而且总体上处于不断扩大的过程中。

"寻乌公田多，成了各区普遍现象。各种公会多得很，祠堂里的公会如什么'公'什么'公'，差不多凡属死人，只要是有'后'的，而他的后又是有钱的，他的所谓后者必定从他们的家产中各家抽出一份替他立个公。这种凑份子立公的办法是什么姓都普遍采用的。凑成的份子一概是田地，不用现钱。再则那什么公还在时，他自己就留出田产立起公来，这一种比前一种更多。公田一经成立，就年年收租。租除祭祖用费外，大概总是有多余的，便把它积蓄起来。"① "积得若干年成一笔大款，便购买田地。如此下去，这一公的田地就渐渐地增多起来。但这积蓄增多的在全部款子中只占去一部分，还有一部分是由他的子孙均分了去。多半是子孙穷苦的多才主张分的，子孙富足的多呢，那便不主张分了。"②

"那些贫苦子孙往往闹着要分公田，同时富裕部分的子孙却反对分公田，成为一种氏族内部的阶级斗争。那些穷苦人闹着要分公田也不是要分了田去耕种，他们是要分了田去变卖，得钱还高利债或买明天的早饭米。"③

由于族田一般被官绅和比较有能力的成员控制，族田是不容易分家的，当然也就更加不容易被出卖。因此，族田按照内在规律，有日益累积，而不是日益分散的特性。

根据以往学者的研究成果，我们也许会观察到这样一种趋势，那就是在近世的中国，小土地所有权的土地处在缓慢的聚散当中，而国有土地则不断丧失，官僚地主所占有的土地处在比较高速的流转和聚散当中。至于族田，则似乎处在缓慢而坚定的增长当中。

---

① 中共中央文献研究室编《毛泽东农村调查文集》，人民出版社，1982，第106页。
② 中共中央文献研究室编《毛泽东农村调查文集》，第106页。
③ 中共中央文献研究室编《毛泽东农村调查文集》，第108页。

　　宗族土地得到国家特别保护，比如说清朝政府就特别保障宗族财产不受侵犯。乾隆二十一年（1756）定例："凡子孙盗卖祖遗祀产至五十亩者，照投献捏卖祖坟山地例发边远充军。不及前数，及盗卖义田，应照盗卖官田律治罪。其盗卖历久宗祠，一间以下杖七十，每三间加一等，罪止杖一百，徒三年。"[1] 国家以此来严禁盗卖宗祠财产和义田。义庄的设立要向官府申请备案，政府非常重视，皇帝亲自承认义庄的合法权力，同时给建庄人以旌表或官职。对祠产和义田，政府特加保护，即使它的建肇者出了问题，哪怕是抄没问斩，这些产业仍留给宗族，绝不没收。我们能够看到：族田的设立很像现在的公司，族田与股东财产是相对分割的，具有一定的独立性。

　　曾有人指出：宗族地主和学校地主一样具有不稳定性，他的田产也容易被侵蚀，不能长久保留。乾隆朝侍郎王昶指出范仲淹建立范氏义庄以来，"效者相继而起，而绵延于后世者绝少"[2]。那些义田，"屡聚而屡散"。[3] 所以义田、义庄、义塾虽能保持一定时间，但总不能持久。

　　这种分析不能说完全不对，但是总的来说，宗族田地以制度为保障，并依靠国家法律和社会舆论力量维持，它的稳定性要比其他类型地主土地稳定得多。而且根据毛泽东和陈翰笙在南方的观察，族田总的来说还是维持得相当不错的。"屡聚而屡散"的另一面是"屡散而屡聚"，一个家族败落了，更多的家族成长起来。族田的总规模数量也在不断扩大之中（见图3-6）。

　　所以总的来说，直到民国时期，土地的占有还是以庶民地主为主，包括地主人数和占有土地的比例。

　　但是公田所占的比重越来越大。如果这种情况不变，那么随着时代的推移，国家的大部分土地的所有权可能会掌握在宗族地主手中。事实上，自宋以来，中国的南方的确是很明显地表现出这种趋势。

（三）土地市场公平价格观念的形成

　　根据当前的诸多研究成果，一般认为租佃市场是使用权市场，但是

① （清）昆冈、（清）李鸿章等编纂《光绪大清会典事例》卷七五五《刑部·户律田宅》，转引自江平主编《中国司法大辞典》，吉林人民出版社，1991，第1178页。
② （清）王昶：《陆氏义庄碑记》，载《春融堂集》卷四八，北京大学图书馆藏书。
③ （清）李兆洛：《无锡新建李氏宗祠记》，载《养一斋文集》卷十一，据道光二十四年增修民国影印版，第81页。

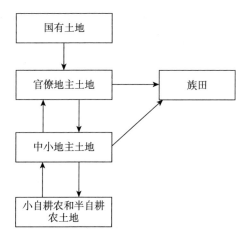

图 3 - 6　南方地区族田不断扩大

也不限于此，往往同时也涉及土地的所有权问题。

土地的佃权其实在相当大程度上正是佃农的一种权利。在中国近世的土地市场上，为了保证生产的稳定，土地的佃权其实是处于一种既流动，同时也相对稳定的状态当中。

土地所有权市场的流转速度太慢，就会影响土地资源的优化配置和生产力的提高。而在近世中国社会中，这方面的不足是由租佃市场来弥补的。然而，根据对中国近世租佃关系的研究，我们可以发现：不仅是土地的所有权，而且土地的使用权的流转也不快。关于这一点，我们在之前的内容中已经有了比较充分的说明。

在中国很多地方，土地的使用权似乎比所有权的流转还要慢。

　　商品化对长江三角洲村社的影响，与对小农家庭的影响如出一辙。它带来的不是质变性的发展，而是更大的连续性和稳定性。副业和农业外就业机会并未改造农村经济，反而支持了它。收入微薄的家庭可以依靠副业和农业外就业以增加收入，使家庭农场得以维持。结果是土地使用的稳定性远远大于华北平原。一般农民（尤其是稻作区和稻丝产区的农民），耕种的都是其父、祖辈耕种过的土地。[1]

　　（佃农）享有一定的"信息优势"，和对农产品的直接掌控权，

---

[1]　〔美〕黄宗智：《长江三角洲小农家庭与乡村发展》，中华书局，1992，第 314 页。

这都使农民并非总是处于"弱者"的地位。在这种情况下，田主要想退佃是很难的（不管佃农对该块地亩是否拥有永佃权）。以人云亦云的退佃办法来对付佃农，其作用其实很有限。①

即使是土地使用权的流转，似乎也并不总是被地主支配。佃农自己私下承顶的现象，是非常普遍的。

不过，北方地区与此不同，根据满铁调查材料和黄宗智、马若孟和史建云的研究，北方地区租佃权的转移是非常快的。关于这个问题，下一章还要继续深入探讨。

所以土地作为一种生产要素，要进行有效的资源配置，实现良好的要素组合状态，不能只靠所有权的运动，也不能只靠使用权的转移，而要同时依靠所有权和使用权的转移。不仅如此，所有权和使用权的相互转化，也是有效实现生产要素良好配置的重要手段。当然，关于这一点，同样需要在下一章中深入阐述。

综合起来看，我们对传统中国土地市场大致应该有这样一种判断：

国有土地是不断减少的，不仅荒地不断减少，国有熟田也一样在不断减少。国有土地流失的速度从短期来看并不很快，但是从长期来看，累积流失的规模是很可观的。

社会底层的小块土地流转速度很慢。现在已发现的各种土地材料都可以证明小块土地的买卖和积累相当困难。

官僚地主的土地积累和消散都比较快。真正可以称为"千年田换八百主"的，正是这部分田地。但是这部分土地一旦经过分家细分之后，或者转化为族田之后，也就沉积下来难以流转了。

不流转的官田和族田，其使用权却是流动的，主要是通过租佃市场转移配置。

底层租佃市场中流动的土地使用权在周转速度其实也不快。不过，不同地区的使用权性质不同，所以在流转速度上也有很大的差异。这一部分，前一章有所涉及，相当多的分析还要在后面继续进行。

田地也不能说过分集中或兼并严重。而且从经济的长期发展来看，

---

① 高王凌：《租佃关系新论——地主、农民和地租》，上海书店出版社，2005，第130页。

近世以来中国田地市场最大的问题也许不是兼并，而是很难容许大地产长期存在，即使是有政治背景的大地产也同样难以长期稳定存在，也就是说无法在大地产中容纳更多的资本。

至于族产，固然可以扩大到相当规模，但是其严密的规则，固然是限制其分散和瓦解的重要手段，也同样限制了其集中经营。族产的大规模是表现在所有权上，而不是表现在使用权和经营权上。

总之，中国近世以来的土地市场并不能说很公平，但也仍然是在市场规律引导下运行，能够在相当程度上起到优化资源配置的作用。如果说近世中国社会中存在大量的不公平现象，那也不能说是租佃关系造成的。土地租佃制度，相对社会公平而言，其实既不是原因，也不是结果。相反，是对社会公平的一种弥补。

第二节　国家收入压力下的赋税制度与土地制度变迁

上一部分已经探讨了中国近世以来土地配置市场化的发展状况，现在我们换一个角度，从政府收入的角度出发，探讨土地产权关系的结构和变迁。

中国近世社会中土地市场的发展并不是孤立进行，而是跟中国整体经济发展和人地关系变迁有关。

> 帕金斯……估计，1400 年至 1957 年中国人口增长十倍，而耕地面积增加了四倍以上。但仅有耕地面积的增加并不足以满足粮食的消费，在增加的粮食产量中只有大约一半是来自耕地面积的增加，其余应归因于单位土地粮食产量增长了 100%。[1]

但是考虑到新增土地中大多数属边疆地区的劣质土地和内地的边际土地，原来的土地平均产量的提高应该不只一倍，而是可能提高了更多。产量的提高既是整体经济发展的结果，也促进了整体经济的变化。

---

[1]　〔美〕王业键：《清代田赋制度刍论（1750—1911）》，高风等译，人民出版社，2008，第 8 页。

所以我们可以判断：整体经济发展和人地关系是一组相互作用、共同发展的关系，或者套用傅衣凌先生的说法，是一对"抱合"在一起的关系，"鸡生蛋，蛋生鸡"，只知道彼此之间互相促进，却无法判断孰先孰后。

国家整体经济状况和人地关系同时构成国家赋税的基础，国家赋税基础发生变化了，国家赋税制度就会跟着变化，同时也导致土地所有权性质的调整，演化出上一部分所分析的中国近世以来土地市场的特性。

为了说明问题，本书下面将从资源配置的角度简要回顾一下中国的田赋变迁史。本书讨论的是近世以来的土地制度发展，但是为了说明问题，在讨论田赋变迁的时候，不得不从唐代及以前开始。

一　国家赋税制度的变迁

种种史料和研究都表明：唐代中叶以前，国家主要收入来自人丁。[①]西汉初年，田税定为十五税一，后来又进一步减少为三十税一。当时的土地很便宜，[②] 而更赋却能达到 2000 钱（一年，或者每月三百钱）之高。汉初分封功臣，其赏赐的标准也不是田地多少，而正是户数多少。可见，土地太多，而不值得珍贵，财富的主要来源正是劳动力。

（一）唐代租庸调向两税法的发展

及至两晋，"……田税为轻，户税口税为重，曩曾专条论述。自此至于隋时，依然仍重户口，唐初仍为沿袭。故开国之初，即括户口，又有黄中丁老之令，又有以口为率之事，固皆重视户口之反映也"[③]。

唐代初年亦不例外，

> 《通鉴》卷一九九永徽三年（六五二年）七月："上问户部尚书高履行，去年进户多少？履行言：去年进户十五万。因询隋代及今户？履行对曰，隋开皇中户八百七十万，即今户三百八十万。"登原案：唐初设置户口籍帐，非但起时甚早，抑亦郑重张皇。以视明世

① 〔美〕赵冈：《中国传统农村的地权分配》，新星出版社，2006，第 13 页。
② 居延汉简显示汉代土地的价值很低。"田五项五万，田五十亩支五千"等，见贺昌群《汉唐间封建土地所有制形式研究》，上海人民出版社，1964，第 147 页。
③ 陈登原：《地赋丛钞》，中国财政经济出版社，1987，第 130 页。

之于黄册，十年一造，殆有过无不及。永徽三年上距武德均田已三十年。帝皇但问户口多少，未问垦田若干，尤见户口关系国计。①

《困学纪闻》引用刘恕的话说：

> "至唐，承平日久，丁口滋众，官无闲田，不复给授，故田制为空文。……"武后时，"时十道使括天下亡户，初不立籍，人畏搜括，即流入比县旁州，更相庾蔽。……"②"时户口逋荡，细弱下户为豪力所兼。杰为设科条区处，检防亡匿，复业者十七八。"③

可见，早在唐代前期，对民间的授田就是不能保证的，但是征之于人的赋税却不可减免。随着时间的推移，人口的增长，民间得不到土地分配的情况日益普遍，与此同时，国家的索取却日益严重。导致的结果是，早在武则天时期，政府控制下的人口就开始大量流亡了。这些导致了租庸调法的破坏，而不能简单归于"安史之乱"。

到了唐代后期，"富人多丁者，以宦、学、释、老得免，贫人无所入则丁存。故课免于上，而赋增于下。是以天下残瘁，荡为浮人，分居地著者百不四五"④。租庸调制之不能继续，也就非常明显了。

陆贽《论两税之弊须有厘革》：

> "至如赋役旧法，乃是圣祖典章，行之百年，人以为便。兵兴之后，供亿不恒，乘急诛求，渐隳经制，此所谓时之弊，非法弊也。""是以先王之制赋入也，必以丁夫为本，无求于力分之外，无贷于力分之内。故不以务穑增其税，不以辍稼减其租，则播种多；不以殖产厚其征，不以流寓免其调，则地著固；不以饬励重其役，不以窳

---

① 陈登原：《地赋丛钞》，中国财政经济出版社，1987，第133页。
② （宋）欧阳修、（宋）宋祁撰，陈焕良、文华点校《新唐书》第三册，岳麓书社，1997，第2714页。
③ （宋）欧阳修、（宋）宋祁撰，陈焕良、文华点校《新唐书》第三册，岳麓书社，1997，第2758页。
④ （宋）欧阳修、（宋）宋祁撰，陈焕良、文华点校《新唐书》第三册，岳麓书社，1997，第2930页。

急蠲其庸，则功力勤。如是，然后能使人安其居，尽其力，相观而化，时靡遁心。虽有惰游不率之人，亦已惩矣。两税之立，则异于斯。唯以资产为宗，不以丁身为本。"①

这段话其实说明两个问题：

租庸调之所以实行不下去，是因为"兵兴之后，供亿不恒，乘急诛求，渐隳经制，此所谓时之弊，非法弊也"。租庸调法作为一种制度，本身并没有什么问题，但是国家对田地的授受不能及时准确，民众常常得不到田地。如果国家能够节省开支，减少对民间的诛求，加强对租庸调及授田的管理，也许还能够支撑更长的时间。但是国家在兵兴之后，对财政收入提出了更高的要求，而人地关系也发生了根本变化，这是租庸调法所承担不了的，使得租庸调必须要让位于"两税法"。

"两税法"的核心是"唯以资产为宗"。理论上，越是富裕、资产雄厚的人，越是有能力承担更多的赋税，也应该承担更多的赋税。

按照这种发展趋势，"但论贫富，势必着重较难隐蔽之土地"②。富人拥有的资产有很多种，其中土地是最难隐蔽的。所以针对土地征税，成本最低。

宋代以前的中国，天下丧乱之后人口锐减。新的王朝建立之后，虽然也有大量兼并的存在，但是荒地仍然很多。而且丧乱之后，最重要的资产不是土地，而是人口。所以兼并的欲望不如后来那么强烈，或者说兼并的主要对象是人，而非土地。

在大量荒地存在的条件下，人口的聚居往往也是不平均的。有些地方人口保存得还很好，有些地方却已经户口荡尽了，这时候尽快恢复生产是社会一切阶层共同追求的目标。为了尽快恢复生产，大土地的兼并者往往也会招诱流亡，但是最有效的手段却无过于政府利用行政力量直接安置人口和分配土地。

随着人口的增长，经济不断恢复，土地的价值也在不断提高，而且随着人口的增长，对土地的争夺也日趋激烈。

---

① （唐）陆贽：《陆贽集》下，中华书局，2004，第720～722页。
② 陈登原：《地赋丛钞》，中国财政经济出版社，1987，第172页。

熟地一般是不会随便分配的，而荒地又越来越少。荒地不但越来越少，而且日益落入贵族官僚地主手中，实际上政府已经不可能再利用行政力量重新分配土地。退一万步说，这时候即使政府真的强行利用行政力量去重新分配土地，也是社会经济不可能接受的，因为政府所分配的土地，其效率真的不如市场配置的效率高。

《文献通考》卷三说："必欲复租庸调之法，则当先复口分世业之制，均天下之田，使贫富等而后可。若不能均田，则两税乃不可易之法矣。"[1]

社会矛盾日益尖锐之下，出路无非是有两条：一条还是天下大乱，人口再次荡尽，荒地所在皆有，然后政府再重新分配土地。这可以称为消灭问题，却不能称为解决问题。另一条出路就是尊重现实，承认市场配置土地，国家转变赋税征收办法。

（二）宋代中国土地制度的革命性变化

事实证明宋代的中国走了后一条的道路，也就是国家从直接配置土地资源的角色后退，承认通过市场配置土地，从而也走出经济发展和人口的低水平陷阱与循环，实现了人口和经济的跃升。

宋代长期处于北方和西北军事压力之下，国家军事开支很大，国家获得收入的手段很多，民间承受的负担很重。这种压力不仅压在田地之上，也同时压在人丁之上。而且压在不同性质土地之上的负担很不平均，这种不平均加剧了土地的兼并。

《宋史·王安石传》载："令民依家资高下，各令出钱，雇人充役。"这种法令其实就是照顾到社会贫富不均的现实，按贫富征税，同时通过劳动力市场来使用民力，而不是如前世那样简单征调。

吕大钧《民议》说："为国之计莫急于保民。保民之要在于存恤主户。今访闻主户之田少者，往往尽卖其田以依有力之家。有力之家既利其田，又得其力而臣仆之。若是，则主户益耗，客户益多。客户虽多而转徙不定，终不为官府之用。"[2] 与"两税法"的财政模式相适应，在社会基层，地主和佃户的对立开始大量出现。对政府而言，只有拥有土地

---

① （元）马端临撰《文献通考》，中华书局，1986，第48页。
② （宋）吕大钧：《民议》，载（宋）吕祖谦编《宋文鉴》卷一〇六，齐治平点校，中华书局，1992，第1478页。

的主户（地主）才是国家可以直接征税的对象，而脱离了与土地直接联系的客户（佃户）则变得与政府没有什么直接联系了。

一方面是国家财政压力很大，对民间的诛求日甚。一方面是负担很不平均。《建炎以来系年要录》卷一三五绍兴十年，"淮西宣抚使张俊乞免其家岁输和买绢"①。《建炎以来系年要录》卷一四八绍兴十三年，"韩世忠请以其家私产，及上所赐田，统计从来未输之税，并归之官。从之，仍赐诏奖谕。"②《建炎以来系年要录》卷一八一绍兴二十九年三月，"大理寺评事赵善养言：'比年以来，形势之户，收置田亩，连亘阡陌，其为害甚者，无如差役。今官户田多，差役并免，其所差役，无非物力低小贫下之民。州县稍不加恤，求其安裕乐业，不可望也。望命有司立限田之制，以抑豪强无厌之欲。'"③

为了顺应民间要求，扩大社会赋税承担能力以减轻对社会经济的破坏和冲击，政府进行了不断的改革和调整。

《元史·白景亮传》：

> 先是，为郡者于民间徭役，不尽校田亩以为则，吏得并缘高下其手，富民或犹有余力，而贫弱不能胜者，多至破产失业。景亮深知其弊，乃始核验田亩以均之，役之轻重，一视田之多寡，大小家各使得宜，咸便安之。④

这就是将徭役与田亩数联系起来负担，而不是与人丁联系。

（三）明代：从税赋分流走向"一条鞭"

明代初步实现了赋税全部由土地直接负担，当然这经过了一个比较漫长的过程。

明代之前，国家重视户口人丁，对土地数量则从来没有详细调查过，

---

① （宋）李心传编撰《建炎以来系言要录》卷135，胡坤点校，中华书局，2013，第六册，第2516页。
② （宋）李心传编撰《建炎以来系言要录》卷148，胡坤点校，中华书局，2013，第六册，第2791页。
③ （宋）李心传编撰《建炎以来系言要录》卷148，胡坤点校，中华书局，2013，第七册，第3482页。
④ （明）宋濂等撰《元史》卷192，中华书局，1976，第4370页

这种情况到明代开始变化。

《明史·食货志·志五十三》：

> 洪武二十年命国子生武淳等分行州县，随粮定区。区设粮长四人，量度田亩方圆，次以字号，悉书主名及田之丈尺，编类为册，状如鱼鳞，号曰鱼鳞图册。先是，诏天下编黄册，以户为主，详具旧管、新收、开除、实在之数为四柱式。而鱼鳞图册以土田为主，诸原坂、坟衍、下隰、沃瘠、沙卤之别毕具。鱼鳞册为经，土田之讼质焉。黄册为纬，赋役之法定焉。凡质卖田土，备书税粮科则，官为籍记之，毋令产去税存以为民害。①

明沈文纂《圣君初政记》（稗乘本）载：

> 洪武十三年，户部核实天下土田。惟两浙富民畏避徭役，往往以田产诡托亲邻、佃仆，谓之"贴脚诡"（按，亦有写作"铁脚诡"者）；久之，相沿成风，奸弊百出，谓之"通天诡"。上闻之，遣国子生武淳等往各处查定细底，编类为册，其法甚备，谓之"鱼鳞图册"。
>
> 洪武二十年（1387）二月戊子，浙江布政使司及直隶苏州等府县进鱼鳞图册。先是，上命户部核实天下土田，而两浙富民畏避徭役，往往以田产诡托亲邻佃仆，谓之"铁脚诡寄"；久之，相习成风，乡里欺州县，州县欺府，奸弊百出，名为"通天诡寄"。于是富者愈富，而贫者愈贫。上闻之，遣国子生武淳等往各处，随其税粮多寡，定为几区，每区设粮长四人，使集里甲耆民，躬履田亩以量度之，图其田之方圆，次书其字号，悉书主名，及田之丈尺、四至，编汇为册。其法甚备。以图所绘，状若鱼鳞然，故号鱼鳞图册。②

这是中国有史以来第一次大规模详细调查全国耕地面积，之前进行的全国性土地调查都是相当不准确的。鱼鳞图册的制定，为"一条鞭

① （清）张廷玉等撰《明史》卷七七，中华书局，1974，第1881~1882页。
② 《明太祖实录》卷一八〇，洪武二十年二月戊子，中研院历史语言研究所校勘，国立北平图书馆红格钞本影印本，1962，第2727~2728页。

法"和以后的"摊丁入亩"的实施创造了必要的有利条件。

《明史·食货志·志七十八》：

> 役法定于洪武元年。田一顷出丁夫一人，不及顷者以他田足之，名曰均工夫。……田多丁少者，以佃人充夫，而田主出米一石资其用。非佃人而计亩出夫者，亩资米二升五合。迨造黄册成，以一百十户为一里，里分十甲曰里甲。以上、中、下户为三等，五岁均役，十岁一更造。一岁中诸色杂目应役者，编第均之，银、力从所便，曰均徭。他杂役，曰杂泛。凡祗应、禁子、弓兵，悉金市民，毋役粮户。……后法稍弛，编徭役里甲者，以户为断，放大户而勾单小。于是议者言，均徭之法，按册籍丁粮，以资产为宗，核人户上下，以蓄藏得实也。稽册籍，则富商大贾免役，而土著困，核人户，则官吏里胥轻重其手而小民益穷蹙。……然专论丁粮，庶几古人租庸调之意。[①]

但是与此同时，《太祖实录》洪武十年（1377）正月，"谕中书省，自今以后，百司见任官员之家，有田土者输税租外，悉免其徭役。著为令"。这个口子当时来看很小，却为官员之家开了土地兼并之门。

后世徭役日重，单靠平民已经无法负担得起了，不得不让缙绅地主来负担一部分。《明史·欧阳铎传》记载，欧阳铎为正德三年（1508）进士，"调福州，议均徭曰：'郡多士大夫，其士大夫又多田产。民有产者无几耳，而徭则尽责之民。请分民半役。'"[②]

不仅如此，皇族地主的土地也要承担一定的差役。"嘉靖四十三年令，河南各王府郡王而下，但有置买民田，即将佃户的名编入册籍。凡正杂差役，俱要与平民一体派编。民间有愿将田地卖与宗室者，先将田粮数目报官，违者以投献论"[③]。其实也就是把土地的所有权和对国家承担的赋税分开处理，土地的所有权可以自由流动，但是承担的国家赋税不能减少。

---

① （清）张廷玉等撰《明史》卷七八，中华书局，1974，第 1904~1905 页。
② （清）张廷玉等撰《明史》卷二百三，中华书局，1974，第 5363 页。
③ 李国祥、杨昶：《明实录类纂·宗藩贵戚卷》，武汉出版社，1995，第 614~615 页。

发展到后面，顺理成章就产生了"一条鞭法"。《明史·食货志》：

> 一条鞭法者，总括一州县之赋役，量地计丁，丁粮毕输于官。一岁之役，官为佥募。力差，则计其工食之费，量为增减，银差，则计其交纳之费，加以增耗。凡额办、派办、京库岁需与存留、供亿诸费，以及土贡方物，悉并为一条，皆计亩征银，折办于官，故谓之"一条鞭"。立法颇为简便。嘉靖间，数行数止，至万历九年乃尽行之。[①]

《天下郡国利病书》（卷二一引《松江府志》），往时夏税秋粮，及丁银、兵银、役银，种种名色不一。或分时而征，或分额而征，上不胜其头绪之碎烦，下不胜其追呼之杂沓。自嘉靖四十年，侍御庞公尚鹏按浙改作一条鞭法，最称简便直捷。

任源祥《条鞭议》（见《清经世文编》卷二九）：

> 明之条鞭，盖犹唐之两税。两税之行也，天下有不得不两税之势；议者或咎其轻于变古，然当时未有能更两税而善其法者。条鞭之行也，天下有不得不条鞭之势，江陵（张居正）不过因其势而行之。议者或议其奉行之不谨，名实之未孚，卒未有能舍条鞭而善其法者。自古赋出于地，役出于丁。明初编审税粮，则以地为经，以人为纬；编审差徭，则以人为经，以地为纬。但力差银差有数，杂泛之差无数。中叶以后，里胥得以上下其手，里长率至破家。隆庆中，江西巡抚奏行一条鞭法。合算力差银差杂泛之差之数，并入田亩折征。头绪不烦，征输两便，此条鞭法之所由始也。万历之初，江陵当国，深知天下差役之苦，非独江西为然，遂通行之于天下。是以两税行而租庸调合并，条鞭行而税粮银力杂差并征，其义一也。

一条鞭制度，类似于宋朝的免役法。但宋时在征收免役钱的时候，国家的财政税收还没有完全折算到田地当中。一条鞭制度也类似于唐代

---

① （清）顾炎武撰《天下郡国利病书》原编第6册《苏松》，见续修四库全书编纂委员会编《续修四库全书》史部595，"查一条鞭法之故条"，上海古籍出版社，2003，第 732～733 页。

的两税法。但唐代两税立法的表面标准，还是以一家一户的资产作为标准，没有完全以拥有田地数量作为标准。实践证明从降低社会交易成本和政府征税成本的角度来看，与其按照一家一户的财产或按照人头，都不如只是根据田地的数量派征赋税。一是因为在近世中国社会，土地数量是一家一户和社会财产总额的最重要部分。二是因为按田地征税有累进税的内涵。按照田地数量征税，"所困者犹富人也"。① 而富人的承担能力是比较强的。同时，在近世中国社会，资本的回报也比较高，而富人拥有更多的资本，可以获得更好的资本回报，以补偿其征税损失。而土地正是富人资产增殖体系的核心部分。所以综合分析，"一条鞭"法除了上面所说的作用之外，还有利用税收杠杆抑制土地兼并，节约土地，提高土地生产力，促进土地适度规模经营的和保证基层人民生活的众多作用。

明代"一条鞭"法在实施中出现的最大问题是在一条鞭的折算体系原本已经包含了力役，但是在以后的执行当中佥派农民依然不能免除，这就构成了税外加税，造成了农民和基层农村社会的沉重负担。"……嘉隆后，行一条鞭法，通计一省丁粮，均派一省徭役，与两税合一。小民得无扰，而事亦易集。然粮长里长名罢实存，诸役卒发，复佥农民。条鞭法行十余年，规制尽紊，不能尽遵也。……崇祯二年，河南巡抚范景文言，民所患苦，莫如差役。"②

（四）清代"摊丁入亩"

清代在明代"一条鞭法"的基础上，经过多年的摸索，基本上实现了国家"地丁合一"。

对丁口的控制，清代刚入关时控制极严，类似于原来在关外的做法。顺治元年定制："民差按田均派，与排门册对验。"③ "故明旧制，各直省人丁，或三年或五年查明造册，谓之编审。每届十年将现在丁地汇造成册进呈。"④

---

① 《通考》评两税法语，转引自陈登原《地赋丛钞》，中国财政经济出版社，1987，第337页。
② （清）张廷玉等：《明史·食货志二》卷七八，中华书局，1974，第1905～1906页。
③ 清《皇朝通典》卷七，见《文渊阁四库丛书》影印版第642册，台湾商务印书馆发行，1982，第81页。
④ 《清世祖实录》卷八七，顺治十一年十一月丙辰，中华书局，1985年影印本。

这种情况到康熙末年发生一些变化。康熙五十一年（1712）二月上谕：

> 朕览各省督抚所奏编审人丁数目，并未将加增之数尽行开报。今海宇承平日久，户口日增，若按现在人丁之数征收钱粮，实有未可。人丁虽增，地亩并未加广。①

康熙五十一年四月上谕：

> 海宇承平日久，户口日繁，地亩并未加广。宜施旷大之恩，共享恬熙之乐。嗣后编审增益人丁，止将滋生实数奏闻。其征收办粮，但据五十年丁册，定为常额，续生人丁，永不加赋。②
>
> 所谓摊丁入地即是地丁合一。自康熙五十五年首次行于广东，至于雍正时代各省又有踵行。俞氏所谓雍正五年"通行"，当亦但就大体言之。《石渠余纪》卷三谓地丁合一始于康熙五十五年议准广东摊丁入地，终于乾隆二十二年（一七五七年）议准贵州摊丁入地，盖亦自其大体通行而言。观道光间之山西、光绪间之吉林，尚有摊丁入地之事，可知此制完成，自亦更互岁月者也。③

对清代的"摊丁入地"，前人总结不少。"昔人以田限田，田多者不能骤减，而欲分富民之田以与贫民，则又拂于人情而不可行。若今日，以役限田耳。以役限田，不禁人之有田也，而田多者苦于奔命之不暇，势不能以多占。"④

清人盛枫评价说：

> 以一县之丁课均之田税之中，常不及五厘以上。农夫一亩之所

---

① 《清圣祖实录》卷二四九，康熙五十一年二月壬午，中华书局，1985 年影印本。
② 嘉庆《大清会典事例》卷一三三《户部·户口编审》，沈云龙主编《近代中国史料丛刊三编》0642-660，文海出版社，1992，第 5945 页。
③ 转载于陈登原《地赋丛钞》，中国财政经济出版社，1987，第 386 页。
④ 储方庆：《田役说》，载贺长龄《清经世文编》卷三三。载沈云龙主编《中国近代史料丛刊》第七十四辑，台湾文海出版有限公司，1966，第 1185~1186 页。

获，通丰歉而权之，富民所入恒不下于一石。即于税外稍为溢额不为大病；而使贫民尽免一切供输，岂非穷通变久之道耶？或曰，果尔，古人胡不为此？曰：晋时计丁，户调并行，以有限田之法，天下无无田之人。以丁耕田，即以田之所入输调，以故两不相左。今鼎建以来五十余年，自西蜀外户口皆有增无损。此时贫民，唯恐不得富人之田而耕之。故豪家之田不患无什五之税，而贫民丁课并不能办当时户调廿分之一。善变法者不若并丁之名而去之。条目归一，人既易知而事不烦。若仍立丁名，则富人意中若代贫人代偿丁课者，故曰去之善也。三代已下无养民之权，而徒有取民之事。既已取于民矣，不取于富而取于贫，此亦经世者所当熟审者也。①

雍正初，有谓丁粮归地，便于无地之丁，不便于有田之家。人龙议驳之白，有田之户尚以输纳为艰，岂无田者反为容易？君子当平其政，焉得人人而悦之？今所不便，不过缙绅大户；而大悦者，则无告之小民。富民之数常少矣。贫人之数常多矣，不当以此而易彼也。议上，事乃定。②

从阶级斗争的角度来说，这是照顾无地少地穷民的利益，而把国家税收主要施加在富民身上。

但是从另一角度来说，这是允许富人多占田地，而令富人代行征收之责。富人代国家收税，比国家直接收税成本低得多，而效率高得多。——而这实际上又反映了国家对土地的最高所有者地位。

最重要的是：这种做法促进了资源的优化配置，让土地和生产能力更好地配合，同时，也让相应的土地承担相应的税责。所以"摊丁入地"不仅仅是个财政手段问题，也是个社会问题和经济结构调整问题。

"盖天下有贫丁，无贫地。"③ 土地都是能够有所出产的，而贫民却可能穷困已极，难以维生，再让贫丁承担国家负担，是不可能的。万一

---

① 《江北均田说》，见陆耀《切问斋文钞》卷一五。转引自陈登原《地赋丛钞》，中国财政经济出版社，1987，第388页。
② 赵尔巽等撰《清史稿》卷四七七《循吏传·周人龙传》，中华书局，1977，第13015页。
③ （清）李绂：《畿辅通志卷三十·户口志序》，见文渊阁《四部丛书·史部·地理类》，电子版，转引自郑天挺主编《明清史资料》（下册），天津人民出版社，1981，第202页。

国家想要这样做，那么贫民除了流亡并投靠依附官僚豪强之外，别无生路。这样的话中国的历史就将走向另一条发展轨道。

这句话如果从经济角度理解，就是指国家控制范围内的田地都已经得到比较良好的耕作，在承担国家赋税之外，还能够获得比较好的生产盈余。至于所谓的边际土地，国家宁愿放弃对其征收赋税，因为征税成本可能会大于收益。

> 谨案天下以户口为重……言版籍者议论纷然。自丁归于地，而赋额不亏，吏民不扰。熙暤之盛，皆康熙五十年圣恩之所留。[1]
>
> 唐杨炎并租庸调以为两税，而丁口之庸钱并入焉。明嘉靖后行一条鞭法，均徭里甲与两税为一。丁随地起，非权与于今日……我朝丁徭素薄，自康熙五十年定丁额后，滋生者皆无赋之丁。……可以无额外之多取，而催科易集。其派丁多者，必其田多者也；其派丁少者，亦必有田者也。保甲无减匿，里户不逃亡，贫穷免敲扑，一举而数善备焉。所不便者，独家只数丁而田连阡陌者耳。[2]

（五）田赋改革与生产要素配置

总而言之，两税法以前，中国大体上是地多人少，人口常不足，所以国家重视人口。名义上，国家掌握人口之后，要分配给他们一定的土地，同时要求其承担相应的负担。当然，随着经济的发展和人口的增长，土地不但常常不足，而且有限的土地常常被贵族和官僚占有，实际上分配给税赋压迫下的人口的耕地往往不够，甚至常常分不到。

如果分配给人民的土地数量减少到不足以承担负担的时候，人民就只有逃离土地和政府的户口掌握，转而依附官僚贵族及豪强以进行生产生存。这时候，国家掌握的土地或者被官僚贵族及豪强地主占据，或者干脆就是荒废，无法耕作。如果社会经济基础发生了变化，那么上层政治建筑也会发生相应改变。这种情况自唐代后期开始发生变化，国家赋

---

[1]　（清）俞正燮：《地丁原始》，《癸巳类稿》卷一二，清道光刻本，瀚堂典藏数据库。

[2]　（清）王庆云：《石渠余纪》卷三，沈云龙主编《近代中国史料丛刊》075，文海出版社，1966，第255～256页。

税征收的对象由人丁为主转向资产为主，最后到清代转向以资产中最不容易隐藏的田地为主。

近年来种种调查和研究成果表明，直到民国时期，田赋和田赋附加还是按亩分摊的。

这种政策有三个优点。

一是征收成本比较低。因为人口容易逃亡，而土地不会消失。由于人口密度比较大，只要土地不消失，总是有人愿意去耕作，就总是多少会有产出。而且清代"摊丁入亩"和"税从租出"、承认土地私有，实际上相当于让地主阶层免费充当国家的收税员和稽查员。

二是负担比较平均。税收直接出自地主，而地主阶层相对比较富裕，对各种意外的征索也有比较强的承受能力，国家如果有临时性的开支增加也不会立刻导致社会基层的动荡不安。至少国家增加的税收不会完全压在处于社会底层的贫民身上。

三是限制了国家的征收。这主要是考虑地主阶层与国家集体议价的能力比较强。[1] 因为如果国家的财政负担导致土地上的剩余价值完全被消耗，土地的价格就会归零。然而从清代直到民国，民间土地所有权之所以能够保持，而且总体来说价格还在上升，无非是因为国家的赋税还没有完全吞掉土地的利润和净剩余而已。

这种情况的另一面就是：民国时期，特别是北洋军阀统治时期，全国田地价格的普遍上涨，证明了军阀对田地赋税的征收虽然比较重，军阀混战对社会经济生活的冲击很大，赋税的负担也常常突然且不平均，但普遍还是在可以承受的范围之内，并没有如一般记录所描述的那么苛重。这也证明了上述制度的优越性。

二　国家收入不能减少

国家一切经济财政制度改革的核心是其收入的维持与增长。《大学》说，"有人斯有土，有土斯有财，有财斯有用"，拥有土地的目的是为了获得财富，获得财富的目的是为了维持开支。如果国家在放松对土地控

---

① 〔美〕白凯：《长江下游地区的地租、赋税与农民的反抗斗争（1840—1950）》（上海书店出版社，2005）一书对国家、地主、佃农三方之间的博弈关系论之甚详。

制的同时能够保证更高更稳定的收入，那是政府乐于看到的。所以对政府而言，对土地的放松或者收紧并不重要，土地的所有权归属也不重要，最重要的是收入的增长。

李心传《建炎以来朝野杂记》甲集卷一五：

> 唐之庸钱，杨炎已均入二税，而后世差役复不免焉，是力役之征，既取其二也。本朝王安石令民输钱以免役，而绍兴以后，所谓耆户长、保正雇钱，复不给（免）焉，是取其三也。合丁钱而论之，力役之征，盖取其四矣。而一有边事，则免夫之令又不得免焉，是取其五也。孟子曰：有布缕之征，有粟米之征，有力役之征，用其一，缓其二。用其二，而有殍。用其三，而父子离。今布缕之征，有折税，有和预买；川路有激赏，而东南有丁绢，是布缕之征，三也。粟米之征，有税米，有义仓，有和籴，而斗面加耗之输不与焉。是粟米之征亦三也。通力役而计之，盖用其十矣，民安将不困乎。①

这种情况在后来还发生过几次，以至于明朝的黄宗羲把它总结为"积累莫返之害"。他说：

> 唐初立租庸调之法，有田则有租，有户则有调，有身则有庸。租出谷，庸出绢，调出缯纩布麻，……杨炎变为两税，人无丁中，以贫富为差。虽租庸调之名浑然不见，其实并庸调而入于租也。相传至宋，未尝减庸调于租内，而复敛丁身钱米。后世安之，谓两税，租也；丁身，庸调也。岂知其为重出之赋乎？使庸、调之名不去，何至是耶！故杨炎之利于一时者少，而害于后世者大矣。有明两税，丁口而外有力差，有银差，盖十年而一值。嘉靖末行一条鞭法，通府州县十岁中，夏税、秋粮、存留、起运之额，均徭、里甲、土贡、雇募、加银之例，一条总征之。使一年而出者分为十年，及至所值之年一如余年，是银力二差又并入于两税也。未几而里甲之值年者，杂役仍复纷然。其后又安之，谓条鞭，两税也，杂役，值年之差也。

---

① （宋）李心传编《建炎以来朝野杂记》，中华书局，1985，第215～216页。

岂知其为重也之差乎？使银差、力差之名不去，何至是耶！故条鞭之利于一时者少，而害于后世者大矣。万历间，旧饷五百万，其末年加新饷九百万，崇祯间又增练饷七百三十万，倪元璐为户部，合三饷为一，是新饷练饷又并入于两税也。至今日以为两税固然，岂知其所以亡天下者之在斯乎？使练饷、新饷之名不改，或者顾名而思义，未可知也。……嗟乎！税额之积累至此，民之得有其生者亦无几矣。[①]

秦晖教授文中引用史家总结的公式来表述黄宗羲定律，即

$$bn = a + nx \qquad\qquad (3-7)$$

式 3-7 中 bn 为经过 n 次改制之后的新税额，a 为原始税额，x 为摊派，n 为改制次数。[②]

经过历次并税制改革，国家的赋税总额是提高了，但是人民负担却可能会相对减轻。这一方面是因为减少了中饱私囊的缘故；另一方面，也是由于人口的增加，人均负担额减轻。

而且改革并不是简单地把赋税总额加上去，在赋税总额增加的过程中有结构的变化。事实上，这也就是承认社会贫富分化和土地占有的不平衡，并按照贫富程度相应征税。而征税的结果就相当于承认民间对土地的私有权。

所以唐代初期及之前，国家赋税负担主要由平民承担，而到清代"摊丁入亩"之后，赋税则主要由地主来承担了。当然，有人也许会认为这些财富实际是由佃农这些没有土地的人创造的，但是地租率的高低并不取决于国家赋税的征收方式，而是取决于土地的紧张程度。事实上，没有任何证据表明"一条鞭法"和"摊丁入地"提高了地租率。"见税十五""收泰半之税"是自秦汉时代就存在的，并没有因历代并税制改革把负担转向土地而发生改变。而且高王凌、方行等人的研究成果表明，似乎清代以来，地租率还有下降的趋势。因此，明清田赋制度的改革并

---

① （明）黄宗羲：《明夷待访录译注》，李伟译注，岳麓书社，2008，第 109～110 页。

② 秦晖：《并税式改革与"黄宗羲定律"》，《农村合作经济经营管理》2002 年第 3 期，第 7 页。

未加重自耕农和佃农的负担，这是可以从逻辑和现实两方面确认的。

一般研究者都承认赋税，特别是差役在分配上是相当不平均的。但是又认为这些不纳赋税的人是地主，承担赋税的人是小民。如果这种解释是正确的，那么明清社会在当时应该出现"马太效应"，即贫者愈贫，富者愈富，然而实际情况却是"富者贫、贫者逃，逃者死"，扩张兼并不但没有增加，反而陷于停止，可见一般官绅地主也不能逃避种种赋税。

"往昔田粮未均，一条鞭未行之时，有力差一事，往往破人之家，人皆以田为大累，故富室不肯买田，以致田地荒芜，人民逃窜。"推行一条鞭法以后，"从此役无偏累""城中富室始肯买田，乡间贫民始不肯轻弃其田矣"。① 这样的记载很多，可见力差之下，即使是官僚富人也难以避免。

所以利用国家征收过程中漏洞的人可能很多，但是真正能够豁免赋税的，始终只是极少数人而已。国家差役负担绝对不是按照阶级来分配的，绝对不可能只是压在贫民身上，而官绅地主都能够逃避的。

根据我们前面的分析，明代"田连阡陌，受请寄，避徭役"的的确主要是士大夫，而不是地主。即使对这些士大夫而言，官场之间的倾轧和竞争，不仅迫使其在购买土地的时候，要按照比较公平的市场价格进行购买，而且导致其购买的土地和富贵也很难长期保持。

历代并税制改革的主要功能其实并不是减少国家的收入，而是大大简化了征税的手续，所以减轻了民间的负担。

一个国家的税收征收，必定会对社会造成巨大的负担，这些负担又分为四层。

第一层：国家征收的正税。这些收入进入国库，承担国家的正常开支，维持政府的基本运行。

第二层：正税＋附加。除了维持国家正常开支和基本运行之外，还要维持地方政府的一些开支和运行。

第三层：民间在征税中实际交纳的部分，等于正税＋附加＋其他支出。这里的其他支出一般都是指被官吏中饱的部分。

① （明）顾炎武：《顾炎武全集》第13册，顾宏义、严佐之、严文儒校点，上海古籍出版社，2012，第895页。

第四层：民间在交税中的实际承担的成本。即由于交纳赋税而给民间实际造成的损失。民间为了交纳赋税，就可能影响工作，担惊受怕，生产无法顺利进行。

"一条鞭"法实施后，民间负担的减轻来自如下方面。

①减轻征收成本。

②减轻税收征收过程中的监督成本。

③减少对民间正常生产生活的干扰。

④税赋的平均合理负担也减轻了社会成本。

民间往往会说"一税轻，二税重，三税四税无底洞"，征税成本往往高过正税数倍，对民间生产生活造成的干扰和破坏，其代价更是无法估量。通过并税制改革之后，第一层税收负担，即国家正税一般不会变化，第二层负担，即附加往往会增加。但是第三层和第四层的负担就会减少，也就是说大量的交易成本得到了消除，正常社会经济生活能够在相当大程度上得到恢复和维持。历代并税制改革总体上算是一个比较有效的帕累托改进。即使在屡次的这种并税制改革之后，国家的实际赋税收入还是在增加，其对人民造成的负担和对生产生活造成的冲击还是在减少的。在某种意义上，如上面所引述的大量材料表明的，当时人即分析认为：并税制改革并不仅是赋税改革，不仅反映了赋税的增加或减少，而且反映了国家基层经济结构和社会结构的变革。

总结起来，我们可以这样认为：国家赋税不能减少，但是赋税给民间造成的负担和破坏却是可以减少的，对正常生产生活造成的负面影响是可以减少的。

三　直接控制转为间接控制

为了保证国家收入提高经济效率，国家对土地的控制由直接控制逐步转为间接控制。

宋代之前，为了保证生产及收入，政府常常亲自参加到土地的配置中去。

土地在国家手中按人，或者说按"丁"（劳动力）分配，理论上是可以做到"耕者有其田""无人不均匀，无人不饱暖"的，但是实际上根本不可能做到，也从来没有做到过。

"高祖既拥有庄园，太宗又延纳豪强。裴寂被赐土田至于千顷，隋时公卿民庶，其田宅并未没收，其生活又予以救济。所谓李唐皇朝'化家为国'之余，希望其从龙之徒财产更多，田园更广，自在情理之内，毫不足怪。所可怪者，反为武德七年均田令。乃如《唐书·食货志》所谓，'授人以口分世业之田'；又如《读通鉴论》卷二〇所谓'使田不折入于强豪'。盖依武德初年地主情况言之，必待'世业口分之制坏而为兼并'（《唐书·食货志》），其说自为无稽。"① 所以唐初所谓"均田制"能够得到实施的原因，无非是大乱之后，人烟稀少，土地很多，而不是"均田制"能够抑制兼并，其实兼并在唐朝一建立就已经开始了。

大部分情况下，名义上归国家所有的土地都是被贵族、官僚、豪强占据，只有剩余较少的土地才可能在国家手中分配。可以理解，这种土地的授受不可能及时有效。

《新唐书·杨玚传》："初，韦后表民二十二为丁限，及败，有司追趣其课，玚执不可，曰：'韦氏当国，擅擢士大夫，赦罪人，皆不改，奚独取已宽之人重敛其租？非所以保下之宜。'遂止不课。"②

如果按照均田令的规定，民间受田和承担国家义务是紧密联系的，提高丁限，固然减少了农民的负担，却也延迟了受田，对农民并没有什么明显的好处。之所以均田令被看作是"宽政"，只能解释为当时农民到年龄就要承担国家义务，却很难及时得到田地。

而且随着人口的增长，土地价值的提高，土地被非法侵占的情况就越严重，国家手中可分配的土地就越少。到最后往往是人民流离失所，生产遭到破坏，最后不得不大量依附于贵族、官僚和豪强。

《新唐书·李杰传》："（开元）时户口逋荡，细弱下户为豪力所兼。杰为设科条区处，检防亡匿，复业者十七八。"③ 开元时期号称唐代极盛时期，但是户口流亡、投靠豪门的情况其实就已经很严重了，即使没有"安史之乱"，这种强盛又能维持多久呢？

及至宋朝建立，所谓"田制不立，不抑兼并"，国家放弃了对土地的直接配置，而是转而通过土地市场来配置土地资源。如果说政府，或

---

①　陈登原：《地赋丛钞》，中国财政经济出版社，1987，第 144 页。
②　（宋）欧阳修、宋祁撰《新唐书》第十四册，中华书局，1975，第 4495 页。
③　（宋）欧阳修、宋祁撰《新唐书》第十四册，中华书局，1975，第 4461 页。

者说国家已经基本上放弃了对土地所有权的配置的话，那么对田地的使用权的配置就更进一步，可以说是几乎完全放弃了。

南宋末年贾似道大规模购买民间土地的行为，的确会对正常的土地市场交易造成破坏，不过政府一般极少有干预行为。从宋代到清代，政府对土地市场的大规模干预实际上也就只有两次：贾似道买田和清人入关的圈地。而且这两次都不是全国性的，因此不会从根本上干预土地市场的发展。

即使是清初圈占土地，名义上也是圈占荒地。王庆云《纪圈地》载，顺治元年（1644）谕户部："我朝定鼎燕京，期于久远。凡近京各州县无主荒地，尔部清理，分给东来诸王勋臣兵丁人等。并非利其土地，良以无处安置，故不得已而取之。可令满汉分居，各理疆界，以杜争端。"[1] 顺治元年十二月，顺天巡抚柳寅东奏："安置满州庄头，诚开创之弘规。第无主之地与有主之地犬牙相错，其势必与汉民杂处。非惟今日履亩甚艰，日后亦争端易生。臣等以为莫若先视州县大小，定用地多寡，使满洲自占一方；而后以察出无主之地与有主之地，互相兑换。务使满汉界限分明，疆理各别而后可。"[2]

中国政府往往掌握着大量官田，所以自己也常常参与到土地的交易中去，而这些交易往往也通过市场，并按照市场规则来买卖自己手中的土地。

政府也常常出卖手中的土地。南宋绍熙四年（1193），秀州出卖一片柴荡，官方估价每亩 700 文，但"贪民挟多资，志于必得，增亩钱三千三百一十有一"[3]。竞价的结果是地价增长 4 倍多。事实上，宋朝政府在出卖土地的时候常常是采取拍卖的方式以追逐最大回报的。

在这个例子中，政府出卖土地是通过拍卖的方式，最后敲定价格超出官方估价水平很多，也看不出官方介入土地买卖有破坏土地市场正常水平的迹象。官方对土地市场的介入可能会破坏正常交易，但也可能按

---

① （清）王庆云：《石渠余纪》卷四，载沈云龙主编《近代中国史料丛刊》第八辑 0075 册，台湾文海出版公司，1967，第 396 页。
② 《清世祖实录》卷一二，顺治元年十二月己未，中华书局，1985 年影印本。
③ （宋）尚朴：《府学承置柴荡记》，载《中国方志丛书》（华中地方第五六六号）。（元）徐硕《至元嘉禾志》卷一六，台北成文出版有限公司，1973，第 7489 页。

照市场规律进行，从而促进土地市场的发展。中国近世的情况，似乎多数都是属于后者。

而且近世中国，除了明代中前期之外，国有土地数量都不占土地市场上的主体地位，所以政府直接买卖土地对土地市场的影响更小。明代中叶之后，官田逐渐民有，与民田一样可以典当买卖。[1]"草场田地，佃户亦转相典卖，不异民田。"[2]

　　1887年清代的官方土地记录仍然记载，特别在华北和满洲，除了民田外，还存在着大量旗田、屯田和皇庄。这些都反映了早期满族统治者企图把适应满洲政治和社会结构的土地制度强加在被征服的中国的土地制度之上。实际上，到了十九世纪后期，除了田赋税率有差别外，早期的区别差不多已不复存在了。人口的增长、微薄的官俸以及土地私有这一中国基本制度的压倒一切的影响，这三者合起来的影响实际上几乎把各种各样土地使用的法定形式统一起来了。旗地与民田一样，也分成被汉族佃户耕种的分散的小块土地，它们通过种种花招而被自由地租赁、抵押或买卖。[3]

　　其民人久佃屯田，率经百十余年及数十余年不等，应仍令原人佃种，酌加余租，给军济运。[4]

对国家而言，土地的管理成本很高，民人久佃屯田，国家一般不愿意更换佃户，久而久之，佃户往往也就相应获得了对土地的使用权，乃至部分所有权。"久佃成业"的情况，不仅仅发生在民田中。

官田或者说国有土地的减少并不代表国家对该土地失去了控制，而是代表了国家对土地的控制方式发生改变。国家默认土地私有化，只要能够保证国家收入不减少甚至有所增加。即使是仍然控制在国家手中的土地，其经营方式也和私有土地相差无几，一样以租税收入为主，而不

① 傅衣凌：《明清封建土地所有制论纲》，中华书局，2007，第14页。
② （清）顾炎武：《日知录集释》卷十《苏松二府田赋之重》，黄汝成集释，栾保群、吕宗力校点，上海古籍出版社，2006，第605页。
③ 〔美〕费正清：《剑桥中国晚清史》（上卷），中国社会科学出版社，1985，第21页。
④ 《清高宗实录》卷五八五，乾隆二十四年四月己卯，中华书局，1986年影印本。

再依靠直接经营收入。

四 国家的土地最高所有者地位始终保持

在国家基本上退出对土地产权的直接控制和配置之后，关于中国传统社会土地所有权的性质是有过很多讨论的。

"中国不像近东、中东国家那样处于沙漠地带，国家的繁盛，固和水利灌溉有关，但作为封建社会的基础——封建土地所有制，却始终是私有制，而不是公有制或国有制。"[1] 这应该是当前中国学术界的一般性意见。

历代"占田令"和"均田法"，乃至后来的种种国家政令都是强调国家对土地（主要是荒地）的最高所有者地位的。

但是唐代"两税法"和宋代"田制不立，不抑兼并"之后，这种情况发生了很大的变化，国家的土地最高所有者地位似乎变得不是那么明显，民间在相当程度上获得了土地的产权。

> 《唐律》，上于高宋永徽四年（六五三年），上距武德均田二十九年。二十九年以前，身殁之后，口分田但需归官；二十九年以后，乃至需用笞刑限制买卖。此事大足费人玩味。盖身殁以后，地需归官，固然呈露官荒之本来面目。二十九年以后，荒地渐次变熟，则要求归还自为较难办到。私相买卖，其事或至难免。是以设为笞刑，限制较为从严。但如自狭促宽，则与国家垦辟之目的尚无背谬，所以准其买卖。至于死而无棺，居而无屋，则为防制流亡，所以不妨又准买卖。至于碾（磑）等物，本为生产工具，设如农民穷而至于并无生产工具，则与垦辟荒闲，究亦不甚相备所以不妨又准买卖。由此言之：从唐律之取缔买卖，参唐初之身殁还地，可征所谓永业口分之田，先前原是闲旷，当时或曾未能预测其有买卖行为于武德颁令之际者也。[2]

所以土地产权的私有化是符合经济规律和社会规律的，是一种国家

---

① 傅衣凌：《明清农村社会经济 明清社会经济变迁论》，中华书局，2007，第193页。
② 陈登原：《地赋丛钞》，中国财政经济出版社，1987，第158页。

政令难以阻碍的趋势。

《日知录》卷一〇《苏松二府田赋之重》：

> 汉武帝时，董仲舒言："或耕豪民之田，见税什五。"唐德宗时，陆贽言："今京畿之内，每田一亩，官税五升而私家收租有至一石者，是二十倍于官税也。……夫土地，王者之所有；耕稼，农夫之所为。而兼并之徒，居然受利。……"仲舒所言，则今之分租；贽所言，则今之包租也。然犹谓之"豪民"，谓之"兼并之徒"。宋以下则公然号为"田主"矣。①

土地产权的私有化在不知不觉中进行。

但是与此同时，国家对土地所拥有的最高所有者地位始终是保持的。宋太宗时期陈靖上书称：

> 如授以闲旷之田，广募游惰，诱之耕垦……丁口授田，烦碎之事，并取大司农裁决。……给授桑土，潜拟井田，营造室居，使立保伍。诏书累下，许民复业，蠲其租调，宽以岁时。然乡县扰之，每一户归业，则刺报所由。朝耕尺寸之田，暮入差徭之籍，追胥责问，继踵而来，虽蒙蠲其常租，实无补于捐瘠。②

这些土地的旧主本来就是被国家税收和差徭逼走的，结果是现在这些土地：

> 今京畿周环二十三州，幅员数千里，地之垦者十才二三，税之入者又十无五六。复有匿里舍而称逃亡，弃耕农而事游惰，赋额岁减，国用不充。③

---

① （清）顾炎武：《日知录集释》（全校本上），黄汝成集释，栾保群、吕宗力校点，上海古籍出版社，2006，第607~608页。
② （元）脱脱等：《宋史·食货志一》，中华书局，1977，第4160页。
③ （元）脱脱等：《宋史·食货志一》，中华书局，1977，第4160页。

在田地不能承担国家负担的情况下，国家就有理由把它们给授别人。《宋史·谢绛传》记真宗时事："乱亡之后，田庐荒废，诏有能占田而倍入租者与之。"① 国家其实仍然保持着土地最高所有者的地位，对荒废田地有自由裁量权。此后时代，国家以最高所有者身份分配荒田的诏令，史不绝书。

所以宋代"田制不立，不抑兼并"的真正含义是：既不明确土地的国有制，但也不明确土地的私有制。宋代以后的土地制度，实际上类似于当前中国农村农民之间私下交易的土地市场，国家并不承认其私有性质，但是农民仍然认为这是自己的土地，并且仍然在私下进行买卖。但是这种私有权的确是不完整的，政府保持着随时干预的权力。上面提到《日知录》中说："……犹谓之豪民，谓之兼并之徒。宋以下则公然谓之田主矣。"② 但是实际上，宋代称为豪民的地方也不少。如《建炎以来系年要录》卷一八一绍兴二十九年三月，"大理寺评事赵善养言：'比年以来，形势之户收置田亩，连亘阡陌。为害甚者，莫如差役。今官户田多差役并免，其所差役，无非物力低小贫下之民。州县稍不加察，求其安裕乐业，不可得也。望令有司立为限田之制，以抑豪强无厌之欲。'"③

《文献通考》卷三谓："必欲复租庸调之法，必先复口分世业之法，均天下之田，使贫富等而后可。若不能均田，则两税乃不可易之法矣。"④

国家并不是失去了土地的所有权，而是在土地被民众占据耕作的情况下，无法推行均田，所以只能在保证国家收入的情况下，默许了普通民众对土地的占有。或者说，以土地的所有权交换了税收，但是这种交换是和税收相联的，一旦这种交换不再成立，土地的所有权当然也就会被收回。

> ……直隶总督高斌奏称："直省淀泊河滩各地亩，或因水道迁徙，或系堤岸空余，半属腴田，可以耕种。现在逐一查勘，分别等

① （元）脱脱等：《宋史·谢绛传》，中华书局，1977，第9842页。
② （清）顾炎武：《日知录》卷10，《顾炎武全集》第18册，严文儒、戴扬本校点，上海古籍出版社，2012，第444～445页。
③ （宋）李心传编撰《建炎以来系年要录》卷148，胡坤点校，中华书局，2013，第3482页。
④ （元）马端临：《文献通考》卷3，中华书局，1986，第133页。

次，酌定租银，给附近贫民认种。每户自十亩至三十亩，计口受田，毋许逾限。倘有逃绝之户，招人另佃，禁私行典卖。"从之。①

壬午。谕内阁，曾国荃奏胪陈山西目前要务一折。山西值兹大祲之后，间阎疮痍难复，亟应将应办事宜，妥为经画，以培民气而救时艰。该省荒地甚多，应即详细清查，招来开垦。曾国荃现拟酌给贫民籽种，至无人地亩，准其族邻或客民承种，分别办理。如本户归来.，俟次年播种之时，方许认回。倘五年后本户不回，即由佃种之人，承为永业等语。即着督饬地方官，实心筹办，务臻妥善。我朝成宪，将丁粮归入地粮。山西有未尽一律办理之处，着照所请，按户稽查。②

因此，我们可以这样认为：近世以来，国家始终保持对土地的最终所有权或者说地底权，并因此保持着对土地使用和土地市场的干预权利，但是与此同时，国家对土地资本是有相当尊重和保障的。

谕军机大臣等：前因有人奏江苏省新涨沙地，官产民业缠辘不清，大吏先后查办互异。曾有旨令陶澍等查明具奏，迄今未据覆奏。现复有人奏称：此项地亩，如果有碍水道，自当时加疏浚，禁止开垦。如于水道无碍，应照例听民承买，若概行退价，事属纷扰，且入官发佃，辗转招租，日久恐启增租夺佃之事等语。着陶澍等体察情形，悉心筹画，毋稍回护以清积案，务使民生有益，国课无亏。迅即明定章程具奏，将此谕令知之。寻奏：请将有碍水道各处，禁止垦种。其无碍水道者，照旧听民承买完课，遇有争竞，仍退价归官佃，不许讦讼之人承买。下部议寻奏：江河原不以开垦为利，则沙洲不得以承买徇民。请饬该督等遵照道光八年奏定章程。新涨沙洲，无碍水道者一律归官召佃，永杜争讼壅塞。从之。③

又谕：富俊等奏审拟承办屯田各员一折。此案吉林将军福克精阿，于征收新城局屯租，率欲加增。商令前任伯都讷副都统硕德，

①　《清高宗实录》卷二四六，乾隆十年八月庚子，中华书局，1985 年影印本。
②　《清德宗实录》卷七五，光绪四年六月壬午，中华书局，1987 年影印本。
③　《清宣宗实录》卷二九七，道光十七年五月丁丑，中华书局，1986 年影印本。

派员往谕，以致各佃户畏避欠租，实属任意妄为。福克精阿应照律拟杖，业于另案革职，着毋庸议。①

政府在保障自己从土地上获得的基本收入不动摇的情况下，对民间拥有的土地权利也表现出相当的尊重。清朝一贯的国策，对国有土地的出租，严格限制增租改佃行为，这对保持佃权的稳定是有利的。佃权的稳定对佃农的利益保障也是有极大意义的。

其实，在中国国家不能不是土地的最后所有者和最高所有者。原因如下。

①"家国一体"的政治文化传统。国家国家，"家"大了即是"国"，国家的具体而微就是"家"。

②代天立言，"奉天承运"的宗教神学话语体系。"普天之下，莫非王土，率土之滨，莫非王臣"的说法一向是深入人心的。

③国家机器的暴力性质和大一统的政治结构。

虽然如此，宋代以后官方在理论上并没有随意侵占过民间的一寸田地，一切对田地的征用都是在支付价格的名义下进行的。所以秦晖认为："我国传统王朝虽然不像近现代公民国家那样尊重公民的财产，但通常对于'有主'土地以强权来夺取还是相对罕见的。"② 贾似道的"承买公田"也是在购买的名义下进行的。③ 朱元璋在东南名义上夺取的也是宋元时代传承下来的官田和张士诚部众之田。虽然实际情况另当别论，但是至少在名义上国家是这样做的。

五　所有权复合化

一般研究成果都认为，近世以来，土地上的产权日益细分，所有权（或占有权）、使用权、经营权和收益权之间已经划分得比较清楚了。

这些权利当中，核心是收益权，保障收益权的是所有权。

---

① 《清宣宗实录》卷一九六，道光十一年九月甲子，中华书局，1986 年影印本。
② 秦晖：《关于传统租佃制若干问题的商榷》，《中国农村观察》2007 年第 3 期，第 35 ~ 36 页。
③ 朱元璋在江南占有的官田大部分就是这些公田，经过元代一直传承下来，并有所扩大。

……农村土地资源分配所涵盖的内容是极广的，要而言之，可分为两个方面，一为技术层面，即土地利用问题，包括水土保持、土壤改良、耕作方式等；二为制度层面，即围绕土地资源的分配而展开的人与人之间的权利关系。土地分配的制度层面，实为地权分配，就是当土地作为不动产进入经济活动空间时，经济活动主体对其占有权、使用权、管理权及收益权的分配。可以说，土地所载负的种种权利关系，作为一个统一的整体贯穿于农村土地分配的全过程，很难将此四权加以孤立的研究。农村地权分配，大致包括土地占有权转移（买卖、典当、抵押）与分割（如分家析产）、土地经营（租佃、雇工、自耕）、土地收益的市场分配和财政分配（农产贸易、赋役制度）。分成这几个方面，纯为叙述的方便，而在地权分配的现实运作中，则无时不表现出"你中有我、我中有你"的全息特征。[①]

但是根据上文的分析，我们也可以看到：国家对土地的最高所有权是一以贯之的。

一般认为，所有权是排他的，但是在中国近世，所有权却往往可以由不同主体共享。当然，这种所有权的共享是有次第之分，是一种叠代的所有权关系。

拿电学的原理来比方，一般来说，不同主体之间的所有权是一种并联关系。如图 3 - 7 土地不同所有权主体利益相斥

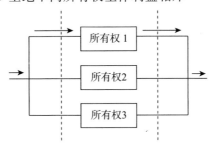

图 3 - 7　土地不同所有权主体利益相斥

①　张佩国：《地权分配·农家经济·村落社区：1900—1945 年的山东农村》，齐鲁书社，2000，第 7 页。

利益流就类似于电流，流过所有权 1 的时候，就不能流过所有权 2。一块土地上的所有者只有一个，要么属于 A，要么属于 B，而不可能既属于 A，又属于 B。① 因为所有权的主要标志是资产配置权和剩余索取权，而这些不可能同时被某个主体拥有，否则就会造成混乱。

而近世以来国家对土地的所有权关系则与串联电路很类似。利益流只有先通过所有权 1，然后才能流到国家那里。如图 3-8 土地不同所有权主体利益串联

图 3-8　土地不同所有权主体利益串联

这主要是因为所有权来自收益。没有收益的土地是谈不上价格，更谈不上追求的，更谈不上权利。

在鲁东南山区的莒县许村：

> 附近的土地，除山地外，便是岭地。这几十万亩荒芜的沙砾地，在清朝末年不但无粮，且无人耕种。但自大花生（俗名"大果子"）种子流入许村以后，于是不毛之地，立刻变为每亩价值百元，田赋每亩由三分至四分银子不等的土地。老年人常常皱着眉头，叹着气，指着前面的岭地说到："在十几岁时，南岭上的地没有人要，不过是一个牧场。也没人说这是我的地，你的地。自从种花生后，就有人硬划某段地为己有，于是有人若要这块地，就非得出钱向他买不可。"因为种了花生，荒地才变成耕地。②

在 1919 年前，黄河原由地处鲁北区黄河三角洲沾化县入海，此后因河道淤塞，改道利津入海，原河口因此有大片河淤地，"县内士绅，遂大

---

① 现代股份公司资产的所有者也只有一个，就是这家公司，而不是公司股份的所有者。股份的所有者拥有的是这家公司的股份，而不能亲自、直接去管理公司某一部分资产的经营，一切经营管理都必须通过公司才能进行。

② 李萧：《山东莒县西北乡的许村》，《新中华》第 2 卷第 14 期，1934 年 7 月 25 日。

批领取，转租于贫民耕种，土地肥沃，收获既广，赋税又轻，故附近各县居民，多来垦种"。①

土地的确一直是国家的，但是没有收益之前谈不上所有权问题。

与此相反的例子也有的是。

> 二十年来，因粮价之增涨与生活程度之提高，工农工资渐行增长。至近一二年内，亦受粮价低落之影响而减低，然与粮食价格比较，工农工资尚未呈暴跌之现象。然而农民因经济关系，从另一方面谋解决之方法，或减少佣工数目，或减租让与佃户，如榆林坪则竟免租让与佃户。前者使土地易于荒芜，后者则经济必受损失，亦形成农村破产原因之一端。②

当土地的收益不足以补偿成本的时候，土地的价值也就不存在了，所有权也就没有意义，当然要归于消失。

而国家不可能亲自经营土地，甚至不可能亲自管理土地，到后来，甚至谈不上直接配置土地。唐代以前，国家还常常亲自给农民配置土地，唐代以后，政府不再亲自配置土地，而是听任市场进行土地配置，因为市场配置的效率更高，能够带来更大的收益，国家也因此能够获得更大的收入。

而所有权又是收益权的保障，所以国家始终牢牢掌握着土地的最高所有权和最后所有权。

所谓最高所有权，是指在不同所有权发生冲突的时候，国家的所有权具有最大的话语权。

所谓的最后所有权，是指在其他所有权不发生作用的时候，国家可以出面重新配置这些土地。

与最高所有权及最后所有权概念同时并存的概念，是现实所有权，即掌握土地配置和剩余索取的权利。这个权利在现代西方经济学中往往被看作是等同于资产的实际所有权。

---

① 王意诚：《沾化县第六区社会概况》，《乡村建设旬刊》第4卷第4期，1934年8月31日。
② 刘容亭：《山西阳曲二十个乡村概况调查之研究》，载李文海主编《民国时期社会调查丛编》二编《乡村社会卷》，福建教育出版社，2009，第200页。

近世中国社会中，国家实际上保持着对土地的最高所有权和最终所有权，但是对现实经济活动中私人拥有的土地产权也基本上是尊重的，实际上是默认了私人对土地的现实所有权。

凌驾于现实所有权之上的，负担连带责任的，可以凭之获得相应收益的，是叠代所有权。

近世以来，随着土地生产力的不断提高，土地的所有权链条也越来越复杂。掌握土地配置和剩余索取的，往往是佃农。但是地主和宗族也可以相应获得一些利益。而且在佃农不能交纳税收及承担其他责任的时候，地主和宗族往往就要负担这些责任。

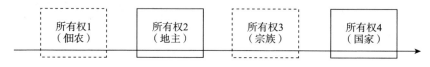

图 3 - 9　土地利益及责任传递

理论上，国家从之前的所有权那里获得收入的时候，应该相应回报给前面的所有者以安全和保障。

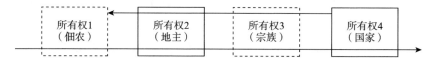

图 3 - 10　土地"虚拟产权"的传递及国家的反馈

图 3 - 9、图 3 - 10 中四个可能的所有权当中，佃农和宗族的所有权是虚线表示的，表示这两者的所有权可能虚置，可能不存在的。

宗族可能根本就不发挥作用，也可能和地主合二为一。但是也可能有人虽然不是地主，却隐含着对土地的"虚拟产权"，这种产权往往在土地的买卖过程中才会显现出来，而在生产经营中得不到表现。根据历史记录和解放前的调查，比如说"卖地先近亲邻"这种权利，无论是在中国南方还是北方，中原地区还是边远省份，都是广泛存在的。

广西是边远少数民族地区，但是这种情况依然普遍存在。"土地买卖往往受到封建宗法制度的影响，在地权的转移中，亲房族内有承买的优先权。一般来说，出卖土地要先问本族，后问四邻，无人承买，才得卖给其他人。出卖出地者如没有履行这些手续，亲房中往往有人从中作梗，即使土地卖过后还要发生纠纷，甚至闹出人命案来。"[1]

至于佃农，可能只拥有经营权和收益权，并不拥有所有权，只有拥有田面权和永佃权的佃农才算是拥有相应的所有权的。

国家也常常亲自充当地主，比如说明清时期的官田数量就比较大，但是不是主体。而且是从明代初年以后，总的来说是越来越少。

图 3－9、图 3－10 中四个所有权关系并不是同时发挥作用的，往往越是排在后面的所有权就是越根本的所有权，而最前面的所有权却是最直接体现出对资产配置权和剩余索取权的控制的。

也就是说，这四个所有权是叠代的，越是排在前面的所有权就越明显，却受后面的所有权的支配。

这四个所有权是这样次第发生作用的。

设一块田地上的的全部收益为 $F(R)$。我们必须注意到 $F(R)$ 是不确定的，是支付掉生产成本之后的剩余，所以是有弹性的。

假设佃农的生产生活费用为 D，这个费用是既有弹性的，也是有底线的。当然，还要加上生产的成本。如果是在市场经济比较活跃的条件下，也可能是他从其他职业中获得的报酬，比如说担当雇工的工资，即其机会成本。地主的地租固定为 L，国家的税收固定为 G，宗族的收入固定为 M，当然还可能有其他所有权的收益，设为 X。

当 $F(R)$ 大于 $D+L+G+M+X$ 的时候，所有权的实际拥有者是佃农。佃农不但可以通过在这块田地上的劳动支付生活成本，维持生活，而且可以通过剩余索取权获得剩余价值。这些剩余价值是其超过作为一个雇工的收入的部分，也是其扩大生产和改善生活的基础。

当 $F(R)$ 小于 $D+L+G+M+X$ 却大于 $D+L+G+M$ 时，这时候除保证佃农、国家、地主和宗族之外，其他的所有权都无法存在，必须要排除掉。

当 $F(R)$ 小于 $D+L+G+M$ 的时候，也必须排除一个所有权。这时候首先被排除的可能是宗族的所有权，也可能是地主的所有权，这两个所有权在作用上有些重复，可以排除一个。但是不可能是国家的所有权，一般也不可能是佃农的所有权。

---

[1]　李炳东等著《广西农业经济史稿》，广西民族出版社，1985，第71页。

如果 $F(R)$ 小于 $D+L+G+M$ 却大于 $D+L+G$，则 M 的所有权就被排除掉。

如果 $F(R)$ 小于 $D+L+G+M$ 却大于 $D+M+G$，则一般地主的所有权就被排除掉了。

如果 $F(R)$ 小于 $D+L+G$ 也小于 $D+M+G$，国家的所有权还是不能排除掉。这时候可能排除的是佃农的所有权，也可能排除掉地主或者宗族的所有权。

如果是前者，耕作制度就只能是自耕农的雇工生产，或者说是分成租。如果是后者，那么就是国家佃农。

如果 $F(R)$ 小于 $D+G$，这时候的所有权就会发生比较微妙的变化。假如国家减少其索取，在 $F(R)$ 小于 $D+G$ 的时候，却能够大于 $D+G'$，G' 为减少的国家收入，则土地的生产还可以维持。如果国家不能减少其税收，佃农发现 $F(R)$ 减 G 小于 D，那么佃农和农民就会发现自己对土地的现实所有权不再有任何意义，不如抛弃土地去为别人当雇工或佃仆，即逃避国家的责任。

国家这时候也会发现自己不再能够从这块土地获得任何收入，而国家的所有权只有在这个时候才能够充分显示出来。国家这时候利用其最后所有权能够做的事情，一般来说就是首先配置这些田地，比如说减轻负担，招诱流亡；或者亲自充当地主，建立皇庄，募工耕作；或者进行屯垦。

只有生产顺利进行了，国家才可能获得相应的收入。

如果 $F(R)$ 足够大，和国家收入之间的差距也足够大，而市场上给予的工资水平也很低，则土地上的"一田二主""一田三主"，甚至"一田四主""一田五主"等都有可能出现。

所以说租佃制度的发展和土地产权关系的复杂化的主要因素是土地的收益，特别是相对收益。

张佩国在研究传统山东农村和社会的土地分配状况时有如下疑问：

　　在土地典押与买卖的过程、惯行述描中，我们已经看到，一个农民在遭遇不幸或极端穷困时，才会通过土地典押的方式举债，实在无力回赎时才被迫出卖土地。在山东省大部地区，旱涝自然灾害频仍，又缺乏较好的水利灌溉条件，农民们所遭受的天灾人祸应多于江南地区，举债为生者众，失去土地的可能性会更大。而为什么山东省的自耕农特别是小自耕农比例反倒较高？何以解释此种现象？[1]

原因就在于：租佃关系的产生有多种情况，在北方地区，租佃制度的产生多数是出于资源组合的需要，所以最多是自耕农生产的一种补充。而在南方，则是生产力发展和产权深化的结果，所以南方租佃比例更高，相应地，南方的生产力水平也更高。

　　……我国南方长江、珠江流域，气候温和，雨量丰富，土壤肥沃，农业兴盛，土地报酬较大，因此投资于土地者较多，大部分土地所有权为投资者所把持……而北方黄河流域各省，气候寒冷剧烈，雨量缺乏，且集中于极短时期内，生长季节短，农业发展程度较差，因之作土地投资者少，大部分土地所有权得存于耕种土地者之手……[2]

不过，正常情况下，每一主也都应该有相应职责，否则就是很不稳定的。

分成租条件下，佃农不拥有土地的所有权，因为对土地的配置和经营，佃农不拥有最后的决定权。佃农拥有租佃农场的部分经营权，却不拥有耕地的所有权。而这种情况在定额租当中却发生了深刻的变化，我们可以说相当于地主将耕地的所有权委托给了佃农。但是根据中国近世的实际情况，地主实际上在很大程度上是将所有权"搁置"或者说转让给了佃农。因为口头契约或文字契约一旦签订，往往都规定只要不欠租，田地可以一直耕作，保证不会被收回。

在佃农拥有永佃权乃至田面权的条件下，甚至押租的条件下，更是如此，只不过耕地所有权的转让是正式而且确定的。

近世以来，中国土地市场上的所有权关系往往很复杂，如图 3－11 所示：

---

①　张佩国：《地权分配·农家经济·村落社区：1900—1945 年的山东农村》，齐鲁书社，2000，第 89 页。

②　国民政府主计处统计局编《中国租佃制度之统计分析》，正中书局，1946，第 5 页。

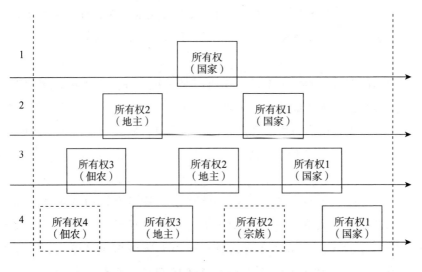

图 3 - 11

上面的几种所有权复合形式是可能同时存在、互为补充的。

第 2 栏中的地主，也可能是国家佃农和宗族。第 3 栏中的佃农可能是地主，地主也可能是宗族。

近世以来，在中国土地市场上，国家对土地所有权的让渡，或者说对土地自由转让的默认，不是对土地所有权的正式承认，也不是委托代理。因为国家并没有正式承认过土地的私有，也没有订立正式的契约对土地的经营进行委托代理。委托代理应该是有时间限制的，但是国家对土地所有权的让渡和私有权的默认并没有时间限制，也没有规定，而是保持着一种静止约定的状态，如果外界条件不发生变化，国家就不会收回土地所有权。但是在外界条件发生变化的情况下，国家的行为就会存在严重的机会主义色彩。

清代魏礼认为："古之农在公，今之农在私。夫田主出其私财，以买人田，而上其赋于公家，公家所征敛，悉在田主，不在佃户。自井田废，而开阡陌，世之所谓田主者，乃国家之佃户也。"[①] 这种看法是有见地的。

从所有权的角度来说，相对于国家而言，所谓的地主的确不过是国

---

① （清）魏礼：《魏季子文集》卷八《与李邑侯书·附记》，道光二十五年版本，第 79 页。

家的永佃农而已。

关于土地产权问题，我们还会在下一章土地资本化问题中从另一个角度继续讨论并证明。

六　土地的性质、价值与所有权关系

另外，土地并非仅能用于农业生产，而是具有多种性质和用途。当土地的经济性质发生改变的时候，所有权关系往往也会相应发生变化。从这种变化中，我们能够清楚地看到土地的真实所有权关系。

民间一般只拥有国家承认的耕地所有权和默认的土地现实所有权，这是因为耕地附着在土地之上，如果国家不默认耕地主人的土地所有权，那么耕地的所有权就无法存在，而这对提高耕地的生产力是不利的。——这也是国家搁置土地所有权的重要原因之一。

但是毕竟土地的最高所有者是国家，土地具有多重性质和多种用途，除耕地之外的土地所有权的主人是国家。

假设土地有 n 种用途，能够带来 n 种价格：$p(x_0)$、$p(x_1)$、$\cdots p(x_n)$。

$$P = F[p(x_0)、p(x_1)\cdots p(x_n)] \tag{3-8}$$

上面 P 代表土地的全部价格，$p(x_0)$ 代表在农业用途中的价格，也就是耕地的价格。

$p(x_i)$ 代表土地在不同用途中可以获得的价格。

$\max[p(x_i)]$ 代表在所有用途中可以获得的最高价格。

这些不同用途带来的价格可能叠加，也可能不叠加。

在其他用途没有发挥出来，也没有价格的时候，国家会默认耕地所有者对土地的所有权。但是一旦其他用途得到相应发挥，价格开始显现的时候，国家就会试图对其用途进行控制。

当 $\max[p(x_i)] > p(x_0)$ 的时候，如果国家需要这块土地，那么就会涉及所有权转换的问题。

如果土地的确是私有的，那么国家只能根据市场价格进行支付，不是要支付相当于 $p(x_0)$ 的价格，而是要支付 $\max[p(x_i)]$ 的价格，即所有用途中最高的一种。

但是如果土地是国家所有的，一般居民只有耕地的所有权（或者只

拥有国家承认的某种所有权），那么国家只会支付耕地的相应价格，或者说相当于耕地收益的某种贴现价格。

事实上，在中国历史和现实中，国家一般都是按照后一种方式进行支付的。也就是说，从土地用途的转换过程中，我们可以看出中国土地的真实所有权关系。

国家对除自己外的其他所有权的容忍是有限度的，一切都以其收入高低为准。如果国家发现自己仅仅作为最高土地所有者收取的固定收益更高，那么它就会愿意将土地的所有权搁置给其他主体。如果国家发现自己亲自经营收入更高，那么它就会亲自出马进行管理，将其他一切所有权消灭掉。

当然，国家在将其他所有权消失的过程中，考虑到土地所有权伴随的资本性质，这一过程并不是无条件和无代价的。

图 3-12 中，纵轴表示收入，横轴表示国家的土地，AP 表示国家经营的平均收入曲线，这条曲线是有弧度的，先上升后下降，说明国家的管理能力的范围有相应的风险。一个国家的土地是一定的，比如说在 t_0 的水平上。如果国家亲自经营土地的收入为 $P_1 t_0$，而坐收税赋能够达到的收入却可以达到 $G t_0$，那么国家就宁愿坐收固定税收，将土地的现实所有权默认给私人所有。如果土地的用途发生变化，或者说国家的经营效率提高了，国家从单位土地上亲自经营获得的收入提高了，从 P_1 上升到 P_2，高于收取固定收入的 G 的水平，那么国家就会亲自掌握土地并进行经营。

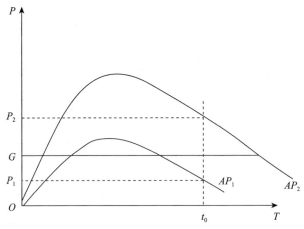

图 3-12　收益决定地权

当然，一切让税收（G）提高的办法国家也是不会放弃的。

第三节　中国近世租佃市场发展

一　土地租佃市场对土地所有权市场的支撑

在中国近世以来土地市场上，产权有逐渐明细化的趋势，这种趋势与人口和经济的增长压力有关。

一般我们所说的土地市场是指土地所有权买卖的市场，租佃市场其实也是土地市场，只不过是土地使用权市场。如果不进行过分复杂的分析，在中国近世以来的土地市场上，土地的使用权至少和所有权一样重要。

如果比较使用权和所有权的话，使用权是更为基础的权利，而所有权则涉及上层建筑的问题。使用权更多地影响直接生产，而所有权则更多地涉及分配，即使用权的优化配置才能创造财富，而所有权则分配财富，两者缺一不可。

土地租佃市场的广泛存在，对土地产权的流转，包括土地所有权的流转，是一种促进力量。不仅对小土地所有权是这样，对国有土地这种大所有权更是这样。

这主要是因为在近世中国社会的特定要素拥有情况和配置情况下，租佃制度和雇工经营相比，效率更高，成本更低。下面的计算将证明这一点。

张履鹏发现："到清末民初，这种转化过程加速，尤其是南方由于新式工业兴起，要雇用工人，带动农村雇工工资上升，经营地主的成本曲线上升；另一方面作为机会成本的租金也上升。于是经营地主纷纷转化。"[1] 所以他认为："地价低或者用工价高会促使租佃制度发展。"[2] 但是这其实暗示着在实际生产中，租佃制度相比起雇工经营，是交易成本更低的生产制度。

按理说，地主雇工经营，生产能力比一般农民要高，劳动力强壮，畜力足，肥料多，较易合理经营，掌握农时，因而能够提高生产量。但

---

① 张履鹏等：《中国农田制度变迁与展望》，中国农业出版社，2009，第108页。
② 张履鹏等：《中国农田制度变迁与展望》，中国农业出版社，2009，第114页。

是实际上，地主雇工经营的回报并不高，甚至可能更低。

（一）经营地主的经营收入核算

经营地主的经济能否发展，就要看雇工剩余价值的多寡及其比地租量大多少。明代末年，浙江沈某曾为地主经营生产算过一笔账。他以雇长工一人的生产计算：年工价银三两，吃米五石五斗，合价银六两五钱，[①] 盘费一两，农具折旧费三钱，柴酒一两二钱，通计十二两开支。一工人管地四亩，生产价值四两，种田八亩，除赋粮外，剩米八石，值银十两。此外有田壅、短工之费，以春花稻草抵之，基本相当。按他的说法："毫无赢息，落得许多早起宴眠，费心劳力。"[②]

清代后期，苏州人陶煦的核算方法与沈某相比有所不同，他是按一工治田十亩来计算的：

支出部分：

佣工食米5.5石，每石1800文共9900文

佣工其他食用费	12500 文
佣工工钱合米6石合钱	10800 文
农具折旧费	800 文
肥料费	5000 文
共计	39000 文

收入部分：

春熟	9000 文
秋熟	43200 文
稻杆等	8800 文
共计	61000 文[③]

由此可知：

工价	33200 文	占收入的 54.4%
生产费用	5800 文	占收入的 9.6%

---

① 另一个版本记载是工银五两五钱，吃米五石五斗，合银五两五钱。

② 《沈氏农书》，（清）钱尔复订正，中华书局，1985，第15页。

③ （清）陶煦：《租核·减租琐议》，载赵靖、易梦虹主编《中国近代经济思想资料选辑》上册，中华书局，1980，第395～396页。

盈余　　　　　　　　　　　22000 文　　占收入的 36%[1]

陶煦与《沈氏农书》作者的计算不同，结论也就不一样。沈某是无利可图，依陶煦算法，工价尽管仍占收益的一半以上，但盈余也不少，为收益的三点六成。沈、陶计算的差异，在工价上并无大差别。陶煦把食用部分计算得多，而地主尚有不少盈余，收益总量增加了。[2]

理论上，出租地主的剥削一般为收成的一半，当然实际上收租率没有那么高，根据高王凌的研究，[3] 可以认为只有 30% 多一些。与上述经营地主的三点六成相比，几乎相同。

不过，这种回报通过土地的出租也能得到，但是土地出租中地主付出的生产资本和管理劳动都比较少，而经营则除了要劳费精神，还要支出更多的生产成本。两相比较，显然对地主而言，出租比经营更有利。所以清代中期自称对"农工之事了如指掌"的钱泳说：

……若雇工种田，不如不种，即主人明察，指使得宜，亦不可也。盖农之一事，算尽锱铢，每田一亩，丰收年岁不过收米一二石不等，试思佣人工食用度，而加之以钱漕差徭诸费，计每亩所值已去其大半，余者无几；或遇凶岁偏灾，则全功尽弃。然漕银岂可欠耶？差役岂可免耶？总而计之，亏本折利，不数年间，家资荡尽，是种田者求富而反贫矣。[4]

（二）雇工经营与租佃经营在成本和效率上的差距

对比历史材料并经过计算和比较，我们会发现：中国近世租佃制度比起雇工经营，成本很大一部分是低在饮食上。

《补农书》所记农民口粮标准是，"凡人计腹而食，日米一升，能者倍之"。明清时期，一个普通人一年消耗粮食大约是 3.6 石，甚至可以更

[1] 上述计算参考冯尔康《清代地主层级结构及经营方式述论》，载冯尔康《顾真斋文丛》，中华书局，2003，第 43~44 页。
[2] 上述计算参考冯尔康《清代地主层级结构及经营方式述论》，载冯尔康《顾真斋文丛》，中华书局，2003，第 47 页。
[3] 参见高王凌《租佃关系新论——地主、农民和地租》，上海书店出版社，2005。
[4] （清）钱泳：《履园丛话》卷七《种田》，中华书局，1979，第 185 页。

少。小农经济，包括自耕农和独立的佃农，他们对自己的产品剩余有完全的掌握，所以对生产开支是锱铢必较、精打细算、勤俭节约、能省则省的。

传统社会，农民食用杂粮很多。如在苏松地区，"农家当夏秋之交，藉此麦饭充肠，以种大熟"①。"'蚕豆'，自湿至干，皆可为粮。"② 夏初，农民"磨麦穗以为面，杂以蚕豆"③。强汝询说，许多农民的口粮是"麦当其三之一"。

> 一般农家花费最多的自然是在饮食方面。但他们还是尽量把不值钱的农产物留下自己吃。除农忙和年节外，平常一天只吃两顿。主要食品不外玉黍饼或窝窝头，小米粥，咸菜，青菜，粉条，豆腐等。至于肉类除年节外一年每家所食不过几斤。④

而这种情况在雇工身上是看不到的。一个长工往往要吃米 5.5 石，从《沈氏农书》和《租核》来看，这个数字从明末到清末都是一样的，在农忙时期还常常要消费酒肉、黄烟等，而且生活水平还有上升的趋势。这方面的记录是很多的。长工对生产剩余没有任何权益，所以自然不会珍惜。

> 水饭定要吃那精硬的生米，两个碗扣住，逼得一点汤也没有才吃，那饭桶里面必定要剩下许多方叫是够，若是没得剩下，本等吃得够了，他说才得半饱，定要蝥你重新另做饭添，他却又狠命的也吃下去了！⑤

---

① （清）顾传金辑《蒲溪小志·物产》，王孝俭、金九牛、陈益明标点，闵行区区志办公室整理，上海古籍出版社，2003，第 16 页。

② （清）姜皋：《浦泖农咨》，见《续修四库全书 0976·子部·农家类》，清道光十四年刻本影印，上海古籍出版社，第 217 页。

③ 乾隆《吴江县志》卷五，江苏古籍出版社，1991。

④ 黄迪：《清河村镇社区》，载李文海主编《民国时期社会调查丛编》二编《乡村社会卷》，福建教育出版社，2009，第 39 页。

⑤ （清）西周生：《醒世姻缘传》第二十六回，夏海晏注，崇文书局，2018，第 241 页。

这里说的是清代北方山东地区的情况。

《浦泖农咨》说，雇工一人，日"食肉半斤"。到清末，《租核》说："荤不用猪肠而用肉，肉斤……食四人。""余日亦不纯素，间用鱼。"[①] 这说明荤菜供应在质量和数量上均有改善，比如要喝酒。

《补农书》说，供应雇工旧规是，"夏秋一日荤，两日素，今宜间之，重难生活连日荤。春冬一日荤，三日素，今间二日，重难生活多加荤"。还说，今日雇工，"非酒食不能劝，比百年以前，大不同矣"。《补农书》说，"旧规，不论忙闲，三人共酒一杓。今宜论生活起：重难生活，每人酒一杓；中等生活，每人酒半杓。"——这里是江南。

孙冶方曾经指出：在广东乡村（沙田区）中，存在很大数量的富农，他们的资本有的在二三万以上（他们的资本有的是从谷行借来的，后者当然又经过了本地的钱庄银行再去与香港外国银行发生关系）。他们从大地主处承租了大批土地（数千亩和数万亩），再分租给农民耕种，他们自己或者完全不耕种，或者只耕种极小一部分。这种人被称为二路田主（在二路田主之下尚有三路、四路田主等）。那么"这些富农为什么不招请长工来自己经营呢？"答案是："如果他们自己经营非得马上破产不可。现在米价便宜，肥料（豆饼）贵。请长工要付工资，每天要吃三餐，一餐要吃三大碗饭。而且农闲时亦得供饭付工资。若一家请三个长工，可以连人家都被吃光了。"[②] ——这里是广东。

这证明在当时的岭南这种情况也是同时存在的，因而具有相当的普遍性。

毛泽东曾经回忆，在他家里，"（父亲）一文钱也不给我们，给我们吃的又是最差的。他每月十五对雇工们特别开恩，给他们鸡蛋下饭吃，可是从来没有肉。对于我，他不给蛋也不给肉。"[③] 这也可以看出雇工的生活比自己家里人要好。——这是清末民初湖南的情况。

比较而言，我们可以认为雇工实际上比雇主要吃得好。

---

① （清）陶煦：《租核·减租琐议》，载赵靖、易梦虹主编《中国近代经济思想资料选辑》上册，中华书局，1980，第395页。

② 孙冶方：《财政资本的统治与前资本主义的生产关系》，载《孙冶方全集》第一卷，山西经济出版社，1998，第99~100页。

③ 〔美〕埃德加·斯诺：《西行漫记》，董乐山译，三联书店，1979，1995重印，第107页。

中国传统社会中的恩格尔系数是很高的。方行计算：清代江南农民的恩格尔系数，即食物支出约占生活消费总支出的 76%。[①]

《沈氏农书》中，一个雇工的全部开支是 12 两，其中可以看作雇工的收入是 11.7 两，只有三钱是属于农具折旧。雇工的收入中，除了工银五两和盘费一两之外，全部都可以看作是消耗于饮食上了，大概占全部收入的 65.8%。

陶煦的核算中：可以看作雇工收入的是 33200 文（佣工食米 5.5 石，每石 1800 文，共 9900 文，佣工其他食用费 12500 文，佣工工钱，合米 6 石，合钱 10800 文），其中饮食费用算 22400 文占全部收入的 67.5%。——这两个计算结果基本上相同。

而且雇工不可能没有一点自己在饮食上的消费。雇工平日也会有自己的消费，而且总有回家过年过节的时候，这些都是需要在饮食上花钱的。如果我们把雇工的饮食消费比率至少再提高 10 个百分点，即达到 76% 左右，应该说没有什么问题。

实际上雇工的收入剩余很少，不足以维持一个家庭的基本生活，所以雇工大多数只能过单身生活。这一点，我们在上一章已经做过分析。

这样的话，我们就会发现，雇工作为一个强劳动力，其恩格尔系数和江南普通农民整个家庭的恩格尔系数是差不多一样高，而江南一个普通农民家庭中，总是有一半人或以上是不能创造财富的。

种种材料都表明，传统中国家庭"人均五口"是一个合理的数量。[②]一般来说，除了夫妻两个强劳动力外，另外还有三口人，估计可能相当于两个"半劳动力"，也可以折合成一个劳动力。

也就是说，江南一个普通家庭，三个劳动力生产，五个人消费，其恩格尔系数和单个雇工个人的恩格尔系数是相当的。也就是说，作为普通农民家庭，正常劳动力本人的恩格尔系数应该是比较低的，至少要剩余一些养活家庭中不能劳动的人。假设每个人的饮食能力都是相同的，则：

---

① 方行：《清代江南农民的消费》，《中国经济史研究》1996 年第 3 期，第 93 页。
② 方行先生就是这样估计的，参见《清代江南农民的消费》，《中国经济史研究》1996 年第 3 期。

$$3 \times 76\% = 5 \times X$$

$$X = 45.8\% \tag{3-9}$$

也就是说，一个全劳动力为了供养家庭其个人的恩格尔系数要下降到 45.8% 左右。

考虑到半劳动力的消耗也会少一些，假设两个半劳动力的消费约等于一个全劳动力，

则可以算出：$X = 57\%$

那么我们可以算出，一个普通小农家庭的全劳动力，其生产能力相对于雇工可能会更强（主要是工作意愿方面有明显优势），但是相对于雇工，其个人恩格尔系数比例要低 18% ~20% 左右。

这种下降不能简单地认为是由于小农家庭的收入水平更高，而只能认为是因为有自己独立经济、自主核算的小农在生活上更加节约。

> 明清江南农民全年大约有二十个吃荤日，其余三百四十五日吃素。当然，这三百四十五日也不是绝对食素，有的地区"间用鱼"。明代松江西乡农民即以"吃鱼干白米饭种田"。农家不食或少食肉，不妨碍他们从经营角度出发供给雇工肉食。因为他们谙熟"善使长工恶使牛"的道理，"以雇工而言，口惠无实即离心生"。因而他们自家"非祭祀不割牲，非客至不设肉"，以蔬食为主，却设法给雇工食肉，以免"灶边荒了田地"。[1]

事实上，往往雇主的经济状况越差，给予雇工的报酬和待遇也会越低。"在地主兼自耕农、自耕农、半自耕家三类农家方面，每雇佣劳动单位所得之工资，约略相同，大致在四十五六元左右；惟佃农方面每雇佣劳动单位所得平均约只有 38 元，为较低，因为佃农本身即十分穷困，对于雇工待遇，自然格外薄劣。"[2] 然而，雇工实际上比雇主吃得好却是一般情况。

---

[1]　张研：《18 世纪前后清代农家生活消费的研究》，《古今农业》2005 年第 4 期，第 81 页。
[2]　李文海主编《民国时期社会调查丛编》二编《乡村社会卷》，福建教育出版社，2009，第 342 页。

　　前引材料表明：在苏北，20 世纪 30 年代，一个长工一年收入约 35 元左右。但是"一个五口之家的全年消费量应相当于四个成年男子的消费量，即年生存所需费用在 80 元左右"[1]。而一户标准的佃农，即拥有 50 亩土地的佃农，其全部土地都是佃来的，只有一个成年劳动力，再雇佣一个长工，其收入大约在 110～120 元左右，扣掉雇工的工资，盈利是 76 元。[2] 如果节约一点，则可勉强维持一家人的生计。从这里我们也可以推算出米，作为佃农家庭的一家之主，其生活水平不可能高于雇佣的长工。否则这个家庭就不可能维持基本生计。

　　我们可以再换一个角度进行计算。前面提到说，在江南"大口小口，一月三斗"，折合计算一家五口，一年消费米 18 石。这是很多学者计算的结果，是被公认的。但是如果按一家折合三个全劳动工作，折合四个全劳动力消费的话，且都按雇工的水平，那么他们全年消费的米应该是 22 石，而不是 18 石。这同样可以证明雇工在饮食上的消费水平要高于小农，而且大约要高 22%。苏松地区，"农家当夏秋之交，藉此麦饭，以种大熟"[3]。"'蚕豆'自湿至干，皆可为粮"[4]。夏初，农民"磨麦穗以为面，杂以蚕豆"[5]。强汝询说，许多农民的口粮是，"麦当其三之一"。[6] 人们常说中华人民共和国成立前"忙时吃干，闲时吃稀"。如果考虑这些因素，则独立的小农在饮食上的消费还要减少。而雇工则是"非酒食不能劝""每天要吃三餐，一餐要吃三大碗饭。而且农闲时亦得供饭付工资"。差距可能还要更大一些。

　　所以雇工在食品方面的消费比例比独立的小农要高很多，在恩格尔系数本来就很高的中国传统社会，雇工经营在粮食上的消耗相对而言是

---

① 仲亚东：《集体化前的小农经济：1930—1952 徐海地区东海县农村研究》，清华大学博士学位论文，2008，第 82 页。

② 仲亚东：《集体化前的小农经济：1930—1952 徐海地区东海县农村研究》，清华大学博士学位论文，2008，第 74 页。

③ （清）顾传金辑《蒲溪小志·物产》，王孝俭、金九牛、陈益明标点，闵行区区志办公室整理，上海古籍出版社，2003，第 16 页。

④ 姜皋：《浦泖农咨》，载《续修四库全书 0976·子部·农家类》，清道光十四年刻本影印，上海古籍出版社，2002。

⑤ 乾隆《吴江县志》卷五，江苏古籍出版社，1991。

⑥ （清）强汝洵：《求益斋文集》卷四，转引自李文治主编《中国近代农业史资料》第一辑，三联书店，1957，第 665 页。

很高的，也是很难承受的。

根据高王凌的研究，地租率大约能够达到实际收成的30%多，这可以认为是租佃生产中的剩余。而根据上面《沈氏农书》中的核算，地主自己经营土地，在花费精力之后，毫无所得。扣除雇工在饮食上的消费增加的20个百分点，地主还应该有相当于收成10%的盈余，然而计算的结果却是毫无所得，这似乎能够表明雇工经营比自己经营的效率要下降大约10个百分点，也就是相当于收成的10%。

因此，在租佃制度可以提供大约相当于全部产出30%以上的生产剩余的土地上，雇工经营却是没有剩余的。这其中相当于产出20个百分点的是饮食上增加的支出，相当于产出10个百分点的是生产效率下降的结果。总体而言，我们可以认为：雇工经营与租佃经营相比，高出的交易成本约相当于总产出30%。

可以认为：在南方地区，人多地少，"人耕十亩"，水田生产中，非常讲究精耕细作，推崇劳动和管理的精细。地主雇工经营与佃农生产相比，在产量上并无大的优势，在这种情况下，租佃制度相对于雇工经营占优势，也就可以理解了。

上面提到根据陶煦的算法，地主经营的收入能够达36%的收益，但是这其中实际上包含着地主自己的劳动力成本和资本费用。在近世中国，资本利率一般都能够达到20%以上，20%～40%的利率水平是常有的事，在扣除资本利息和地主自己的管理成本之后，实际上清末地主雇工经营也不能有什么实际收益。倒过来再推算，我们还能够发现，《沈氏农书》中的地主，不但是没有赚到钱，反而连垫付资本的利息和本人的劳动价值都丧失了。

中国传统经济属于一种高度精打细算，非常讲究资源节约的经济模型，因而租佃制度的广泛存在也就可以理解了。

对雇工自己而言，这种经济分配情况也是不能让他满意的，因为收入中的大部分也是被自己的饮食消耗，缺乏安家立业的资本。既然雇工经营中，无论是雇主还是雇工都不会满意，自然在近世中国社会这种经营模式也就难以长期普遍维持了。

为什么中国近世以来国家要"田制不立，不抑兼并"，在获得一定税收的条件下把土地的所有权转让出去，造成形式上的私有化，道理也正在于此。即国家直接配置资源，直接进行农业生产的话，效率太低，而成本太高，而这种成本是传统中国农业社会生产力承载不起的。

清人魏礼所说："古之农在公，今之农在私。夫田主出其私财，以买人田，而上其赋于公家，公家所征敛，悉在田主，不在佃户。"① 原因正在于此。不仅国家无法亲自经营土地，就是大一点的地主进行雇工经营，也是很难有收益的。

如果不是通过租佃制度进行土地经营，就无法养活当时那么多的人口，更无法提供足够的剩余支持庞大的国家机器，并支撑一个复杂的土地产权体系。

现在，国家把土地的所有权在一定程度上转让给私人，相当于让私人地主帮助监督生产成果，在社会底层的贫民确实出现生活困难的时候，也能够予以有效援助。"今之私佃户，若不乐是田主，则委之而去，或佃他人田矣。其中岂无一二刻剥佃户之田主，而佃户厌苦而去之。田荒无颗粒之收则其人之田也；赋役之备累，亦其人之备累也；是则佃户亦其人之佃户也，虽欲不减免不可得，职此故也。"② 因此，传统社会中地主和佃农之间的确是存在相当大的矛盾与斗争，但是与此同时，他们彼此之间的相互依赖和帮助也应该是更为普遍和正常的。这种相互依赖和帮助的关系也在相当大程度上维持了租佃制度的存在和发展。

根据上面的计算和分析，如果我们总结说，租佃市场的发达促进了土地所有权收益的稳定和流转，而所有权的买卖又在相当程度上保障和促进了租佃市场的发展，那么大致应该是没有错的。

二　商品市场对土地市场的支撑

（一）商品市场与租佃制度结合的一个模型

土地（田地）的所有权由市场配置之后，天然是不可能平均的，但是生产效率提高了。土地其实和资本结合得更好，单位产量有了不少的提高。

---

① （清）魏礼：《魏季子文集》卷八《与李邑侯书》，道光二十五年刻本，第79页。
② （清）魏礼：《魏季子文集》卷八《与李邑侯书》，道光二十五年刻本，第83页。

虽然可以肯定 1870 至 1911 年期间农村的生活水平没有改善，但也没有确凿的证据证明，随着人口的增长和耕田面积的缩小，就出现了农民生活水平急剧而长期的下降。各省向北京呈送的关于夏收和秋收情况的半年报告说明，在整个十九世纪的过程中确有下降的趋势。可以合理地认为，如表四所示，一定程度的恶化发生于十九世纪五十年代和六十年代的灾难性叛乱时期。但根据帝国海关编的《海关贸易报告册》（简称：《关册》）中所列每年地方作物状况的许多报告，并不能有力地证明 1870 年以后生活水平继续在下降。[1]

从这个意义上说，中国晚清和民国时期，在社会动荡、对土地的资本投入很少、人口剧增的条件下，农业能够维持相应人口增长，而没有出现生活水平的急剧下降，这不能不说是非常了不起的成就。[2]

但是人地和资本关系的变化，导致的结果是在土地的全部产出中，劳动所占的分配份额减少，而资本和土地所占的份额上升。

在人口快速增长的压力下，缺少土地的农民生活压力很大，被淘汰的家庭是很多的。比较有能力和勤劳的农民可以通过介入商品市场谋生，并换回一部分通过交租转化成的商品粮食。当然，考虑到传统中国进入租佃市场的土地大约只有三分之一左右，大部分商品粮食应该还是由自耕农提供的。

对比图 3-13 左右两个产出图，我们可以看到：在左边那个产出图中，也就是在国家配置土地的条件下，商品市场特别是粮食市场是不必须存在的，至少不起很大的作用。而在右边那个产出图中，在市场配置土地的条件下，商品市场特别是粮食市场是必须存在的，是维持整个社会生产生活的必要条件。没有商品市场的发展，前面讨论的土地产权关系和资源配置关系是不可能存在并发展的。

中国近世以来，商品经济是相当发达的，市场发展很快。这些都对农业生产和小农经济及租佃制度的发展起到了重要的支撑作用。

---

[1] 〔美〕费正清、刘广序编《剑桥中国晚清史》下卷，中国社会科学院历史研究所编译室译，中国社会科学出版社，1993，第 13 页。

[2] 甚至有足够的数据和材料表明：民国时期，对中国农业伤害最大的，恰恰常常是农产品的供给过多导致的价格下降，而不是农业生产不足。有关数据和材料将在下一章提到。

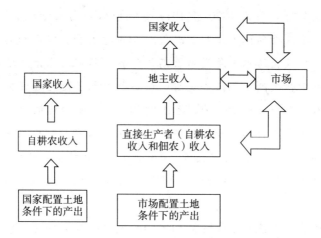

图 3 - 13　商品市场优化地权配置提升生产力

表 3 - 6　1870 ~ 1930 年耕田面积的变化

区域、地区和地点	报告的地点数	每块耕田的平均耕田面积（公顷）			
		1870 年	1890 年	1910 年	1930 年
中国	55	1.37	1.35	1.06	0.92
产麦区域	29	1.75	1.77	1.32	1.10
产米区域	26	0.67	0.81	0.77	0.72
产麦区域					
春小麦区（甘肃、青海）	2	0.48	0.51	0.66	0.71
冬小麦 - 小米区（河南、山西、陕西）	8	1.14	1.28	0.97	0.81
冬小麦 - 高粱区（安徽、河南、河北、江苏、山东）	19	2.19	2.18	1.53	1.26
产米区域					
长江大米 - 小麦区（安徽、浙江、河南、湖北、江西、江苏）	15	0.77	0.99	0.84	0.79
大米 - 茶叶区（湖南、江西）	6	0.42	0.42	0.76	0.74
四川大米区（陕西、四川）	2	0.82	0.76	0.64	0.55
双季稻区（福建）	1	10.58	0.54	0.55	0.53
西南大米区（贵州）	2	—	0.52	0.48	0.36

　　材料来源：巴克《中国土地利用的统计学》，第 288 页。转引自费正清、刘广序编《剑桥中国晚清史》下卷第一章，中国社会科学院历史研究所编译室译，中国社会科学出版社，1993，第 13 页。

根据表 3－6 中所展示的材料，每个农场土地面积的减少速度是很快的。如果没有商品市场的支撑，近代以来中国经济和人口的维持和增长是不可想象的。根据我们上一章的分析：农场土地面积越小，农民就越是深入地介入到商品市场中去。

佃农"以上米贸银，别以中下米抵租"①。"清代农村的米谷市场非常发达，当时分布于全国各地的市场圩集，大部分为农民的米谷初级市场。"②"福建的农民不单单是一个农民，他是庄稼汉又兼工业工作者。"③

所以正如《中国农民经济》所说："农村工业一直为农民提供补充收入，由此维持了一种还算体面的最低生活标准。费（正清）从他的农村研究中得出结论说，只要农民有某种就业方式来补充他们的农业收入，他们的产品就足以供养其家庭成员。"④

（二）毛泽东《兴国调查》的分析

毛泽东《兴国调查》中的 8 户农民家庭都不可能依靠土地维持基本的生活。如果单从稻谷产量上来说，不足部分占 48.4％ 之多，问题是非常严重的，人地关系非常紧张。这些家庭之所以能够维持，是因为依靠农业以外的收入，比如说做手工业、做雇工、雇农或者说教书、做管账等。如果说全部加起来都达不到维持一般生活水平的话，就必须降低自己的生活水平，以红薯作为补充了。如果还不能平衡，就需要借钱。见表 3－7。

表 3－7　《兴国调查》：8 户农民土地及产量⑤

	人口	劳动力数量（人）	自有土地量（石）	租入土地（石）	数量收获情况（石）	交租（石）	自余（石）	家庭粮食需要量（石）	不足（石）
傅济庭	5	1.5	17	6	23	3	20	35	15

① （明）李培、黄洪宪：《万历秀水县志》卷一《风俗》，上海书店出版社，1993。
② 傅衣凌：《明清封建土地所有制论纲》，中华书局，2007，第 204 页。
③ 〔德〕卡尔·马克思、弗里德里希·恩格斯：《马克思恩格斯论中国》，严中平等译校，解放社，1950，第 169 页。
④ 〔美〕马若孟：《中国农民经济：河北和山东的农民发展 1890—1949》，江苏人民出版社，1999，第 20 页。
⑤ 近世以来，长江中游一带农民，普遍习惯以产量来计算耕地数量。

	人口	劳动力数量（人）	自有土地量（石）	租入土地（石）	数量收获情况（石）	交租（石）	自余（石）	家庭粮食需要量（石）	不足（石）
李昌英	6	2.5	30	20	30	9	21（15）	40	一半以上（30担红薯）
温奉章	4	1.5	8（押出）	120	72	55	17	28	10多石（另有40担红薯）
陈侦山	7	4.5	20	10	30	5	15（还要交利谷10）	42	27
钟得五	11	2.5	30	36	66	21.6	44.4	100	20多（另有40多担红薯，杂粮，豆子等等）
黄大春	4	3	5		5		5	28	不缺（23）
陈北平	11	4.5	32	20	52	10	42	60	约20
雷汉香	5	3.5	7.5	44	36（60多）	26	10（30多）	35	好赌，所以很穷（40多石红薯）。
总计	53	23.5	149.5	256	340	130	190	368	约178
平均每户	约6.6	约3	约18.7	约32	42.5	16.25	23.75	46	22.25

资料来源：根据中共中央文献研究室编《毛泽东农村调查文集》（人民出版社，1982）自制。

至少在南方地区，农民在农业之外有重要收入来源的情况是很普遍的。

表 3－8　革命前农民在农业外的收入状况

傅济庭	开小屠坊（杀一个猪赚一元三角钱）
李昌英	无（老弟分家后出外做雇农，自己种老弟的田地）但是有养猪的收入20多元。
温奉章	无（养猪，但是可能没有赚到钱）
陈侦山	老大借钱摆油盐摊子，蚀掉了，"搭便革命"，不要还债；帮人修山；老二看地（风水先生），半年赚了七八十块钱；老三篾匠学徒。
钟得五	当管账，年薪60元，红利20元。卖松树柴米10多元，养猪10多元。
黄大春	自己做爆竹，妻砍柴卖。老弟做篾匠。只有五石田，以手工业收入为主。
陈北平	老大泥水匠，年收入50元；自己在乡教小学，薪水约50元；山里棕、柴、竹木年收入约20元；养牛生小牛年收20元。可以应付一切杂用，但是不够吃，要借债。
雷汉香	老大、老二一半时间在外做零工（老大1/3，老二2/3），自己差不多全部时间做零工。老大、老二共计年收入约40元左右；养猪可得20多元。相抵应有余，但是由于好赌，生活困难。

资料来源：根据中共中央文献研究室编《毛泽东农村调查文集》（人民出版社，1982）自制。

8户人中6户有农业之外的收入。李昌英家虽然没有农业以外的收入，但是养猪能够赚钱（他家生活特别节俭，一年只有9天吃肉），也可以说是不纯粹依靠土地的收入。温奉章家也养了猪，但是家人身体不好，没有提到养猪的收入，估计是赚不到钱（他妻子只有16岁，生产上还没有什么能力和经验），只能自己吃（父母身体都不太好）。

此外，上述8户人中有5户以农业外的收入为主。剩余的3户人中，陈侦山家如果老大做生意不是破产，且老三篾匠学徒出来，也应该是以农业外的收入为主的。所以8户中当有6户是以农业外的收入为主要收入来源的。尤其是黄大春家4个人吃饭，一年需要约28石粮食，而自家只有5石田。他家主要是手工业者，农业只能算是辅助工作。由此看来，中华人民共和国成立前的赣南农村还真的很难说是自然经济了。

那么革命之后，这些农民能不能够依靠土地而维持基本生活呢？

从表3-9来看，土地革命对穷苦农民的生活的确是有很大改善作用的。人口减少了（从53人减少到45人），粮食的不足部分减少了（从总共368石中缺少178石减少到315石中缺少23石）。但是也并不能完全解决问题，分配土地之后，农民的食用是仍然不足的。而且由于各家情况不一样，粮食有的有余，有的不足，所以实际缺乏情况比表3-9中总数量上表现出来的严重。8户人家中有6户自家土地出产不足（只有陈侦山家刚好平衡，温奉章家剩余两石），如果加上从事革命工作能够得到的利益（不在家里吃饭），还有4户人家粮食不足。

表3-9　分地以后的情况（不考虑从事革命工作）

	人口	劳动力数量（人）	自有土地量（石）	分入土地（石）	数量收获情况（石）	自余（石）	家庭粮食需要量（石）（括号中表示由于有人参加革命工作后，实际需要量）	不足（石）
傅济庭	5	1.5	17	6	23	23	35（28石）	12（5）
李昌英	4	2.5	30	-5	25	25	28（21）	3（-4）
温奉章	4	1.5	8	22	30	30	28	-2
陈侦山	7	4.5	20	29	49	49	49（21）	0（-28）
钟得五	11	2.5	30	30	60	60	66	6
黄大春	3	2	5	28	15.5	15.5	21	5.5

续表

	人口	劳动力数量（人）	自有土地量（石）	分入土地（石）	数量收获情况（石）	自余（石）	家庭粮食需要量（石）（括号中表示由于有人参加革命工作后，实际需要量）	不足（石）
陈北平	6	4	32	17.5	49.5		42（35）	7.5（0.5）
雷汉香	5	3.5	7.5	25	32.5		35（28）	2.5（-4.5）
总计	45	22	139.5	152.5	292		315	23
平均每户	5.63	2.75	17.44	19.1	36.5		39.38	2.88

资料来源：根据中共中央文献研究室编《毛泽东农村调查文集》（人民出版社，1982）自制。

　　而且还必须考虑在土地革命的过程当中，人口是大量损耗的。不仅富农和地主大量逃亡，贫农的人数也在减少之中。所以上述八个家庭的人口结构都呈现出劳动力充足的态势。不仅老人少，小孩子也不太多。但是生活一旦稍微安定下来，生育率提高，农民的生活就不能不出现大的问题。而且上文中分地后农民的收入是按十成的产量计算的（毛泽东本人如此计算），但是参照土地革命前的状况，年成是不可能达到十成的。如果按不足十成来计算（这很正常），农民的生活问题更是解决不了。①

　　其实不仅是这 8 户农民的生活问题解决不了，革命后整个赣南农民的生活问题似乎也都是解决不了的。《东塘等处调查》："分了田的为汀塘、班溪坑、塔水、新塘、塅上等五村。汀塘每人分田二亩（打四箩到五箩），班溪坑每人分田二亩半，塔水、塅上两村每人均分田二亩，新塘每人只分得八分田。"②《兴国调查》提到永丰区全部四个乡的分田情况："如第一乡洋坊村，每人分五石六斗（二月分八石，实只能收五石六斗）。""第二乡指阁村每人分七石。""第三乡长窖村……每人分六石。""第四乡猴迳村……每人只分七石半。"③ 从上面的情况来看，多数村庄都达不到每人 7 石的生活标准。虽然有些村庄能够达到甚至超过 7 石的田地分配数

---

①　这里有一个矛盾。如果近世中国不是因为灾荒和动乱很多，一般农民包括佃农是能够有一个比较稳定的生活的，虽然这种生活水平比较低。但是如果革命后依然充满灾荒和动乱的话，从文中数据来看，农民的生活仍然保障不了。

②　中共中央文献研究室编《毛泽东农村调查文集》，人民出版社，1982，第 262 页。

③　中共中央文献研究室编《毛泽东农村调查文集》，人民出版社，1982，第 239 页。

量，但是在战乱之中，各种资本的损耗很大，商业活动受到抑制，生活也还是比较艰难的。再加上革命根据地的公粮标准很高，根据革命根据地的《土地法》要求，"土地税依照生产情形分为三种：一，百分之十五；二，百分之十；三，百分之五。以上三种方法，以第一种为主体。遇特别情形，经高级苏维埃政府批准，得分别适用二三两种"。所以即使是得到最高分配数量（7 石半）的农民，在交纳公粮之后，也依然无法依靠土地达到一般生活水平（人均 7 石谷）。所以毛泽东也不得不承认："……照上述分田数量，老幼扯匀，勉强够食。"由于农民不能仅仅吃饭，还要"油盐布匹杂用"：

> ……本区杂粮的大宗，就是番薯，平均占全部人口食粮的四成。分别来说，第一乡较少，因为土不起番薯，十成中只吃二成。第二乡和第三乡就大不相同，平均十成中要吃五成，多的吃到七成，一年到头都是饭里夹着番薯丝吃。第四乡平均吃番薯四成。

这种状况应该说在革命前后都没有什么改观。

此外，根据八个家庭的观察我们能够看到，在革命前，大部分农民是有农业以外的收入的。但是在革命以后，农业以外的收入来源大大减少了。"过去木、泥、缝、篾四匠，每年多的做二百工，少的百把工。革命后，泥匠、缝匠做工日子大减，大概一年只能做几十工了。木、篾二匠仅比过去稍为少做一点，差不很多。剃头比过去发达，因为女子都剪发了。革命后，锡匠、画匠、漆匠、纸匠都不见，因为用不着他们了。"（《兴国调查》）[①] 对农民而言，这是一个很大的损失。农民因革命受到的损失也是很沉重的（见表 3－10）。

表 3－10　革命带来的利益和损失

人名	土地革命所带来的利益	土地革命带来的损失
傅济庭	不用交租，不用还债	租地押金不能收回。脱离生产，不能从事屠宰业。

---

① 中共中央文献研究室编《毛泽东农村调查文集》，人民出版社，1982，第 226 页。

续表

人名	土地革命所带来的利益	土地革命带来的损失
李昌英	分了一部分田。不交租（但是后来死了儿子，嫁了女儿，又拿出去了。所以实际上还拿了田出去）。百物都便宜了（但是盐布大贵特贵）。	土地实际拿出去。部分商品涨价了。
温奉章	分了田，不用还债。种田地数量少了，比较轻松。在乡政府做事有收入。	铲了些好田出去。
陈侦山	分进了田，不用交租，不用还债。帮政府做事吃公家饭，政府派人帮种田。	失去了摆油盐摊子的机会。失去了看地的收入。失去了做篾匠的机会。
钟得五	分到了土地，谷价大跌，杂费减少。免除债务。	失去了管账的职业，损失约每年80元。
黄大春	富农被打死，不用还债。分到了田。	自己失去了做爆竹的职业；老弟也不能当篾匠了。种田无牛也没有其他工具，很困难。
陈北平	分进了田。为政府工作能够有些收入。	老大失去了造房子的职业；自己教书收入减少。
雷汉香	分到了一些田地。	抽了一些田地出去，还要向新户交租。
总计	除傅济庭外，都分到了田地。债务全部免除。	部分商品涨价，市场机制受到很大破坏，很多人家从农业外获得收入的途径都失去了。

资料来源：根据中共中央文献研究室编《毛泽东农村调查文集》（人民出版社，1982）自制。

综上所述，从上面的分析看来，这 8 户人家中，在分地之后，还是有 6 户人不能维持基本生计，即使是加上从事革命工作所能够得到的利益，也还有 4 户不能解决生计。如果考虑到土地的产出不可能是十成的，那么不能维持生计的家庭会更多。

表 3—11　解放前福建省部分农户抽样调查[①]

身份	户口数	人数	人均田亩数	占地比例
地主	8248	47488	3.6	30.62%
农民	61372	335595	1.15	69.38%
总计	69620	383083	2.0	100%

---

① 郑行亮：《福建租佃制度》，载萧铮主编《民国二十年代中国大陆土地问题资料》第 62 册，台北，成文出版社有限公司（美国）中文资料中心，1977，第 32072 页。

表 3 - 11 展示了解放前福建省部分农户占地比例及人均田亩。土地改革时，厦门锦里乡人均土地只有 0.533 亩。[①] 所以说，仅靠土地改革，平均分配土地不能从根本上解决问题。因此，土地改革可以成为一个基础，成为社会发展的第一步，其社会意义要大于经济意义是可以明确的。所以用破坏市场和土地产权的办法来保证土地的平均分配未必是值得的，很可能会得不偿失。

结论是在资本和土地都非常有限的条件下，又要维持日益增长的人口，为了解决这个矛盾，土地的市场配置 + 租佃制度 + 商品经济是一组非常好的制度组合，土地的市场配置能够提高土地的生产效率，租佃制度能够提高土地的产出效率，也能够让贫苦农民更好地安排自己的时间，通过商品市场进行交易以获得必须的粮食，维持基本的生存。

---

① "第四区土改工作汇报"，1951 年 5 月 25 日，厦门市档案馆藏，第 223 号。

第四章　近世中国土地资本化与租佃制度发展

第一节　资本和土地资本化的定义

社会科学有这样一个特点：每一个众所周知的名词，其内涵都是有各种不同的解释。在不同的作者那里，其意义多少会有所不同。而这样的多种含义，甚至可能会给人们的理解造成困难，进而误导实践。基于此，在本章当中，笔者将对若干耳熟能详的名词进行深入讨论，这种讨论对文章的展开和深入及问题的清晰理解是必不可少的。古人说的"循名责实"正是此意。

一　什么是资本

资本是一个我们耳熟能详的术语，也正因为如此，各方面的定义很多。仅仅在经济学领域，就有多种不同的定义。

《中国大百科全书》（第二版）是这样解释资本的：资本家剥削雇佣劳动力带来剩余价值的价值，体现资本家剥削工人的生产关系。[1]

《新帕尔格雷夫经济学大辞典》说："资本的主要特征是其耐久性。因为资本是可以长久使用的——也就是说，在生产中使用的资本不会立刻被消耗或毁坏的——所以它向资本持有者所提供的不只是及时地以一种特有的形式传递购买力的能力，而且还有它的必需性……"[2] 按这种逻辑，土地作为自然资源，应该不会被生产本身损耗。而劳动则是不可能储存的；至于企业家才能，则是不可被度量的。——这可以看作是四种生产要素的一个区别。

---

① 《中国大百科全书》第 30 卷，中国大百科全书出版社，2009，第 45 页。

② 约翰·伊特韦尔、默里·米尔盖特、彼得·纽曼编《新帕尔格雷夫经济学大辞典》卷
1，经济科学出版社，1996，第 267 页。

中国大百科全书出版社编《中国百科大辞典》（第一版）："资本，能为资本家带来剩余价值的价值。"

马克思："资本不是物质的和生产出来的生产资料的总和，资本是已经转化为资本的生产资料。这种生产资料本身不是资本，就像金和银本身不是货币一样。"①

亚当·斯密的《国富论》："资本一经在个别人手里积聚起来，当然就有些人为了从劳动生产物的售卖或劳动对原材料增加的价值上得到一种利润，便把资本投在劳动人民身上，以原材料与生活资料供给他，叫他们劳作。"

《不列颠百科全书》："资本：在经济学中，指一批可用于生产货物和服务的资源。在古典经济学中，资本被称作生产三要素之一，其余二要素为劳动和土地。广义的资本定义为可以包括生产系统中的一切物质的、非物质的和人力的投入。不过一般来说，更加有用的定义是将此术语限制为指生产企业所掌握的物质性资产。"②

《大美百科全书》："经济学赋予资本不同意义，因而在使用时必须注意其涵义所指。""亚当·斯密的《国富论》中资本一词便具有财务与实物的双重意义。""到十九世纪末，资本被视为生产四大要素之一。另外三种为劳动、土地和企业家才能。新古典经济学家，如马歇尔在其《经济学原理》中也采这种分法。""企业厂商取得固定资本时，乃期望于在有效期限内的附加收益，能大于该资本之取得与使用时的附加成本。"③

萨缪尔森说："资本一词通常被用来表示一般的资本品。资本是另一种生产要素。资本品和初级生产要素不同之处在于：前者是一种入量，同时又是经济社会的出量。"④

《中国大百科》在线认为：⑤ "用来剥削劳动者、榨取剩余价值的一

---

① 《马克思恩格斯全集》第 25 卷，第 920 页。

② 美国不列颠百科全书公司《不列颠百科全书》第 3 册，国际中文版修订版，中国大百科全书出版社，2007，第 426 页。

③ 外文出版社大美百科全书编辑部《大美百科全书》第 5 册，外文出版社、光复书局，1994，第 236 页。

④ 〔美〕保罗·A. 萨缪尔森、威廉·D. 诺德豪斯：《经济学》上册，高鸿业译，中国发展出版社，1992，第 88 页。

⑤ http://ecph.cnki.net/EcphOnLine/index.html.

种价值。资本不是物，是体现资本家与雇佣工人之间剥削与被剥削的生产关系。产生的历史前提：商品流通是资本的起点。商品生产和发达的商品流通，是资本产生的历史前提。商品流通的结果产生了货币，而货币正是资本最初的表现形式。在资本主义社会里，一切新资本都以货币形式出现在商品市场、劳动市场或货币市场上，经过一定的过程，这个货币就转化为资本。但是货币本身并不就是资本。……"

根据以上种种定义，我们可以归纳如下：资本应该有两个常用意义。

一个是狭义上的资本概念：是与土地、劳动和企业家才能并列的一种生产资料。其特征是人的创造物，目的是为提高生产效率，并通过市场实现价值，而其价格受市场收益决定。在这个意义上，资本可以成为生产资料的代名词，相当于资本品或投资品概念。

另一个是广义上的资本概念：即一切能带来财富和利益的手段都可以称为资本。这些资本可分为人力资本和非人力资本。其中，人力资本指知识和技术以及其他无形资产的产权；非人力资本即实物资本，包括厂房、机器设备、存货等，当然也可以包括土地。

马克思说："商品流通是资本的起点。商品生产和发达的商品流通，即贸易，是资本产生的历史前提。"[①] 没有市场，就谈不上交易；没有交易，也就谈不上利润；没有利润，也就谈不上广义上的资本。所以在市场经济条件下，广义上的资本应该也只能定义为追逐利润的手段。而题中之义是利润必然是在市场条件下实现。因此，离开市场关系来讨论资本其实是没有意义的。

二　关于"土地资本化"概念的分析

经济学意义和一般理论概念中的"土地"作为天然资源，既然不是人工创造，当然不可能成为狭义上的资本。

但是在实际生产生活中却并不如此。我们平常所看到的、所提到的土地，一般情况下，其自然性质已经发生了巨大的改变，其所表现出来的性质和生产力中主要是人力作用的结果，而不是自然力作用的结果。

---

① 中共中央马克思恩格斯列宁斯大林著作编译局编译《资本论》第一卷，人民出版社，1975，第167页。

所以我们一般说的土地，其主要性质早已经不是经济学意义和理论概念中的"土地"，而就是一种资本。

不仅如此，马克思说过"资本化的地租表现为土地价格或价值"。"真正的地租是为了使用土地本身而支付的，不管这种土地是处在自然状态，还是被开垦。""地租表现为土地所有者出租一块土地而每年得到的一定的货币额。我们已经知道，任何一定的货币收入都可以资本化，也就是说，都可以看作一个想像资本的利息。"①

中国当前所说的"土地资本化"，常常是指把土地从农业生产用途转变为其他用途。由于中国的政策限制，这个过程是必须要经过国家的批准的。也正因为如此，这个过程意味着土地巨大的升值。

但是与我们要讨论的中国近世社会中的"土地资本化"相比，上述定义只能说是其内涵之一。也就是说，我们将要讨论的中国近世传统社会中的"土地资本化"，不仅包含土地由农业用途转变为工商业用途，也包含其在农业用途中性质的变化。

传统社会中，土地既然可以获得比较稳定的超额利润和地租收益，就可能会在一定条件下转化为广义上的资本，即土地不仅仅是生产和谋生的手段，同时也是追逐利润的手段。或者说，土地的产品不是直接用于生产和消费，而是通过市场在实现其价值之后，再转化为生产和消费的手段。或者说，土地由直接提供生产和消费所需要的对象，转化为通过市场的交换间接满足生产和生活的需要。在这个过程中，土地可以实现更大的价值满足更多的需要。

根据上述分析，我们可以认为：近世以来的中国社会中，土地不仅主要已经是狭义上的人工创造的资本，而且还可以转化成为财务意义上的、广义的资本。为达到此一目标，必须具备如下条件。

①土地的产品不是直接消费，至少相当一部分是通过市场来实现其价值。即获得土地的目标是为市场进行生产，并通过市场获得其大部分消费品甚至生产品，而不是直接用于生产和消费。用于市场交换的比例

---

① 中共中央马克思恩格斯列宁斯大林著作编译局编译《资本论》第三卷，人民出版社，1975，第704、698、702页。

越高，则资本化的程度越高。①

②土地本身应该是允许自由交换的。即土地可以通过市场交易方式与其他资本形式相互转换。交换越容易，交换频率越高，交换成本越低，则资本化程度越高。②

③土地本身的产权应该是清晰的。这是前一条件的条件，因为产权不明确就难以进行交易。③ 产权越清晰，土地的交易成本就越低，交易就越频繁，其资本化程度就越高。但是产权清晰不一定是私有化。不仅是土地的所有权本身，土地的一切相关权益，如使用权、收益权等，都可以单独界定并进行交易。但是产权不清晰的土地也是可以交易的，而且通过交易可以让不清晰的产权变得清晰起来。

④土地的价格应该由预期的收益贴现决定；同时也受市场供求关系的影响。土地价格受市场的影响越大、越敏感，则资本化的程度越高。

⑤土地的投资回报率应该与其他人工生产出的生产资料（狭义上的资本）具有可比较性。回报率越接近，则资本化程度越高（这个结论未必正确）。

⑥可以承担农业生产之外的其他功能，并不单纯起到农业生产的作用（这一点在龙登高文章中有深入论述）。承担的其他功能，特别是资本功能越多越充分，则资本化程度越高。这表明土地从单纯的农业生产职能中超脱出来，而这种超脱既是农业生产进步的结果，又是其原因。

⑦土地本身的生产力会因为生产而产生消耗，需要人力和资本的付出维持，而不可能单纯因自然力恢复。生产力受资本的影响越大，则资本化的程度越高。

⑧土地的价格符合绝对地租和级差地租的理论。

---

① 很多研究者认为，中国传统社会中农民在土地上的生产大部分是满足个人的生活需求，并以此来否认中国传统社会中农民土地生产的市场性质，这是不对的。从分析事物的逻辑来说，我们应该把视角掉转过来看：因为中国传统社会中农民在土地上的生产物有相当大部分进入了市场进行交换，所以我们应该承认其市场性质。哪怕一块土地上的产品只有1%是固定进行市场并追求利润的，我们也要承认这块土地的市场和资本性质。

② 因为资本本身就是一种商品，近世以来，中国的土地是大量进入市场进行交易的。当然，交易本身也是促进产权明晰的重要过程。

③ 我们要避免这种误解：即产权的明确促进交易。交易也可能会促进产权的明确。产权的明确与交易是相互作用的过程，而不是单方面影响的过程。

此外，在现实生活中，劳动的资本化与土地的资本化是相伴随的。而且土地生产中往往存在着拟市场化和影子价格分析的现象。即土地生产不需要直接通过市场进行交换，但可能利用市场交易中形成的各种信息，比如说价格，来指导农户在土地生产中的内部循环。当时的农业生产通过市场实现价值的，毋庸置疑是有一个市场化过程的。但是即使是没有通过市场的土地产品，也可能是市场化的一个组成部分。这是因为整个农业生产受市场竞争形成的影子价格的影响，在影子价格的指导下进行生产。同样的道理，在土地的价格基本上由市场决定的情况下，未进入市场的土地，也仍然是一种资本。

从以上几个方面考察，大致可以了解到近世以来中国土地资本化的程度和发展过程。

三　资本与市场的关系

资本与市场其实是密不可分的。

什么是资本？资本与资产有本质的区别。如前所述，资产可以看作是狭义的资本。而我们一般所说的资本，也就是广义上的资本，并不仅仅是指那些设备、技术、生产组织和生产方式。它最根本的性质是获得利润和剩余价值的手段。而利润只能在市场交换中才能取得，价值只能通过交换得到市场的承认，在市场中实现。因此，没有市场就不会有价值，也不会有利润，当然也就不会有资本。一切新的或者是旧的设备、技术、生产组织和生产方式，只有在被市场接受的时候，才能够被认为是成功的。否则就必定会被淘汰。市场其实并不关心"新的"还是"旧的"，"先进的"或者是"落后的"，它只关心是不是"适合的"，是不是能够取得利润的问题。

因此，资本问题的实质就是市场问题。所谓中国资本主义问题，其实就是指中国内部全国大市场的发展、市场主导生产及与国际市场建立对接的问题。

那么什么是市场？市场并不仅仅是我们过去简单理解的"日中为市，聚天下之货，交易而退，各得其所"，那仅仅是一个商品市场！现代的市场不仅仅是商品市场，也是资本市场，是要素市场。现代的市场涵盖了交易的场所和交易的手段及相关制度，它的本质是信息公开、多点议价和自由竞争。市场的优越性就是通过交易形成一个均衡价格，并通过这个均衡价格指导生产，指导不同生产要素的最佳组合。交易的主体越多，性质差异越大，则信息越公开，交易的效率就越高。所以《国富论》开宗明义强调"分工协作"的作用。而市场就是安排分工协作最有效的方式。市场越大，分工协作就越有效。市场流动性越强，分工协作就越有效。市场越大，就越能容纳更细致的分工。

市场的确有错误，有信息滞后现象，但是无论如何，市场毕竟是已经存在的资源配置方式中最有效的。别的资源配置方式也会有其优势，但是只能建立在市场基础之上，而不能取代市场。

市场的力量很强大！司马迁在《史记·货殖列传》序中说："此宁有政教发征期会哉！"商品和资本能够不远千里万里到处流动的原因，无非是利润的追逐而已。在对利润的追逐过程中，最终实现资源配置效率的极高和商品效用的最大。

我们可以讨论一下资本主义、资本和市场的关系。①

首先，资本主义其实也就是资本的整体和运动，资本是资本主义的局部和静止存在状态。

其次，资本主义和市场的关系如下。

①资本主义其实就是市场的总和，它不仅仅是局部市场，也是整体市场。

②资本主义代表市场价格的形成及其对生产的指导，这里的价格不仅仅是局部均衡价格，也是一般均衡价格。

③资本主义不是静态的，而是动态的，它代表的是市场不断扩张的状态。静止的、不扩张的市场不能算资本主义。

④资本主义不仅仅是表面的，也不仅仅是深刻的，它就是表面的市场和深刻的市场的整体，它反映的是从商品市场延伸到要素市场乃至上层基础的一系列过程和制度的整体。这一切的中心就是一个词：利润。资本主义就是围绕着利润展开一系列的运动和形成的制度及组织之和。而实现利润的场所就是市场。

⑤资本主义不仅仅是一种生产方式，如果认为资本主义仅仅是一种

---

① 这里的讨论还仅仅是研究的初步，未必完全准确严谨。

生产方式，那就太肤浅了。资本不仅仅是生产方式，它代表的更是一种新的增长模式。

⑥资本主义是包容的。市场中的竞争主体不仅仅有企业，更有国家。国家对市场的深度介入和保护，既是市场发展和资本积累的必要和重要手段，更是国家力量的重要来源。因此，资本主义不仅仅是企业间的市场，也是国家间的市场，还是国家和企业间的市场。资本主义生产方式代表政府对生产的保护、促进和干预而非干扰。资本主义社会的重要特征应该是国家与市场的高度结合。这是资本主义生产方式的政治背景。不理解资本主义生产方式的政治背景，就不能充分理解资本主义的经济背景。

最后，关于资本和市场的关系，前面已经有所提及，这里再补充几点：构成社会的主体是人，但是市场交易的主体并不是人，而是经济单位。市场上交易的不仅仅是商品，更是价值和使用价值。而充当市场交易介质不是别的，正是资本。资本越充足，形式越多样，交易就越便利。反之，交易就会难以进行。

因此，没有市场就不会有资本。而没有资本作为市场交易的介质，市场就难以发展。资本和市场，正是一对不一不异的关系！

中国的前辈学人在长期艰苦卓绝的研究工作中，为我们积累下来很多非常有价值的成果和材料，这些都是我们要重视和珍惜的。

广义上的市场甚至并不反对非市场，不反对非市场化，并不反对交易内部化，并不反对组织内部协作，而是与内部协作共存，相互比较。

所以综合上述分析，本章所说的"土地资本化"的完整内涵如图4-1所示：

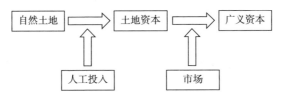

图4-1　人工投入和市场发展促进土地资本成长

第二节　资本与土地的生产力

近世中国，土地的生产力受资本投入量的极大影响，这一点古人早就注意到了！《陈旉农书·财力之宜篇第一》中提及：

> 凡从事于务者，皆当量力而为之，不可苟且，贪多务得，以致终无成遂也。传曰："少则得，多则惑"，况稼穑在艰难之尤者，讵可不先度其财以赡，力足以给，优游不迫，可以取必效，然后为之。倘或财不赡，力不给，而贪多务得，未免苟简灭裂之患，十不得一二，幸其成功，已不可必矣。虽多其田亩，是多其患害，未见其利益也。若深思熟计，既善其始，又善其中，终必有成遂之常矣，岂徒苟徼一时之幸哉。①

也就是说：在资本和土地的投入数量结合得比较合理的时候，就能够获得最大利润。否则土地虽然多，却不但没有回报，反而可能会亏损。反过来说，资本的投入也是一样的道理。资本不是投入越多越好，甚至产量也不是越高越好。

近世时期，狭义资本对农业生产作用很大。在中国近世，特别是在晚清和民国时期，人口增加速度远快于耕地增加速度，农业生产对资本的依赖是根本性的。有资本就有生产，资本增加产量就增加。资本被破坏产量就下降，甚至生产无以为继。②

土地不仅仅是自然资源，也是资本的凝结物。在近世中国，耕地中包含的自然资源性质已经相当小，耕地体现的主要是资本，而不是土地。耕地中的生产力主要体现的也已经不是土地的作用，而是资本的作用。近世以来的"土地"，特别是耕地，事实上我们可以用一个专有名词"土地资本"来指代。这个词马克思早已经用过，但是后人对此概念的内涵却理解不深。在日常观念和习惯中，人们还是把它称作"土地"。我们在研究中固然一方面要时时指出其中的差别，另一方面也不能不从俗，仍然按一般习惯将其称为"土地"。但是我们毕竟要意识到：其实它的主要价值部分已经是"资本"，而非"土地"。

---

① （宋）陈旉：《陈旉农书校释》，万国鼎校注，农业出版社，1956，第23页。
② 近代以来，很多学者在研究中国历代粮食产量，这些研究当然具有很大的意义。但是仅仅从表面研究这些产量并没有太大的意义，因为产量高低受资本投入和市场需求影响很大，如果我们忽视了资本和市场的作用，这些研究成果就往往会落空。

一　土地的自然生产力

（一）土地的自然生产力和农耕方式

土地的自然生产力其实是很低的。

原始采集生产方式条件下，每平方公里面积甚至连维持 1 个人的生存都困难："据估计，即使在那些冬季气候也很温暖、物产丰饶的地区，每平方英里也只能养活一至两名食物采集者；如果在气候寒冷的地方，在热带丛林区或沙漠地带，那么每养活一名食物采集者则需有 20 至 30 平方英里的地盘。"①

在原始农耕条件下，土地的生产力一样也不是很高。

著名的丹麦经济学家 Ester Bosrup 曾总结了历史上五种农业耕作方式，并认为这五种农业方式是依次递进演化的，五种方式分别是这几个。

①森林耕作制（Forest-fallow cultivation），也就是标准的刀耕火种农业。这种农业形态现在广泛存在于热带森林地区，恢复次生林植被所需要的休耕期一般长达 20～30 年，人口密度一般在 8 人/平方公里以下。

②灌木休耕制（Bush-fallow cultivation），休耕期较短，在热带地区为 10～20 年左右。火耕前的植被覆盖不再是森林，而是相对低矮的稀疏灌木和杂草。灌木休耕制所对应的人口密度一般在 10～20 人/平方公里。

③短期休耕制（Short-falloe cultivition），休耕期内植被为杂草。休耕期一般不足 10 年。人口密度为 30 人/平方公里以上。

④连作制，一年种植一茬作物，人口密度在 100 人/平方公里以上。

⑤复种制，一年内种植几茬作物，其支持的人口密度可高达 250 人/平方公里以上。②

习惯上我们往往将前两种农业耕作方式都称为"刀耕火种"。后面三种耕作制度中，多少也存在一些"火耕"的成分，但是随着干物质积累层的减少，火耕的效果越来越小，肥力的循环和杂草的清除也越来越依赖人力的直接作用，而这必然伴随劳动量的逐渐增加和资本的不断投

---

①　〔美〕斯塔夫里阿诺斯：《全球通史》，吴象婴、梁赤民译，上海社会科学院出版社，1999，第 82 页。

②　Ester Boserup, *The conditions of agricultural growth*，转引自王建革《人口、生态与我国刀耕火种区的演变》，《农业考古》1997 年第 1 期，第 91 页。

放及积累。① 种种人类学的研究表明，在人类社会的进步过程中，劳动投入量的增加往往是在人们并不情愿的情况下进行的，是人口压力下不得不选择的技术变革路线。②

在"刀耕火种"的方式下，劳动生产率是高的，但是土地的总生产力比较差，因为在那种方式下，土地不能连续耕作，而只能通过自然力量来恢复。很多人搞不清楚土地生产力和劳动生产力的差别，但是这两者之间的区别可能是非常重要的。在近世中国的人地资源比例条件下，土地生产力比劳动生产率更加重要。我们可以根据上面的材料来进行计算，典型的"刀耕火种"每平方公里土地最多只能维持 8 个人，即使综合考虑两种"刀耕火种"，大致每平方公里土地也只能维持 10 人左右的水平，而中国传统农业却需要维持 100～200 人/平方公里以上的水平，③土地的生产力至少要相差 10 倍以上。

（二）对"刀耕火种"的生产力分析

明代《海槎余录》一书对海南黎族"刀耕火种"的记载是比较有代表性的。书中记载："黎俗四五月晴霁日，必集众斫山木，大小相错，更需五七日，皓冽则纵火，自下而上，大小烧尽成灰，不但根干无遗，土下尺余，亦且熟透矣。徐徐锄转种棉花，又曰具花；又种旱稻，曰山禾，米粒大而香可食。连收三四熟，地瘦弃之，另择他所，用前法别治。"④根据当代的考察，这样的地在种过之后，可能要休耕 15～30 年之久。⑤

从经济角度说，"刀耕火种"是符合经济效率要求的。

---

① 至少在 20 世纪 80～90 年代，我国部分农村还有在地里燃烧部分植物残余物的习惯，只是这些燃烧的物质量所占比重比较低，人工施肥起主要作用，至少在部分山区及靠近山区的地方，还有部分通过"刀耕火种"的方式来开辟耕地种植某些作物，比如说种植芝麻的耕作习惯。在人类密集聚居的情况下，"刀耕火种"对森林的破坏很大，对人畜及其他财产安全造成的破坏也比较大，所以很多地方政府常常出令禁止点火烧荒。

② "食物采集者的生活很可能并不贫困（从我们有关当代狩猎、采集者的资料中就可以判断得出），而且很可能并不需要很艰苦的劳动就可以获得充足的食物。"（〔美〕C. 恩伯、M. 恩伯：《文化的变异》，杜杉杉译，辽宁人民出版社，1988，第 173 页）

③ 〔美〕卜凯计算：中国"农业人口过密，每平方公里耕地凡五七九人……。"见〔美〕卜凯主编《中国的土地利用》，金陵大学农学院农业经济系出版，1941，第 19 页。

④ （明）顾岕：《海槎余录》，载《元明善本丛书记录汇编》，商务印书馆，1937，第 2、162 页。

⑤ 诸锡斌、李健：《试析农业现代进程中的少数民族传统耕作技术：对云南和山地少数民族刀耕火种的再认识》，《科学技术与辩证法》2004 年第 2 期。

　　……粗放比集约省力……粗放耕作所需工数不到集约耕作的一半，其省力的优越性是十分突出的。其次，粗放比集约产量高……在正常的情况下，滇南传统粗放的懒活地的陆稻产量，一般为 600 斤左右，有的甚至达到 800～900 斤。滇南傣族传统水稻产量也不过 500 斤左右，近年来改种杂交稻，产量大部分上升到 600～700 斤，也不比山地民族粗放的懒活地高多少。……粗放耕作比集约耕作省力、产出高、生态效益好，不仅刀耕火种如此，水田农业也是这样。①

按这段材料来计算的话，"懒活地"的耕作中需要投入的劳动只是正常集约耕作的一半，甚至还不到，而产量却有过之。假如"刀耕火种"的产量按一般亩产 600 斤来计算，传统集约耕作的产量按一般 500 斤计算，则从劳动生产率上说，"刀耕火种"的劳动生产率要比传统集约经营要高得多，简单计算的结果是约为 240%。② 考虑到"刀耕火种"条件下生产的粮食品质更高，则在市场条件下，按货币计算出来的劳动生产率相差会更大。

　　唐宋时期畲田的经济效益是应该肯定的。现代人类学研究表明，在人口稀少而林地广袤的条件下，火烧后的肥力是十分丰富的。历史记载也说明这个问题。刘禹锡《畲田行》称："巴人拱手吟，耕耨不关心；由来得地势，径寸有余金"，这说明当时畲田的经济效益是较好的。范成大《劳畲序》称："巫山民以收粟 300 斛为率"，以一斛 120 斤计算，共可收 36000 斤左右。以一家六口计，人均一年仅粟便有 6000 斤。由此可见正常年景其不可能有饥迫之苦。范成大称当时三峡农民："虽平生不认粳稻，而未尝苦饥"，却非虚语。③ 美国学者 A. 特里. 拉博曾说到"当在适当的人口密度水平下实行刀耕火种耕作时，这种耕作方式乃遭受最小的病虫害侵扰，几乎不会

---

① 尹绍亭：《一个充满争议的文化生态体系：云南刀耕火种研究》，云南人民出版社，1991，第 81 页。

② 这里主要是假设在同等生活水平和政治及市场条件下，"刀耕火种"和集约经营能够获得类似的人均产量，而这种假设当然是有根据的。

③ 蓝勇：《深谷回音——三峡经济开发的历史反思》，西南师范大学出版社，1994，第 28～31 页。

引起环境生产力的退化而提供可靠的产量"。①

在"刀耕火种"条件下，土地需要保持极高比例的森林和灌木丛林，所以生态平衡维持得好也是可以理解的。拉博的结论主要是据非洲现代"刀耕火种"民族研究的结论，与中国的情况不完全相同，但是有类似的性质，所以可以参照起来进行分析。

复旦大学历史地理研究所王建革总结认为：人类学家和历史学家的研究表明，刀耕火种不但是史前普遍存在的一种农业种植方式，也是最早、最原始的农业形态，是对环境适应的一种生产方式，是一定时期内人口压力对环境和技术的适应方式。

总之，"刀耕火种"从一般概念上说也许并不是一种先进的技术和制度，但在某些特定的条件下却是一种合理的技术和制度。

既然如此，这么好的耕作制度为什么会被淘汰呢？问题在于："刀耕火种"是符合经济规律和效率的要求的，但是不符合更根本的要求：即满足人口增长的要求。

在原始采集条件下，人类几乎不对土地进行任何改造，单纯依赖自然生产力维持生存，每平方公里土地甚至不能维持1个人的生存。假如平均每人每年需要600斤粮食来维持生存，②而每平方公里是1500亩，则原始采集条件下，每亩土地能够给予人类的粮食还不到一斤。

在原始"刀耕火种"条件下，人类并没有对土地进行永久性的改造，也就是说在土地上并没有凝结人类投入所形成的资本，而产量却很高，每亩据说能够获得600斤的产量。但那里是云南，自然条件条件比较好，假如其他地方（比如说江南），通过"刀耕火种"可以获得亩产400斤的产量，这已经估计得比较高了。问题在于：这种产量是不可持续的，土地需要长期休耕以恢复地力。

"刀耕火种"条件下的土地，也许不是耕作一次就遗弃，但是其产

---

① 蓝勇：《"刀耕火种"重评——兼论经济研究内容和方法》，《学术研究》2000年第1期，第102~103页。

② 中国传统社会中"大口小口，一月三斗"，比较宽裕的条件下，人均年消耗粮食为3.6石，不过500斤左右，实际上还达不到这个水平。杜润生回忆：建国初期，随着农民生活的改善，农村人均消耗粮食达到440斤左右，国家就感觉有些吃不消了。见《杜润生自述：中国农村体制变革重大决策纪实》，人民出版社，2005，第39页。

量的下降是非常快的，假设可以连续耕作三次，获得 700 斤的产量（按
400 斤、200 斤、100 斤的序列），休耕期加耕作期为 20 年，则平均每
亩/年的产量不过 35 斤。如果按一年二熟计算，则每熟估计只有 20 斤/
亩的产量。这就是在最基本的资本条件下，仅凭劳动所能够获得的土地
产出水平。

　　实际上，在中国大部分地区，原始条件下连续耕作三次的可能性都
不是很大。中国北方春秋战国时期的畲田，很多是只种植一次就休耕，
有些是种植两次就休耕轮作。如果考虑到这一点，假设仅仅耕作两次就
放弃，那么也许每亩地的年产量还要下降，估计要下降到 25 斤左右（按
一年一熟计算），甚至只有 15 斤左右。

　　这还是水稻的产量，水稻的产量比较高，如果是粟和小麦，产量可能
还要下降一半，估且以下降三分之一计算，则每亩每年的产量只有 17 斤左
右。问题在于，这还仅仅是原粮的产量，如果计算米的产量，还需要至
少再减少三分之一。即稻米平均年产量不会超过 18 斤，可能只有 10 ~ 15
斤左右，而粟米和小麦的产量则要下降到 12 ~ 13 斤左右。[①] 如果在北方
地区，传统上种植比较粗放，相比起来，这个数字也许还要再下降三分
之一，到 7 ~ 10 斤左右。如果再考虑自然灾害的影响，按照土地的自然
生产力折算，可能平均每亩每年只有 5 ~ 6 斤的产量，[②] 按容量折合为大
约 4 升左右，[③] 或略少一些。南方地区，综合考虑，大致也只有 6 ~ 7 升，

---

①　本书其实还是从宽估计了。"大致说来，粟的加工率为 60%（这是粗米，精米为 50%），
　　稻的加工率为 50%（这是粗米，细米加工率为 38%，均见档案），杂粮大致为 60%，麦
　　磨粉为 84%，如粒食及粉食加麦麸，应与米一样看行，豆粒、玉米粒亦然。"见吴慧
　　《中国经济史若干问题的计量研究》，福建人民出版社，2009，第 126 页。

②　〔美〕卜凯《中国土地利用》记载："小麦地带……田块田地面积均三倍于水稻地带"
　　（第 53 页）"佃农估计仅占 6%"（第 54 页），又比水稻地带要低，所以小农的生活负
　　担应该比较轻。而小麦地区的生活水平并不比水稻地带高，甚至还要低。这不仅仅是
　　因为小麦地带产量低，还是因为灾荒比较多。"从 1904 至 1929 年间，每地区平均发生
　　水、旱、虫、兵、风、霜诸灾 21 次，作物损失 40% ~ 57%。"综合起来，传统时候，
　　北方地区的平均单位产量只有南方水稻地区产量的三分之一不到。不仅仅是因为土地
　　不好，也是因为自然灾害太多。

③　吴慧《中国经济史若干问题的计量研究》（福建人民出版社，2009，第 120 页）："明
　　代……一升合今 1.0225 斤，以米计为 1.53 市斤。""南方大米一百升，其重为百六十
　　斤"（见白寿彝总主编，周远廉、孙文良主编《中国通史》第 10 卷上册，上海人民出
　　版社，2007，第 670 页）。各地有出入，大致如此。

大致应该差不多的。——这就是在几乎不依赖资本条件下的土地的产量，我们估且把这种产出水平命名为"土地的基本产出"。

我们还可以换个角度计算。

吴慧曾经计算清后期、民国初期粮食亩产量，如表4-1所示。

表4-1　清后期、民国初期粮食亩产量

年份	1873	1893	1911
平均粮食亩产量（市斤/市亩）	236.7	254.0	256.8

资料来源：吴慧：《中国经济史若干问题的计量研究》，福建人民出版社，2009，第152页。

吴慧引用中华人民共和国成立前《农工商统计表》并参照珀金斯的修订数，大致计算了中华人民共和国成立前的粮食亩产，见表4-2。

表4-2　1914～1918年平均数

种类	稻	小麦	玉米	高粱	小米	薯类	大麦	杂粮	大豆	加总折算的平均数
单产（斤）	355	114	185	170	162	278	150	63	105	192

资料来源：吴慧：《中国经济史若干问题的计量研究》，福建人民出版社，2009，第153页。

再对照前面 Ester Bosrup 的数据，原始森林刀耕火种，每平方公里土地只能维持不到8个人的生存，而集约化农业生产则能维持250人，原始森林刀耕火种式生产，土地总产出水平只有集约化农业生产的1/30不到，也就是大概只有3%的水平。而中国就是世界上传统农业生产中最集约的国家之一。"……中国之土地使用方式，较西洋各国为集约"[1]。

根据上述吴慧计算出来的数字，平均粮食产量为192斤，我们可以推算出土地基本产出水平，平均来算不过6～7斤左右，折算起来，也就是不到5升。水稻产量较高，355斤，按1/30折算，也只有10斤左右。而且上面给出的数字都是原粮，如果经过加工至少还要减少三分之一到一半。[2] 所以如果论米来算，平均产量大概不过3升，南方地区大概不过五六升，与上面的计算结果基本上一致。

当然，这仅仅是全国范围内的大致情况，各地具体情况相差很大。

---

① 〔美〕卜凯主编《中国土地利用》，金陵大学农学院农业经济系出版，1941，第15页。

② 上面已经注明传统社会原粮加工能力比较差，出米率低。

不过，在不依赖土地资本积累的条件下，土地产量很低是可以确定的。

根据上面的计算："刀耕火种"的劳动生产率比传统集约农业要高得多，约为240%，甚至更高，但是土地的生产力要低得多，平均可能不到5%，最多也不超过10%，低的可能不到3%。这是一对强烈的矛盾！

二 对地租概念的辨析

上章我们已经说明了"田地"与"土地"的不同，但是只强调指出"田"的性质，现在我们还要进一步分析"土地"的性质。我们应该意识到：经济学中所说的"土地"、马克思说的"土地"及一般人所认为的"土地"，并不完全相同。现代西方经济学中所说的"地租"，也与马克思所说的"地租"（总地租）有较大的区别。而这两个"地租"概念又与我们通常所说的"地租"有所不同。正是这些内涵上的差距导致了我们对很多问题的误解。

（一）"土地"的含义

经济学中所说的土地，其实是指没有经过人类改造的土地的自然属性。马歇尔总结说：

> 我们通常说生产要素有土地、劳动和资本三类，凡是依靠人类劳动而成为有用的有形物都归入资本这一类，而不依靠人类劳动就成为有用的有形物则归入土地这一类。……"土地"这个术语的含义已被经济学家扩大使用，包括这种效用的永久源泉在内，不论这效用是出现在土地这个词的通常用法上，还是出现在海洋与河流、日光与雨水以及风力和瀑布等词的用法当中。[1]

现代西方经济学把可以人为再生产的物质称为资本，而把那些非人为因素的自然赋予称为土地。[2]"经济学家所使用的土地这个词，指的是

---

[1] 〔英〕马歇尔：《经济学原理》，廉运杰译，华夏出版社，2005，第126页。
[2] 参见〔美〕T. 伊利、W. 莫尔豪斯：《土地经济学原理》，滕维藻译，商务印书馆，1982，第13页。

自然的各种力量，或自然资源……经济学上的土地是侧重于大自然所赋予的东西。"[1] 马克思就认为："经济学上所说的土地是指未经人的协助而自然存在的一切劳动对象。"[2]

而我们一般意义上所说的土地，特别是经济史研究中所说的土地，往往是指耕地，其实是经过人类力量有意改造的。正如联合国粮农组织1976年提出的《土地评价纲要》对"土地"所作的定义："土地是由影响土地利用潜力的自然环境所组成，包括气候、地形、土壤、水文和植被等。它还包括人类过去和现在活动的结果，例如围海造田、清除植被，以及反面的结果，如土壤盐碱化。然而纯粹的社会特征并不包括在土地的概念之内，因为这些特征是社会经济状况的组成部分。"

马歇尔认为："土壤肥沃程度主要依据的那些化学性质和物理性质可以由人力来增进，而在极端的情况下，可以由人力完全改变。"[3] "在紧挨着地表的所有土壤里，有很大的资本因素——人类过去的劳动的产物。"[4] 对人类日常工作于之上的耕地而言，这种土地其实是凝结了人类不断投入所形成的资本在内的。

马克思同样认为："正如所有其他生产工具一样，土地资本是可以增多的。……人们只要对已经变成生产资料的土地进行新的投资，也就是在不增加土地的物质即土地面积的情况下增加土地资本。"[5] 马克思在这里其实已经把"土地"与"土地资本"两个概念做了区分。

所以我们在上一章把"田"看作是"土地资本"。当然，"土地资本"未必就是田地，还可以是其他的东西，比如说水利设施等。

(二) 土地与耕地的区别

有一个细节是研究历史的人应该注意到的。历来中国史书和历代笔记，谈到土地买卖的时候，往往都是用的"田"字，少用"地"字，而不说"土"字。

---

[1] 〔美〕T. 伊利、W. 莫尔豪斯：《土地经济学原理》，滕维藻译，商务印书馆，1982，第19页。
[2] 《马克思恩格斯全集》第23卷，人民出版社，1970，第668页。
[3] 〔英〕马歇尔：《经济学原理》，廉运杰译，华夏出版社，2005，第496页。
[4] 〔英〕马歇尔：《经济学原理》，廉运杰译，华夏出版社，2005，第128页。
[5] 《马克思恩格斯选集》第1卷，人民出版社，1972，第152页。

我们只听说"求田问舍""良田"和"千年田八百主",而没有听说过"求土问舍""良土"和"千年土八百主"的。当然,"田"和"舍"都是建立于"土"之上的。

在传统中国人的心目中,土地当然是属于国家的,"普天之下,莫非王土,率土之滨,莫非王臣"。一般百姓所能够拥有的只能是"田",而不是"土"。至于"地"是与"田"并列的,但是笼统地说起来,也是属于"田"的。

这其实说明在中国传统社会中,人们早就意识到:土地与耕地有根本不同。土地的性质是天然的,是自然的给予。而耕地的性质则是人工创造的,耕地在本质上是一种资本,而非自然界的给予物。耕地的确是附着在土地之上,具有自然性质,但是耕地产量的高低,毕竟取决于人工和各种资料的投入和改造。

国家拥有土地的最高所有权,但是不见得拥有耕地的最高所有权。或者说拥有荒地的最高所有权,却未必拥有熟地的最高所有权。对未开垦的土地和荒地,国家可以毫不犹豫地任意分配。对处于一般农民掌握之中并正在耕作状态下的熟地,国家却不可能这么做。

前引《困学纪闻》言:"至唐,承平日久,丁口滋众,官无闲田,不复给授,故田制为空文。……"[1]

> 江苏巡抚陶澍奏:沿江沿海,新涨沙洲,查照新例,召佃收租,拨充公用。[2]

> 吉林一带地方,为根本重地,官荒地亩,不准开垦,例禁綦严。所有珠尔山闲荒地五万六千余晌,除现在招垦地二千六百二十六晌,既经查明各民佃花费工本,姑准垦租交租外,实剩闲荒地五万三千三百七十四晌,自应查照凉水泉地亩封禁原案,画一办理。[3]

> 壬午。谕内阁,曾国荃奏:胪陈山西目前要务一折。山西值兹大祲之后,闾阎疮痍难复,亟应将应办事宜,妥为经画,以培民气

---

[1]　其实,不是因为没有闲田,而是因为很多闲田都被贵族官僚占据了。但是这种情况不影响我们全书的分析。

[2]　《清宣宗实录》卷一五九,道光九年八月辛巳,中华书局,1986年影印本。

[3]　《清宣宗实录》卷四三八,道光二十七年正月辛丑,中华书局,1986年影印本。

而救时艰。该省荒地甚多，应即详细清查，招来开垦。曾国荃现拟酌给贫民籽种，至无人地亩，准其族邻或客民承种，分别办理。如本户归来，俟次年播种之时，方许认回。傥五年后本户不回，即由佃种之人，承为永业等语。即着督饬地方官，实心筹办，务臻妥善。①

天然土地是属于国家的，其当然的主人也是国家，只能由国家来分配进行耕作并取得相应的收入。原来有主之地如果因为灾荒和战乱等原因重新荒芜，那么国家的所有权利就会重新显示出来。这正体现了我们前面强调的：国家拥有土地的最高所有权和最终所有权。

清代甘肃巡抚黄廷桂说得很明白："我朝定鼎以来，流亡渐集，然开垦之始，小民畏惧差徭，必借绅衿出名报垦承种，自居佃户，比岁交租。又恐地亩开熟，日后无凭，一朝见夺，复立永远承耕、不许夺佃团约为据。"这说明地主对耕地的所有权恰恰是来自国家的承认和让渡，只有土地的所有权确认之后，小民才敢报垦承种创造出耕地。

土地和耕地的另一不同点：国家当然是土地的最高所有者，因为土地是天然的，国家可以凭借暴力去占有，而且土地不会因为占有形式不同而改变，更不会损耗和消失。但是资本不同，资本是人创造的。国家难以凭借暴力去占有，即使占有了，也会很快损耗掉。

一块土地一旦有人耕作了，并于其上施加了劳动和投入，就形成了资本，资本加于土地之上就是土地资本。

土地资本既然是一种资本，当然也同样具有这种特点：收益严重受制于投入和维护，而且很容易损坏。国家可以占有田地，但是本身不能直接耕作田地。为了保障收益，国家必须尊重民间对土地资本的权利。

"我国传统王朝虽然不像近现代公民国家那样尊重公民的财产，但通常对于'有主'土地以强权来夺取还是相对罕见的。而在处置'无主荒地'方面，政治特权才真正是大显神通。"② 这其中的内在规律在于："无主荒地"具有的天然性质不会因占有性质而改变，所以政治特权可以大显神通。至于"有主的耕地"，则是人力投入的产物，占有性质的

① 《清德宗实录》卷七五，光绪四年六月壬午，中华书局，1987年影印本。
② 秦晖：《关于传统租佃制若干问题的商榷》，《中国农村观察》2007年第3期，第35～36页。

改变可能会导致生产力的丧失，所以是政府不得不小心行事的。

佃农久佃官地之后，佃农往往也能够获得稳定的产权，并逐步转化为民间的私产。而这是因为在土地上面已经附加了农民投入的资本。

我们在这里再回顾上一部分的复合产权问题，和上一部分的内容结合起来分析。

我们一般说的土地产权，在传统上分为两种：自然土地权和人造耕地（田）权。

田权具有资本性质，属于民间私人所有。

地权的最高所有权和最后所有权属于国家，但是国家在获得稳定税收的条件下，通过"田制不立，不抑兼并"的方式，默认由民间掌握现实所有权，即国家将土地的配置权和剩余索取权以税收为代价让渡给民间，或者说是听任市场来自由配置土地。——这一点非常重要！

地权和田权的关系，和当前中国的房地产市场很类似，土地权利属于国家，民间购买的只是房产而已。而且当前房产附属于其上的地权是有明确的使用年限的。而中国传统上的私有地权，没有使用年限，默认可以一直使用下去。

至于田权，往往又可以分为田底权和田面权。一般来说，田面权可以决定土地的生产配置和剩余索取，所以是现实所有权。至于田底权，一般来说，仍然是一种所有权。它承接田面权之后，负交纳税收的连带责任！并在田面权不能支付相应收益的时候，行使资源配置权。这是对田面权配置效率的一种保障和支撑。这种复合的产权结构有利于节省社会交易成本，提高生产效率，并保障土地资本的稳定和增值。

三　"地租"的含义

（一）经济学语境下的"地租"概念

经济学中所说的地租，如果按马歇尔的说法，其实是指"由于土地原始性质产生的收入"。[①] 这个观点与李嘉图是一致的。李嘉图认为，地租"是为使用土地原有和不可摧毁的生产力而付给地主的那一部分土地

---

① 〔英〕马歇尔：《经济学原理》，廉运杰译，华夏出版社，2005，第497页。

产品"①。

英国古典政治经济学的创始人威廉·配第将地租归结为商品价格扣除成本以后的剩余。他认为："假定一个人能够用自己的双手在一块土地上面栽培谷物；即假定他能够作为耕种这块土地所需要的种种工作，如挖掘、犁、耙、除草、收割、将谷物搬运回家、打脱筛净等等；并假定他有播种这块土地所需的种子。我认为，这个人从他的收获之中，扣除了自己的种子，并扣除了自己食用及为换取衣服和其他必需品而给予别人的部分之后，剩下的谷物就是这一年这块土地的当然的正当的地租。"② 这里的地租既与经济学中的地租有出入，也与后来马克思说的地租的概念完全不同。

亚当·斯密地租理论很复杂，具有特有的多角度定义的风格。他首先从支付的角度出发，认为"地租，作为因使用土地而支付的价格，自然是佃户在土地实际情况下所能支付的最高价格"③。马上，他又说："地租是必须支付农民一般利润之后的那部分产品"，④ 认为地租是对劳动产品价值在工资、利润以外的一种扣除。这当然也没有错。亚当·斯密又从生产费用论出发，认为地租是使用地主土地的"自然报酬"。这自然还是正确的。同时又受重农主义影响，亚当·斯密还认为地租是"自然力的产物"。这些反映了当时人们对地租问题不同角度的认识，也可以认为都是正确的。但是在实践当中，这三者其实是有较大差距的，亚当·斯密把这三种不同角度的定义放在一起，反映当时人还不能对这个概念的内涵进行清晰的区分。最后，亚当·斯密还意识到人们常常把"地租与利润混淆在一起"。⑤

（二）马克思的"地租"概念

马克思所说的地租是在前人的基础上建立自己的概念。马克思所说的地租（总地租），其实是指马歇尔所说"由于土地原始性质产生的收

---

① 〔英〕大卫·李嘉图：《政治经济学及赋税原理》，王亚南译，商务印书馆，1962，第43页。
② 〔英〕威廉·配第：《配第经济著作选集》，陈冬野等译，商务印书馆，1981，第40～41页。
③ 〔英〕亚当·斯密：《国富论》，唐日松译，华夏出版社，2005，第113页。
④ 〔英〕亚当·斯密：《国富论》，唐日松译，第113页。
⑤ 〔英〕亚当·斯密：《国富论》，唐日松译，第124页。

入"和"得自永久改良的收入（或准租）"之和。

马克思所理解的地租主要是从土地所有权和支付的角度来理解的。"地租是为'使用'自然物而支付的，完全不管这里所说的是使用土地的'原有的力'，还是瀑布落差的能量，或者是建筑地段，或者是水中或者地下蕴藏的待利用的宝藏。"①

"土地所有权的前提是，一些人垄断一定量的土地，把它作为排斥其他一切人的、只服从自己个人意志的领域。"② "这个货币额，不管是为耕地、建筑地段、矿山、渔场、森林等等支付，统称为地租。"③

所以马克思所说的地租是指"为'使用'自然物而支付的"价格，但是在这种自然物上，可能已经包含有人类改造的成分，比如说马克思提到的"耕地""建筑地段"等，就已经包含了资本的成分，所以已经不仅仅是"土地的'原有的力'"了。

所以马克思所说的表现为支付价值的"地租"，可能会大于经济学所说的代表"由于土地原始性质产生的收入"，也可能会小于这一数值。但是我们可以确定的是：这两个"地租"的内涵完全不同。

马克思还认为："实际地租，或者说，总地租，等于绝对地租加级差地租。"④

由于经营较好土地获得的、归土地所有者占有的超额利润就叫做级差地租。一般来说，它是由农产品的个别生产价格低于社会生产价格的差额形成的超额利润的转化形式。根据马克思的地租理论，地租可以分为级差地租Ⅰ和级差地租Ⅱ。

级差地租Ⅰ是指由于土地的肥沃程度不同或地理位置优劣不同所产生的超额利润转化的地租，称为级差地租第一形态。

级差地租Ⅱ是指由于连续追加投资于同一块土地而具有不同劳动生产率产生的超额利润转化的地租。

"如果最坏土地单价面积产品的价格 $= P + r$，一切级差地租就会按 r

---

① 马克思：《剩余价值理论》第 2 册，人民出版社，1975，第 273 页。

② 中共中央马克思恩格斯列宁斯大林著作编译局编译《资本论》第三卷，人民出版社，1975，第 695 页。

③ 中共中央马克思恩格斯列宁斯大林著作编译局编译《资本论》第三卷，人民出版社，1975，第 698 页。

④ 《马克思恩格斯全集》第 26 卷Ⅱ，人民出版社，1970，第 329 页。

的相应倍数增加，因为按照假定，$P+r$ 成了起调节作用的市场价格"，①
马克思还认为，土地有限性引起的对土地经营权的垄断使农产品的社会
生产价格由劣等地的生产条件决定。

由于土地的区位优势带来的地租的确与资本无关，② 但是由于土地
的肥沃程度带来的地租很大程度实际上也是资本的作用结果。至于级差
地租 II，分明就是资本投入带来的效益，只不过具有相对的长期性，所
以土地所有者可以凭之获得更高的租金。但是这种租金很难说是由土地
的自然生产力带来的，所以很难说是地租，实际上，按照经济学的定义，
这种租金更应该被视作是资本利润。

马克思语境中的"地租"与大卫·李嘉图说的"地租"概念其实是
一致的。"在通俗语言中，该词运用于农场主每年支付给地主的一切。如
果两个相邻的农场，面积相同，自然肥力也相同，其中一个农场条件便
利，排水和施肥得当，并且有篱笆、栅栏和围墙将其围起来。而另一个
没有这些有利条件，那么使用第一个农场自然比使用第二个农场要付出
更多的报酬。但在两种情形下，这种报酬都被称为地租。很显然，在经
过改良的农场每年所支付的货币中，仅有一部分是付给土地原有的和不
可摧毁的土壤生产力的，另一部分则用来支付资本的使用费用，这些资
本将用于改良土壤和建造为获取及保存产品所必需的建筑物。"③

（三）我们平时所说的"地租"概念

至于我们平时所说的地租，往往同时包含了上面所说的两个概念。当
我们讨论现实经济生活中支付的地租时，用的往往是马克思和大卫·李嘉
图所说的那个地租，既包含"由于土地原始性质产生的收入"，也包括
"得自永久改良的收入（或准租）"。当我们批判地主，说他们凭借对土
地的占有收取地租从而不劳而获时，其实讨论的是经济学中的地租概念，
即"由于土地原始性质产生的收入"。因为如果一个人盖了一幢房子出
租以获得收入，那么我们不能称其为"不劳而获"。同样的逻辑，我们
也不能将土地改良获得的收入称为不劳而获。"不劳而获"只能是因为

---

① 《马克思恩格斯全集》第 25 卷，人民出版社，1970，第 860 页。
② 却是与市场有关的。所以严格来说还是与广义资本性质有关。
③ 〔英〕大卫·李嘉图：《政治经济学及赋税原理》，王亚南译，商务印书馆，1962，第
　　43 页。

这个人可以凭借对土地的占有获得"由于土地原始性质产生的收入"。

李嘉图是不承认绝对地租存在的。但是马克思不同意他的观点，马克思认为所有的耕作都可以获得绝对地租："李嘉图撇开了绝对地租问题，他为了理论而否认绝对地租。"[①] 马克思在《资本论》第 4 卷第 12 章"级差地租表及其说明"中指出：不论土地等级"如何改变，也不论由此引起的劳动生产率如何改变"，绝对地租总是"同一的"。[②] 也就是说：各级等面积土地绝对地租量相等，是一致的。

但是实际上的确不是所有的土地都可以获得地租。我们只能说，从土地所有权的角度来说，使用别人的土地总需要付出代价，所以从所有权的角度来说租种土地必定多少有一些地租。而且土地总是有自然生产力的，一块荒地也多少会有所产出。所以从经济学的角度来说，荒地也必定会有地租。

但这并不能说：在市场条件下，耕作最坏土地的时候也一定能够获得超过市场正常利润率的报酬。当一个人租种别人土地的时候，如果不能获得超过市场平均回报的收入，且这种收入超过的也不足够大，他就不可能去承租别人的土地。这时候，土地就只能由土地的所有者自己耕作。所以从社会经济活动实践的角度来说，地租的确是可能不存在的。

（四）总结

根据上面的分析，总结前人的研究，我们认为经济学意义上的地租其实有两个内涵。一是"由于土地原始性质产生的收入"。即一块土地在不经人工耕作条件下所可能获得的产出水平，根据我们上面的计算，这个水平其实是相当低的，我们可以把其称作是"经济地租 1"。二是土地给人的劳动带来的报酬的增加量。如果一个人从事雇工工作，可以获得的收入为 B，而他以同样的劳动在一块土地上耕作可能得到的报酬为 A，则（A − B）可以被认为是其劳动的超额回报，也可以看作是地租，我们可以称其为"经济地租 2"。这两个地租都符合经济学上所说的地租概念，所以称之为"经济地租"，"经济地租 2"一般都是要大于"经济地租 1"的。

---

① 马克思：《剩余价值理论》第 2 册，人民出版社，1975，第 138 页。
② 《马克思恩格斯全集》第 26 卷Ⅱ，人民出版社，1970，第 299 页。

做一个简单的计算，假设一块土地在自然条件下可以生产 10 斤/年的产品。这可以认为是土地的原始产量，这大致可以认为是土地的"由于土地原始性质产生的收入"。一般来说，土地的地租不大可能少于这个数值。

如果有人对这块地进行开垦种植，比如说刀耕火种或其他最原始的劳动方式，可以获得 200 斤的产量，而他同样的劳动在充当雇工的时候只能获得 100 斤的收入，那么我们可以认为他的"经济地租 2"为 100 斤。

但是如果这个人用同样的劳动从事其他生产，比如说充当雇工，也能获得 200 斤收入，那么这块土地就不可能租得出去，当然也就不可能获得支付意义上的地租。问题在于：社会生产条件总是不断变化，所以充当雇工的收入也在不断变化，所以一块土地虽然总是存在经济学意义上的"地租"，也就是"由于土地原始性质产生的收入"，但并不总能在现实生产中获得地租。

只有当这个人充当雇工的收入少于 200 斤，这块土地才可能会产生地租。如果考虑市场支付关系，理论上在雇工收入为 100 斤的时候，地租应该是少于等于 100 斤但多于 10 斤。而这个收入反映的市场生产关系也与"由于土地原始性质产生的收入"不同。

根据上面的分析，我们会发现：理论上，一个农民在耕作自己的土地的时候，也可以获得"由于土地原始性质产生的收入"，或者说获得超额利润，从而可以认为是获得了地租，但是这种地租并不是凭借土地所有权获得的别人对他的支付，所以从社会实践和社会认识的角度来说，往往并不认为是地租。

耕种较好土地的农业资本家都能获得超额利润。从这个意义上说，新中国成立前南方多租佃制，而北方租佃制不那么流行就可以理解了，因为南方的土地生产条件比较好，支付得了地租，而北方的土地则相对生产条件不那么好，经济理论意义上的地租量太少不足以维持租佃关系的存在，所以只能由土地所有者自己来耕作了。

（五）现实语境下的"地租"

现实生活中，土地使用中交付的租金或者我们常说的"地租"、上面所分析的经济学上的"地租"和马克思所说的地租其实还是有区别的。而且越到现代，越是有重大的区别。

作为"土地资本"租金的地租，既然包含人类的投入和资本的凝结，其性质会与房租类似，理论上应该包括土地资本折旧费、维修费、管理费、投资利息、租赁经营利润等项。

"康熙时期的山东单县，乾隆时期的河南汲县、鄢陵，嘉庆时期的安徽凤台，不少佃户，缺乏生产资料，使用的牛、种，皆仰给于业主。清初的山东日照，有些佃户耕作，'不特牛具、房屋田主出办，正月以后，口粮、牛草，亦仰给焉'。乾隆时期的直隶献县，地主对佃农不但'给之牛力，给之籽种'，而且'春借之食'。在河南鹿邑，有的地主对佃农'居之以舍'，有的'出籽粒'，'并备牛车刍秣'，有的几乎全归地主供给，佃农仅只种植芸锄。"①

另外，在中国近世社会的租佃关系中"在南方和北方，都有不少佃农没有自己的房屋，他们需要住在地主的房舍内。……佃农住地主房屋，是租赁性质的，房租包含在地租里边"②。"在南阳，尤其在近城的乡间，一村一村的佃农，他们底房子是他们底地主为他们盖的，他们所需要的重要农具等等，多是他们底地主为他们预备的……"③ 在河南南阳地区，佃农交纳的地租中，实际上还包括房租和农具使用的折旧费用。

> 中国最近的土地的收入率，平均都说是二分内外。在芜湖的调查，地主的收入，每年为二分五厘（金陵大学农林科调查）。这是因为地主有改良土地的责任，需要种种的费用；更加，近年以来，战争不已，赋税的增加，不消说是地主所负担；就是官僚军阀的剥削，多也以地主为对象的缘故。④

一、四川北部。……军队征派军费，自然是地主的负担，不过有时也有强迫农民全部出资的。小地主不能负担军队的诛求时，就压迫佃农分担，所以引起了许多的纠纷。土匪的掠夺，初以富豪为对象，富豪迁入城市，后来少有产者，也都逃去。留在农村的，只

---

① 范文澜、蔡美彪：《中国通史》第十册，人民出版社，2008，第293页。
② 周远廉、谢肇华：《清代租佃制研究》，辽宁人民出版社，1986，第171页。
③ 李文海主编《民国时期社会调查丛编》二编《乡村社会》卷，福建教育出版社，2009，第167页。
④ 〔日〕长野郎：《中国土地制度的研究》，强我译，中国政法大学出版社，2004，第154～155页。

有贫穷人。于是就劫掳贫穷人，榨取几元的赎身费，不出的就遭到杀戮了。……二、江苏北部。淮河以北，受土匪害的很多，农民不能安然耕种，大农遂多离村而移于城市了。小农和佃户，最初还好，可是到大农逃出以后，逐次地由中农而小农，到现在都完全不能安心了。①

在军阀官僚地主多的地方，地主压迫佃农，于是，地租也就提高了。反之，纯地主的地方，他们与佃农协调，地租也就比较低廉。②

"地主多援助佃农筑堤，架桥和掘沟等。其次，宿县的地主，更常补助肥料和牲畜，以谋地力的维持。"③ 至于清代奏章中屡屡提到的"业食佃力"，更说明救灾费用也往往由地主垫付。这些当然都要承担相应的利息。

所以一般历史研究中所说的地租及我们平时所理解的地租，其实是指土地承租者在一定期限内向地主缴纳的全部货币额。从经济性质而言，这些地租往往并非完全由土地的使用引起，其中除上述最宽泛意义上的地租外，常常还包括由其他原因引起的各项费用，比如说：

①土地上及附属固定资本的折旧费和利息；

②土地承租者的部分平均利润；

③部分劳动力价格。

此外还包括各种国家正税、附加及地方公益建设费用。

也就是说，现实经济条件下的地租和理论上的地租往往有很大的出入。

地租中的相当部分价值可能是周围环境和市场条件发生变化造成的。这种环境的变化如果是自然力造成的，那么当然还是要归于天然土地的自我运动。

如果是人力造成的，那么与市场环境变化一样，可以归于资本的运

---

① 〔日〕长野郎：《中国土地制度的研究》，强我译，中国政法大学出版社，2004，第154页。

② 〔日〕长野郎：《中国土地制度的研究》，强我译，中国政法大学出版社，2004，第252页。

③ 〔日〕长野郎：《中国土地制度的研究》，强我译，中国政法大学出版社，2004，第312～313页。

动。只不过这种资本运动是市场整体环境运动造成的结果，所以只能看作是广义上的资本，而不能看作是狭义资本，因为这种资本并非是对土地直接作用造成的。

所以一笔收入究竟是不是"地租"，是什么语境下的"地租"，还是值得仔细分辨。

三　资本对农业生产的促进作用

（一）土地资本的增长依赖投入

土地总是有限的，自然赐予我们的土地只有那么多，在其他条件不变的情况下，劳动投入的边际产出水平下降也很快。土地当然有自然产量，但是人不是依靠土地的自然产量的，而是依靠人在有投入的情况下经过改造后的土地的产出来维持生存和发展的。要提高土地的总产出水平最有效的办法就是优化资本和土地及人力的结合。前面经过计算，"刀耕火种"与传统集约经营的农业相比较：同样要投入土地和劳动，土地的投入可以认为基本上相同，但是劳动的投入要少一半。但是在"刀耕火种"的过程中投入的资本量极少，对土地本身就没有进行过什么改造，水肥设施等也根本谈不上，所以总产量水平也要低得多。两者的差距大部分是资本投入方面的差距。土地结合的资本越雄厚，投入越多，产量也就越高。

马克思认为：

> 资本能够固定在土地上，即投入土地，其中有的是比较短期的，如化学性质的改良、施肥等等，有的是比较长期的，如修排水渠、建设灌溉工程、平整土地、建造经营建筑物等等。我在别的地方，曾把这样投入土地的资本，称为土地资本。①
>
> 人们只要对已经变成生产资料的土地进行新的投资，也就是在不增加土地的物质即土地面积的情况下增加土地资本……土地资本，也同其他任何资本一样不是永恒的……土地资本是固定资本，但是

---

① 中共中央马克思恩格斯列宁斯大林著作编译局编译《资本论》第三卷，人民出版社，1975，第704、698页。

固定资本同流动资本一样也有损耗。①

马克思说的这种情况在中国传统农业生产和土地经营中当然具有普遍意义。如前所述："……中国之土地使用方式，较西洋各国为集约。"②对中国而言，与英美等国相比，对土地资本的依赖性只会更强，而不会更弱。

方行总结说："中国传统农业，是'高度用地与积极养地相结合，以获得持续的、不断增高的单位面积产量'。'土地越种越肥，产量越种越高'。"③道理很简单，中国的农业生产早就过了依靠自然土地进行生产的阶段，而进入依靠土地资本进行生产的阶段了。

方行还总结认为：清代粮食产量的提高，"主要由于：（1）多熟复种制度的推广，各地复种指数提高。（2）水稻、玉米、甘薯等高产作物的推广，各地粮食作物结构得到调整。（3）品种改良、栽培管理、肥料积制与施用等精耕细作先进经验，由官府或民间推动，特别是移民的传播，在各地得到广泛交流。（4）开垦荒地、改良土壤、改造低产田、兴修水利和植树造林等农民长期劳动积累的作用，在各地得到充分发挥"④。至少后面两个原因都与土地资本的形成和积累有关。

近世中国社会中，土地资本的形成主要表现在如下几个方面。

1. 开荒

中国近世以来的土地资本都凝结着大量人力和物力的投入在其中。耕地的开垦需要极大的资本和人力的投入，而且需要精细的管理和制度方面的支持。

从清各朝的实录等材料来看，清政府立国之后屡屡开垦荒地，有些荒地开成了良田，但是也有很多地方是屡垦屡荒。投入了大量的资本，而效果却不显著。

康熙二十年（1681），安徽巡抚涂国相说：垦荒所需人力工本，

---

① 马克思：《哲学的贫困》，人民出版社，1961，第165页。
② 〔美〕卜凯主编《中国土地利用》，金陵大学农学院农业经济系出版，1941，第15页。
③ 方行：《正确评价清代的农业经济》，《中国经济史研究》1997年第3期，第141页。
④ 方行：《正确评价清代的农业经济》，《中国经济史研究》1997年第3期，第143页。

数倍于耕种熟田，定限三年起科，即使岁岁成熟，犹不能补偿所费工本，如果碰上水旱灾伤，那就不但"生息全无，反有剜肉医疮之困"。直隶灵寿知县陆陇其根据直隶垦荒的情形，对六年起科，也提出否定的意见。他说：北方地土瘠薄，荒熟不常。常常是在六年起科之时，所垦之地，已枯如石田、荡如波涛，而所报之粮，一定而不可动。所以小民视开垦为畏途，宁听其荒芜而莫之顾。①

　　署两江总督端方奏：前因江宁京口驻防旗民，生计艰难，议将万顷湖牧场，改为屯田，招佃认垦。经豫借官兵马干银两，拨作开办经费，时历年余，佃垦寥寥。来年即届扣还借款之期，兵丁困苦异常，拟请俟招垦成熟，租款收清，再行分起拨还，以资周恤。从之。②

可见土地的开垦是相当不容易的。

中国发展到清代中后期，适宜开垦的耕地基本上往往早已经开垦，新开垦的耕地往往有诸多困难，对资本和管理的要求很高，没有极大的资本难以取得实效。

　　查得吉林地方，凉水泉南界，舒兰迤北，土门子一带禁荒，约可垦地十万晌，省西围场边，约可垦地八万余晌，阿勒楚喀迤东蜚克图站，约可垦荒八万余晌，双城堡剩存圈荒，及恒产夹界边荒，可垦地四万余晌。均经委员履勘，地属平坦，别无违碍。现有佃民王永祥等认领，先交押租钱共二十余万吊。③

　　据称广宁属界牧厂，经该副都统督率佐领，分段查丈，招佃认垦荒地二十二万余亩。按上中下则，共收押荒银二万两。④

以上两段史料都能够说明晚清时期对东北地区进行农业开发需要比较大的资本，这种资本不要说普通老百姓难以筹措，即使是官府也非易事。

---

① 范文澜、蔡美彪：《中国通史》第十册，人民出版社，2008，第259页。
② 《清德宗实录》卷五三七，光绪三十年十一月癸未，中华书局，1987年影印本。
③ 《清文宗实录》卷三三九，咸丰十年十二月壬午，中华书局，1987年影印本。
④ 《清穆宗实录》卷八六，同治二年十一月丁卯，中华书局，1987年影印本。

2. 水利建设

水利是农业的命脉，但是水利也可以通过投入资本加以改造。

> 中国人力对于土地之各种改变工作，以灌溉与建造梯田，最为重要。[1]
>
> ……调查地区报告无缺者，逾五分之一。另外五分之一报告三年缺水一次，百分之十报告五年缺水一次……[2]

特别是在北方，水利灌溉对旱作农业更是至关重要。

"在小麦地带灌溉地之小麦及小米产量，较不灌溉地，约增 60%～70%。水稻地带以雨量较大，所增远逊于此。自北至南，而灌溉之利则随之递减……"[3] 近代泰安县涝洼庄村，灌溉地小麦平均亩产 307 斤，玉蜀黍（即玉米）亩产 407 斤，粟亩产 390 斤；无灌溉地，则主要农作物亩产分别为小麦 200 斤、玉蜀黍 313 斤、粟 300 斤。[4] 两者相比，亩产量相差约三分之一。

在陕西汉中地区，嘉庆间由于兴修水利得以推广一年二熟制，依靠的还是资本的作用。

> 水田夏秋两收，秋收稻谷，中岁乡斗常三石（京斗六石）。夏收，城（固）洋（县）浇冬水之麦，亩一石二三斗。他无冬水者，乡斗六七斗为常。旱地以麦为正庄稼，麦后种豆种粟种高粱糁子。上地曰金地银地，岁收麦一石二三斗，秋收杂粮七、八斗，兴安汉阴亦然。[5]

北方地区，水利的作用在于灌溉，灌溉是直接提高粮食产量的。

而南方地区有所不同。卜凯观察到：在中国，"水稻地带之雨量分布

---

① 〔美〕卜凯主编《中国土地利用》，金陵大学农学院农业经济系出版，1941，第 224 页。
② 〔美〕卜凯主编《中国土地利用》，金陵大学农学院农业经济系出版，1941，第 227 页。
③ 〔美〕卜凯主编《中国土地利用》，金陵大学农学院农业经济系出版，1941，第 292 页。
④ 北支经济调查所编《北支农村概况调查报告》（二）"泰安县第一区下西隅乡捞洼庄"，南满洲铁道株式会社调查部，1940，第 188 页。
⑤ （清）严如熤辑《三省边防备览》卷八，道光二年刻本，《民食》，第 12 页。

既匀，总量又大，故其农事不若小麦地带之危险，而较为稳定"。[1] 但是雨量大也是一种危险，南方地区农业生产比较稳定，和土地资本发展比较充分有较大关系。"人力改变土地之事，水稻地带多于小麦地带。小麦地带灌溉面积仅占18%，水稻地带达62%。……小麦地带除筑堤外，人工排水者仅1%，而水稻地带达7%，以其耕地多属低洼。"[2] 否则北方可能苦于无水，南方却可能苦于多雨了。

南方地区常常是建圩围田，一般来说，圩田产量比较高。乾隆间，韩梦固说来安县的"圩田宜稻，所获视他田三倍，其值亦倍于他田。故谚曰，'圩田收，食三秋'，其地利然也"[3]。围圩的建设依靠的当然是资本，而且需要的不是个别人的力量，是社会性各种力量的合作。

清代，"湖广熟，天下足"得力于两湖垸田。洞庭湖区为当时最重要的粮食生产基地。"湖田之稻，一岁再种；一熟则湖南足，再熟则湖南有余粟。"[4] 湖广米谷支撑了江南和两湖地区经济的繁荣。大量湖田就主要是由地主出资、农民出力开发的。有人说，对江湖淤积，"有力者因之取利如鹜，始则于岸脚湖心，多方截流以成淤；继则借水粮鱼课，四围筑堤以成垸"[5]。

西南地区的农业发展过程中，缺水的情况也比较严重。

> 黔省虽节年首报开垦，而山坡箐林，尚多荒土。……水源低下之地，或应筑坝以壅之，水源隔远之处，或应开渠以引之。小民工本无资，多致困守瘠土。……其无力引水之田，则照例官借工本，限年完项，分别升科。[6]

华北地区，有无水利往往决定着生产是否能够稳定；在长城以北地区，水利建设对农业更为重要，决定着农业生产能否进行。前者是稳定问题，后者是能否问题。

---

① 〔美〕卜凯主编《中国土地利用》，金陵大学农学院农业经济系出版，1941，第127页。
② 〔美〕卜凯主编《中国土地利用》，金陵大学农学院农业经济系出版，1941，第53页。
③ 《清经世文编》卷一一六《工政二十二》，"中国基本古籍库"。
④ （清）黄彭年：《陶楼文钞》卷二，民国黔南丛书本，第194页。
⑤ 《皇清奏议》卷四十五，"中国基本古籍库"。
⑥ 《清高宗纯皇帝实录》卷三一一，乾隆十三年三月，中华书局，1985年影印本。

署绥远城将军瑞良奏全蒙垦务，至今已成弩末。以经费言之，则无从腾挪；以事机言之，则无从着手。惟一言收束。举数年来未尽之事宜，合十三旗未了之镂辖，一一归结，良非易易。而至急至难者，莫如达拉特旗渠地，改办永租一事。该地依河为命，渠患之显者，固在黄水，而其病源尤在短租。佃民择地耕种，有水之地，任便指垦，无水之地，等于石田。卒至渠田愈种愈少，渠租愈收愈绌，渠道愈修愈艰，欲救其弊，必自改办永租始。惟永租之法，不难招人认领，实难得殷实民户，先垫资本。臣现拟督饬局员，令按段选举殷实地户，减价永租，仍令公举会首，总理其事，似此执闲驭繁，或可不劳而理，容俟议有端绪，再行奏陈。①

从上面的奏章来看，在中国，没有资本就没有水利，没有水利就没有农业的稳定发展，而没有良好的制度，就不会有资本的进入。永佃制度就是鼓励民间资本进入农业进行投资的重要制度保障。制度、资本与农业生产三者之间的必然联系，在此处显得清楚明了！

而且已经形成的土地资本需要不断维护，否则生产力就会很快丧失。

署两江总督协办河务尹继善奏：淮扬等属下河田傍，向有民筑圩围，日久坍废。上年委员查勘，悉心讲求，知筑圩实为保护田畴之要。随令……加意劝导，照业食佃力之例，实力举行，现已办有成式。泰州、兴化，俱闻风兴起，江都、甘泉、山阳、盐城、亦谆切饬行。乘此年丰农隙之时，通力合作，酌定分限三年，逐渐增培。②

大学士等议奏：湖南巡抚杨锡绂奏称，湖南长沙、岳州、常德、澧州、四府州，环绕洞庭。滨湖居民，就荒地圈筑垦田，谓之堤垸，有曾被水冲，发帑修复者曰官垸，其未经帑修，及后续圈者曰民垸。每年冬令水利各员，督民培筑，以防夏秋之水……臣到任后，由湘阴勘至益阳，所有堤垸情形，尚应酌定章程办理：一、险工宜三年连加大修。查各堤当水冲处，谓之险工。每年小修，不过加土数寸、

① 《宣统政纪》卷四〇，宣统二年十二月庚寅，中华书局，1987 年影印本。
② 《清高宗实录》卷二二九，乾隆九年十一月下，中华书局，1985 年影印本。

一尺。若加高厚各数尺，则曰大修。小修，佃民任之。大修，田主任之。今查两邑民垸，新筑固属松薄。即官垸旧筑者，亦未能一律高厚。盖每岁冬月，虽加数寸、一尺，次年雨水冲激，又多坍卸。臣虽面谕堤民，每遇天晴水小，随时培筑，不必定候冬月。然佃民农忙之时，殊难兼顾。而田主皆有力之家，出资修堤，俾田长成腴产，并非强以所难。应自本年秋冬为始，凡属险工，每岁加厚三尺，高二尺，以三年为止，即稍有冲损，尚多余存。合之现在堤身，三年之间，厚可一丈六七尺，高亦准此。遇大水亦保无患等语。应如所奏。①

再查尾闾各河，与海相通，海潮挟沙而行，一日两至，每易停积。向来河道淤塞，悉由于此。臣等行令该道厅，不时查看，如有停淤，即照业食佃力之例，督令附近居民疏浚深通。②

庚午，两江总督高晋、江苏巡抚明德奏：淮安府属山阳、盐城二县，有分辖涧河一道，又扬州府属高邮州，有运盐官河、南澄子河二道，系各坝下通海引河，该三处河身淤垫，奏明借项与挑，分年还款。今已先后完工，臣等亲赴勘验，均属开浚深通，并令将三处河道，归于淮、扬二属，节年动帑兴挑各河案内，责成专管兼管各员。每岁秋冬水涸，勘有淤浅，即照业食佃力之例，督令近地居民挑浚。报闻。③

中国的自然条件是：南方水多，需要防水、排水；北方水少，需要蓄水、灌溉。相对而言，南方地区在防水、排水方面投入比较大，制度比较合理。比如说长期以来形成的"业食佃力"制度，即地主出钱、佃农出力的做法，对土地资本的维持，就起到了很好的作用。

卜凯认为："中国以人力改变土地之程度，远过于创国未久、地旷人稀之国，如美国是……"④ 这是由中国近世人多地少的现实情况造成的。

当然，卜凯也观察到："中国农民曾以人力将其土地大加改变，藉资

① 《清高宗实录》卷二八九，乾隆十二年四月下，中华书局，1985 年影印本。
② 《清高宗实录》卷六九一，乾隆二十八年七月下，中华书局，1985 年影印本。
③ 《清高宗实录》卷七六四，乾隆三十一年七月上，中华书局，1985 年影印本。
④ 〔美〕卜凯主编《中国土地利用》，金陵大学农学院农业经济系出版，1941，第 9 页。

耕种。……每见乡村争水，恒至举锄鏖战，故中国水权尚须以执行公允之适当法律明文规定，加以护持。"① 土地资本固然是有很大的增长，但是水权的问题依赖国家行政司法能力的介入，一向解决得不是很好。

中国的农业在水利设施建设上付出了很大努力，这是因为中国的土地相对于人口来说太缺乏了。"而如美国有收获作物面积之灌溉者，仅4%，故中国灌溉技术之任何改良，直接与百万农民有益。"② 美国有允足的土地，所以对土地资本的创造不那么重视，而这对中国农业及国家的维持来说，却至关重要。中国和美国在农业生产中的不同性质昭然若揭。

虽然中国社会对水利设施建设付出了很大努力，但是中国近世的水利设施总的来说还是不充足的。"总起来说，清代农田水利，并未胜过前朝。而且愈往后愈趋衰败。从大量的地方志中可以看出：清代兴修的水利设施，在数量上还不及明朝。在全国范围内，十八世纪的康熙、雍正、乾隆，反不及十六世纪的正德、嘉靖、万历。而嘉庆以降整个十九世纪的水利设施，则连十八世纪的一半也没有达到。"③

不过，总的趋势是，在政治比较清明、制度比较合理的时候，水利灌溉系统一直在建设和维持发展之中。吴承明总结中国近代农业部门的发展时有这样的表述。

> 北方的井灌在这时期有所发展，河北、山东、河南的水浇地占耕地的百分比大约由 20 世纪初的 5.8% 增为 30 年代的 14.9%；西南、西北的水浇地也略增。这等于改良了土地。华中、华南的水利无甚进展，但复种增加，张心一估计，1930 年江苏复种指数达 164，广东为 144，这也等于增加了土地。其次，我国传统农业固然是以人力为主，但并非纯粹劳动密集生产。④

方行认为：

① 〔美〕卜凯主编《中国土地利用》，金陵大学农学院农业经济系出版，1941，第 7 页。
② 〔美〕卜凯主编《中国土地利用》，金陵大学农学院农业经济系出版，1941，第 227 页。
③ 范文澜、蔡美彪：《中国通史》第十册，人民出版社，2008，第 266 页。
④ 吴承明：《中国近代农业生产力的考察》，《中国经济史研究》1989 年第 2 期，第 76 页。

封建社会早期，水利工程大都是政府行为，由国家投资修建。以后田土日辟，农民日多，需要大量因地制宜的中小型水利工程。如仍由"官为经理，势不暇而资亦不继，不得不听民自为之"。封建国家既鞭长莫及，兴修水利遂逐渐由政府行为转化为社会行为。……明清时期，各地大量的渠、塘、陂、堰，大都是采取"业食佃力之例"所兴修的，即地主出工食，农民出劳力，以兴修水利。甚至某些大型水利工程也要向地主捐募资金。清代道光间，林则徐疏浚太湖流域的白茆河，就向当地官绅募资白银十一万两。密布全国的中小型水利工程，积小利为大利，收到了难以估量的灌溉效益。[①]

3. 施肥

这一部分的内容，放在下一部分进行分析。

（二）农业生产依赖资本的作用

上一节提到的是土地资本的形成和维护，这一部分要讨论在土地资本形成之后，在土地上耕作需要的资本。

《沈氏农书》中的"逐月事宜"表明，农业生产需要花钱的地方实在是很多。前人计算，在江南地区，包括雇工、肥料、饲料、种子等现金支出需一千文每亩，占收获谷物价值的 15%~25%，这些都是资本支出。

资本对农业生产的促进作用，根据前人的记述和研究，大致分类而言，主要有如下方面。

1. 肥料的作用

肥料的投入其实兼具形成土地资本和直接影响产量的双重作用。

卜凯调查表明：

中国北部雨水稀少，故有一种未经淋溶之钙土（钙层土），而南部多雨，故有一种淋溶土或酸性土（淋余土）……未经淋溶或略经淋溶之土壤，颇富矿质，堪为植物养料，惟乏有机物质……淋余土所含植物矿质养料，低于植物所需之限度，加以养化过速，遂致

---

① 方行：《略论中国地主制经济》，《中国史研究》1998 年第 3 期。

必须时增大量有机物质，故南部施肥，甚较北部更为重要。①

中国的土地耕作频率过高导致不管南方还是北方，土地都缺乏必要的有机物质。而在南方不但缺乏有机物质，连矿质一并缺乏，所以在南方地区，施肥对生产就更为重要。

古人早就观察到肥料的作用，而且肥料和劳动之间是有互相替代性质的。包世臣说："凡治田无论水旱，加粪一遍，则溢谷二斗；加作一工，亦溢谷二斗。"因此，在水稻生产中追加资本和追加劳动同等重要，而且在很多地方追加劳动的效用递减速度远快于追加资本。

肥料首先依赖人力的采集，但是人力有限，更多的肥料是依赖更多的资本的。所以："富家多用豆饼，椎碎成悄，匀撒苗间；贫家力不能致饼，则用猪羊栏腐草。"② "有资者再粪，亩获二石，无资者一粪，获不及焉。粪而再耘，秀始实，不耘则糠秕焉。"③ "农家养猪的一大目的就在于要猪粪。只有耕地较多的富户花钱向附近兵营或北平德胜门粪市购买。"④

"……家畜密度为保持土地肥力之一大要素。农民认为肥料为有利者，占四分之三，但资本不足，肥料不敷，致碍发展。"⑤ "小田场每作物公顷所产人畜粪较大田场大三分之一强，足证小田场家畜密度较高。综合人畜粪及其他肥料两者而言，则更大田场每公顷施用数量较小田场为大。"⑥

小田场的肥料主要靠自己收集，而大田场的肥料除了依靠自己收集之外，还大量依靠市场获得更好的肥料。

北方地区常常利用多养牲畜的办法来获得更多的肥料。

---

① 〔美〕卜凯主编《中国土地利用》，金陵大学农学院农业经济系出版，1941，第 3~4 页。
② （清）许旦复：《农事幼闻》，见（清）汪日桢纂《咸丰南浔镇志》卷二十一《农桑一》，清咸丰九年修同治二年刻本。
③ （清）凌介禧：《程、安、德三县赋考》，转引自傅衣凌《明清社会经济史论文集》，商务印书馆，2010，第 137 页。
④ 李文海主编《民国时期社会调查丛编》二编《乡村社会》卷，福建教育出版社，2009，第 37 页。
⑤ 〔美〕卜凯主编《中国土地利用》，金陵大学农学院农业经济系出版，1941，第 12 页。
⑥ 〔美〕卜凯主编《中国土地利用》，金陵大学农学院农业经济系出版，1941，第 337 页。

"章丘县东矾硫村经营式地主太和堂李家，在清季光绪末年，拥有耕牛9头，驴、骡各4头，除利用牛、驴、骡积肥外，还喂羊百余只，猪40余头，常年积肥5千余车；又开酒坊可利用酒糟喂猪，解决了猪饲料问题，故其所积肥料的数量和质量都远较其他农户为高。"[1]"招远县的所谓'富有之家'，大多为经营式地主，开粉坊所需固定资金和流动资金均较多，而单由销售粉丝所得的纯收益十分有限。"其收益主要靠农业收入的增加来抵补。[2]

肥料不同带来的农业产量差距有多大呢？

在胶东半岛区的招远县，富有之家多经营粉坊，雇工3~4人，粉丝作商品出售，以粉浆作肥料，粉渣为猪饲料。猪养大后，猪粪亦是肥料。由于肥料充足，经营粉坊的人家土地产量可比一般人家高一倍以上。[3]

这个例子其实能够说明很多问题：第一，对经营式地主而言，其工商业经营和农业经营是结合在一起的，而且利润从何处实现都没有区别，这反映了土地资本化的事实；第二，当时工商业市场其实已经处于饱和状态，指望单纯商品市场的扩张来实现经济比较大的突破和劳动力的就业是不大可能的；第三，生产经营其实已经达到了边际利润为零的状态，这是符合经济原理的，具体地说是符合利润最大化原则，边际收益＝边际成本；第四，也是最重要的，这里土地的增产完全是资本的投入增加带来的。所以这种收益，明显只能看作是资本收益的一种转化形式。增加对土地的投入以获得更多的收入与在土地上建设工厂以增加收入，在农民看来，性质是完全一样的。

总体而言，"小麦地带每作物公顷摊一家畜单位十分之七，水稻地带

---

① 张佩国：《地权分配·农家经济·村落社区：1900—1945年的山东农村》，齐鲁书社，2000，第150~151页。

② 张佩国：《地权分配·农家经济·村落社区：1900—1945年的山东农村》，齐鲁书社，2000，第150页。

③ 张佩国：《地权分配·农家经济·村落社区：1900—1945年的山东农村》，齐鲁书社，2000，第150~151页。

则摊一家畜单位，肥料多为厩肥、人粪、油饼、草灰，然不足适应两地带肥力之需要"。① 近世中国社会，不论南方还是北方，仅靠农业经济体内部循环来解决肥力问题是很难做到的。在江南地区，早就转向外部市场来解决土地肥力问题了。

李伯重在研究江南自唐以后的经济发展后指出：自唐至清，在江南水稻生产集约化过程中，劳动的投入并无大变动，而资本投入的增长起了重要作用。② 特别是长距离市场贸易发展给江南带来的大量高质量饼肥，作用很大，既节省了劳动，又提高了产量，对江南经济的发展起到了革命性的影响。

外部市场肥料提供的结果是比较良好的。据李伯重的研究，江南耕地总面积在 16 世纪中叶达到 4500 万亩，到 1820 年仅提高 2%。而在整个明清时代，水稻生产中人工投入基本上是一致的。但是每亩水稻肥料投入量（折合成饼肥）由 160 斤提高到 295 斤，牛力的投入也增加了，这导致亩产量提高了 45% ~ 50%，每个劳动日产量提高 23.5%，人均产量由 15 石提高到 27 石，提高 80%。

南方地区，肥料的作用并不仅在当期的生产，对维持长期的生产力也是非常有用的。也就是说，在南方地区，肥力的发挥往往比较慢，而且能够对土地的物理性质起到重要的改造和支撑作用。

"在水稻栽种影响下而灰化之土壤，前谓土壤灰化作用，系受渗滤水及各种有机酸质之影响。……栽种水稻之土地，一年大部分期间必须有水；此灌水由表层浸入底土，缓而不断，胶状粘土及其他溶解化合物则随之俱下，各种有机肥料之增加，包括大量人粪，有助于灰化作用之增加。时或施用石灰，足以抵销淋溶影响。"③

"凡中国南部能蓄水及能灌溉之地，几均以一部分时间栽种水稻。其土壤无论原始性质如何，均经一再整治、耕翻与施肥，及至适合稻作而后已。"④

"游历者于其文字中，恒称中国土壤肥美；……中国大块土壤因农民

① 〔美〕卜凯主编《中国土地利用》，金陵大学农学院农业经济系出版，1941，第 55 页。
② 吴承明：《李伯重：〈江南农业的发展：1620—1850〉》，《中国学术》2001 年第 1 期。
③ 〔美〕卜凯主编《中国土地利用》，金陵大学农学院农业经济系出版，1941，第 181 页。
④ 〔美〕卜凯主编《中国土地利用》，金陵大学农学院农业经济系出版，1941，第 182 页。

辛勤保护，自有高度之天然或人为肥力，或二者兼备。"①

历来观察者都注意到南方地区租佃关系更为长久，即使没有永佃权，佃农往往也能够一种多年，不加以改变。重要原因之一正在于南方水稻土壤的这种性质，一旦有一年不好好经营，对以后多年的产出都会发生重要影响。"在农村中，常听到一个谚语，就是'换佃三家穷'，这个意思就是说换佃以后，地主穷、佃农穷，而土地亦穷。"② 所以地主尽可能避免换佃给土地生产力所带来的不利影响。

北方地区，肥力的影响不至于那么长久，佃权的保持也就相应地不那么长久。当然，事物是复杂的，一种租佃制度是否占优势的影响因素很多，以上因素也只是众多原因之一。

2. 雇工的作用

过去的研究方向很重视对雇工的研究，却往往忽视雇工和资本的关系。中国传统农业生产中，劳动分配不均匀的情况是广泛存在的。

"劳力虽多而贱，然当栽种收获农忙之日，所有劳力，犹感不敷。"③而且，北方地方劳动力不足的情况往往更为严重。"据调查 260 地区，所得农工缺乏之材料，各该地区于收获时劳力不足者，约占三分之二，栽种时劳力过少者，占四分之一，灌溉时缺乏劳力者，占八分之一。小麦地带之田场面积较水稻地带为大，且水稻地带复种之田地略少，故小麦地带于作物收获时，劳力缺乏较巨，而中耕亦稍感不足。水稻地带于移栽及灌溉时期，所以缺乏劳动力者，因水稻必须移栽及灌溉，有以致之。"④

近世以来中国传统农业生产机器运用少，生产效率是不高的，"人耕十亩"是常态。即使如此，在农忙时候，还是不得不经常依赖雇工经营。"……力或不及，雇工以助之。"⑤ 嘉庆年间，章谦存分析说，"（佃农）……工本大者不能过二十亩，为上户"。⑥ 光诸年间的陶煦也判断，"佃农而一家力作，夫耕妇馌，视佣耕者力胜，或可逾十亩以

---

① 〔美〕卜凯主编《中国土地利用》，金陵大学农学院农业经济系出版，1941，第 182 页。
② 〔美〕卜凯主编《中国土地利用》，金陵大学农学院农业经济系出版，1941，第 208 页。
③ 〔美〕卜凯主编《中国土地利用》，金陵大学农学院农业经济系出版，1941，第 13 页。
④ 〔美〕卜凯主编《中国土地利用》，金陵大学农学院农业经济系出版，1941，第 405 页。
⑤ 《程、安、德三县赋考》，转引自傅衣凌《明清社会经济史论文集》，中华书局，2008，第 137 页。
⑥ 《清经世文编》卷三九《户政》，"中国基本古籍库"。

外"，"上农不过任十亩"。① 到民国年间，情况仍然大致如此。抗战前夕，费孝通在吴江开弦弓村调查发现，一个普通农户的耕作能力为稻田七亩，② 甚至耕作能力还有所下降。民国时期川沙县：大概夫妇二人，两三个幼童帮助，可种田十亩，但农忙时仍需雇工。③ "大抵上农夫一人止能种十余亩，否则多雇长工，始能毕务，盖其艰如此。"④ 没有充裕的资本，既不能完成生产，也不能实现土地和劳力的良好结合。

"据 20 年代 7 省 16 县调查，以材料较全之自耕农为例，耕作的现金支出中，雇工费占 56.6%，农具修理、肥料、饲料、牲畜购买、种子共占 43.6%（未包括家工也未包括自产生产资料）。"⑤ 雇工所需资本占全部生产现金支出的一半以上，可见其重要性了。

3. 经济作物种植的需要

近世以来的中国社会人口增长速度远快于耕地增长速度。卜凯调查统计表明："农业人口过密——每平方公里耕地凡五七九人。"⑥

更重要的是，耕地分配是不平均的，这就迫使那些拥有耕地面积过小的农户不得不大量种植经济作物。

方行认为："商品经济发展，特别是农村商品生产发展，是清代经济超越前代的又一重大成就。"⑦

到民国时期，

　　中国需用劳力较少之作物，为黍子、豌豆、晚稻及玉蜀黍，每公顷需 20～62 日；小麦、高粱、小米、大麦、花生及蚕豆，每公顷需 64～121 日；早稻、油菜籽、棉、莜麦、甜薯及甘蔗，每公顷需 124～183 日；水稻及烟草，每公顷需 185～245 日；而需用人工最多

① 陶煦：《租核》，载赵靖、易梦虹主编《中国近代经济思想资料选辑》上册，中华书局，1980，第 395 页。
② 费孝通：《江村经济》，上海人民出版社，2006，第 113 页。
③ 方鸿铠、陆炳麟修，黄炎培纂《川沙县志》卷五，上海书店出版社，1991。
④ （清）李镜蓉、（清）盛赓修，（清）许清源、（清）洪廷揆纂《光绪道州志》，1877 年版本，台湾成文出版社编"中国方志丛书"。
⑤ 吴承明：《中国近代农业生产力的考察》，《中国经济史研究》1989 年第 2 期，第 76 页。
⑥ 〔美〕卜凯主编《中国土地利用》，金陵大学农学院农业经济系出版，1941，第 19 页。
⑦ 方行：《正确评价清代的农业经济》，《中国经济史研究》1997 年第 3 期，第 148 页。

者，为鸦片、茶及桑，每公顷需 247～494 日。[①]

不同的作物，单位面积耕作所需的劳动和资本投入都是不同的，这就给农户经济作物专业化生产和调节劳动时间提供了经济上的可行性。

"一田场如此之小，而劳力如彼其多，所食蔬菜，除芋薯外，由田场自给者仅 61%，余皆购买，此种情形，宁非奇异。推考其故，一部分乃缘蔬菜栽培系城市附近种菜者之专业，而一般农民常不谙栽培普通蔬菜之法。"[②]

不同的作物经济收入不同，经济作物单位收益往往比较高。以蚕桑生产为例，明万历间的桐乡县知县胡舜允就说，"地收桑豆，每四倍于田"。[③] 清初张履祥记述，种桑"地得叶，盛者一亩养蚕十数筐，最下二三筐，米贱丝贵时，则蚕一筐，即可当一亩之息矣。米甚贵，丝甚贱，尚还与田相准"。[④] 清初海宁的陈确也认为："今中田一亩，岁出米麦豆三石以上，腴田出四五石以上，是一夫之食也。若夫桑麻瓜果之田，岁出一二十金以上，是数口之食也。"[⑤] 乾隆年间，乌程县的施国祁说"蚕桑利三倍"。[⑥] 蚕桑收益因年岁丰歉不同差距颇大，但是与种稻相比一般有三四倍的收益，是大致可信的。

种植烟草的收入也很高。方苞就说过：种烟之利，"视百蔬则倍之，视五谷则三之"。[⑦] 在福建，"种禾只收三倍利，种烟偏赢十倍租"。[⑧] 在四川，种烟，"大约终岁获利，过稻麦三倍"。[⑨] 在甘肃，"居民业此利三倍，耕烟绝胜耕田夫"。[⑩] 种烟比种稻约有三倍左右的收益，但是所需资

---

① 〔美〕卜凯主编《中国土地利用》，金陵大学农学院农业经济系出版，1941，第 409 页。
② 〔美〕卜凯主编《中国土地利用》，金陵大学农学院农业经济系出版，1941，第 574 页。
③ （清）李廷辉修，（清）徐志鼎纂《嘉庆桐乡县志》卷四，清嘉庆四年刻本。
④ （宋）楼璹等：《耕织图诗 补农书 北山酒经 笋谱 茶考 茶疏 等六种》，"杭州史料别集丛书"，当代中国出版社，2014，第 138 页。
⑤ （清）陈确：《陈确集》，中华书局，1979，第 336 页。
⑥ （清）汪日桢纂《咸丰南浔镇志》卷一，清咸丰九年修同治二年刻本。
⑦ （清）方苞撰《方望溪全集》集外文卷一，中国书店，1991，第 273 页。
⑧ （清）张凤翔：《种烟行》，康熙间在福建作，见（清）孙桐生《国朝全蜀诗钞》卷八，巴蜀书社，1985。
⑨ （清）彭遵泗：《蜀中烟说》，转引自方行著《中国封建经济论稿》，商务印书馆，2004。
⑩ （清）舒位：《兰州水烟篇》，转引自方行著《中国封建经济论稿》，商务印书馆，2004。

本更大，"工费较稻粱倍加""利亦如之"。①

近代时期美烟进入中国，种植的农艺要求极高，"管理尤须周密，防治虫害，锄草，灌溉适宜，方能茂盛，烤制精良，方能出售高价"。美烟种植中，最大的生产投入为人工、肥料和煤炭，三者之中人工所占比例最大。20世纪20年代种植一亩（以240平方步之官亩计算）美烟，累计需30个工日，需工数是一般粮作的3~6倍。② 种烟需要的不仅是普通劳动和资本，而且需要良好的技术。

在潍县，几种主要农作物每亩（以官亩计）所需人工、畜工，粮食作物和经济作物烟草有较大差别，"小麦需人工36.6、畜工19.8，大豆人工28.2、畜工7.6，高粱需人工72.5、畜工23.8，谷子需人工79.0、畜工24.5，烟草需人工241.1、畜工19.0"。烟草栽培所需畜工与粮食作物大体相当，但所需劳动力投入则是粮食作物的3~8.5倍。烟草种植的施肥投入也大大高于其他农作物，一般农作物只需施少量土粪，种植美烟要混合施用土粪、豆饼及化肥。在潍县产烟区坊子附近，一官亩的豆饼施用量，小麦为0.77枚，高粱为0.35枚，玉米为0.96枚，美烟则为4.72枚。③ 豆饼需用现金购买，价格远高于农家肥，因此种植美烟需要在肥料费用上的高投入。就总的生产成本看，1934年谍县每亩农田的生产投入为美烟43.3元、小麦13.0元、高粱13.8元，美烟费用投入相当于小麦的3.3倍，高粱的3.1倍。同时期的益都产烟区，据当地一位经验丰富的老农估计，美烟的生产费用每本地习惯亩（每亩720平方步，合官亩3亩）平均为75.9元，而每本地亩小麦的生产费用为28.9元，高粱为14.9元，大豆仅为2.9元。而且此处提供的烟草投入数据还不包括烘烤费用（含烘烤房、烘烤设备等固定资产的折旧、购置煤炭的费用及劳动力投入）；即使如此，烟草种植的生产成本也为小麦的26倍、高粱的5倍、大豆的26倍。④

① （清）何庆恩，（清）韩树屏修，（清）李朝栋等增纂《同治彰明县志》卷一九，巴蜀书社，1992。
② 《山东种植美国烟草》，《中外经济周刊》第95期，1925年1月。
③ W. Y. Swen（孙文郁），"Types of Farmingin Weihsen"，*Chinese Economic Journal.* Vol Ⅲ. No. 2，1928。转引自张佩国《地权·家户·村落》，学林出版社，2007，第129页。
④ 陈翰笙：《帝国主义工业资本与中国农民》，复旦大学出版社，1984，第9、71页。

4. 耕畜和生产工具

根据中华人民共和国成立前的调查，传统中国农业生产中所需要的生产工具占的资本比例并不很高，即使如此，生产工具依然比较缺乏。

铁犁牛耕，在春秋战国时期，便已开始使用，而耧车播种，在汉代也已发明。然而，到了清代，广大的农家，却很少有这些主要的农具。西北和西南普遍存在原始的耦耕方法。华北有些地方"田野中的耕犁结构非常粗糙原始，犁尖是用木头做的，根本不能进入多深的土地"。就是在农业比较发达的江南，那里的农民，不少是"把他的妻子轭在犁上当牛使用"。在广大的贫农中，十户未必有一条耕畜和一付耕犁。康熙年间，山东登州农民很少一家备有一祺耕犁，"穷民有至三四家合一祺（拉一犁的畜力）者"。乾隆年间，拥有四十万农户的云南，全省牛马，不过六七万匹，而用之于运输的有二三万，用于耕作的不过四万上下，平均十户农民，才摊到一匹牲畜。事实上，能够像登州农民那样三四家轮流使用一祺耕犁的，还是比较幸运的人。那些人数最多的贫农，手中往往只有一把锄头，耕也靠它，种也靠它。而他们中间的最贫苦者，甚至连锄头也要向地主租赁。[①]

根据卜凯的调查，北方地区耕地面积较大，农忙时期对生产能力的要求更高，实际上却很难满足，比如说牲畜数量就不够（见表4-3、表4-4）。

表4-3　全国每一百户平均拥有的耕畜数[②]

年	水牛	黄牛	马	骡	驴
1934	22.3	39.6	7.1	7.1	18.5
1935	21.2	41.4	7.5	8.5	19.3

① 范文澜、蔡美彪：《中国通史》第十册，人民出版社，2008，第263页。
② 中央农业实验所调查，转引自薛暮桥《旧中国的农村经济》，农业出版社，1980，第43页。

表 4 - 4　广西十县二十四村耕畜调查（1933 年）[①]

耕牛数	户数（%）	所有耕牛比率（%）
无耕牛	25.7	——
一耕牛	47.9	40.6
二耕牛	18.1	30.6
二耕牛以上	8.3	28.8

这些对生产水平的提高都是不利的。

5. 近世中国农业生产与市场之关系

我们第三章已经讨论了小农经济，特别是佃农经济与市场的密切关系，这里再进一步深入分析其内在关系和各种影响因素。

农业生产对劳力时间的利用是不均匀的。"稠密人口及随之而小之田场企业，迫使农民除作物外，不得不利用各种时机，以增加收入——无论其形式为直接消费或出售之物品。中国普通田场全部工作耗于此项副业者，不下五分之一。"[②] 上面所说的棉花和桑叶种植，很大程度上就是满足充分利用剩余工作时间需要的。

自然气候也是影响农民介入市场深度的重要因素。

> 农业人口以全部时间从事田场工作者，仅稍逾三分之二；从事副业者，八分之一，兼事田场工作及副业者，五分之一。小麦地带之作物生长季较水稻地带为短，故农民从事副业之时间，比例较大。综言之，田场工作，占全部工作量 80%，副业占 20%。[③]

近世以来，中国农业产品大量进入市场以交换日常生活用品和生产资料。

> 中国农业之自给程度过于西洋诸国，惟中国文化甚高，农民需

---

① 转引自薛暮桥《旧中国的农村经济》，农业出版社，1980，第43页。
② 〔美〕卜凯主编《中国土地利用》，金陵大学农学院农业经济系出版，1941，第13页。
③ 〔美〕卜凯主编《中国土地利用》，金陵大学农学院农业经济系出版，1941，第389页。

用现金，以资购买，无殊他国。①

　　"中国农作虽较他国偏于自给，但大部分作物仍须出售，以易农民日常必须之品。在各种主要作物中，仅烟草一种之出售量达四分之三，其他主要作物出售量在 50%～75% 之间者，计有鸦片、花生，及油菜籽三种；在 35%～50% 之间者，仅棉籽一种；其他作物出售量在 20%～35% 之间者，依其重要顺序，计为黄豆、小麦、绿豆、高粱、豌豆及甜薯数种。水稻之出售量，仅占总产量之 15%，不若小麦之 29%。"② "故主要售出作物，水稻约为六分之一稍强，而小麦则为四分之一。"③

　　玉蜀黍系一种体积重大之产物，仅能作短距离之装运。故边陲各区，恒用以豢猪，猪大则驱之入市，或制为贵重之产物如咸腿。④

然而，交通不便、市场制度不健全等又限制了市场的发育。

　　市场不便，故宜于造林之山麓，竟改种其他作物。是不独农作物方式受其影响，即土地利用宜采取何种方式，林乎农乎，何去何从，亦系诸运输也。⑤

　　苟交通改良，粮食可以运达产棉地带，则产区必能扩大。如询农民不种棉花之理由，则恒答以种植粮食作物，以供日常所需。⑥

所以卜凯得出结论认为：

　　是则可谓中国人口愈密之区，其每人工等数或每人之生产量愈大。凡人口较密各区之农民，其生活较为优裕，盖以各种环境利于农事，故能生产较多。……再者，土地分配问题，乃使每一农家，咸有大小最合经济原则之田场，因而享有美满之生活程度，非必所有

① 〔美〕卜凯主编《中国土地利用》，金陵大学农学院农业经济系出版，1941，第11页。
② 〔美〕卜凯主编《中国土地利用》，金陵大学农学院农业经济系出版，1941，第296页。
③ 〔美〕卜凯主编《中国土地利用》，金陵大学农学院农业经济系出版，1941，第54页。
④ 〔美〕卜凯主编《中国土地利用》，金陵大学农学院农业经济系出版，1941，第255页。
⑤ 〔美〕卜凯主编《中国土地利用》，金陵大学农学院农业经济系出版，1941，第5页。
⑥ 〔美〕卜凯主编《中国土地利用》，金陵大学农学院农业经济系出版，1941，第256页。

人民，均分其土地，果尔，则各家所得土地，将无一足以营生矣。[①]

6. 资本与租佃关系

佃农往往也需要雇工，而又往往缺乏资本，不得不经常指望地主的支持。

> 一、修治农工。同田耕种，获有厚薄，由于人力不齐。江浙等省土窄，一夫耕不过十余亩，日夕沾涂，故所产多。北地多旱田易种，一夫亦不过种二十余亩，乃狃于广种薄收之说，田多之家，既不多招佃户，佃户又止图多种。工愈分，力愈薄，丰年不能丰足，遇灾多归废弃。请饬地方官劝导田多之家，多招佃户，约计一夫二十五亩为率，工专力勤，可尽地利。兼使游手贫民，渐归本业。一、补助耕作。田亩耰锄之时，尤关紧要，有力者多雇人夫，无力者无门称贷，或畏重利不借，束手坐视。请于青黄不接时，查雨后锄芸缺本之户，即于平日粜谷价酌借银钱，令秋后照原价还谷，免其加息，不愿借领者听，仍劝富民出资，借给佃户，秋后薄取其息，庶得尽力，不致失时。[②]

> 昨据嵇璜奏称：江南佃户遇干旱年分，庤水灌田，即可向田主折算工价，少纳租银。[③]

显然，地主和佃农除了土地与劳动的结合关系之外，也是资本与资本的结合关系。山东：

> 北隋村的这些出租户中，贫农 15 户都是因为缺乏农具、肥料、畜力等资本投入而无力耕种，只好将地出租，自己转向农业以外的谋生手段；两户中农，有一户因系私房地，仅要求租地农户代其交纳田赋差徭，斟酌交租，多少不定，另一户为到垦区开荒，而将其原地出租，因增资而辞退工人。由雇工经营转为出租者两户，因地

---

① 〔美〕卜凯主编《中国土地利用》，金陵大学农学院农业经济系出版，1941，第384页。
② 《清高宗实录》卷三二三，乾隆十三年八月下，中华书局，1985年影印本。
③ 《清高宗实录》卷一二三九，乾隆五十年九月下，中华书局，1985年影印本。

远而出租一户，因地坏而出租者一户，吊儿郎当不务正业而出租者一户。与其发生租佃关系的佃户，有 37% 以上与田主为同族或姻亲关系，[①] 租佃契约关系的确立也多采取口头形式，表现了相对平等的权利义务关系。"[②]

"田中事，田主一切不问，皆佃农任之。"地主与佃农之间，"交租之外，两不相问"。佃农对租佃的土地，是"偿租而外，与己业无异"。农"勤则倍收，户户不得过而问焉"。佃农就以自己能达到的高度，成为马克思指出的自己劳动条件的"自由私有者"，依赖的还是资本。南方佃农之所以更加自由，也是因为拥有足够生产的资本。

对缺少生产资料和生活资料的佃户，则"贷其种食，赁其田庐"，地主向佃农提供口粮、种子和住房。有些佃农甚至"犁牛稼器无所不贷于人"。[③] 地主对佃农还有赈济。"每岁未收获间，借贷周给，无所不至。一失抚存，明年必去而之他。"[④] 前引《清实灵》材料："查东省春麦被旱。……其在六七月之间，乏食贫民，宜量加赈恤。所奏委员查造户口，分别极次，豫给印票，交该户收执，以免移换添改等弊，俱属应行，应照所奏办理。将极贫赈三个月口粮，次贫两个月口粮，大口每月给谷三斗，小口谷一斗五升，统于六月为始，动用存仓谷石，文武生员，有真正赤贫者，亦一体赈恤。其商贾吏役绅衿大户之庄佃，及家有储蓄者，不准入册。"[⑤] 地主和佃农的结合，主要的纽带似乎不是土地，更多的是资本的作用。

"刀耕火种"的生产方式消耗的劳动量是比较少的，消耗的资本量也比较少，但是需要的自然力比较大。相反，近世中国的农业生产则需要消耗大量的劳动和资本，属于劳动密集型生产方式。而且越是到近代，

① 《北隋村雇佣关系及增资政策》，第 19~20 页，转引自张佩国《地权分配·农家经济·村落社区：1900—1945 年的山东农村》，齐鲁书社，2000，第 119 页。
② 张佩国：《地权分配·农家经济·村落社区：1900—1945 年的山东农村》，齐鲁书社，2000，第 119 页。
③ 陈舜俞：《都官集》卷二《陆宣公集》卷 22，转引自方行《中国封建经济发展阶段述略》，《中国经济史研究》2000 年第 4 期，第 19 页。
④ （清）徐松辑《宋会要辑稿》第 128 册，中华书局，1957，第 5030 页。
⑤ 《清高宗纯皇帝实录》卷四三，乾隆二年五月下，中华书局，1985 年影印本。

对资本的要求越高。如果没有足够的资本，这种生产方式就无法维持。

在华北地区各县，相当数量的小自耕农除耕种自家土地外倘有余力，即设法佃种或为地主佣工，以补原有土地生产之不足。自耕农兼佃农如土地经营达到一定规模，又须雇工经营。因此，佃农经营和雇工经营常常是重合的。如在鲁南平原区、鲁东南山区的峄县、滕县和临沂县，有一种大佃，"佃地在百亩以上三百亩以下，耕牛至少有二三具（硕牛二头为一具，赢的不等），大车一辆，耕具完备，并雇有'大领'（农作时之领工者）。也有些大佃自充'大领'，但须深通农事，农作娴熟，方够资格，否则只有年出工资雇'大领'代疱（大领工资每年至多不过三十五元）。肥料完全自备，种籽与地主分出，不为地主服役，但遇婚丧除外。"像这样的"大佃"雇用农工，可以认为已经具备了经营地主的身份特征。至于佃种土地 10 亩以上 20 亩以下的佃农，称为"小佃"，因耕牛、农具之缺乏，必须向"大佃"或地主借使耕牛、耕具，但往往以劳动力作为交换条件，俗称"以人力换牛力"。"一般一户大佃名下有四户小佃（俗称小佃为'打场拢的'），这四户佃农，听从大佃或大佃的'大领'指使，耕耘收获，都要完了大佃的事，方才可以来做自己的工作。……也有些小佃在自耕的地主名下充当'打场拢的'。至于肥料、种籽，与大佃同，但地主无论何事，小佃均可任其驱使，名为'出差'。"① 这种在身份上即具有佃农与雇农合二为一的特征，不管其为"大佃"或为出租地主佣工均如此。而其产生的根本原因也正在于资本的缺乏。劳动、土地与资本之间的交易关系，在此处看得非常清楚。

> 盛京实胜等寺，官给庄园册地及自置香火地亩，前因该喇嘛等苦累壮丁，概令官为征租，酌给口粮。嗣各寺喇嘛，以所得口粮，不敷养赡。奏经部议。准其将自置及施舍地亩，自行招佃。行令拟定租数，以免多收。兹该将军奏称该喇嘛等以自置施舍之地，并非官田，恳请自取粮租，岁获余润。如有苛取、情甘领罪等语，着照所请。除官给庄园册地二万六千五百余亩，仍照原定章程征租，给

---

① 黄鲁珍：《鲁南临峄滕三县的租佃制度》，《东方杂志》第 32 卷 4 号，1935 年 2 月，第 87~88 页。

予口粮外，其喇嘛自置私产，并香火地一万三千八百二十亩，准令该喇嘛等自行招佃取租，以资养赡。该将军等仍严饬各寺喇嘛妥协经理，不得任意加租。倘有苛求夺佃等事，随时秉公惩办，以杜争端。[①]

这个例子似乎可以说明：官田的租额一般要比私田低得多。其实道理很简单，租种官田的佃农实际支付的要比公开的租额要高，而从国家那里得到的在资本方面的支持则比一般地主要少。而且喇嘛自行招佃能够招到更有生产效率的佃农，代表着更高的市场效率。

"租佃制度之改变，不能期望其增加耕地数量，如有志于改良租佃制度者所云：且据以往研究，佃农较自耕农善于耕作，故此项改良，难期增加作物产额。"[②]

大致总结而言：南方地区每家耕地面积既小，所以对畜力的要求不高。雨水稳定，也不容易出现灾害。但是南方地区雨水稳定量大，对灌溉和排水的要求更高。另外，雨水既多了，土壤肥力就容易丧失，所以对肥料的要求特别高。

而北方地区，则土地面积较大，所以农忙时期，对畜力和人工的要求比较高。相应的，灌溉能够起到比较大作用，却一直没有有效的推行。这可能是因为灌溉系统非一家一户所能够建立。北方地区整体比较贫穷，社会资本积累不够，所以灌溉系统没有得到良好的发展。另外，北方地区对肥力的要求也很高，但是北方地区土地广大常常没有得到充分利用，所以对肥料的要求也不是特别高。

在近世的中国，特别是到了民国时期，不同的生产要素之间，可以充分自由地相互交换。拥有资本的佃农即使不拥有土地，也不影响其有利的生产地位。人力可以交换牛力，而人力加牛力又可以交换地力。

在这种交换过程中，土地由于其特性往往是居于核心和枢纽地位的。至于租佃制度，则在各种制度中居于核心地位，也是所有交换形式中最重要和最有效的。

这是因为土地在四种生产要素当中交易信息最公开，所以也最适合

① 《清仁宗实录》卷三三九，嘉庆二十三年二月丁亥，中华书局，1987年影印本。
② 〔美〕卜凯主编《中国土地利用》，金陵大学农学院农业经济系出版，1941，第242页。

成为交易的对象。

　　集约耕作，主要集中在经济作物的耕地上。在整个清代，一个壮年农民一年劳动所能耕种的水田，一般在十亩左右，所谓"壮夫一丁，治田十亩"。可是，经营菜圃，一人常年劳动，仅能种田两亩，还需要一个辅助劳动力。普通"治地十亩，须粪不过千钱"，而菜圃一亩，得花粪钱两千。这种情形并不限于菜圃。山东济宁的烟田，每亩所需的肥料和人工，相当一般旱田的四倍。四川内江蔗田的经营，"壅资工值，十倍平农"。其他经济作物，亦多类此。

　　江苏的芋田，也是集约耕作的一个样板。每种芋一株，须先掘地深达三尺，壅以熟粪，每区三尺，种芋一株，而"一亩之收，五倍常田"。可以断言，像华南稻田、江苏芋田这样的精耕细作，在当时的条件下，是不可能在大范围内推广的。对于江苏的区田，当时的人就说种者不多，原因是"工力甚费"。福建的三熟田，十亩之中，只有三亩，其所以"为之者稀"，也是由于"工本稍费"。其他地区，亦莫不如此。①

　　就全国大部分地区而言，耕作的状况基本上是粗放的。中原地区的河南，一夫所耕自七八十亩至百余亩，"力散工薄"。华北小麦重要产区的山东，十足年成亩产也不超过一石。在广大的西北地区，流行的是广种薄收，"人以顷计"。东北许多地方耕种无恒，岁易其地。而且待雨乃播，不雨则终不破土。播种以后，辄去不复顾，既不加粪溉，亦不加耕耨。到秋收的时候，草莠杂获。②

　　根据这些前人的研究成果，我们大致可以判断：中国近世以来农业生产中最大的问题恐怕还不是土地缺乏的问题。土地缺乏可以通过增加土地资本和通过精耕细作的方式解决，然而，中国近世以来的社会中，农业生产资本似乎是不足的。资本不足则很难通过其他方式弥补。

　　由于中国近世以来的农业生产已经与市场密切联系，所以市场的变

---

① 范文澜、蔡美彪：《中国通史》第十册，人民出版社，2008，第268～270页。
② 范文澜、蔡美彪：《中国通史》第十册，人民出版社，2008，第270页。

动趋势对农业生产影响很大。

> 中国物价水准之趋势，已影响土地使用之集约程度。……中国
> 货币向系银本位。自 1885 年至 1931 年间，银价与所有他种物价相
> 较，均呈低降之象……银价涨，物价跌，酿成中国之不景气，迫白
> 银贬值，及 1935 年 11 月 2 日实际通货管理后，始告终止。物价飞
> 涨，致农产品与其他原材料价格之上腾，速于别类物品。然工资与他
> 项成本蹒跚不前，故多用劳力肥料，以增生产，尚有余力。易言之，
> 物价上涨，则耕种之制，愈行集约，物价下落，其结果反是。[①]

这一条史料充分说明了市场和资本对近世中国农业生产的至关重
要性。

资本对土地租佃市场的渗入可以说既有好处，又有破坏。

四　地租与国家赋税之比较

本部分想要证明的是：中国近世的地主不可能获得真正经济意义上
的地租，真正的"地租"其实早就被国家通过税收征收了，近世以来的
地主获得的仅仅是资本的收益而已。

马歇尔认为："得自土地的生产者剩余并不像重农学派和亚当·斯密
（以修正的形式）认为的那样，能证明大自然的恩赐有多巨大，反而却
证明大自然的恩赐是很有限的。"[②] 自然界那么一点渺小的恩赐在国家的
暴力税收机器面前，显得微不足道。

（一）　国家的基础和目标

假如国家仅仅依靠暴力占据土地，不允许人民拥有土地的支配权，
并通过采集方式来获得土地的自然产量的话，根据我们前面提供的证据，
则国家所能获得的产量，每亩还不到一斤，甚至可能不到 1/3 斤。这么
微小的收获量是无法维持一个政府的正常运行的，连最简单的政府也维
持不了。而且土地的所有权自然也就没有什么意义。

---

① 〔美〕卜凯主编《中国土地利用》，金陵大学农学院农业经济系出版，1941，第 14 页。
② 〔英〕马歇尔：《经济学原理》，廉运杰译，华夏出版社，2005，第 499 页。

假如国家不仅控制土地，同时也控制人民的人身，强迫人民用最简单的资本来进行生产，则每亩所能够获得的全部产出也许不超过 10 斤，最多不超过 20 斤。而且这还是总产出水平，并不是净盈余。这种情况也仍然难以维持一个比较大一点的政府，也许只能维持最原始的政府。实际上，考虑到劳动者自身的消耗，土地的净盈余水平可能为零，甚至为负数。所以原始的政府在经济上也是相当不稳定的。

国家当然不会这么傻，它也许会考虑强迫实行"刀耕火种"的耕作方式，根据上面提供的数据，我们会发现，这时候不需要投入太多的劳动，土地的净剩余就很高。而被强迫劳动者也不需要有太高的积极性和多么出色的技术，他们只需付出比较少的劳动，国家就可以获得比较满意的回报。

从这个意义上说，在土地相当充裕的情况下，奴隶生产可能在经济上是有效率的。

问题是：人口有自然增殖的趋势，经济需要不断发展，国家与国家的对抗压力也要求经济与人口的增长。

> 从战国时代（公元前 475～前 221 年）兴起的中央集权的国家体制事实上是以高度密集的小农经济为基础的。当时各诸侯国都意识到一国的权势有赖于庞大的军队，而庞大的军队则有赖于众多的人口。齐国（公元前 686～前 43 年）在桓公时期颁有男子 20 必婚、女子 15 必嫁的法令。越国（公元前 496～前 65 年）的勾践也颁布过类似的政令，如家有 30 未娶的男子、17 未嫁的女子，父母被判有罪，多子女家庭则得奖励。孔子曾经赞扬卫国人口众多，后来孟子明确地指出儒学的"仁政"对国家"广土众民"的作用。对此，《管子》讲得最为明了："地大国富，人众兵强，此霸王之本也。"[1]

近世以来的中国，由于人口的压力，土地不但要维持比较高的边际生产力，还要维持较高的总生产力。在这种情况下，生产中的劳动生产率其实是可以牺牲的指标。作为经济学家和历史学家，如果意识不到这

---

① 〔美〕黄宗智：《长江三角洲小农家庭与乡村发展》，中华书局，1992，第 325～326 页。

个问题，就一定不能深刻认识一切经济行为的内在含义。

1949 年前后，"粮食政策是台湾海峡两岸国家建构计划的关键"①。"农业生产过程在相当程度上是可以预期的，但实际上的产出总是显得不太完美……"②"当中国人民解放军进入上海时，上海财政经济接管委员会主任曾山，对将要出任上海市粮食局局长的王仁济说：'尤其是在粮食问题上，我们不仅要面对养活 500 万市民的问题，我们还要面对不稳定的商品价格。党中央已经掌握了这一点：为了满足城市居民的粮食需求，支援生产，我们已经开始与其他省份协商，他们也表示了支持之意。'与此相似，台湾省粮食局的全部宗旨，都来自蒋介石的告诫：'功在民生。'"③"国家若足以养活人民，并保障人民生活，便可使其本身感到强壮。"④这种政治要求其实并不仅限于 1949 年前后，整个近世以来的政府和经济体都面临着这种压力。

既然人口的增长不仅是人类内在的趋势和动力，人口的足够数量也是经济发展的必要支撑力量，同时也是国家之间竞争的必要条件，那么就必须把人口增长放在社会发展的第一目标上，但是如此一来人均土地面积就会不断降低，所以"刀耕火种"的生产方式必定不能长期维持，转入农业集约经营是其内在压力。

所以如果我们把人口问题看作是社会问题的话，那么在中国有史以来的几千年发展中，其实就是一个自然问题决定社会问题、社会问题决定经济问题从而决定政治问题的过程。即人口增长的内在压力迫使经济结构和政治结构不断调整以适应人口的增长。脱离人口的压力和对土地产出的需求，单纯讨论土地的生产率和粮食产量问题，其实是没有实际意义的。

---

① 朱莉：《足食兴邦》，见谢国兴主编《改革与改造——冷战初期两岸的粮食、土地与工商业变革》，中研院近代史所，2010，第 25 页。
② 朱莉：《足食兴邦》，见谢国兴主编《改革与改造——冷战初期两岸的粮食、土地与工商业变革》，中研院近代史所，2010，第 26 页。
③ 朱莉：《足食兴邦》，见谢国兴主编《改革与改造——冷战初期两岸的粮食、土地与工商业变革》，中研院近代史所，2010，第 28 页。
④ 朱莉：《足食兴邦》，见谢国兴主编《改革与改造——冷战初期两岸的粮食、土地与工商业变革》，中研院近代史所，2010，第 29 页。

（二）国家的赋税及与地租的比较

而在中国传统社会中，国家加在土地之上的赋税负担是远高于上面所计算的土地基本生产水平的。我们上一章把国家赋税造成的负担分成四个层次：第一层，国家征收的正税；第二层，正税＋附加；第三层，民间在征税中实际交纳的部分；第四层，民间在交税中的实际承担的成本。

我们按这四个层次逐层来分析，并将这四层与真正经济意义上的"地租"进行比较。

1. 国家规定的正税

中国传统封建王朝所征收赋税表面上看并不很高。如先秦时一般规定"什税一"，当然实际上常常超过这个比例。西汉建立，货赋规定为"什五税一"，后来又降低为"三十税一"。唐朝"租庸调"规定每丁受田一百亩，每年纳租米二石，如此算来，每亩仅纳米二升而已。明初朱元璋规定："太祖为吴王，赋税十取一，役法计田出夫。"[①]"初，太祖定天下官、民田赋，凡官田亩税五升三合五勺，民田减二升，重租田八升五合五勺，没官田一斗二升。"[②] 除少数的确是富庶的地方之外，大部分地方的田税不过 3~5 升而已。这与上面所计算的土地在原始农业生产条件下的"基本产出"水平相当（见表 4-5）。

表 4-5　明清两朝亩均负担粮银比较[③]

年代	额田数（亩）	粮（石）	银（万两）	每亩平均负担粮（升）	每亩平均负担银（两）	每亩平均负担粮（升）
明正统	424723900	26871152	100	6.33	0.002	7.3
清乾隆三十一年	741449550	8317735	2991.7	1.12	0.04	3.3

注：明正统时期，400 万石米折合 100 万两金花银。吴慧《中国经济史若干问题的计量研究》（福建人民出版社，2009，第 191 页）计算认为：乾隆时期平均米价为 1.829 两/石。

也就是说，在"广土众民"的中国，近世以来国家所征收的正税恰恰

① （清）张廷玉等：《明史·食货志二》卷七八，中华书局，1974，第 1893 页。
② （清）张廷玉等：《明史·食货志二》卷七八，中华书局，1974，第 1896 页。
③ 参照吴慧《中国经济史若干问题的计量研究》（福建人民出版社，2009）第 193 页表 4 数据重新计算，与吴先生的计算有出入。

是与土地的基本产出水平相当，也就是说，相当于经济学上所说的地租。

这个计算结果能够给我们带来一定的启示：

严格意义上地租都被国家通过赋税掌握。既然如此，土地的所有权当然是属于国家的。既然严格意义上的地租已经被国家通过赋税形式征收，那么民间所谓的地主就不可能得到地租。

如果国家真的能够把自己对土地的征收限定在上述范围之内，那么当然是最公平的，也是最合理的。

但是以上数字仅仅是中央政府名义上规定的，国家实际征收的往往是要远超这个数字。

《太祖实录》卷一九〇，洪武廿一年（1388）五月：

> 南昌府丰城县民言，农民佃官田一亩岁输租五斗，诚为太重。愿减额以惠小民。户部定议：一亩输四斗。上曰：两浙及京畿土壤饶沃者，输四斗，江西郡县，土壤颇确瘠者，止令输三斗。著为令。①

杜宗桓《与周忱书》（《日知录》卷一〇引）：

> "国初籍没土豪田土，有为张氏义兵而籍没者。有司不体圣心，将没入田地一例依租额起粮。每亩四五斗，七八斗，至于一石以上，民病由是而生。""……苏、松、嘉、湖，怒其为张士诚守，乃籍诸豪族及富民田以为官田，按私租簿为税额。而司农卿杨宪又以浙西地膏腴，增其赋，亩加二倍。"②

以上两个数字，都是远远高于前面《明史·食货志》中公开规定的征税数字的。

清代政府表面上每亩所征收的数额比明代要低一些，但是实际上也

---

① 《明太祖实录》卷一九〇，洪武廿一年五月，中研院历史语言研究所校勘，"国立"北平图书馆红格抄本影印本，1962，第2875页。
② （清）张廷玉等：《明史·食货志二》卷七八，中华书局，1974，第1896页。不过，这种说法虽然出自《明史》，后人考证却靠不住，因为江南官田是宋以来不断发展的产物，宋元二代在江南的官田就很多。官田收租也不能与民田收税等量齐观，因为二者性质不尽相同。

一样层层加码。清初即承明代"加三饷"之重，愈到晚期，附加越重。

> 明代征收正赋之外，有倾销耗银，即耗羡也。有解费，有部费，有杂费，有免役费，种种名色，不可悉数，且偏枯太甚本朝定鼎，耗羡一项，尚存其旧。康熙六十余年，州县官额征钱粮，大州上县，每正赋一两，收耗羡银一钱及一钱五分、二钱不等。其或偏州僻邑，赋额少至一二百两者。税轻耗重，数倍于正额者有之。不特州县官资为日用，自府厅以上，若道、若司、若督抚，按季收受节礼，所入视今者养廉倍之。其收受节礼之外别无需索者，上司即为清官；其上征耗羡，不致苛派者，州县即为廉吏。间有操守清廉，如陆陇其之知嘉定，每两止收耗羡银四分，并不馈送节礼，上司亦或容之者，以通省所馈节礼尽足敷用，是清如陆陇其，亦未闻全去耗羡也。其贪得无厌、横征箕敛者，时于纠察。自节礼之说行，而操守多不可问，其势然也。①

这些耗羡后来多数都并入了正税，然后又产生了新的耗羡。

> 自故明崇祯年间，秦中军兴浩繁，需饷甚殷，持筹者计无所出，遂议于通省地方预征三分，以济燃眉。其初亦日偶一行之。后遂相沿为例，以致延、庆诸郡民穷为盗，地荒而丁绝，竟不可问焉！迄今沿袭未革。②

> 因军需不敷，不得已而檄征（顺治）三年本色五分，接济兵食。然旧贮已空，新苗未布，见在市价升米四分，升豆三分，较征折色四倍其值。③

---

① （清）钱陈群：《条陈耗羡疏》，见《皇朝经世文编》卷二七《户政二》，见郑中兵、孟繁华、周士元主编《中国古代赋税史料辑要·言论篇》（下册），中国税务出版社，2004，第687页。

② 顺治九年六月十六日车克题《为预征相沿为例，秦民苦累难堪，请旨永禁，以固邦本事》档案，转引自陈锋《顺治朝的军费支出与田赋预征》，《中国社会经济史研究》1992年第1期。

③ 顺治三年二月七日雷兴题《为大兵云集，粮饷不敷事》，中国第一历史档案馆编《清代档案史料丛编》第六辑，中华书局，1980，第144页。

清代田赋定额在鸦片战争前夕约为 3300 余万两，鸦片战争后，1841～1849 年间岁征额在 3000 万两左右。咸丰、同治年间，受战争影响，漕粮因运道梗阻而一部分改为折银。甲午战争前 10 年间，每年地丁征银约 2300 万两，连同耗羡（约 300 万两）、粮折（约 400 万两）、杂赋（约 150 万两）、租息（约 70 万两）共约 3200 余万两，实际上更高。清末，由于赔款、外债、军费、政费激增，清政府令各省每年摊交巨款，各省为此大肆加征田赋，或按粮石，或按银两，或按田亩，再三提高加征率。由于滥征附加，清末年所列田赋预算额达 7000 余万两。总计，"晚清时期，政府统计的田赋收入由约 0.3 亿两渐增至 0.5 亿两，而实际征收的田赋估计要增加 1 倍。"[1]

庚子以后，为应对内外需要，清政府不断增加田赋的征收，到 1911 年较庚子前增加几近三分之二。[2]

　　　大概可以提几点意见和做一个暂时性的结论：一方面，1753 年到 1908 年间，间接税的增长比田赋快得多，田赋增长还不及两倍，而其他税收总共增长了近十倍。结果，总税额增长为四倍。[3]

中华民国时期的田赋比清代又有增加。1913 年，北洋政府订立《国家地方税法草案》，将田赋正税归中央，附税归地方，并规定附加不得超过正税 30%。不久，又要求各省将田赋附加解归中央，地方政府遂再增征附加作为经费来源。之后，各省军阀割据，各种名目的田赋附加层出不穷。1924 年后，不少省又实行预征田赋，四川有的县预征达 30 年以上。

1927 年，国民党政府订定《国地收支标准案》，田赋划归地方。1934 年国民党政府"整理地方财政"，曾将各种附加名目统归为"县地方附加"，田赋负担并无多少轻减。而后政府又下令各省举办土地陈报，略增田赋收入。

---

① 周志初、李琦：《晚清田赋负担水平若干问题的考察》，《江苏大学学报》（社会科学版）2005 年第 11 期，第 35 页。

② 汪敬虞：《中国近代经济史（1895—1927）》中册，人民出版社，2000，第 1337～1340 页。

③ 〔美〕王业键：《清代田赋刍论（1750—1911）》，高风等译，人民出版社，2008，第 171 页。

考虑到北洋政府和国民政府所征田赋都是在清政府末年基础上征收，所以虽然时增时减不定，但是总的来说，以上国家所征收的数字实际上已经远远大于土地的原始生产力了，也就是超过土地在经济意义上的地租了。

要注意，以上征收的还只是所谓的国家正税。

2. 国家实际征收的数量

不仅如此，官府在实际征收的过程中是层层加码的，实际征收的数额要远大于国家明令征收的数额。比如说，政府收税的成本，当然也是由民间承担。

明清以来，政府在收税过程中征收耗羡是很常见的事。

耗羡虽然不属于国家的正税，但是它的征收往往是得到国家正式承认的，因为它实际上代表着国家的第二财政，可以弥补地方政府的很多必要开支。

> "耗羡归公以后，耗羡银的用途大体说有三个方面：一是支发养廉；二是弥补亏空；三是地方公用。"[1] "提解既久，耗羡渐同正项，州县贪员，重新征收，于耗羡之外又增耗羡，养廉之中又私取养廉。"[2]

耗羡给民间造成的负担很重。

"康熙六年（1667），顺天府尹李天浴说：'征收银粮，不苦于正额之有定，而苦于杂派之无穷。'十九年（1680），御史许承宣也说：'今日之农，不苦于赋，而苦于赋外之赋；不苦于差，而苦于差外之差。'"[3]

"加派，是不胜枚举的。中央有'部费'，地方有'设法'。广西有'均平'，江西有'解费'，陕西有些州县'私派名色不下三十余项'，直隶有的地方正赋每亩一钱三分，而什派'每至三四钱'。总之，'有一项正供，即有一项加派'，层出不穷。"[4]

顾炎武曾经感叹说："子以火耗为病于民也，使改而征粟米，其无淋

---

① 陈锋：《中国古代的土地制度与田赋征收》，《清华大学学报》（哲学社科版）2007年第4期。
② 庄吉发：《清世宗与赋役制度的改革》，台湾学生书局，1985，第145页。
③ 范文澜、蔡美彪：《中国通史》第十册，人民出版社，2008，第322页。
④ 范文澜、蔡美彪：《中国通史》第十册，人民出版社，2008，第325页。

尖踢斜，巧取于民之术乎?"①

"一条鞭法"和"摊丁入亩"的实施，一度减轻了这些耗羡的征收，但是无法从根本上改变局面。

北洋军阀和国民政府时期，田赋常为地方收入，各种附加层出不穷。1931年，国民政府又规定《办理预算收支分类标准》，规定田赋为地方（省、县）收入，得征各项附加。于是各县附加纷然并起，少者四五种，多者十余种。

3. 民间实际交纳的数量

政府征税的成本及其他一切维护运行的成本，往往不是由国家财政统一支付，而是由各级政府和各地政府自行解决。这是中国古代财政制度的又一个重要特点。

> 顺治时，江西米价每石不满四钱，而漕折实际每石一两二钱，三倍于市价。康熙时，江南米价每石不过五钱，漕折每石二两，四倍于市价。乾隆时，各省漕折每石自三两数钱至四两数钱不等，而当时米价，低则不到一两，最高也很少超过二两。可见，纸面上的规定和实际的执行，根本是两回事。②

> 乙巳，革山东益都县更名地，减偏重纳粮。谕总理事务王大臣，闻山东青州府益都县，有前明废藩更名地一项，在当日为藩封之产，不纳课粮，召人承种输租，各佃止更姓名，无庸过割，谓之更名地。较之民粮，多二倍至四倍不等。在当日居民，投靠藩势，借佃护身，积渐增加，沿为陋例，今则同为民田，而纳粮尚仍旧额，名为钦租地。粮多赋重，小民输纳维艰。③

这个例子说明在山东益都县的更名地上，农民的实际田赋负担超过国家正税的二到四倍以上。

> 清王朝征收漕粮，年约四百万石。要把这些漕粮由南方征收地区

---

① （明）顾炎武：《钱粮论下》，载《亭林文集》卷一，中华书局，2008，第20页。
② 范文澜、蔡美彪：《中国通史》第十册，人民出版社，2008，第327～328页。
③ 《清高宗实录》卷一八，乾隆元年五月上，中华书局，1985年影印本。

通过运河运往北京和通州，就得加上以下七项费用。……七项附加，平均计算，每运粮一石，附加也得一石左右。在"随漕正耗"之外，有不见明文的"折扣"、"淋尖"和"踢斛"等等浮收；在津贴运丁的"行月钱粮"之外，又有不见明文的"帮丁贴费"；既有专作运转费用的"随漕轻赍"，却又在"轻赍"之外，加上不见明文的"兑费"名目；既有"厅仓茶果"的额外需索，却又在"茶果"之外，增添各项"使费"。可以说，有一项加派，即有一项或数项额外加派。[①]

漕粮加于人民的全部负担，是无法精确统计的。但是，国家"岁漕江南四百万石，而江南则岁出一千四百万石"，"民间有四石之费，国家始有一石之用"，这在当时是众口一辞的。应该说，这还是保守的估计。[②]

冯桂芬《与许抚部书》"论漕仓事"：

　　向来开仓，多派壮丁守护大斛……今则斛不必甚大，公然唱筹计数，七折八扣。……两次七折八折，即一石变为三四五，而淋尖、踢斛、捉猪、样盘贴米等尤在其外，又有水脚费、花户费、灰印费、筛扇费、廒门费、廒差费，合计之，二石四五计当一石。[③]

同治二年（1863），李鸿章在《请减苏松太浮收粮疏》中说："苏松太（指苏州、松江、太湖——引者注）浮赋，上溯之则比元多至三倍，比宋多至七倍。"[④] 除漕粮浮收外，还有河运、海运津贴等盘剥名目，嘉兴"征漕一石，有津贴至七钱以上者"[⑤]。

"……在所有这三例中，当为了征税费用而加征附加税是地，这一比

---

① 范文澜、蔡美彪：《中国通史》第十册，人民出版社，2008，第331页。
② 范文澜、蔡美彪：《中国通史》第十册，人民出版社，2008，第332页。
③ （清）冯桂芳：《显志堂稿》卷五，光绪二年校邠庐刊稿。
④ （清）李鸿章：《请减苏松太浮收粮疏》，载顾廷龙、叶亚廉主编《李鸿章全集》卷三，上海人民出版社，1986，第132页。
⑤ 赵尔巽等撰《清史稿》卷一百二十一，中华书局，1976，第3542页。

率可高达每两定额约征 2 两，这在全国大部分地区确是典型的。”[①]

民国时期更是如此，河南南阳“地丁税为有地的农民对政府的负担，普通每亩平均纳银 0.02 两，50 亩为 1 两，每两收银 2 元 2 角，每亩 4 分 4 厘，这个数目好像很少，但其他的附捐及杂捐却增加了农民底负担到一种不可忍耐的限度。……附捐超过正银竟达 1.7 倍之多”[②]。

要记住：这里所谓的“正银”，都已经包括了耗羡在内。

4. 民间在缴纳国家赋税过程中的实际负担

这还仅仅是国家征收过程中从土地上抽走的部分，在纳税过程中土地本身的消耗又要多过很多。

比如说清代在漕粮征收中，被称为“绅棍”“衿匪”“米虫”“谷贼”的豪绅地主，“挟州县浮勒之短，分州县浮勒之肥”，始则包揽掗交，继而讹索漕规，“或一人而幻作数名，或一人而盘踞数县”。各州县中，人数最多的地方，生监或至三四百名，漕规竟有二三万两，至“在征收钱粮时，置之号籍，每人应得若干，按名照给”，视为成例，以至于“乡里穷黎之膏血”，而供“官绅胥吏之赃私”。[③]

“户部议覆福建巡抚卢焯疏称：闽省寺田，向系四分租给僧，六分租归官，僧人应收之租，官为代征，僧人应纳之粮，向佃追比。寺佃深受其累，请将租谷征粮，全归僧收僧纳，每亩征银二钱，应如所请。从之。”[④]寺宇收租有讲价的余地，而且浮收和中饱的可能性很小，而官府收税则难以讲价，并且中饱常常数倍，对佃农造成的打击势必更大。这个例子似乎可以说明官府在征收同样的收入的时候，成本比较高，可能要远远超过实际征收的数额。不仅征税，收租也是一样。

《天下郡国利病书》：“往时夏税秋粮，及丁银、贴役银、兵银、役银，往往名色不一。上不胜其头绪之繁碎，下不胜其追呼之杂沓。”[⑤]

---

① 〔美〕王业键：《清代田赋刍论（1750—1911）》，高风等译，人民出版社，2008，第 160 页。

② 李文海主编《民国时期社会调查丛编》二编《乡村社会卷》，福建教育出版社，2009，第 169 页。

③ 范文澜、蔡美彪：《中国通史》第十册，人民出版社，2008，第 340 页。

④ 《清高宗实录》卷一五，乾隆元年三月下，中华书局，1985 年影印本。

⑤ 《天下郡国利病书》卷二一，引自《松江府志》“查一条鞭法”，《续修四库全书》第 595 册，上海古籍出版社，2002，第 732 页。

　　我们都知道，明朝的徭役远重于田税，但也要取补于土地收益。欧阳铎是正德三年（1508）进士，"出为延平知府，调福州。议均徭曰：'郡多士大夫，士大夫又多田产。民有产者无几耳，而徭则尽责之民。请分半役士大夫。'"① 官府私派也是政府强加于人民的负担之一，而且这种负担是很难准确核算的。

　　"明嘉靖以前，有田租五十石者要养马一匹，名曰马户夫保，如租百石，养马二匹，夫二名，遇官府及差使往来，不分日夜取马与夫，跟之至交界而回，络绎答应，苦累破家，乡官户亦不免，故富贵者不敢多置牲。"②这个例子其实能够说明在明代嘉靖之前，民间纳税成本已经接近于其地租收益了。

　　"一条鞭法"实行之后，情况有所变化，国家征税过程对人民造成的负担，也就是征税成本有所减轻。

　　"赖巡抚海公均田粮行一条鞭法，从此役无偏累，人始知有种田之利，而城中富室始肯买田，乡间贫民始不肯轻弃其田矣。至今田不荒芜，人不逃窜，钱粮不拖欠，而田价日贵，亦由富室买田之故也。"③

　　"一条鞭法"肯定没有减少国家的征收数量，但是减少了征收的成本，从而使土地的占有可以获得一定的收益。

　　（太平天国）起义前夕，曾国藩说该地区的地主要向政府交纳他们从佃农那里所收地租的3/4。大约与此同时，包世臣认为要交纳60%。而在清朝最后十年里，按照武氏租栈的记录，这一比例为30%。④

　　中华人民共和国成立前，在浙江和苏南，田底权可以获得相当于正产30%的地租，田面权则可以获得相当于正产20%的地租，而当时这两

---

① （清）张廷玉等：《明史·欧阳铎传》卷二〇三，中华书局，1974，第5363页。

② （清）陈鸿、陈邦贤：《熙朝莆靖小纪》"甲戌（康熙三十三年）六月条"。

③ （明）顾炎武：《天下郡国利病书》引万历《江宁县志》"寄庄议"，《顾炎武全集》第13册，顾宏义、严佐之、严文儒校点，上海古籍出版社，2012，第895页。

④ 〔美〕王业键：《清代田赋刍论（1750—1911）》，高风等译，人民出版社，2008，第160页。

种权利的市场价格是相等的。①

由此计算，中华人民共和国成立前国民党统治时期，浙江和苏南地区，国家的赋税负担相当于土地正产的10%左右。这种税收负担其实与先秦时期所公认的正常税负相当，但是先秦时候土地的单位产量远达不到近代的水平，而近世以来的土地都是经过人力深刻改造的，所以土地的产出中实际上包含的更多是资本报酬。也就是说近代政府征收的税收应该远超过土地的基本产出，而包含有更多的资本收益。

浙江兰溪地区："若为民田出租，则大皮只能得到20%至25%，小皮能得到30%，佃户能得到45%至50%。故普通地价，小皮比大皮要贵一倍有余；如清田140元，客田应为90元至100元，民田只值40元至50元。"②

这里计算出来的结果与上面曹树基提供的数据相当，都表明国民政府时期，土地负担相当于田地出产的10%左右，可以相互对照。

考虑到有时候佃农也需要承担一定的负担，所以国家的赋税是超过土地正产10%的。

"民国以后的清丈，初在江苏省宝山、通州等县施行。有土地的士绅，集资试办清丈，稍稍成功，其方法概要如次：……经界局所采的方法：……五、水旱地价，据其地位等则而定。从收获物的价格中，减去耕作费，土地修缮费和维持费，并田赋及其他负担的金额，用还元率算出之。耕作费约为收获物价格的百分之五十，土地修缮费及维持费作为收获物价格的百分之五，田赋及其他负担作为百分之二十点五……"③ 在这个例子中，田赋及其他负担已经占到全部收益的20%了。以江南的实际生产力而言，姑且以每亩产米2.5石来计算，每亩实际征收在5斗左右，与前面《农政全书》卷一五所说的明代江南地区"计常熟县民间……乃粮之重者，每亩至三斗二升，而实费之数，殆逾四斗……"的水平接近而有超过，这实际上远远超过土地的经济地租了。而按白凯的计算，这

---

① 曹树基：《两种"田面权"与苏南的土地改革》，见谢国兴主编《改革与改造——冷战初期两岸的粮食、土地与工商业变革》，中研院近代史所，2010，第118页。

② 李文海主编《民国时期社会调查丛编》二编《乡村社会卷》，福建教育出版社，2009，第342页。

③ 〔日〕长野郎：《中国土地制度的研究》，强我译，中国政法大学出版社，2004，第175页。

比起清代中叶的水平，已经是大大降低了。

　　　　邑民受田者（有土地的人），往往惮输赋税，而潜割本户米
　　（税米）配租若干石，减其值以售，其买者亦利其贱而得之，当大
　　造之年，一切粮差皆其出办，曰大租主。有田者不与焉，曰小税主，
　　而租与田遂分为二。[①]
　　　　惠阳……每斗种（子）田，佃客（即佃户）纳田利（指地租）
　　一石六斗给业主（地主），业主再纳二斗谷给租客，租客只须纳粮
　　半升给政府。[②]

　　很明显，在广东惠阳地区，对一般的人民而言，税收成本应该是超
过政府税收的 40 倍的。而且这里说的税收还是政府派下的全部税收，超
过国家规定的正税至少一倍以上。

　　抗日战争期间，由于收入不足、滥发货币的影响，国民党政府统治
区通货膨胀、粮价上涨，各省田赋加征赶不上粮价上涨速度。不得已，
山西、福建两省率先于 1939 年和 1940 年将田赋按抗日战争前粮价改征
实物。1941 年 4 月，国民党政府决定于该年下半年起将各省田赋收归中
央接管，并实行田赋征实。1941 年下半年按该年田赋正附税额每元折征
稻谷 2 斗或小麦 1.5 斗，1942 年改为全年按征实前正附额每元折征稻谷
4 斗或小麦 2.8 斗；1943 年又实行棉田征棉按原正附额每元折征皮棉 5
斤。同时，实行军粮征购，征购额与征实额相等。征购价远低于市价，
并只付小部分现款，余给粮食库券，实同废纸。1942 年，四川等省又改
征购为征借，不付现款；1944 年，国民党政府又将征购一律改为征借，
等于田赋加倍。抗日战争结束后，本应立即停止的粮食征借继续强制实
行，直到 1949 年国民党政权崩溃为止。以上这些都可以归结为民间因土
地纳税而承担的损失。

　　以上这一部分的分析其实是想说明一个很重要的问题：即中国近世
社会中，地主是不可能凭借土地获得经济意义上的"地租"的，也就是

------

　　① 乾隆《龙溪县志》卷五《赋役》。
　　② 汪熙、杨小佛主编《陈翰笙文集》，复旦大学出版社，1985，第 77 页。

说，地主不可能凭借土地"不劳而获"。[1] 因为"土地原始生产力"带来的地租其实早就被国家征收走了（见图4－2）![2] 即使是在"土地原始生产力"基础上施加了人类的劳动之后所能够获得的产量，也就是土地的基本产出，也一并被国家赋税征收殆尽。而我们一般所说的"地租"，其实是包含有经济意义地租在内的支付总额，其中占最大比例的是资本回报，而不是地租。由于地主承担着缴纳国家赋税的义务，而这种赋税的数额远大于土地的经济地租，所以地主所能够获得的仅仅是资本的回报，而不是真正经济意义上的地租。

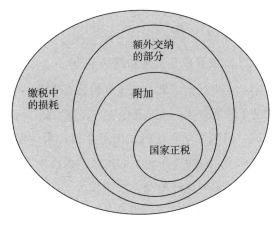

图4－2　土地负担示意

所以既然真正意义上的地租的所有者是国家，那么"普天之下，莫非王土，率土之滨，莫非王臣"中的土地的主人也只能是国家。

如果用"田底权"和"田面权"来比喻的话，我们也可以再一次确认：在中国传统社会，国家占有"地底权"，而私人占有的只是"地面权"。

---

[1] 在对土地改造前，一个农民从每亩田可以获得200斤的收入，在对田地进行改造之后，同样的劳动投入可以获得300斤收入。我们是否可以认为这多出来的100斤是"不劳而获"？一块土地本来是没有产出的，某人对其进行改造使其能够获得正常生产水平，那么这些正常生产水平是否可以认为属于该人的"不劳而获"？某人盖了一幢住房将其出租，租金收入是否可以认为是"不劳而获"？如果这些不能认为是"不劳而获"，那么地主在实际地租中扣除经济地租之后所剩余的部分就不能认为是"不劳而获"了！那仅仅是一种资本的收益而已。

[2] 不仅包括"经济地租1"，也包括"经济地租2"，此外国家税收还包括大量的资本收益。

第三节　土地资本化与地息率

一　土地被社会看作是资本

上一章已经提到：中国古人很清楚"田"与"土"的区别。他们清楚地知道"普天之下，莫非王土，率土之滨，莫非王臣"，所以土地的主人只能是国家，而人民可以是"田"的主人。历史上经常出现的"田"一词，按后世的术语来说，是指"土地资本"，而非天然土地，而土地资本是需要人经营的。

（一）土地（田）被看作是追逐利润的手段

诸多材料表明：至少近世以来，土地（田）是普遍被看作一种广义资本，即追逐利润的手段的。这一点，无论官府还是民间，都是普遍接受的。

明代万历年间，当朝大学士沈鲤提出了"田产贵约实"论。他认为："（田产）贵约而易守，实而得用，不必太侈。太侈则多费赀本、多有荒芜、多损精力、多招辞讼、多办粮差，而计其所入，亦卒与约者实者不相上下，何用侈为？"[①] 前面提到的《陈旉农书》也认为："谚有之曰：'多虚不如少实，广种不如狭收'，岂不信然？……则农之治田，不在连阡跨陌之多，唯其财力相称，则丰穰可期也审矣。"[②] 沈鲤和《陈旉农书》都是从节约货币资本、提高土地投入产出比的角度来考虑问题的。而且根据我们前面所引用的《清实录》中的材料，清朝的君臣们一般也都抱有这种观点。

雍正年间的官僚鄂尔泰曾奏道："按民间置产，必核算籽粒，除算钱粮，然后合其利息，照值论价。"[③] 据此来看，通过买卖而成立的田价基本上由土地的年间收益除以标准利率的结果决定。这种方式算出来的田地价格被看作是田地的公平价格。反过来说，占有土地的目的也就是为了追逐每年的利息。

---

① （明）沈鲤：《文雅社约·田宅》，见楼含松主编《中国历代家训集成》，浙江古籍出版社，2017，第3571页。

② （宋）陈旉：《农书》，中华书局，1985，第1页。

③ （清）鄂尔泰等编《雍正朱批谕旨》第27册，雍正七年五月十八日鄂尔泰折，故宫博物院编，国家清史编纂委员会藏。

不仅如此，土地资本自身的增值，也受到普遍重视。

清代大学士张英在《恒产琐言》中也说：

> 予置田千亩皆苦瘠，非予好瘠田也，不能多办价值，故宁就瘠田，其膏腴沃壤则大有力者为之，余不能也。然细思：膏腴之价数倍于瘠田，遇水旱之时，膏腴未尝不减产，若丰稳之年，瘠土亦收，而租倍于膏腴矣。且腴田不善经理，不数年而变为中田，又数年变而为下田矣，瘠田若善经理，则下田可使之为中田，中田可使之为上田，虽不能大变，能高一等。①

这是从土地保障和增值角度来考虑土地问题的。

田"能高一等"意味着土地生产力增加，收租增加的同时，价值自然也就高了一等，"地本"得到了增值，可谓"一箭双雕"。张英的认识符合现代土地经济学理论：在社会发展进步的时候，劣质土地的升值，一般要快于优质土地。

而且这也证明了"田"作为一种资本，其生产能力是可能被损耗的，"田"的生产力实赖人的投资和维护。

所以与张英同时代的蒲松龄则注意到，在保持田地产量的前提下还要禁止佃农滥用地力。他说："留苗，视地肥硗，要疏朗，不可太密……其收不少而地力不竭，勿听佃人贪多也。"② 实际上就是既要保持地租收入又要保持"地本"不受损失。

地主和分成佃农相比较，地主更看重土地的长久生产力的保持，即重视土地资本的维持和发展，而分成佃农更关注眼前利益。事实上，历史上地主和佃农之间的斗争很多是表现在对土地生产力的保护和维持之上的。分成佃农往往只考虑眼前的短期收益，而地主在考虑眼前利益的同时，还要考虑土地肥力的保持和价值的增值。仅从这一点而言，我们不能简单地把地主放在阻碍发展的对立面上。

---

① （清）张英：《恒产琐言》，楼含松主编《中国历代家训集成·清代编》，浙江古籍出版社，2017，第3973页。

② （清）蒲松龄：《农桑经·农经》"四月·刜谷"条，李长年校注，农业出版社，1982，第20页。

当然，我们同样也不能把佃农放在发展的对立面上。在定额租条件下，特别是在获得田面权的情况下，佃农也高度重视土地肥力的保障和增值。是否重视土地生产力的保障，不在于其是地主或者佃农，也不在于阶级的品质问题，而在于权利分配的不同。立场不同、利益不同，人往往就会表现出不同的行为方式及趋向。

以上材料反映了明代以后东南等地出现的一种新土地经营意识。郑志章先生按《沈氏农书》用的"地本"一词，将其称为"地本经营法"①。郑志章认为，地本经营法有以下三个特点：第一，它既不像传统地主那样，无劳经营而坐享租入；也不是公然违反乡俗惯例，用暴力对佃农进行掠夺；而是通过提高亩产量、市场投机等纯经济手段来增加收入。第二，它赋予了土地所有权商品经济的新内容。在封建自然经济中，地租收上来后，土地所有权的经济实现过程就完成了，但在地本经营法中，地租产品必须卖出去，换回货币，土地所有权才最终得到了经济实现，交换成为地产经营的一个环节，市场价格成为调节租佃经营的杠杆。第三，它开始游离自由劳动力。因为它主张"良田不如良佃"，只把土地出租给"良佃"，那么所谓"劣佃"势必因佃不到土地而沦为无产的自由劳动力。②

郑志章的总结是深刻的。这清楚地说明：在近世的中国，不但土地演变成为资本，"良佃"也成为一种重要的资本。这种"资本"不仅是狭义上因投资而形成的"土地资本"，而且还是依赖于市场实现价值的广义资本。

（二）明清时代的地息率

明代中叶隆庆、万历以后，一方面商品经济日益发达，地租的市场价格也就更普遍地为人接受；另一方面，由于各种类型的土地产权交易频繁，土地买卖也渐趋"公平"，即大都按照"时值"来交易。所以土地投资回报有社会化、平均化的趋势，土地利息率在经济生活中运用日广。陈继儒的《代顾光禄立义田疏稿》就提出："……可得腴田三万五

---

① 郑志章：《明清时期江南的地租率和地息率》，《中国社会经济史研究》1986 年第 3 期，第 49 页。

② 郑志章：《明清时期江南的地租率和地息率》，《中国社会经济史研究》1986 年第 3 期，第 49 页。

千亩，更将买过田上八九年之息，又可置田三万五千亩"，[①] 这就是把地租当作投资耕地的资本利息率看待的。

据此可知，当时松江华亭的土地购买年为 8～9 年，土地利息率为 11%～12.5%。郑志章把土地地租与其价格之比简称为"地息率"。

当然，考虑到明代中叶以后，由于政治形势问题，土地价格下降，土地的地息率会比较高一些。

福建同安县乡绅蔡献臣在《与吴旭海新会君》（《清白堂稿》卷一〇，1638 年）中就记载本县土地价格"田种一斗、出租一石者，旧止价五六金，渐增至七八金，而今且增至十一二金矣。"[②] 考虑到当时粮价在每石五钱左右，可以推出土地的地息率约为 5%～10%，与上述数据相当而略低。

而根据岸本美绪《清代中国的物价与经济波动》的记载：明代福建东南地区，白银的大量流入引起了人们对土地的追逐，所以福建的地价相对较高，地息率与松江华亭地区相比也就要低一些。

清康熙时期，大学士张英很关注全国一般的土地利息率。他在《恒产琐言》一书中记录："予与四方之人从容闲谈，则必询其地土物产之所出及田里之事。大抵田产出息最微，较之商贾不及三四。"[③] 从上下文看，他是以"什一之利"作为一般商业利润率的（这个比率似乎有点低！），所以他调查的结果是：当时全国一般土地利息率为 3%～4%。

《恒产琐言》主张乡居"子弟有二三千金之产方可城居，何则？二三千金之产，丰年则有百余金之入，自薪炭、蔬菜、鸡、豚、鱼鰕、醯醢之属，亲戚人情，应酬宴会之事，种种皆取办于钱，丰年则谷贱，欠年谷亦不昂，仅可支吾，或能不至狼狈"。[④] 这大概是其家乡（安徽桐城）一带的情况。再根据文中所列数据：当时这一带的土地利息率大约为 4%～7%，文中支出项下并未谈到交纳钱粮，所以他应该是把扣除钱粮之后纯地租看作土地利息的，这应是一种比较先进的算法。明清松江

---

① （明）陈继儒：《陈眉公全集》上册，上海中央书店，1936，第 108 页。
② （明）蔡献臣：《清白堂稿》，陈炜点校，商务印书馆，2019，第 325 页。
③ （清）张英：《恒产琐言》，楼含松主编《中国历代家训集成·清代编》，浙江古籍出版社，2017，第 3970 页。
④ （清）张英：《恒产琐言》，楼含松主编《中国历代家训集成·清代编》，浙江古籍出版社，2017，第 3974 页。

府西部地区土地利息率见表4-6。①

表4-6　明清松江府西部地区土地利息率

单位：两（千钱）/石/亩

时期	土地等级	田价	额租	实租	纯租	米价	纯租价格	土地利息率	资料来源
万历、天启	上	—	—	—	—	—	—	12.0	《陈眉公全集》卷下
崇祯	上	11.0	1.55	1.15	0.70	1.00	0.70	6.4	《阅世篇》卷1和卷7
顺治	上	15.5	1.55	1.15	0.76	3.00	2.30	15.0	《阅世篇》卷1和卷7
乾隆前期	上	11.0		1.10	0.73	1.40	1.02	9.3	《履园丛话》卷1
乾、嘉时期	上	50.0		1.00	0.66	3.00	2.00	4.0	《履园丛话》卷1《备荒通论》
道光	上	11.0		1.00	0.66	2.50	1.65	15.0	《浦泖农咨》
同治以后	下	11.0		0.50	0.37	3.00	1.11	10.0	《泖东草堂笔记》《华亭县志》卷23

注：①货币单位，乾隆前期为银两，乾、嘉时期以下为千钱。

　　②道光三年（1823）松江府大水，导致农业衰退，田价跌落。

　　③上述三个地息率比较高的时期，万历天启、顺治和道光，都属于地价跌得比较厉害的时期。万历天启时期政治比较黑暗，顺治时期则是政权易代，江南一带饱受兵火。

方苞计算说："积至六七百金则以买上等冲田，不可置杂业。十年之后可加良田一倍。二十年后，祭田又倍：三十年后。祭田又倍。"② 地息率也将近10%。

另外，清初人唐甄在《潜书》上篇下《善施》中所说"千金之产，其生百五十"，以及清代中期人汪辉祖在《学治续说》中的《宜勿致民破家》中所述的"千金之产，岁息不过百有余金"，谈的都是一种普遍情况，这反映出土地投资收益率的平均化已成为社会意识。这至少可以说明在全国范围内，土地资本有一个共同运动的趋势。

相比起来，张英计算的地息率偏低一些。这可能是因为张英所处的安徽中部地区土地较多，商品经济不太发达，粮食主要靠外销获利，所

---

① 引自郑志章《明清时期江南的地租率和地息率》，《中国社会经济史研究》1986年第3期，第50页。

② 《教忠祠祭田条目》，载（清）方苞《方苞集》（下册），上海古籍出版社，2008，第768~769页。

以土地经营的边际收入会低一些。而松江地区经济发达，土地缺乏，所以土地的回报较高。

而且似乎随着土地价格的上涨，土地的收益却没有迈出相应的步伐，所以我们可以看到从清初到清代中叶，土地的投资回报率似乎是下降了，从"千金之产，其生百五十"下降到"千金之产，岁息不过百有余金"。考虑到人口的增长，土地的产出水平不可能会下降，那么只能说是土地价格的上升导致了地息率的下降。① 土地价格的上升其实也反映了社会资本整体运动的态势。因为按照现代经济原理来说，资本的价格变动总是要大于收益的变动速度的。

不过，不论地息率如何变化，从上面诸材料中我们至少可以看出土地的资本属性，即追逐利润和回报的属性已昭然若揭。

清代经营地主的投资回报率，似乎也比这个数值高不了多少。《清代山东经营地主经济研究》表明，如果按照同时代的土地价格核算，山东经营地主的回报率大致也只有这个水平，4%～10%。只有按照往期土地价格来计算，经营地主的回报率才远远超过这个回报率。

这似乎也能够说明：土地资本和其他资本在农业生产中的回报率有趋近的趋势。本章开头提到：土地的投资回报率应该与其他人工生产出的生产资料（狭义上的资本）具有可比较性。回报率越接近，资本化程度越高。从山东经营地主的回报率来看，这个结论是成立的。

（三）民国时期的地息率

民国时期的地息率与明清时期相差不大，近乎相同而略高一些。这也很正常，因为民国时期政局相当不稳定，经济危机的冲击也比较大，比如说"经济大萧条"对中国经济生活的冲击就非常大。②

除了政治经济形势不稳定造成的共同冲击和影响之外，各地地息率相差也比较大（见表4-7、表4-8）。

---

① 这时期中国市场虽然有了很大的发展，但是农业部门仍然构成社会经济的主体，工商业部门的平均利润率还不可能对农业地息率产生决定性的影响。反过来说，却是农业部门的回报会对工商业部门的平均利润率造成重要影响。

② 很多记载说20世纪30年代佃农生活十分困苦，由此说明租佃制度的不合理。但是20世纪10～20年代佃农的生活要好得多，而20世纪30年代美国英国这些资本主义强国的工人阶级生活也一样十分困苦。

表 4 - 7　民国河南部分地区地租剥削率

县别	每亩租值（元）	每亩地价（元）	租值与地价（%）
灵宝	4.4	42	11.2
淮阳	6.08	62	10
汝南	3.68	27	14
上蔡	4.22	43	10
内乡	2.77	48	6
镇平	3.11	37	8
信阳	3.71	37	10

资料来源：陈玉峰：《解放前河南省的租佃关系》，《北方文物》1994 年第 2 期。

表 4 - 8　民国河北部分县村地租率

县村别	地价（元/亩）	租值（元/亩）	租值占地价（%）
保定	50	2.5	5
平谷县夏各庄、小辛庄	40	5	12.5
香河县后延市	40	4	10
遵化县卢家寨	40	4.5	11.2
滦县八里桥庄	40	4.5	11.2
昌平阿苏卫	25	2	8
蓟县纪各庄	20	2	10

引自乌廷玉《解放前河北省的租佃关系》，《河北学刊》1991 年第 3 期。

不过，根据高王凌的考证，实租率大概只有 80% 左右，所以实际上的租值和地价比率不会这么高，大概要打个八折左右。

日本方面的观察表明：

从大体上看来，中国耕地的地价，可以认为是在良好状态上的。就是：一、地价除由农作物种类，交通的便否和土地的肥瘠等所生的当然差异以外，全国中大体没有什么很大的差异。二、土地的价格，原依生产物价格的高低而定的。中国农民，对于土地的爱护心虽强，但谷物价格低廉，所以全般的地价，都是在于低廉的状态。北方一亩的收获额为六七元，地价平均就是三四十元，中部收获为

十元内外，地价就是五六十元……①

如果以租佃率为 50% 来计算，则北方地价三四十元的土地，其租额大约是三四元，中部五六十元的土地，其租额是五六元。地租与地价的比例在 10% 左右，这个数值与上面河北河南地区地息率的一般数值差不多相等，反映了这个地息率水平的普遍程度。考虑到民国时期灾荒和动乱很多，地租难以足额收到，地息率其实还达不到 10%。10% 的三分之二也许是一个更真实的水平。

再考虑到我们前面计算的政府税负问题，真实地息率也许只有 5% 左右，有时候甚至还不到。近世中国的土地投资中，5% 的地息率近乎于土地投资回报的底线，如果低于这个数值，恐怕就没有多大的投资价值了。事实上，卜凯在《中国农家经济》中也是按这个比率来计算地主与佃农的收益分配是否合理。

表 4-9　民国二十三年各省每亩普通租额占普通地价之百分率②

单位：%

地域	每亩普通租额			普通田地之平均价格	每亩普通租额占每亩普通地价之百分率		
	谷租	钱租	分租		谷租	钱租	分租
总计	4.2	3.6	4.6	32.6	12.9	11.0	14.1
江苏	3.4	3.8	5.6	43.7	7.8	8.7	12.8
浙江	4.6	4.3	5.9	44.7	10.3	9.6	13.2
安徽	3.1	3.1	5.4	33.0	9.4	9.4	16.4
江西	3.3	3.5	6.7	18.2	18.1	19.2	36.8
湖北	2.8	3.4	5.6	41.2	6.8	8.3	13.6
湖南	4.4	4.4	7.2	25.3	17.4	17.4	28.5
四川	7.1	5.6	8.3	49.1	14.5	11.4	16.9
河北	3.1	3.0	3.3	40.8	7.6	7.3	8.1
山东	5.5	4.7	6.1	29.3	18.8	16.0	20.8
山西	1.7	1.8	1.8	29.0	5.9	6.2	6.2

---

① 〔日〕长野郎：《中国土地制度的研究》，强我译，中国政法大学出版社，2004，第 96 页。
② 参见国民政府主计处统计局编《中国租佃制度之统计分析》表 35，正中书局印行，1946。

续表

地域	每亩普通租额			普通田地之平均价格	每亩普通租额占每亩普通地价之百分率		
	谷租	钱租	分租		谷租	钱租	分租
河南	4.4	2.9	2.5	—	—	—	—
陕西	3.1	2.4	3.0	23.8	13.0	10.1	12.6
甘肃	2.1	2.0	2.4	17.5	12.0	11.4	13.7
青海	1.1	1.2	1.8	—			
福建	5.7	5.1	6.0	28.6	19.9	17.8	21.0
广东	7.5	6.7	6.1	39.5	19.0	17.0	15.4
广西	6.6	4.7	6.5	—			
云南	7.5	6.3	7.6	45.3	16.6	13.9	16.8
贵州	5.0	2.3	4.5	37.2	13.4	6.2	12.1
察哈尔	1.2	0.8	1.9	27.4	4.4	2.9	6.9
绥远	1.8	0.8	1.5	12.5	14.4	6.4	12.0
宁夏	6.1	4.6	4.2	—			

根据实业部编印《中国经济年鉴》（民国二十五年辑）第七章，第62页，中央农业实验所调查材料编制。

表4－9中统计出来的数值比前面提供的地息率数值明显偏高。表4－9中江西、湖南数值特别高，可能跟当时江西、湖南土地革命进行得比较激烈、地价猛降有关系。

总的来说，20世纪30年代的地息率似乎都特别高，不过，这可能是因为1934年左右土地价格偏低的缘故。

卜凯记录到："1925年以后稻田地带在新政府辖治下，其田赋指数骤增，大多由于增税政策。"[①] "1925年以后，扬子水稻小麦区地价约跌20%，其他四区平均数则大致平稳。地价递升之趋势至1925年即止，或由于计算地价之银元价格递减。1925至1931年，地价之所以未能赓续上涨者，实因当时各种情形，颇不利于农业。其最著者，厥为反地主运动。此不特减少土地需求，甚且使有产之人出售其产。投资者宁愿投资工业，公债，或银行存款，而不愿购买土地，以冒风险。"[②] 实际上，1931年之

---

① 〔美〕卜凯主编《中国土地利用》，金陵大学农学院农业经济系出版，1941，第473页。
② 〔美〕卜凯主编《中国土地利用》，金陵大学农学院农业经济系出版，1941，第456页。

后，在世界经济大危机和"九一八"的影响下，全国的土地价格都在普遍下降。上一章中山西三村的数字就表明：1931年前后，山西的土地价格有超过30%的下降幅度。

另外，上面所有材料中的地租，除了土地当中本身凝结的资本因素之外，还都包含着附属于土地投入的资本在内。

表4-10 晋、鲁、冀、豫四省种子、肥料、耕畜由佃户自备与
由地主供给者之各种租率[①]

单位：%

	物租率		钱租率	
	佃户自备	地主供给	佃户自备	地主供给
平均数	46.37	55.98	9.35	10.65
中间数	48.20	59.17	8.48	9.75
众数	49.62	60.29	6.67	6.99

表4-10数据表明：地主提供部分资本条件下，地租率大约提高10个百分点，这与中国传统借贷利率居高不下是密切相关的。地租率和地息率的上升与农村的普遍贫困化、佃农经济地位的下降应该是有关系的。

学术界流行的观点却是，越是到了封建社会后期和近代时期，投资土地的回报率越低。据曹幸穗研究，到了近代后期，投资土地的最高利润率只有13.3%，[②] 而工业、商业投资的平均利润率则在40%左右，远远高出土地投资利润率。[③]

从上面的数据来看，投资土地的回报率远低于市场上的一般利息率。不过，一般认为：近世以来，特别是民国时期，投资工商业的资本风险非常大。如果把收益与风险综合计算，恐怕也未必比投资土地有多大的优势。况且由于市场的限制，工商业的规模发展比较有限，无法充分容纳更多的资本进入。但是我们还必须考虑到：国民政府统治期间，对地主利益的保障不够，所以投资土地的风险更大，社会资本严重缺乏可靠的保障，这对经济发展是不利的。

---

① 国民政府主计处统计局编《中国租佃制度之统计分析》表40，正中书局印行，1946。
② 包含了资本回报。
③ 曹幸穗：《旧中国苏南农家经济研究》，中央编译出版社，1996，第47~48页。

（四）土地资本与地息变化之比较

按照经济原理，地租的上升有利于土地价格的上升。不仅地主能够获得利益，自耕农也同样获得利益。不仅地主和自耕农将获得利益，拥有田面权的佃农也能获得利益。因此，这种利益将扩大资本的倍数。而且土地价格的上升有利于土地资本的积累，其实是有利于扩大内需，加强资源的流动性，从而有利于提高资源的配置效率。

而人为干扰租金的支付，破坏市场的运行，可能破坏社会的资本积累，降低土地资本的价值。在各种冲击之下，20 世纪 30 年代大量资金从土地抽出，转向沿海大城市，由生产资本变成投机资本。

> 中国现在耕地虽然不敷分配，可是荒地却在年年增加；就是继续耕种着的土地，也因种种原因，经常陷于半荒半熟地位。说是没有劳动力吧，中国农村中间充满着失业和半失业的劳动大众；他们为着生存，正向都市逃亡；说是没有资金吧，每月常有五六百万甚至一千多万银元正从内地流向上海；尽管农村中的资金如何枯竭，它们还在纷纷离开农村。[①]

这与农村社会秩序混乱、地租得不到保障有关系。社会资金和资本的流动有自身运动规律，是不以人力为转移的。

土地与一般农产品价格相比，还可以看得出来一个规律就是：土地的价格波动大于粮食的价格波动，或者说土地的价格变动大于收益的变动。

> 康熙年间，稻谷登场时，每石不过二三钱，雍正年间，则需四五钱，今则必需五六钱。……国初地余于人，则地价贱，承平以后，地足养人，则地价平，承平既久，人余于地，则地价贵。向日每亩一二两者，今七八两，向日七八两者，今二十余两。贫而后卖，既卖无力复买。富而后买，已买不复卖。[②]

---

① 薛暮桥：《旧中国的农村经济》，农业出版社，1980，第 17 页。
② 《清高宗实录》卷三一一，乾隆十三年三月下，中华书局，1985 年影印本。

粮价最多涨了三倍，而土地价格最高已经涨五六倍了。而且根据岸本美绪的观点，考虑到土地买卖中"加找"的行为，土地的真正价格其实还要远高于购买价格。[①]

这是可以理解的，正是因为土地成为一种资本，所以土地价格会按照土地收益变动的倍数而变动。

马克思认为："因为一切古老国家都把土地所有权看作所有权的特别高尚的形式，并且把购买土地看作特别可靠的投资，所以，购买地租所根据的利息率，多半低于其他较长期投资的利息率，例如，土地购买者只得到购买价格的4%，而他用同一资本投在其他方面却能得到5%。"[②]同样的道理，在中国，投资土地的回报也要低于其他投资，而且差距很大，比马克思所说的差距要大得多。

比较同时期的欧洲，近世中国的地租剥削显得并不很重。据著名重农主义学派经济学家魁奈的统计，18世纪中叶法国地租占农业生产总值的40%，[③]而明清江南普通实物地租率在32%～48%之间，平均亦即40%左右。如果考虑到实际征收的问题，大概地租率只有30%左右；再考虑到佃农的副业经营，中国地租占农业总产值的比重恐怕还要更低。15世纪欧洲大陆的土地利息率为5%～10%，[④]这也与中国传统上的地租率数字相当。

二　土地日益脱离自然属性成为虚拟资本

近世以来，"土地"这一名词，特别是传统社会常用的"田"这一名词，实际上已经日益脱离自然属性，转化为一种权利，或者说成为一种虚拟资本。或者说"田"越来越代表着一种价值，而日益与使用价值无关。

---

① 一般认为：考虑到"加找"原因，契约中的价格只相当于全部实际价格的三分之二左右，而"加找"行为本身又是受地价上升影响的。

② 中共中央马克思恩格斯列宁斯大林著作编译局编译《资本论》第三卷，人民出版社，1975，第704、698页。

③ 陈振汉：《明末清初中国的农业劳动生产率、地租和土地集中》，载《中国资本主义萌芽问题讨论集》上册，三联书店，1957；李文治等：《明清时代的农业资本主义萌芽问题》，中国社会科学出版社，1983，第206～218页。

④ 中共中央编译局编译《马克思恩格斯选集》第3卷，人民出版社，1972，第288页。

这种权利的内容很丰富，可以转移、可以交易，特别是到了后来，可以分割、拼接、组合。因而土地的权利不再能够简单地以所有权、使用权等明确的术语和概念来规定，而是演变成一组权利束，在不同地区、不同时代、不同土地、不同主体之间，内涵往往多有不同，然而又往往表现出极为灵活机动的特点。这种权利特征是有价值的，它的存在或者是为了保值，更是为了追逐更大的价值。

这些权利的核心是收益。不同类型的权利代表着不同的收益，可以以不同的价格在市场独立交易。收益越高越稳定，价值就越高。

（一）土地所有权的内在结构

这一部分内容是上一章"土地所有权复合化"的递进分析，或者说换个角度继续讨论，这样我们对这个问题就能够理解得更加透彻。

根据上一章的分析，我们可以认为：中国近世土地所有权大致可以分为三种：地底权、田底权和田面权。

所谓"地底权"也就是对自然土地的所有权。地底权属于国家，国家可以凭借这种权利收税。实际上这也就是前面反复强调的：国家才是土地的真正主人。

所以"田底权"可以认为是对"土地资本"的拥有权，也同时是对地底权的代理权。田底权的所属是最复杂的，可能属于国家，也可能属于宗族，也可能属于地主，还可能属于自耕农，还可能由不同主体共同拥有。比如说在中国的大部分地区，田底权往往就由地主所有，但是其宗族也有相应的权利。

"田面权"也很复杂，它一般是属于佃农的，但是也可以属于地主。而且从逻辑上说，拥有田面权的佃农还仅仅是佃农吗？

田面权不仅仅是使用权，还可能是所有权，因为拥有田面权的农民也可以把田地出租出去，凭借这种权利获得相应的利益。如在福建汀州地区，"田主收租而纳粮者，谓之田骨，田主之外又有收租而无纳粮者，谓之田皮。是以民、官田亩，类皆一田二主。如系近水腴田，则皮田价反贵于田骨，争相让渡佃种，可享无赋之租"。① 拥有田面权的农民也就

---

① 《福建省例》卷一五，见《中华大典》工作委员会，《中华大典》编纂委员会编纂《中华大典·法律典·民法分典》，第三册，西南师范大学出版社，2014，第2003页。

拥有了土地的配置权，这就属于土地所有权的现实表现。

又如陈盛韶《问俗录》记录，在福建建阳，"有一田而卖与两户，一田骨、一田皮者；有骨、皮俱卖者，田皮买卖并不与问骨主。骨系管业，皮亦系管业；骨有祖遗，皮亦有祖遗。"

而且在某些新开发地区，由于存在高额的级差地租，田面的价格甚至可能高于田底的价格。[①] 比如说在江西宁都，"佃农承凭主田，不自耕，借与他人耕种者，谓之借耕。借耕之人，既交田主骨租，又交佃人皮租"。如50亩之田，获谷200石：以50石为骨租，以70石为皮租，借耕之人自得80石。[②]

从一般意义上说，上述三种权利都可以认为是土地的所有权，但是这其中也有区别。根据上文的分析，所有权执行的标志是经营权和剩余索取权。

在上述三者不进行细分的时候，土地的所有权当然是属于国家的。如果可以分为两种，地底权和地面权，那么国家往往不可能直接对土地进行经营和配置，这时候土地所有权的执行权利，往往属于民间。我们也可以说是属于私人，但是考虑到也可能属于宗族、寺庙和学校，所以说属于民间也许会更准确一些。

如果被分为三种：地底权、田底权和田面权，那么土地的配置权利和经营权利可能属于田底权，但是往往也可能属于拥有田面权的佃农。

当然，如我们前文所述，田面权也有两种。

> ……相沿日久，佃户竟持其永佃权视为一部分之所有权，不准业主自由夺佃，业主亦无异议。……既积欠田租，业主提起诉讼，只能至追租之程度为止，不得请求退田。[③]

所以曹树基认为这里的田面权"……是指田面业主处置田面的所有

---

① 方行：《清代前期的封建地租率》，《中国经济史研究》1992年第2期，第68页。
② （清）黄永纶修，杨锡龄等纂《道光宁都直隶州志》卷一一，凤凰出版社，2013。
③ 国民政府司法行政部编《民商事习惯调查报告录》上册，编者印行，1930，第317页。

权"，① 而不是什么永佃权。因此，这时候佃农对土地产权的拥有已经成为实质性的了。当然，我们也可以换一种说法：在后一种田面权条件下，我们可以确认佃农完全获得了田地的所有权，而国家的地底权当然也得以保留，并以此获得收税的权利。至于地主，其对土地的虚拟所有权也得到了明确，即只剩下定额收租权，而不具备其他任何对土地的权利。

所以在中国近世社会中，土地的所有权呈现出复杂的内在结构。

"若业主贫乏，将田另售，契内注明：佃户系原垦人之子孙，照旧承种，不许易佃。若业主子孙，有欲自种者，准将肥瘠地亩，各分一半，立明合同，报官存案，不得以业主另租与人。"② 这个案例中并不存在土地的田底权和田面权的问题，而是存在永佃权的问题。地主的土地所有权不是绝对的，是受国家权力约束的。而且在这个案例中，我们可以清楚地看到，地主对田地的所有权往往不具备自然属性，在很大程度上只是一种收租的权利。这种权利可以在市场上自由买卖，因而可以认为是一种资本。这种收租权的另一面则是国家的税收交纳权，也就是国家的承认。如果地主失去了交税权，收租权往往也是不稳定的。当然，这种收租权也可以转化为实际田地的全部权利，而这种潜在权利同样也是由政府规定的。

"盛京将军赵尔巽奏：奉省各项纳租地亩，皆民佃官地，定例不准买卖，不征税契。历年既久，暗相交易，变其名曰开刨工本，实则与买卖无异。拟一律发给执照，征收更名税，以资整顿。下户部知之。"③ 佃权和地权之间，并没有不可逾越的障碍。事实上，很多土地的私有化就是通过佃种国有土地实现的。

"又谕：富俊等奏：审拟承办屯田各员一折。此案吉林将军福克精阿，于征收新城局屯租，率欲加增，商令前任伯都讷副都统硕德，派员往谕，以致各佃户畏避欠租，实属任意妄为。福克精阿应照律拟杖，业于另案革职，着毋庸议。"④ 清政府对官田的出租，一向是禁止增租的，从而将土地改良带来的收益增长全部留给佃农。

① 曹树基：《两种"田面权"与苏南的土地改革》，见谢国兴主编《改革与改造——冷战初期两岸的粮食、土地与工商业变革》，台北，中研院近代史所，2010，第98页。
② 《清高宗实录》第三册卷一七五，乾隆七年九月下，中华书局，1985年影印本。
③ 《清德宗实录》第八册卷五五六，光绪三十二年二月下，中华书局，1987年影印本。
④ 《清宣宗实录》第三册卷一九六，道光十一年九月上，中华书局，1986年影印本。

近世中国社会中土地所有权的复杂结构是由社会上下层的相对运动造成的，为了提高土地资源的配置效率，社会基层必须获得对土地资源的配置权和剩余所有权。为了提高收益，国家就必须：首先放弃对土地的配置权；其次保障最高所有权。至于剩余索取权，国家其实也保留了一部分，但是很少。

至于地主，他是国家和佃农的双重代理人。对国家而言，地主是免费的税收代理人，存在地主的时候，国家收税效率比较高。对佃农而言，地主是纳税代理人。地主代理纳税的时候，纳税成本比较低。

既然地主是双方的代理人，所以他必须得到相应的报酬。这种报酬当然不由国家支付，而只能由佃农支付。为了保障其收入，他要取得叠代所有权，在佃农不能顺利缴租的时候，他可以行使土地配置权。在当时的具体社会条件下，地主取得了名义上的土地所有权，这是地主双重代理身份的代价和报酬。

所以我们能够看到：地主阶级是中国社会经济演变过程中的一个重要的创造物。他代表着一种社会的介质，降低交易成本，提高交易效率。当然，地主阶级的存在本身就意味着一种成本，但是只要地主阶级的存在能够降低国家和基层农业生产者之间的交易成本，并提高交易效率，且地主阶级存在的成本小于其降低的交易成本，那么这个阶级的存在就是有意义的。

更进一步说，地主阶级对土地的所有权既不是最高所有权和最后所有权，也不是现实所有权，而只是一种叠代所有权，在直接配置土地这种生产要素方面，他发挥作用的空间是比较有限的。但是在引导土地和其他要素，比如说资本的结合方面，却能够发挥比较重要的作用。

当然，我们也必须要承认北方的地主和南方的地主不同，分成租和定额租条件下的地主不同。不同身份的地主表现出的性质是有较大差别的。在南方定额租条件下的租佃制度中，资本和土地的结合更为充分；而在北方分成租条件下，租佃制度更多地体现为一种补充性质。这当然也能理解，因为中国地方广大，不同地方的发展程度和资源配置情况都不相同，地主阶级表现出来的性质也就不尽相同了。

（二）所有权与收租权的分离

近世以来，南方各地普遍出现了一种现象，那就是伴随着定额租的推广而出现的地主不知道自己的土地在何处，只知道按定额收租。这使得古人常说的"履亩收租"的情况不再成为一种必要。

江西地方，"佃户之出银买耕，犹夫田主之出银买田"①。"赣南各县习惯……至借耕字内并不载明谷田担数，亦不记明四至，仅载某某地方田若干丘字样，佃人之狡黠者，承耕日久，将所借之田隐瞒一二丘，占为己有，其余田丘任意改变，以符借耕字内之数，事实上数见不鲜……"②"龙南县习惯……父兄之田，子弟惟知纳租，不问田之膏腴，由经历次更换，不识田之坐落……"③

在浙江临海，佃户租田时将佃价交于田主。以后在佃户缺乏银钱时，可把佃田出让他人承佃，不拘年月，原佃者可以赎回佃权。如果田主将田地卖给别人，原佃户照旧耕种还租，不受所有权买卖的影响，这叫做"卖田不卖佃"。④"佃户之出银买耕，犹夫田主之出银买田。"⑤

在近代的时候，北方也逐渐出现了这种情况。"人民租种蒙地，每年出钱若干，谓之地（土普）。设令蒙地主累世相传不知地之所在，则只按年凭账吃租，并不问其地有无变迁及移转何人，故有云'蒙古吃租，认租不认地'。"⑥

不仅如此，在江南某些地区，随着租栈的出现，租佃关系日益市场化，日益脱离个人的色彩。地主不仅不知道自己买的田在何处，甚至连佃农是谁也不知道，而且也不需要知道。同样的，佃农也不知道自己田地的地主是谁，而且也不需要知道。

国家的权利从另一端压挤了地主对土地所有权的空间。假使遇上歉

---

① 《民商事习惯调查报告录·宁都仁义乡横塘塍茶亭内碑记》，转引自方行《清代佃农的中农化》，《中国学术》2000年第2期。
② 前南京国民政府司法行政部编《民事习惯调查报告录》，胡旭晟、夏新华、李交发点校，中国政法大学出版社，2000，第564页。
③ 前南京国民政府司法行政部编《民事习惯调查报告录》，胡旭晟、夏新华、李交发点校，中国政法大学出版社，2000，第591页。
④ 中国历史档案馆、中国社会科学院历史所编《清代地租剥削形态》下册，中华书局，1982，第485页。
⑤ 中国人民大学清史研究所编《康雍乾时期城乡人民反抗斗争资料》上册，中华书局，1979，第83页。
⑥ 前南京国民政府司法行政部编《民事习惯调查报告录》，胡旭晟、夏新华、李交发点校，中国政法大学出版社，2000，第750页。

收，国家会出台相应的规定减少田赋的征收，相应要求地主减租。而租栈也会统一决定该收几成地租。

> 十一月，辛卯朔。兵科给事中高遐昌疏言：凡遇蠲免钱粮之年，请将佃户田租，亦酌量蠲免，着为例。上谕大学士等曰：蠲免钱粮，但及业主，而佃户不得沾恩。伊等田租亦应稍宽，但山东江南田亩多令佃户耕种，牛种皆出自业主。若免租过多，又亏业主。必均平无偏乃为有益，此本着交部议寻户部议覆，嗣后凡遇蠲免，钱粮合计分数，业主蠲免七分，佃户蠲免三分，永著为例，从之。①

康熙这种强制介入的态度在乾隆时期有所改变，但是国家对租佃关系依然是介入的。"在太平天国运动之前，清政府将地租水平完全视为地主与佃户之间的私事。把强制性减租与免税联系起来的政策废除之后，这种不干涉主义甚至扩张到歉收的年头，地主官员在皇帝的诏令的限制下，只能用道义上的循循善诱劝说地主减轻地租。"② "在 20 世纪江南的诸多县份，政府对地租关系中这个方面的介入已经属于例行公事……在吴县，辛亥革命之前地方官员就参与制定地租上限；……各处都出现了类似情形，只是县与县之间的程序各不相同。"③

过去，学者认为：在这些例子中，土地的经营权与所有权已经有了比较清晰的划分。但是根据新的研究成果，我们可以认为：佃农才是拥有物质形态的田地的主人，而所谓的"地主"往往仅拥有一种虚拟的田地所有权，并不是真正的田地。④ 买卖契约上的"田地"，不仅已经脱离了自然性质，而且也脱离了狭义的资本性质，而转化成为一种价值的符号，完全是一种市场交易产生的，同时受国家权力保障与约束的权利而

---

① 《清圣祖实录》第三册卷二四四，康熙四十九年十一月辛卯，中华书局，1985 年影印本。
② 白凯：《长江下游地区的地租、赋税与农民的反抗斗争（1840—1950）》，林枫译，上海书店出版社，2005，第 244 页。
③ 白凯：《长江下游地区的地租、赋税与农民的反抗斗争（1840—1950）》，林枫译，上海书店出版社，2005，第 244~245 页。
④ 中国地方广大，各地方情况千变万化。一般来说，经济越发达的地方，这种情况就越普遍；而经济越落后的地方，这种情况就越少。北方的地主对土地使用价值和价值的利用都比较多，所以对土地的权利更加完整。

已。这时候交易契约上所说的"地底权"的"土地"或"田地"，其性质非常类似于后世债券，按期分红，或者把钱存在银行里收取利息，不但不能称为土地，甚至不能称为"田地"，即不属于马克思所说的"土地资本"的范畴。只有田面权下的土地，也许还能说是保持着实物形态的土地，但也只能说主要是狭义的资本，即土地资本，而很难说是自然性质的土地了。真实的、自然化的、现实的土地资本的所有权，其实是属于佃农的。① 佃农相当于以土地价值和使用价值为保证发行一种永续债券，以满足和实现某种需要。当然，这种债券在一定条件下是可以赎回的。

两江总督 1739 年奏折，"（江南现行地租）属历来相沿之旧额，虽更换业主，佃户总照旧额，立约输纳，其额亦人所共知。故田价虽昔贱今贵，而租额不能增加；昔贵今贱，而租额不能减少"②。这种田底权不为一种虚拟债权而为何？

根据之前对土地所有权的分析，我们知道：土地是具有多重性质的。真正的土地所有权应该是能够充分享有这些不同性质的收入。所以我们可以认为：所谓的田底权，其实何尝有田底？他们除了收取固定的、不可加增的地租之外，其实对土地并没有其他的权利。如果他们想把这块名义上是他们拥有的土地转向其他的用途，还需要向田面主购买权利才可能做到。

相反，田面权却对土地拥有比较充分的支配权。陶煦《租核》所谓"田中事，田主一切不问，皆佃农任之"。佃农如何生产，如何种植，增产多少，都不是田底权所能过问的。

张五常认为其《佃农理论——应用于亚洲的农业和台湾的土地改革》有三个基本假设："（一）土地是私产；（二）农户要竞争，地主也要竞争；（三）农户的分成所得在竞争下等于另谋高就的工资；地主的分成所得等于另找租客的租值。"③ 这三个假设是非常典型的经济学的分

---

① 还是要强调说明：真正自然性质的土地所有权属于国家，只有表现为田地形态的土地所有权才属于佃农，而田地资本附着于其上的土地所有权，是由国家搁置给拥有田地资本的所有权的。但是国家也保留着适当时候收回的权利。
② 中国人民大学清史研究所编《康雍乾时期城乡人民反抗斗争资料》上册，中华书局，1979，第 11 页。
③ 张五常：《经济解释——张五常经济论文选》，商务印书馆，2000。

析方法，代表着经济学界对近世租佃关系的一般认识。

但是按历史学的方法来分析的话，会发现这三个假设其实都是有问题的，至少是没有得到过充分证明的！

《佃农理论——应用于亚洲的农业和台湾的土地改革》中提出的三个假设中，第三个假设笔者已经在第二章予以推翻了，而前两个假设也值得商榷。

第一个假设：土地是私产。的确，土地是私有财产（其实也有大量土地是公产），但不仅仅是地主本人的私产。对永佃制下的土地而言，土地不仅是地主的财产，也是佃农的财产，甚至更多的是佃农的财产。因为在近代土地交易市场中，田面权的价格常常高于田底权的价格。

即使是在一般定额租和分成租条件下，也不能说土地完全是地主的私产。因为地主和佃户之间是存在契约关系的。而且这种契约关系是得到国家法令的保障和强令遵守的。在租佃期内，只要佃户不违反规定按时纳租，地主就不可能随便辞退佃户。近世中国，"按时纳租"往往会成为保证租佃的重要隐含条件，只要佃户能够达到此一要求，国家司法和社会道德都会承认其租佃的权利，即使租佃到期也可以延长，甚至父传子、子传孙。至于"增租夺佃"，往往是国家法律所明确不允许的。

此外，旧中国的佃农很多都是有押租的。押租条件下，地主辞退佃户，按自己的意愿修改租佃条件的可能性就更是受到限制，这是不是可以认为佃农实际上用一个比较低的价格购买到了有限的使用权和实际的所有权？

佃农的押租也一样得到国家的保护。"其滋事首犯王柏龄、易发增、吴保泰等，所种地亩，撤归该王旗另行招佃，不准扣还押荒银两，其余从犯暂免撤地，以观后效等语。均着照所议办理。"[1] 造反作乱的佃农付出的押租都能够得到国家保障，何况其他人？

（三）土地产权的层叠累加

所谓产权其实是指各种权利的总和，包括所有权、使用权和收益权等。

种种材料表明，近世以来，私有产权不是绝对的和单独发生作用的，

---

[1] 《清文宗实录》第一册卷五三，咸丰二年二月上，中华书局，1986年影印本。

是和社会其他关系共同发生作用的，所以往往表现为一组权利的集合，分别属于不同的主体。这些权利往往与土地资本的投入和产出水平的提高有关，不同主体进行的投入及产生的相应权利，彼此之间层叠累加，却往往同时得到承认和保障。

比如说"力坌"和"粪草"（在佃农勤劳耕作土地从而使得土地的投入产出比有所提高的情况下，佃农分得的那部分产出称为"力坌"；由于多施肥料、进行土壤改良从而使得产出增加，佃农分得的部分称为"粪草"）就是存在的。清代，佃农租种地主土地，"或以永远为期，硗瘠之土，一经承佃，辄不惜工本以渔利，而田主莫能取盈"[①]。佃农对租种的土地，是"偿租而外，与己业无异"[②]"勤则倍收，产户不得过而问焉"[③]。

这是对地主和佃户双方都有利的，既是地主欢迎的，同时也是对土地完整产权的限制。舍弃可能是一种取得，反过来说，为了取得是可以舍弃的。

如前所述：耕地（田）不仅仅是土地，不是自然的产物，而是在自然土地之上人力劳动和投资的结果。耕地的生产力既然是由不同主体一层一层累加上去的，耕地的产权当然同时也是一层层累加上去的。现实情况千变万化，但是在中国这样一个人口众多、土地受到重视的国度里，凡是能够增加土地产出的投入，价值都是得到承认的，从而被看作是所有者的资本。所以中国传统社会土地的产权观念必定会受现实的影响。

总之，土地的产权不是单独的所有权，而是一组包括书面的和约定俗成的各种关系构成的权利。张五常曾经对当代中国土地市场发表意见说：如果中国的农民拥有使用权、控制权和收益权等三种权利，那么即使没有最终的所有权也不影响其对土地的实际拥有。——这句话在一定程度上是有道理的。

而旧中国的佃农或者拥有其耕作田地的部分或全部所有权，或者虽然不拥有所有权，但是很大程度上却拥有土地的合约期内的使用权、控制权和收益权，甚至押租保证下永久的使用权、控制权和收益权。所以地主的土地权利是受极大限制的。简单地说"土地是私产"其实并不能

---

① （清）熊学源修，李宝中纂《嘉庆增城县志》，"中国方志丛书"，1820 年刻本。

② （清）万在衡修，（清）甘庆增纂《嘉庆祁阳县志》，清嘉庆十七年刻本。

③ （清）朱维熊、（清）陆茉纂修《康熙平湖县志》，清康熙二十八年刻本。

充分和正确地反映近世中国土地产权关系中的复杂情况。

如果再考虑政府的影响，地主对土地的所有权就更是受限的。一切产权都不是绝对的，而是相对的，是在各种约束条件下发生作用的。现代的所谓产权本身就是国家权力覆盖之下的，受国家力量保护和约束的。政府的态度对土地的产权归属和运用至关重要。明清以来历代政府，虽然摇摆于主佃之间，但是对佃农的权利，包括土地的租佃权利都是予以相当保护的，地主并不可能从政府那里得到轻易，更不用说随意更改佃农的允许。也就是说，地主更改佃户的权利是受国家权利的束缚的。既然"税从租出"，那么"按时纳租"是政府税收的基础，也是政府对主佃关系判断的重要标准。只要佃户"按时纳租"，国家税收就能够得到保障，政府的同情心就是站在佃户一边的。而除非是严重的天灾人祸，一般佃户是能够做到"按时纳租"的。甚至什么算是"按时纳租"，标准是什么，除了民间习俗之外，国家的认定也是影响很大的。

我们再回到张五常的观点上：既然地主的土地所有权是不完整的，甚至是虚拟的，这种权利只是不完整的收租权而已，那么他当然就不可能随便更换佃户。所以高王凌提出问题说："历史上的土地制度是否应称为'地主土地所有制'""传统中国的乡村社会究竟是'在谁手中'"[1]就是非常值得重视和研究的。

（四）收益权和抵押权进入市场

不仅是土地的所有权，其他如使用权、收益权、抵押权、纳税权等都可以分离出来，单独实现流通和资本化。而这些权利往往分别由不同的主体拥有，展现了在土地产权上社会的分工和合作关系。

祭田一类的土地，自宋代以来，或由政府规定，或由宗族规定，一般是"永禁买卖"。到了清代押租制流行后，这类不能买卖的土地，其经营权也以收取押租形式进入市场。乾隆间，浙江常山县江姓祀田是佃农"须先拿出顶钱有祠，方许佃种"。有些地方祭田是由族人轮流值年耕作。轮值的人也可将田地经营权出佃，收取押租。乾隆间，江西上饶县王姓祀田即由轮值人出佃，"收取脱肩钱"。有的祭田甚至可由佃户自由顶批。乾隆间，广东潮阳县林姓族内祭田三易佃户均系自行转抵，"并

---

① 高王凌：《租佃关系新论》，《中国经济史研究》2005 年第 3 期，第 21 页。

未经由田主批佃"。

"族田所有权归宗族，而宗族成员拥有轮值年的经营权。也就是，在轮值年份里，成员拥有族田经营权及其收益。此时，有的成员将自己的轮值年经营权抵财富。轮值年一过，则无权经营，也无权抵押。"[1] 这种轮值年经营权交易的形成，并成为地权市场组成部分，更能说明土地的日益虚拟资本化。

至于纳税权，上面提到的清初甘肃地区地主和佃农之间关系算是一个例子。明清漳州地区反复提到的"一田三主"算是另外一个例子。"邑民受田者（有土地的人），往往惮输赋税，而潜割本户米（税米）配租若干石，减其值以售，其买者亦利其贱而得之。当大造之年，一切粮差皆其出办，曰大租主；有田者不与焉，曰小税主，而租与田遂分为二。"[2] 在广东省"惠阳……每斗种（子）田，佃客（即佃户）纳田利（指地租）一石六斗给业主（地主），业主再纳二斗谷给租客，租客只须纳粮半升给政府"[3]。

这些都可以称为纳税权已经在市场运动中独立出来的例子。类似的情况，想必还有不少。

从哲学上说，现实和观念常常是不同步的。有时候现实走在前面，有时候观念走在前面。在中国传统土地的权利深化过程中，很明显，观念远远跟不上现实的发展。

总之，土地产权进入市场，土地经营权一经商品化，必然会使土地市场的土地交易量成倍增长。这构成了土地市场发育到高级阶段的又一重要特征。郑志章认为：

> 当然，土地所有权向虚拟资本的转化，亦即土地所有权从属于资本的过程，是一个漫长的历史过程。这个过程包括二个阶段：第一个阶段是土地所有权在形式上隶属于资本，第二个阶段是土地所有权在实际上隶属于资本。

---

[1] 彭文宇：《清代福建田产典当研究》，《中国经济史研究》1992 年第 3 期。

[2] （清）吴宜燮修《乾隆龙溪县志》卷五《赋役》，光绪五年增刻本。

[3] 汪熙，杨小佛主编《陈翰笙文集》，复旦大学出版社，1985，第 77 页。

郑志章强调：

> 在第一个阶段，土地所有权采取了虚拟资本的形式，地租采取了土地利息的形式，但是，农业资本主义生产方式尚不存在，萌芽状态的农业资本主义尚受着土地所有权的支配，利润受着地租的支配。到了第二个阶段，不但农业以外的资本主义生产方式已确立，平均利润率和近代银行信用已形成，而且农业资本主义生产方式亦在确立过程中，土地所有权才开始在实际上隶属于资本，地租才开始受利润的支配，土地利息率则受银行存款利息率的支配。因为资本主义生产方式是在工业革命中确立的！所以土地所有权在实际上从属于资本，也是工业革命以后的事。明清江南等地虽然出现了土地所有权向虚拟资本转化的迹象，但不过处在第一阶段的开端，其发展道路还是漫长的。[①]

但是我们现在的观点恰好相反。我们认为：虚拟资本与真实资本相比，代表着资本的更高形态，它突破了自然性质的外壳，是资本内涵更深刻的反映。

第四节　租佃制度与金融市场之互动关系

一　社会利率的基础

（一）地息率与社会一般利率的联系

土地和地权是传统中国社会中重要的金融工具，而租佃制度中的地息率（即地租/地价），作为土地投资的回报率，是中国传统社会的利率基础，决定了社会其他类型的利率水平。工商业利率和高利贷利率都是在这个利率的基础上根据风险的增加而调整的。

在河北盐山地区，"考当地之方法，即地主以其地作抵押品，而向放

---

① 郑志章：《明清时期江南的地租率和地息率》，《中国社会经济史研究》1986 年第 3 期，第 52 页。

债者借款，其借款价格，大致与地价相等，约成后，土地即归债权人使用，而债务人亦不另付利息。至借款偿还后，土地即仍归地主，按此种当地方法，在中国甚为普通，惟普通之当地价格，只约合地价之半数耳"[1]。也就是说，在河北盐山地区，借款的利息是用土地的产出来偿还的。如此说来，盐山地区的利息率可以称为自然利息率了，借贷资本的回报当与土地自然产出的回报相近。

据此推测，则高利贷相当于信用贷款，利率当然要更高一些。而上述贷款方式则相当于抵押贷款，而且土地的抵押应该是风险最小的抵押方式，所以利息比较低。如果根据前面的地息率计算，则以土地进行抵押的贷款，其利息率与市场一般借款相比要低得多。

> ……借贷利率往往以地租率为参照系，并大大超过地租率。兹摘录王亚南的一段解释："当土地成为一种社会权势的表征，利得又大，而购买土地又不一定会发生困难的时候，有钱从事商业，或从事高利贷业的人，如其不投资购买土地，他对于从事商业或高利贷业，就可能要求比土地收入还大的报酬，因为在一般情形之下，投资土地比较没有风险，而做一个商人或高利贷者，毕竟在农村中没有做一个地主那样威风，那样受人尊敬。这事实，很可说明：为什么当我们农村的一般地租率尚在20%左右的时候（笔者：指地租占地价的百分比，从华北来看，比例没有这么高），而利息率一般已高到了百分之三四十以上。"[2]

前文中长野郎记录："北方一亩的收获额为六七元，地价平均就是三四十元，中部收获为十元内外，地价就是五六十元。"扣除25%的生产成本，盐山地方用土地抵押贷款的利率大约在15%左右，如果再考虑自然风险和国家税负，则这种利率水平大约在10%左右，可能还要更低，这远低于市场一般借贷利率水平。这反过来也说明高利贷有很大风险。

----

① 〔美〕卜凯：《河北盐山县一百五十农家之经济及社会调查》，载李文海主编《民国时期社会调查丛编》二编《乡村经济卷》上，福建教育出版社，2009，第115页。
② 李金铮：《近代中国乡村社会经济探微》，人民出版社，2004，第108～109页。

酌定本乡借谷人户，先须分别良莠。义仓原以惠济本地良农，必须佃耕田土，实有恒业之人，方准借给，若游手无措者，概不准借，非仅虑有借无还，亦所以劝务本而戒游惰，仓长亦免亏赔。得旨，所奏俱悉，实力妥为之。①

如果官府贷出的粮食都不能保证收得回来，何况一般民众？这大概也是为什么中国传统社会高利贷利率居高不下的重要原因之一吧！当然，上面那段话说明借贷关系除受一般经济因素影响之外，还受到社会道德评判的影响。

理论上，土地有多种性质，所以土地投资的回报也应该是多种多样的。但是在中国传统社会，土地的主要功能就是进行农业生产。所以农业生产的回报率往往被认为是社会利息率的基础，在中国也是这样。

（二）农业社会一般利率水平的决定因素

关于社会的一般利率水平的高低，日本的富田彻男提出了一种观点：即在古代，利率的高低是由粮食的产量决定的，特别是由种子与收获比决定的。中国和日本由于以水稻生产为主，而水稻的产量比较高，所以中国和日本社会的利率水平也比较高。而西方世界则以小麦的生产为主，小麦的产量比较低，所以西方世界的利率水平也比较低。

"一般认为，（西方世界）当时的种子和收获量的比值是3。到农业革命以后，上述比值变成了6。法国重农主义者魁奈所使用的比值是4，现在所使用的比值大约是20.2。……公元前146年，埃及的商业利息是每年12%，这在罗马是高利息。……（罗马）所颁布的'十二铜表法'中，就利息作如下规定：太阳历一年的利率为1/12，……即0.0833。从种植小麦的农业角度来看，即便如此，其利率也是相当高的。……日本的利率和中国利率一样，年利率为0.75。在日本，这种利率是以《法令》中的各种《杂令》的形式来规定的。在以'租贷'这种形式的租借稻种的制度中，一般都采用这样的利率。……这种利率是高额利率，因此，如果对租借者进行

---

① 《清高宗实录》第四册卷二八三，乾隆十二年正月下，中华书局，1985年影印本。

复利计算利率，则恐怕他们难以承受。……但是，如果仅限于借贷稻种这个范围，实施上述利率也不是不可能的。"①

　　这种说法在近世中国社会借贷中是有根据的。在近世中国社会中，粮食借贷的利息要高于货币借贷。"神池县之习惯，钱不过三，粟不过五。金钱借贷，月利不过三分，粮粟借贷，年利不得逾五分。"② "朔县之习惯：钱不过三，粟不过五。"③ 不过需要说明的是以上记录都来自中国华北地区，而在华北地区，粟和高粱、小麦都是当时的主要农业出产。不过，记录也表明中国近代的劳动生产率相比西方虽然不高，但是土地生产率则远过之。所以农业社会中，利率的基础可以被认为在相当大程度上受农业产出水平的影响，而不是仅限水稻种植或小麦种植的约束。

　　"另外，据中央农业实验所 1933 年 12 月 22 省的调查，地主、富农、商家、钱局、亲友、合作社等向农民借贷货币的年利率平均为 34%，借贷粮食的年利率为 71%。"④ 借贷粮食的利率水平的确是要远高于借贷货币的利率，似乎能够在一定程度上证明富田彻男的观点。《毛泽东农村调查文集》也提到："谷利比钱利重得多"。⑤

　　"望江县习惯。……租猪。望邑穷民无力买猪，须赖有资者买小母猪一口租与畜养，出租者只出猪之成本，俟母猪长大，滋生小猪，每届取小猪一口，以为利息，如租户不愿再租，即将所畜之母猪归还原主。"⑥因为猪的自然繁殖率很高，所以养猪业中贷款的利息也不低，几乎相当于年息百分之百，而且每年都要偿付。其偿付的基础当然同样在于

---

①　〔日〕富田彻男：《技术转移与社会文化》，张明国译，商务印书馆，2003，第 97～99 页。

②　前南京国民政府司法行政部编《民事习惯调查报告录》，胡旭晟、夏新华、李交发点校，中国政法大学出版社，2000，第 472 页。

③　前南京国民政府司法行政部编《民事习惯调查报告录》，胡旭晟、夏新华、李交发点校，中国政法大学出版社，2000，第 493 页。

④　《农情报告》第 2 卷第 4 期，1934 年 4 月，转引自李金铮《近代中国乡村社会经济探微》，人民出版社，2004，第 491 页。

⑤　中共中央文献研究室编《毛泽东农村调查文集》，人民出版社，1982，第 147 页。

⑥　前南京国民政府司法行政部编《民事习惯调查报告录》，胡旭晟、夏新华、李交发点校，中国政法大学出版社，2000，第 553 页。

猪的自然性质。在一般工商业中，要承受这么高的利率是不可能的。而在农业生产中，在借贷谷种和小母猪的事例中，高额利率似乎是理所当然。

我们可以换个角度来理解，在社会主要经济部门是农业部门的时候，农业部分的投资回报率会决定市场的平均利润率。而当农业部门不再是社会主要经济部门，工商业部门所占比重越来越大的时候，工商业部门的平均利润率水平就会反过来决定农业部门的投资回报率。

一般来说，越是原始性质的农业生产，投资回报率就越高，总回报数额却比较小。反过来说，越是现代资本介入的农业生产，回报率就会越低，而回报总额却很大。"刀耕火种"的回报率是很高的，但是土地总产出水平很低。

据学者考证，金代至清代大体限定月利率不得超过 3 分。[①] 但在推行过程中，国家法令总是遇到民间惯行的顽强抵抗，"封建政权法定利息率的约束力有限，并不能令行禁止"，[②] 明清时期民间通行的借贷利率常常在 3 分以上。民国建立以后，情况还是与此相仿，甚至更加严重。南京国民政府时期，国家始终规定民间借贷年利率不得超过 2 分（即 20%），但结果与期望值依然相距较远。以华北农村为例，1934 年的统计显示，普通私人借款年利率平均为 3 ~ 6 分，借粮年利率为 6 分，[③] 实际上比明清时期的借贷利率还要高得多。

所以土地和农业生产日益资本化的过程，也必定是一个社会利率不断下降的过程，同时也应该是一个地租率和地息率下降的过程，因为地租率和地息率中包含着资本的回报。

然而，这与我们之前所说的投资农业生产的回报率要低于工商业回报率的说法是相矛盾的。

---

① 叶孝信主编《中国民法史》，上海人民出版社，1993，第 269 ~ 270、356、472 ~ 473、547 页。

② 方行：《清代前期农村高利贷资本问题》，《中国经济史研究》1984 年第 4 期，第 60 页。

③ 根据以下材料计算，中央农业实验所农业经济科：《各省农民借贷调查》，《农情报告》第 2 卷第 4 期，1934，第 30 页；《各省农村金融调查》，《农情报告》第 2 卷第 11 期，1934，第 109 页。

二　近世中国要素运动关系与真实利率水平

（一）不同生产部分回报率之比较

按照马克思主义的利息和平均利润率的理论：市场经济条件下，行业间之投资竞争会导致利润率之趋向平均化。而投资的自由化又会导致资本追逐高利润行业。利润率的高低和资本主义生产的发展成反比，利息是由利润调节的。对利息而言平均利润率是有最后决定作用的最高界限。利率是利润率的尺度：利率高于平均利润率，则投资萎缩；利率低于平均利润率，则投资旺盛。

我们过去的研究常常根据一般统计资料，认为工商业的投资回报率实际上要高于土地的投资回报率。

然而，按传统社会通常所见，多数都是资本投入到土地的单向流动，逆向运动者比较少，历代皆然，宋至明清仍未脱其窠臼。所谓"富商巨贾，挟其重资，多买田地，或数十顷，或数百顷"，① 事例不胜枚举，正如陶煦在《租核·推原》中所说："上至绅富，下至委巷工贾胥吏之俦，赢十百金，莫不志在良田。"

如果近世中国市场果真是自由的，那么这似乎能够说明土地的投资回报始终要高于工商业，所以才会吸引工商业资本的不断流入。然而统计数据似乎又不是这样的，反而是工商业的回报率更高。那么，这当中的矛盾又应该如何解决？

（二）　土地的投资回报率高于工商业

解决的突破口就是：上述观点，即工商业的投资回报率实际上常常高于土地的投资回报率其实是不够准确的，这些统计数字只能反映事物的表面现象，而不能反映内在的深层本质。

事实上，土地的投资回报率并不比工商业的回报率低，可以说是更高。

根据我们前面的分析，我们也只能认为：天然形态的土地的投资回报率当然是更高的。当人类运用简单的生产工具，投入非常微小的成本，

---

① 《清代户部档钞》，乾隆五年四月胡定奏疏，转引自龙登高《11—19世纪中国地权市场分析》，《中国农史》1997年第3期，第38页。

用比较轻松的劳动，就能够从土地上比较容易地获得大量回报的时候，谁敢说投资土地的回报不高呢？

但是问题是：物质形态的土地中，自然成分越来越少，加入的资本，即土地资本的成分越来越高。天然形态的土地和资本形态的土地综合导致人力投入的边际回报率越来越低，这自然会拉低总的投资回报率。[①] 即使如此，在近世的中国，这一回报率也仍然不低。不过，虽然不低，仍然要比一般统计资料所显示的工商业的投资回报率要低。这其中的差别在于：

第一，工商业中的投资回报率是相当不稳定的。

工商业中 30% 以上的投资回报率可能只能维持数年、十数年，而很难长久维持下去。而土地的投资回报率则近乎是永久的。

$$p = PVR = (n-1)\frac{p_n^e}{(1+i)^n} \qquad\qquad (4-1)$$

即此地价公式中，虽然工商业投资中的 i 值比较高，但是土地投资中的 n 值却要大得多，足以抵消 i 值较高的影响。

宋末元初叶梦得称："……有便好田产可买则买之，勿计厚值，譬如积蓄一般。无劳经营，而有自然之利，其利虽微而长久。"[②] 清人张英的《恒产琐言》则说："田产之息，月计不足，岁计有余。岁计不足，世计有余。"[③]

土地投资在短期来看虽然回报很低，但是由于本金丧失的可能性很小，日积月累，其增值性还是很强的。

第二，工商业中的资本很难单独发生作用。

还有一个问题是我们必须考虑的，那就是影响生产和收益的要素有四种[④]，每一产业中的产出，都不仅仅是资本创造的，而是各种生产要素共同创造的。

问题是人们往往会被表象遮蔽双眼。在农业生产中，人们只看到劳

---

① 因此，我们在研究中国近世社会及农村利率的时候，不得不把投资土地的回报与农业本身性质带来的回报区分开来。

② （宋）叶梦得：《石林家训》，见潘殊闲《叶梦得研究》，巴蜀书社，2007，第 102 页。

③ （清）张英：《恒产琐言》，楼含松主编《中国历代家训集成·清代编》，浙江古籍出版社，2017，第 3970 页。

④ 目前来说至少有四种，以后还可能区分出更多类型的生产要素。

动的作用。的确，在传统中国的农业生产方式中，劳动的作用比较突出。而资本的作用往往被掩盖了。

在工商业中情况也是一样。我们一般所说的商业利润其实不仅仅是资本的回报，还常常包括土地回报、劳动报酬和企业家才能报酬，而我们往往只看到资本的作用。

然而，狭义上的资本可以遗传，土地也可以遗传，而劳动力和企业家才能却是不可以遗传的。而且企业家才能是一种很难衡量的资源，它无法事先进行度量，而只能从结果中看出，因而其交易效率是很低的。但是它可以依附在资本上发挥作用。

所以我们从一般统计数据中看到的工商业中这种高额的报酬，并不是从事工商业的人的后代也能获得的。如果从统计数字上的商业利润中扣除这个部分，则利润率必定会大大降低。而我们所计算的投资土地的回报率，比如说购买田地收取定额地租，则很少包括劳动报酬和企业家才能报酬这个部分。

小工商业主要是一种劳动的付出，企业家才能当然也很重要，但还不是那么重要。而在大工商业的经营中，工商资本的运营只有伴随着大量企业家才能的投入才能发挥作用，并取得高额的利润和远超农业生产的利润率。但是并不是随便什么人都拥有这种才能的。

据清人张英《恒产琐言》观察："尝见人家子弟，厌田产之生息微而缓，羡贸易之生息速而饶，至鬻产以从事，断未有不全年尽没者。余身试如此，见人家如此，千百不爽一。"① 缺乏足够的企业家才能，工商业经营很难成功。

企业家才能的特点是无形、不可能遗传、很难被识别，所以很难被交易。一旦老一辈的企业家才能丧失，年轻一代几乎不可能再保持工商业投资中的那种回报，而土地定额出租制度则具有风险小、成本低、有效经济规模比较大的特点，因而吸引着资本的流入。这也是为什么商业资本要最终流回到土地之上的原因。

即使在现代发达资本主义国家，市场利润率平均化的作用也不是绝

---

① （清）张英：《恒产琐言》，楼含松主编《中国历代家训集成·清代编》，浙江古籍出版社，2017，第3970–3971页。

对的。

从统计数据上看，钢铁企业和汽车企业拥有巨大的资本，其利润率就比较低一些。而一般的小企业，特别是服务性企业，其利润率就比较高。——这其实是因为后者包括了更高比例的劳动报酬和企业家才能报酬在其中。

中国传统农业社会也是这样，小规模的经营性农场，虽然可以获得比较高的利润率（其中包含着高比例的劳动报酬和企业家才能的报酬），但是其资本的扩张很困难。而出租性农场却比较能够应付大规模资本积聚的需要。也许利润率比较低，但是最后能够获得比较高的总回报额。

其实，不仅经营式农场是一个企业，一户出租性地主及其所有田地也同样是一个企业。从企业经营核算的角度来分析，企业必然要根据掌握的生产要素情况来决定资本的流向。一个小的经营性农场，对农场主而言，可能土地（资本）和资本的回报率都比较高，但是其企业家才能的回报却可能是很低的，总的回报率也比较低。而对比较大规模的出租性农场而言，虽然土地（资本）和资本的回报率下降了，但是企业家才能的回报总额提高了，总的资本（广义）回报率也提高了。①

所以只有从四种要素的相互运动关系当中才能理解并解决上述矛盾。

（三）资本在不同部门之间流动模型

图4-3用一个模型简单说明资本在农业和工商业之间的流动。

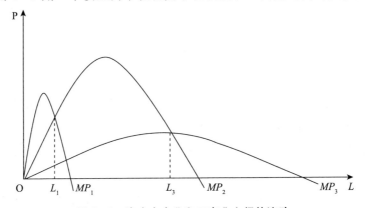

图4-3　资本在农业和工商业之间的流动

---

① 假如我们把市场条件下的企业家才能也看作一种资本的话。

图 4-3 中，纵轴代表产出水平，横轴代表土地（资本）的投入。
MP_1 代表自耕农或经营地主的边际收入曲线，由于土地的自然性质，在
拥有资本规模比较小的时候，人们宁愿购买一些土地来进行耕作经营，
既有保障，收益也比较高。收益高的一个证明就是：在租佃关系中，即
使佃农把相当于全部产出 30%～60% 的比例都交给地主之后，自己还能
够维持生存和再生产。一般认为，中国古代商业中能够逐"什二之利"，
也就是 20% 的年利润率。可是：

> 民国以后的清丈，初在江苏省宝山、通州等县施行。有土地的
> 士绅，集资试办清丈……五、水旱地价，据其地位等则而定。从收
> 获物的价格中，减去耕作费，土地修缮费和维持费，并田赋及其他
> 负担的金额，用还元率算出之。耕作费约为收获物价格的百分之五
> 十，土地修缮费及维持费作为收获物价格的百分之五，田赋及其他
> 负担作为百分之二十点五，还元率定为百分之十乃至百分之十二。[①]

耕作费＋土地修缮费＋维持费用相当于产出价格的 55%，这已经算
是高的。一般所谓"三七五减租"的意思就是：扣除 25% 的生产费用，
剩下的部分地主和佃农各得一半，即交租额相当于产出的 37.5%。可见
全国大部分地区的生产费用还达不到 50%，这也能够从另一个角度证明
苏南地区的农业较高产量很大程度上的确是投入更多、生产更精细造成
的结果。

这足以说明在农业生产中资本投入存在极高回报率，甚至远高于商
业利润。

但是自己亲自经营土地，规模不可能扩得很大，边际产量曲线很快
就会达到高点并迅速下降。在这种情况下，如果还有更多的资本，那么
把它转移出去从事工商业或借贷业，也许是能够带来更高回报的。
图 4-3 MP_2 即代表从事工商业的回报。

但是中国传统社会的市场也一样是有限的，一般情况下，工商业经

① 〔日〕长野郎：《中国土地制度的研究》，强我译，中国政法大学出版社，2004，第
175 页。

营的规模也难以扩大，边际报酬下降较快。而且工商业虽然回报高，但是风险也很大。并且如前所述，企业家的劳动能力和企业家才能不仅有限，而且难以遗传。

所以当工商业的经营达到一定规模之后，把资本再转入土地，然后将土地出租以收取地租就会变得比较可行了。

苏南地主大都居住在城镇。据20世纪30年代的调查，苏州不在地主已占地主总数95%，常熟这一比例则达85%，无锡不在地主亦占地主总数的40%。[①]

在赣南未建立革命根据地以前，"许多地主把他的金钱拿到城市来开店"，也有城镇商人"赚了钱，又到乡村来置田买业"。[②] 在闽西革命前地主在城镇经营工商业的比例是：龙岩县和连城县各为50%，长汀县为30%，上杭县为25%，武平县为20%。[③]

因此，我们可以看到近世以来中国社会中，资本从农业中流出和流入比较频繁。并且我们应该意识到，由于复杂劳动和企业家才能极高的交易成本，劳动和企业家才能要素往往伴随着资本和土地的转移而转移。

傅衣凌先生早就注意到明清以来的社会中农民大量转移从事工商业的情况。至于商业资本大量流入土地和农业生产的情况，也早已经是老生常谈了，此处不再赘述。

三　租佃关系与信贷市场

秦晖曾经指出：

> 广义的租佃制是区别于剥削者组织生产而向劳动者支付必要产
> 品的制度（雇佣制、奴隶制）而言的。在这个意义上只要生产者为

---

① 何梦雷：《苏州无锡常熟租佃制度调查》，载萧铮主编《民国二十年代中国大陆土地问题资料》卷63，台北，成文出版社有限公司、（美）斯坦福中文资料中心，1977，第33237页。

② 刘士奇：《赣西南经济政策》，1930年10月7日，见杨德寿主编《中国供销合作社史料选编》第二辑，中国财政经济出版社，1990，第178页。

③ 参见《中共闽西第一次代表大会关于政治决议案》，1929年7月。中国社会科学院经济研究所中国现代经济史组编《第一、二次国内革命战争时期土地斗争史料选编》，人民出版社，1981，第294页。

了经营而向别人交付剩余产品与劳务，我们就可以称之为租佃制，而不论这交付是基于土地所有权还是人身权利或政治、宗教等方面的宗法特权。……狭义租佃制则是纯粹建立在土地所有权基础上的经济关系，其实质是土地所有权或土地资本的有息借贷，也可以理解为一定时期内的土地使用权的买卖。……显然，这种租佃关系的前提是土地之为商品，土地之为生息资本，而租佃双方必须是自由人。[①]

中国近世以来的情况正是这样！考虑到中国近世以来的租佃关系中不仅仅包括土地使用权的转移，也包括生产资料、住房和粮食等的借贷，所以主佃关系本身就往往包含着信贷关系在内。

中国近世社会中，农业生产一直是构成社会生产的主要部分，所以农业部分的利率水平也就影响到整个社会的利率水平。当然，其他因素也是造成近世中国社会中极高利率水平的原因。

（一）中国近世金融发展不充分

在生产和收获周期性明显的中国近代传统社会，农业生产已经发展到对资本依赖很强的程度，没有足够的资本生产就难以顺利进行。然而由于种种原因，中国传统上金融业的发育并不充分。这种不发达的情况给近世中国农民的生活和生产带来诸多损失和不便。

全县人口 733310 人，平均每人每年可得 522.8 斤，价值为 20.69 元，内主要粮食 474.9 斤，占总数底 90.8%，大人小孩平均每年有 400 多斤粮食，尽够食用了。但贫苦的农民们，在农产收获的时候，往往急着使钱，于是用最廉价出卖其农产，到将来再用高价买进粮食。因为农村金融的不流通，农民们所受卖贱买贵的损失，不知凡几。[②]

同属农产品，其价格之高低，似属一律，但实际则不然。盖贫

① 秦晖：《古典租佃制初探——汉代与罗马租佃制度比较研究》，《中国经济史研究》1992 年第 4 期，第 58 页。

② 李文海主编《民国时期社会调查丛编》二编《乡村社会卷》，福建教育出版社，2009，第 168 页。

苦之佃农，随收随售，不能待价而沽，故其出售产品，每在货物拥挤，价格低落时，不及自耕农待时而售者甚远。①

"农民借贷以进行田场工作，供给收获以前一家之需要，并应付一切非常费用……农民因迫于环境而举借之债，较之为增加生产能力而告贷者，尤属重要。第一、农民所得借款属于生产用途者仅四分之一……""农民所得生产贷款多属短期贷款，用以购买肥料，农具，牲畜之属，间亦购买种子。购买土地之长期贷款，殊不多见。""非生产贷款大都用以购买农家收获以前所需之粮食。每值农民自己田地歉收以后之冬季，此种借款，尤为有用。""中国虽在丰年，所余亦少，且交通不便，局部荒歉，即使粮价大增，而减少货币贷款之真实价值。因此贷款风险甚大，而贷款来源，大部漫无组织，致使放债人不得不高其利率。"②

到30年代中期，银行资本虽在乡村有了一定的发展，然其在华北农民的借贷来源中不过4%，合作社也才占4.5%。另外，城乡之间工农业产品的不等价交换，导致乡村资金的大量外流，形成资金"都市膨胀与农村偏枯的畸形状态"。再者，为了到城市享受现代生活，或投资经营工商业，更多的是为了躲避乡村匪患，地主富户纷纷携资入城，加剧了乡村金融的枯竭。最后，二三十年代由于农村经济的不景气，有钱的富户也减少了。如山东临朐县，"原来的小康之家，现在也都亏空借贷，所以普通乡间的金融，极不流通，有钱的人太少，三四个村庄里，也找不到一个有存款的人家。"③

以上说的是中国20世纪二三十年代的一般情况，但是也符合中国近世以来的一般情况。总之，现代金融体制的不发达限制了资金的融通，只是具体到不同时代，影响轻重不一而已。

除了上面李金铮所说的因素之外，尚有如下因素造成了中国近世社会中资金利率居高不下。

---

① 李文海主编《民国时期社会调查丛编》二编《乡村社会卷》，福建教育出版社，2009，第514页。
② 〔美〕卜凯主编《中国土地利用》，金陵大学农学院农业经济系印行，1941，第660页。
③ 李金铮：《近代中国乡村社会经济探微》，人民出版社，2004，第224页。

第一，国家的税收。国家每年要把一定固定数量资金从农村和农业生产中抽离。

第二，货币的储藏，也会对农村和农业部门的生活生产造成很大的影响。

在河北省清苑县，根据 1930 年对 105 户农户的样本调查，发现其中的 5 户地主平均年货币收入总量为 1637.81 元，年支出货币总额为 1252.55 元，"净剩余"达到 385.26 元。在年支出中还包括借贷资金一项，户均借出 110.8 元，由此与"净剩余"385.26 元相加，就得出每户地主的总剩余资金为 496.06 元，而借出资金只占剩余的 22.3%。也说是说：地主用于借贷的资金仅占剩余的 1/5 强，其剩余资金多数窖藏起来，处于"沉淀状态"，未能转化为借贷资本。① 20 世纪 40 年代末美国记者韩丁在山西潞城县张庄村的调查发现：地主往往将多余的粮食换成银元埋在地下，首富申金河就是将一部分钱换成银元埋在后院，剩下的钱才高利贷给农民。② 这种情况应该说在全国各地都是很普遍的。

第三，国内贷款市场的不发达。"农民无全国之贷款市场，一省之内，某处有款，他处不必即能借之。故距离不远，而利率悬殊。……水稻地带，一般农民所得贷款之利率，较小麦地带低 10%。"③

第四，国际金融市场的影响。"利率之所以高者，匪独由于供给借贷机构之不完备，及风险程度之大，要亦 1931 年以前银价下跌，物价上涨之结果。"④ 这说明在近代由于某种原因中国金融市场受国际金融市场影响，资金流动被国际资本所操纵，所以情况更为严重。

总之，我们发现，在传统中国农村和农业生产中，存在着资本天然紧缩的倾向。

"与乡村资金短缺形成鲜明对比的是，农民对资金的迫切需求。二三十年代的各种调查资料表明，农民借债率一般达到 60% ~ 70% 以上。资金的供不应求，为高利贷的横行提供了社会土壤，农民的现金借贷多为

---

① 参见崔晓黎《家庭·市场·社区——无锡、清苑农村社会经济变迁的比较研究（1929－1949）》，《中国经济史研究》1990 年第 1 期。

② 〔美〕韩丁：《翻身——中国一个村庄的革命纪实》，北京出版社，1980，第 31、37 页。

③ 〔美〕卜凯主编《中国土地利用》，金陵大学农学院农业经济系印行，1941，第 662 页。

④ 〔美〕卜凯主编《中国土地利用》，金陵大学农学院农业经济系印行，1941，第 662 页。

月利 3 分以上的高利率，粮食借贷月利率高达 5 分以上……"①

　　因主动权操于买方之手，预卖价格对农民形成严重剥削，包含很高的利率。以下是 20 世纪三四十年代的调查：江苏无锡县，养蚕农民在年底需钱用，就把明年的桑叶预先卖给商人，当地称"卖青桑"，卖价合市价的 60% 左右。② 武进县更低，预卖每担 3 元，明年春季市价可达七八元，预卖价格仅及市价是 38% ～ 43%。③ 浙江长兴县合溪镇有一种"放夏米"制，农民在旧历 5～7 月预卖稻米，米价按夏米期间市价的一半估值。④ 在崇德县，预卖桑叶价格也为市价的 50%。⑤ 安徽徽州、肥西等县，农民预卖小麦或稻谷，价格比实价低百分之四五十。⑥ 湖南洞庭湖滨农村，农民预售青苗产品价格为产品登场时之半，并须按日计息。⑦

（二）土地租佃市场成为金融市场之良好补充

而通过土地进行抵押贷款，利率水平要低得多。

　　1920 年以前，因地价有增长之势，土地抵押贷款相对较高，如 1912～1921 年江苏南通县头总庙村，土地抵押借款占地价的 66.7% ～ 83.3%。到 1930 年代，因地价跌落，抵押贷款随之降低。据 1934 年全国土地委员会的统计，江苏 12 县的土地抵押价多则占地价的 58%，少则占 38%，一般在 50% 左右；浙江龙游、东阳、永嘉 3 县土地抵押贷款占地价的比例，1928 年分别为 49.3%、42.4%、56.7%，1933 年分别为 46.2%、41.6%、60%，也多在 50% 左右。1940 年安徽繁昌县接晏乡的调查也说明，土地抵押贷款可得地价的

① 李金铮：《近代中国乡村社会经济探微》，人民出版社，2004，第 224 页。
② 钱兆雄：《商业资本操纵下的无锡蚕桑》，《中国农村》第 1 卷第 4 期，1935 年 1 月。
③ 念飞：《剧变中的故乡——武进乡村》，《东方杂志》第 33 卷第 6 期，1936 年 3 月。
④ 韩德章：《浙西农村之借贷制度》，《社会科学杂志》第 3 卷第 2 期，1932 年 6 月。
⑤ 《崇德县农村经济状况及办理救济之经过》，《浙江省建设月刊》第 5 卷第 10 期，1932 年 4 月。
⑥ 华东军政委员会土地改革委员会编《安徽省农村调查》，1952，第 35、50、79 页。
⑦ 孟维宪：《洞庭湖滨之农民生活》，《东方杂志》第 33 卷第八号，1936 年 4 月。

50%。总之，30 年代至 40 年代土地抵押贷款约为地价的一半，比 20 年代减低了 15% ~30%。[1]

相比起一般土地抵押贷款，典地能够获得的贷款金额会更大一些。

据 1934 年全国土地委员会的统计，江苏 12 县的土地典价多则占 71%，少则占地价的 39%，一般在 55% 左右；湖北 5 县土地典价占地价的比例较高，一般为 80%。1930 年代初的其他调查表明，江苏邳县的土地典价约占地价的 50% 或 60%，盐城县、启东县都为 60%，南通县为 79.4 ~92%。又据 1939 年安徽泾、南陵、铜陵、繁昌 4 县的调查，典价一般占地价的 70%。1949 年浙江丽水县的调查则显示，典价大小与当期长短有直接关系，典期长占地价的 80% ~ 90%，典期短则占 50%，一般为 2/3。总之，土地典当价格比土地抵押价格要高，因为典当土地对典入户较为有利。[2]

盐山佃种之农民，殊不多见。盖在中国北部，佃农向居少数，此不独在盐山为然也。本篇所调查之 150 家，皆系田主。但其中三分之一，皆有当入之田地。该地当地方法，即债务人将其田地让与债权人耕种，以抵借款之利息。至清偿后，始能将地收还。按此种方式，为当地方法中最通行者。[3]

据 1934 年的统计，实物地租占租地产值的比例在河北、山西、山东、河南分别为 52.9%、42.2%、43.2%、48.3%，即约一半的收入为地主占有。至于货币地租占地价的比例，据 1930 年的统计，在河北、山西、山东、河南分别为 9.6%、16.1%、10.0%、7.5%。[4]

假如通过典地可以获得相当地价 70% 的价值数量，则货币地租占典地金融的比率在河北、山西、山东、河南分别为 13.7%、23%、14.3%、

---

① 李金铮：《近代中国乡村社会经济探微》，人民出版社，2004，第 372 页。

② 李金铮：《近代中国乡村社会经济探微》，人民出版社，2004，第 375 页。

③ 〔美〕卜凯：《河北盐山县一百五十农家之经济及社会调查》，载李文海主编《民国时期社会调查丛编》二编《乡村经济卷》上，福建教育出版社，2009，第 112 页。

④ 李金铮：《近代中国乡村社会经济探微》，人民出版社，2004，第 226 页。

10.7%，简单平均为 15.4%。与前面所说的"另外，据中央农业实验所 1933 年 12 月 22 省的调查，地主、富农、商家、钱局、亲友、合作社等向农民借贷货币的年利率平均为 34%，借贷粮食的年利率为 71%"①。相比之下，大约利率水平只有金融市场利率的一半到四分之一。

至于实物地租，全国都有逢灾歉减收的惯例。南方地区，两江总督那苏图曾反映，"江南民例，凡十成收成之年，则照额完租。九分收成者，只完九分八分之租，其余以次递减"。如江苏崇明县，"崇明田土，向无一定租额，总在八月内，田主验明丰歉，酌议应收租额，此是历来旧规"。浙江乌程县，佃农是"按收成分数还租"。该省吴兴县，佃农交租是"视丰歉为盈缩"。广东保昌县，佃农是"按照收成丰歉折算交收"。福建晋江县，佃农以该年"得雨迟了，收成欠好，只肯完纳五分"。②

在北方直隶顺德府一带，地主和佃农之间，"视年之丰歉"，确定租额。张家口一带地主"每岁查看青苗之多寡，而租额随之增减"。③

江南地区，地租是"看收成定分数，大率不能过八分"。所以高王凌认为实际征收率只有 30% 多一点，比通常所说的 50% 左右要下降很多。所以实物地租和货币地租相比较，表面上可能更高一些，但是在实际征收中反而会低一些。

因此，在近世中国信用体系高度不发达的情况下，即使通过土地抵押贷款或典地，可能实现的利率水平也要比一般直接信贷低很多，而且更加安全。

苏州周庄镇雪巷沈氏，顺治十六年（1659）由祖传田产 4.018 亩起步，逐年零星购买，到道光三年（1823）的 165 年间，共在吴江县购买田地达 596 次，总计购买田地 4671.639 亩，平均每次购置 7.8 亩，一次购买最多 144.674 亩，最少一次仅 0.1 亩。每次购买中

---

① 《农情报告》第 2 卷第 4 期，1934 年 4 月，转引自李金铮《近代中国乡村社会经济探微》，人民出版社，2004，第 491 页。
② 中国人民大学清史研究所编《康雍乾时期城乡人民反抗斗争资料》上册，中华书局，1979，第 11 页。中国第一历史档案馆、中国社会科学院历史研究所编《清代土地占有关系与佃农抗租斗争》，第 659、686、700 页。
③ 乾隆《顺德府志》卷一五，乾隆《口北三厅志》卷五。

既有"绝卖"，也有"活卖"、"典卖"的情形，很多田都只购买田底，而让卖者继续佃种，除非遇到特殊情况，才会将田面一起购入。[①]

　　张乐卿的大儿子1924年想要在县城开一家饭馆，他向地主林凤栖借了一大笔钱。这一冒险失败了，他无法还债。1930年12月张把48亩地作价1750元典当给了林凤栖，他可以有5年时间还债和赎地。5年以后张还是还不起债。因此，他成为他自己土地上的一个佃农，每年秋收后每亩地要交一份实物定额地租，他的儿子帮他种地。到1941年张还没有还债，但是他希望上升的地价能让他把典当的48亩地卖掉一小部分，赎回其余部分。地主林说张可以这样做，只要他付清五年中拖欠的地租。[②]

　　严格地说，上述雪巷沈氏并不是购买土地，也不想购买土地，而只是购买一种收益权，土地仅仅是收益权的抵押物而已。物质形态土地的买卖，只是价值买卖的外壳；至于地租的收取，则是土地价值的增值，也就是利息的一种表现形式而已。地主林凤栖所收的地租，同样只是资本利息的一种表现形式而已。

　　因此，我们看到的很多土地租佃关系本质上其实是一种资金的信贷关系。

　　中国近世社会中存在着大量的自耕农兼佃农兼地主，他们自己拥有土地，又佃种一部分，同时租出一部分。这种情形的产生除了田地位置方面的需要之外，还往往是由于农村借贷不易，不得已把一部分田地租出换取押租金，因此成为自耕农兼地主，再过些时候手头宽裕一些，就找机会佃进一点，于是又身兼佃农了。这更说明租佃关系背后所反映的信贷关系。

　　南方地区，资金的融通更为普遍。

　　　"其因生产用途而贷款，水稻地带较小麦地带更为寻常。……水稻地带各区生产用途及非生产用途贷款两者，均较小麦地带各区为

---

① 吴滔：《清代江南市镇与农村关系的空间透视——以苏州地区为中心》，上海世纪出版社股份有限公司、上海古籍出版社，2010，第215页。

② 〔美〕马若孟：《中国农民经济》，史建云译，江苏人民出版社，1999，第85页。

普遍。"① "农民无全国之贷款市场，一省之内，某处有款，他处不必即能借之。故距离不远，而利率悬殊。……水稻地带，一般农民所得贷款之利率，较小麦地带低10%。"②

所以我们能够看到的租佃关系也更加普遍。这说明在北方地区租佃关系多数是要素上的组合关系，具有补充的性质。而在南方水稻地区租佃关系更多地表现为资本关系，是农业生产和土地日益一般资本化进程的表征。

四　土地资本化的深入有助于金融职能的实现

随着土地产权交易市场和信贷市场结合的日益紧密，土地能够实现的职能也就日益突出和广泛了，而这又有助于促进土地的资本化。

土地如果能够转化为广义上的资本，那么土地具有的就不仅仅是生产上的功能，也具有其他多重功能。

近世以来逐渐实现资本化的不仅仅是土地的所有权，也包括土地的使用权及其他产权，这是与中国近世以来土地产权的日益明晰紧密联系的。

（一）　土地资本化有助于深化其金融职能的实现

在这个领域，龙登高的研究具有重要开拓意义。龙登高指出：

> 宋代以来，尤其是明清时期，地权市场不断扩大和深化，一些引人注目的趋势开始出现或加强。个休农户和地主家庭作为市场主体的行为特征，造成了地权转移的细密化；地权交易形式复杂多样，或转让部分土地权益，或追加其派生性价值；地权发生多层次的分化裂变，并各自以独立形态进入市场；由于商业资本的发展，开始出现了地权转化为商业资本的现象。凡此表明地权市场作为家庭和社会财富的调节与平衡的负载作用日趋强化。③

高利贷作为一种信用贷款充满了风险而显得利率过高。李金铮总结

---

① 〔美〕卜凯主编《中国土地利用》，金陵大学农学院农业经济系出版，1941，第663页。
② 〔美〕卜凯主编《中国土地利用》，金陵大学农学院农业经济系出版，1941，第662页。
③ 龙登高：《11—19世纪中国地权市场分析》，《中国农史》1997年第3期，第33页。

认为：在传统民间借贷中，高利贷因其残酷剥削而颇遭社会谴责。汉代以降，历代王朝都曾限制高利贷利率。农民不到万不得已是不会去借的。①

因此，为了满足农户在生产和生活中的融通性需求（包括时间上的调剂和各种要素之间的调配），以地权及其收益来实现融通就显得非常重要和有效。因此，龙登高还指出：

> 基于原始契约与刑科题本，本文揭示了清代地权交易的三大类型：一是债权型融通。如"按"，即以土地为担保的借贷；"押"，以土地为担保并以地租或利租来还本付息；"典"，约定期限内的土地使用权转移与收益来偿还借款；"当"，以地权为中介的各种借贷形式；"抵"，发生地权分割，并以此抵还欠债。二是产权转让，包括活卖、绝卖、佃权顶退、找价、回赎等，其规则取向也是为了最大限度地保障地权所有者的权益。三是土地经营的合伙制与股权交易亦开始出现。凡此多样化的交易形式，不仅在金融工具缺失的时代充当了资金融通工具的替代，农户赖以济危解困，更促进了土地流转，使生产要素组合与资源配置通过地权市场得以活跃和发展。②

凡此种种都深刻地说明了土地资本化对社会金融职能实现的意义。

（二）商人资本投资土地辨析

一般认为，近世中国，商人资本投资土地的现象越来越普遍。这很好理解，根据前面所分析的：土地资本相对商业资本更加可靠，当然是会吸引商业资本进入的。

但是对这种现象我们一方面要承认，另一方面也要进行更深入细致地分析。

比如说清代晋商财力雄厚，在外地置地是比较普遍的，尤其是利用灾荒爆发的有利时机。一个常为人所引用的例子：乾隆五十年（1785），河南由于连年灾荒，有田地人家不得不纷纷变卖田地糊口，有的甚至把即将成熟的麦地贱价出售，以渡过青黄不接的难关。据说山西等处商人

---

① 李金铮：《近代中国乡村社会经济探微》，人民出版社，2004，第375页。
② 龙登高：《清代地权交易形式的多样化发展》，《清史研究》2008年第3期，第44页。

"闻风赴豫，举放利债"，大肆收购土地。① 又如在嘉庆年间，直隶灾荒频仍，地价狂跌，"本处富户及外来商贾，多利其价贱，广为收买"。② 这样的例子被史家提到或者没有提到的，肯定还有很多。

本书想要说明的是：上述记录其实不无夸张之处，事实上，一般商人跨省大量购买土地，无论是经营还是收租，都是很困难的。当地农民所谓的卖地，其实大多数并非卖地而是"典地"。一旦危机度过，气候好转，收成改善，有所积蓄之后，农民立即就会提出赎地的要求。这种越境买地大多数也与白圭说的投机逐利并无二致，不过是以土地的价值为标的而已。相关记述如下：

> 前年豫省被灾，惟郏为重，贱售地亩，亦郏为多。而郏人在籍置产者，尚不及十之一二。西商射利居奇者，已不啻十之八九。……回赎之期……惟有西商巧为规避。自去腊以前，回地之人已算明籽种工本，税契杂用，并原价回赎，九踵门而十不及见，迁延至今……③

从上文仔细分析起来，富商购买的只是土地的价值形态，而非使用价值形态，而农民也只是典地，而非卖地。——这正是土地资本化发展的必然结果。

明清时期与前朝相比，客籍商人在外地大量购买土地的现象变得更加普遍，规模也比较大，这一般被看作是社会资本运动和利润率平均化的必然结果。清政府也曾试图查禁"越境买产图利占据者"，特别是在商贩聚集、盐贾富户颇多的扬州、汉口等地进行限制，但往往令不行禁不止。特别是徽商群体在家乡置地数量有限，而在外置地不少。但是这些都是直接投资于土地的价值属性，因为明显不便于对使用价值进行管理和经营，更无法传承下去。

太平天国之后，江南地区更是获得了异地置产的良好条件。"……于六区汉南乡中，曾调查得一有田6000余亩的地主，附近数村，都是他的

---

① 《清高宗实录》卷一二五五，第四册，乾隆十二年正月下，中华书局，1985年影印本。
② 光绪《畿辅同治》卷4，第98页。
③ （清）孙珖：《归田稿》卷六《复同寅议赎地书》。见张正明主编，宋丽莉，张铮副主编《明清晋商商业资料选编》，山西经济出版社，2016，第173页。

佃农。另有'大公栈'（为绍兴人的地主集团）在四区塘北乡竟有 1 万余亩。"[1] 外省地主在当地集体购买土地，又不可能自己经营，当然也只是为了获利，而投资于土地的价值属性。

至于史料记载：陕南山区，流民垦荒，后来涌至的客民，"有资本者买地典地，广辟山场；无资本者佃地租地，耕作谋生"[2]。许多商人进而定居于客籍地，这种情况才的确是对土地的使用价值进行投资。

第五节　关于货币创造与租佃关系的经济模型

这个模型对说明中国近世农村和农业部门的正常运行非常重要，因为它揭示出近世中国土地市场最深刻的一个层次。

一　外生货币模型与内生货币模型

经济学中所谓的外生货币理论与内生货币理论，就是争论货币供给到底是外生注入还是市场内生出来。

而我们在下面的分析中将能够看到：在中国近世的发展过程中，这两种情况是同时存在的，而且共同发挥作用。

我们首先看一下货币外生的模型分析（见图 4 - 4）。

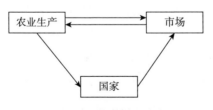

图 4 - 4　货币循环外生

图 4 - 4 中，农业部门和市场之间，在资金流动上是双向关系，资金既有从农业部分流向市场的，也有从市场流向农业部门的。

农业部门和国家之间，是资金净流出的关系，也就是说，总体上，资金总是净流向国家，而且相对来说，流量的规模非常大。

---

① 李文海主编《民国时期社会调查丛编》二编《乡村经济卷》下，福建教育出版社，2009，第 262 页。

② （清）林一铭：《道光宁陕厅志》卷一，清道光九年刻本。

而国家和市场之间，也是资金净流出的关系，反映着国家利用从农业部门征收来的赋税，向市场购买自己需要的各种资源。

图4-4的一个含义就是：如果社会要正常发展，资金的流动必须要平衡，也就是说，要求市场和农业部门之间在资金流动上也是净流出的关系，即由市场净流向农业部门，否则这个社会的资金周转无法进行，农业生产会趋向于停滞。

然而，这个过程的平衡本身就是难以保证的。不仅如此，在一个一般状态的传统社会格局下，货币的储藏会对资金的流向造成很大的影响。

图4-5中，近世中国社会中，货币的储藏是比较严重的，这会导致社会资金循环过程中资金的漏出，导致社会上资金的减少。

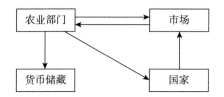

图4-5 货币储藏与资金漏出示意

严格地说，市场部门和国家也会有货币的储藏。但是在市场部门，资金往往处于高度周转的状态，所以货币的储藏整体上不严重。而作为国家而言，一般是必须要保持足够的货币储备的。但是从长期来看，比如说明代与清代，国家货币储藏量总体并没有发生太大的变化，也就是说没有随着时间推移而大幅度增长，所以可以不予考虑。

近代以前的中国社会，资金的储藏是依靠境外白银的流入来进行补充的。只要农业部门可以从市场上获得净资金的流入，并且能够弥补资金漏出的话，这种资金的循环就是正常的，是能够满足经济稳定发展要求的。

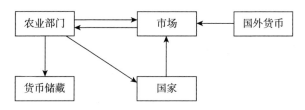

图4-6 外生货币（国外货币注入示意图）

以上只是一个简单再生产的模型，问题是社会在发展，土地资本要积累必须要进行资本的投入。所以资金不但要满足净流入农业部门的要求，而且要满足农业部门中的资金存量增长的要求。

农业部门资金存量增长了，产出才能增加，才能够维持经济和人口的增长。

所以国外货币的流入，不但要弥补货币储藏带来的漏出，还要维持农业部门资金存量增长的需要。

我们能够看到，在近世中国社会上，从明代中叶一直到清代中叶，国外货币都是净流入的，在相当程度上维持了中国经济体增长的需要。但是随着国内国外局势的变化一直不那么稳定且数量也不是很充足。特别是到了晚清时期，由于国际资本市场垄断性的加强，国外货币的净流入就变得更不确定了。

以上分析过程大致可以认为是货币外生理论的一个注脚和近世中国的货币外生模型，即货币是由经济循环外部来提供的。

外生货币理论是货币创造理论的主流理论。现代经济体中，创造货币的是中央银行。而在近世中国社会中并不存在这样一个中央银行，货币是从国外流入的，是通过中国自己生产和商品换来的。

近世以来，中国自己对金属货币的创造能力是远不能满足经济发展需要的，而外界注入货币状况又是不稳定的。如果外部市场不能提供足够的货币，那么为了维持中国经济体的增长，中国的经济体必须创造出自己的货币。

这种货币其实就是土地本身。因为在近世中国社会中，土地的信用很好。在中国近世社会中，白银和铜钱都是社会重要的货币类型，适用于不同的范围，这一点是众所周知的。但是土地的金融和货币性质，则不为一般学者所了解。

土地资本化之后，变现能力和流通性都在加强，土地资本化的程度越高，其变现能力和流通性就越强。这使得土地在经济生活中显得日益重要，我们因此可以把土地看作是一种广义货币（见图 4-7）。

马若孟证实了这一点。他根据满铁调查资料反复指出：在华北地区，土地类似于钱的作用。[1]　其实，在南方也是一样的。不过，在南方地区，

---

[1] 〔美〕马若孟：《中国农民经济》，史建云译，江苏人民出版社，1999，第 52、260、272 页。

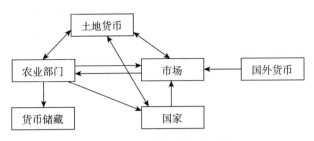

图 4－7　土地货币创造示意

由于收益比较稳定，充当货币替代物的是土地的收益权。而在华北地区，充分货币替代物的是土地的使用权。

二　土地货币作用发挥机制

土地货币是通过如下机制来发挥其作用的。

（一）储藏手段的置换

这一点非常重要，能够有效抵偿中国传统社会货币储藏之习惯。

土地除了具有价值获得功能之外，还有价值储藏的功能。

一个家庭有了一定的剩余，就会进行储蓄。储蓄的手段有多种，可以表现为金属货币的埋藏，也可以表现为土地的购买。

如果土地是安全的，甚至比金属货币还要安全，就会促进社会购买土地。反之如果土地是不安全的，就会促使人们进行金属货币的储藏。

　　除了在农舍里某个隐密的地方外，农民没有任何地方可以安全地保管他们的货币。集镇没有向他们提供任何可以存款的银行，由于怕担风险，商人不愿意接受他们那无数顾客的个人存款。农民可以短时间地储藏铜钱和白银，但由于这两通货的兑换率不断变动，农民不能准确地预见他们应该储存哪一种通货。而土地却没有这类问题。土地的行情随着物价水平的提高而上涨。购买土地意味着用货币交换一种资产，这种资产在以后需要现金时可以容易地变换成货币。最后，土地代表着一种安全的价值储存。土地具有货币的某些属性：它是一种价值的储存，受它所能获得的借款或现金购买力的支配。对于商人或高利贷者来说，土地构成了通往更多财富的踏脚石，有为商业损失提供保险的作用，使一个人的财产在唯利是图的官员眼中看起来小一些。对于官员来说，获得土地意味着多年处心积虑的财产可以保持完整。对于农民来说，购买土地意味着他全家的安全，确保家庭血脉随着土地传给儿子们而得到延续，并获得社会地位。[①]

　　所以提高土地的安全性有利于减少金属货币的储藏，扩大社会资金的流通量。

　　如图 4 - 8 所示：

　　金属货币按照图 4 - 8 箭头方向流动：

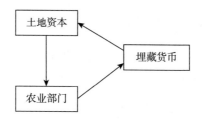

图 4 - 8　土地运动推动金属货币的流动

　　不夸张地说，通过上述作用，中国近世以来的土地资本市场实际上起到了中央银行的作用，即进行货币创造。从金融职能的实现来说，通过土地资本的创造从货币埋藏中置换出来的金属货币与现代中央银行创造的基础货币性质完全一样，具有强烈的货币乘数作用。在缺乏中央银行货币创造职能的中国近世社会，土地的这种作用至关重要。

　　（二）即期对远期交易

　　农业部门为了维持和扩大生产不得不自外界吸纳资金是合理的。至于维持生活，当然也是题下之义。人口是最基本的生产要素，如果人口都不能维持，何谈生产？

　　　　出租土地的农户几乎没有足够的资本耕种他们自己的土地，他们不可能帮助他们的佃农经营土地。这种土地租佃制度还不得不与一种借贷制度相适应，在这种借贷制度中，农民把他们的土地看作

---

① 〔美〕马若孟：《中国农民经济》，史建云译，江苏人民出版社，1999，第 272 页。

是与钱近似的东西,在需要现金的时候,土地用来作担保、典当或出售。土地租佃只有根据实际的经营状况和土地继承制度才能得到正确理解。[①]

官僚和商人进入农业购买一块土地,并凭借其收取地租,就相当于进行了一笔即期对远期的交易。所谓即期,是指通过购买行为,货币立即进入了农业部门。所谓远期,是指地租是在长时期内逐步实现的,也就是产出逐渐流出,可能是货币,也可能是实物。

所以土地作为一种资本,还能够产生掉期交易,对不同时期的价值进行转移。

在前述例子中,明清以后,商业资本大量介入土地市场是非常清楚的,这其实有利于资金流入农村和农业部门。

而商人大量异地置地必然导致租佃制度的扩大。不过,从后来的历史演变来分析,北方的租佃制度并不流行,可证北方地区商人在异地置地可能多是以短期投机资本的形式出现。至于南方地区,商人对土地的投资却是长期的。这似乎也能从另一角度说明北方地区土地的区域性更强,投资价值不如南方。

如前所述,投资土地的回报,远低于投资工商业的回报,然而众多资本还是不断从商业领域进入到土地之中,其重要原因,除了规避风险之外,其实还有着远期套利的性质,因为土地价格常常有较大的波动。

我们同样可以用图形来说明:

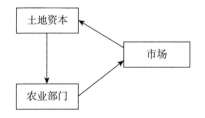

图 4-9　土地交易促进货币流入农业部门

图 4-9 中,同样的道理,金融货币按照箭头所指方向流动。

① 〔美〕马若孟:《中国农民经济》,史建云译,江苏人民出版社,1999,第52页。

通过土地资本的置换作用，市场可以投资土地，或者说是一种长期定额回报的权利，而农业部门则在当期获得了一笔资金。这笔资金可以用于生产或生活，并用以后的收入来进行偿还。

从金融市场和生产的角度来说，土地资本起到的这种作用很类似于当代的债券，只不过是以土地为抵押发行的一种债券。

（三）流动财富转换固定资产

一般金属货币可以称为流动财富，或者说流动资金，而土地和房产等，则可以称为固定资产。

出卖田产转化为商业资本，在明清多见诸史料。

近世以来，特别是清政府建立以来，随着社会经济的发展，土地的价格是长期向上的。这使得土地具有吸收社会流动资金的性质。

当时人记载说，社会上有一种人，"典卖现在之产，稀图未然之益……"[1]如康熙二十六年（1687），休宁的胡率之将自己亲手所置田业出卖与堂弟名下为业，也是"因开店缺少财本"。又如道光九年黟县所有析产阄书，语称"弃己产而充店本"。

甚至"合什伯小分为一大股"[2] 这种典卖地产投资工商业的做法，与近代西方贵族出卖土地，建立股份公司以从事工商业冒险的行为相类似。

清代社会发展速度较慢，工商业的机会相对比较少，现存明清时期的徽州契约记录了不少因经商而破家荡产的例子。在周绍泉汇集的明代天顺至嘉靖年间徽州出卖田地的 9 份契约中，[3] 就有几份是因为家庭主要劳动力外出经商，因商业资本周转不畅，无法寄钱赡家，妻小在家无以度日而被迫出卖田地者。还有的出卖田地实际上间接用于商业，例如成化十五年（1479）程道容卖出 1.5 亩地得 6 两银，原因是"父程社和借银买卖无还"。另有几份契约则明确记载，出卖田地是因为"买卖无本""买卖少本"或者"各商在外，无措"等，这些案例都是说明当时田地资本转化为商业资本的情况。章有义所整理事例中也有这方面例子。[4] 如

---

① 《清高宗实录》卷二一三，第四册，乾隆十二年正月下，中华书局，1985 年影印本。

② 《清高宗实录》卷二一三，第四册，乾隆十二年正月下，中华书局，1985 年影印本。

③ 周绍泉：《试论明代徽州土地买卖的发展趋势——兼论徽商与徽州土地买卖的关系》，《中国经济史研究》1990 年第 4 期。

④ 章有义：《明清徽州土地关系研究》，中国社会科学出版社，1984，第 27、28 页。

乾隆七年（1742）休宁人胡景文和道光六年（1826）黟县胡氏出买田产，都是由于"店业亏空""客账未清"而不得不将祖产变卖，以偿还商业经营所欠债务。

总之，明中叶至清前期，土地市场出现了地权与货币资本的相互转化，特别是地权向货币资本的转化趋势。这一新情形构成了土地市场发育到高级阶段一个重要特征。"以末求富，以本守之"的古训，在明清时代也被时代赋予了新的内涵。

在以上这个过程中，相当于土地资本与货币资本交换了持有主体，也可以说不同资本的拥有者转换了其资本的拥有形式（见图4-10）。

图4-10　土地资本与货币资本的转换

在这个过程中，并没有现金流入农业部门，但是为农业部门的劳动和企业家才能创造了进入工商业部门的必要条件。这样就可以减少过多的劳动拥挤在农业部门中，提高整个社会的生产要素的利用效率。

以上现象，以前学者多有研究，[1]　本书从货币流动和货币创造的角度对此予以重新诠释。

（四）货币资产组合功能的实现

另外，商业资本进入土地，还有进行资产组合的性质，符合"不要把全部鸡蛋都放在一个篮子里"的经济学原理。

我们看到近世以来官僚的资产组合中，总是不同类型的资产都拥有一部分的，土地当然也是其中的重要组成部分。

而太和堂李家和矜恕堂孟家、《武训地亩账》等，购买土地是为了追求价值的实现和利润的取得，而不是为了追求自己的耕作和生计。土地与他们的酒坊、杂货铺、药铺一样，都属于他们投资的一部分。

而且，我们还要看到，他们并不一定是主动追求土地，而是因为如果他们不购买农民的土地，农民就不会有现金去购买他们的商品。这一点很重要。

投资土地也许短期回报并不高，但具有比较高的价值，而且比较安

---

①　比如说龙登高《11—19世纪中国地权市场分析》，《中国农史》1997年第3期。

全，可以成为他们的价值储藏手段，成为他们资产组合中的一环。

以上情况也一样造成了现金流入农业部门的结果。同时，也提高了整个资本市场的配置效率（见图 4 - 11）。

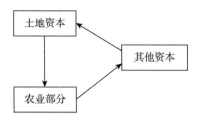

图 4 - 11　土地交易优化资产配置

当然，不仅是田底权会发生这种吸引资本流入的作用，凡是定额租佃制度都能够起到这种作用。

根据上述分析，我们能够看到，中国近世的土地市场运行发展到这样一个程度：即土地市场的买卖能够起到中央银行的作用，发行基础货币；能够起到信贷市场的作用，低息发放抵押贷款；也能够起到债券的作用。总而言之，一个土地市场不仅仅是生产市场，也是金融市场，能够起到创造货币的作用。

三　土地货币化的意义

（一）经济意义

资本总是趋利避害在收益与风险两端进行衡量的。

"……（黄亮功）自伊祖积赀起家，专以权子母为业，盖见中原多故，增饷增役，业田苦于赔累，不若贷粟于人，其息倍收，又无饷役之累也。"① 如果投资土地更为有利，资本就流向土地；否则，就可能流向高利贷资本。而且从这段话中也可以明显看到：高利贷的回报率是土地出租的一倍以上。

土地的货币化可以认为是土地资本化的更高阶段，因为它能够吸引更多的资本进入农村和农业部门，而且对农民而言，利率更低，数量更大。

"这些地主把他们的收入再投资以扩大他们的生意并使之多样化，偶

---

① （清）墅西逸叟：《过墟志感》卷上，转引自傅衣凌《明清农村社会经济　明清社会经济变迁论》，中华书局，2007，第 74 页。

然情况下也把钱贷放出来。这类地主中大部分人获得土地的方法是通过农村借贷制度。农民经常向住在集镇上的富户借大笔款项而不是向村民借，因为这样他们可以以略低的利息借到更大笔的钱。"[1]

对资金的提供者而言，土地资本化则是更为安全和长久。

首先，土地的资本化有利于提高土地的价格，扩大社会的财富总量，有利于扩大内需，实际上也就是支撑更多的人口和经济发展潜力。

严格地说，根据土地价格公式，在农民逐渐把自己的土地典当乃至把田底权卖给地主的过程中，自己未必会吃亏。从土地资本化的角度来说，整体而言，农民更有可能是得利的，而非受损。

$$P = R/i, \qquad\qquad (4-2)$$

表现在地租的交纳上，也是这样。传统中国的农民，一般来说，多少都会有些土地。即使是佃农和雇工往往也是这样。而地租会反映土地的价格，如果地租有保障，即上图中的 R 有保障，则 P 也有保障。土地市场是呈整体运行态势的，任何一块土地的交租情况都会影响整个土地市场的运行情况。如果农民拒绝交租或交租减少，那么他拥有的土地的市场价格也会下降。反之，如果佃农交租及时，且交租量比较高，他拥有的土地的市场价格也会比较高。

可能不同佃农拥有的土地数量多少不一，但是总体上来说的确是可以进行这种分析的。

近世中国社会，一般而论，田地是农民所拥有的资本中的最大部分（见表 4-11、表 4-12）。

表 4-11　民国初年的上海：农民资产总额比较[2]

村别 \ 项别	土地资本	屋舍资本	固定资本总值	合计	每家平均	百分比			
						土地资本	屋舍资本	固定资本总值	合计
张子燕桥	23025	7450	361	30836	7709	74.6%	24.1%	1.3%	100%

---

① 〔美〕马若孟：《中国农民经济》，史建云译，江苏人民出版社，1999，第 262 页。

② 载于李文海主编《民国时期社会调查丛编》二编《乡村社会卷》，福建教育出版社，2009，第 542 页。

续表

项别／村别	土地资本	屋舍资本	固定资本总值	合计	每家平均	百分比 土地资本	屋舍资本	固定资本总值	合计
赵家宅	12081	3550	212.1	15843.1	26405	76.4%	22.4%	1.2%	100%
东汤家浜	39284	15480	1403.8	56167.8	3120.4	69.9%	27.5%	2.6%	100%
张江巷	7395	3900	273.2	11568.2	1928.0	63.9%	33.8%	2.3%	100%
金许家宅	14200	5370	538	20108	2010.8	70.6%	26.7%	2.7%	100%
周家湾	39750	11020	1358.1	52128.1	3723.4	76.3%	21.2%	2.5%	100%
徐家宅	36386	9571	1305	47262	2625.2	77.0%	20.3%	2.7%	100%
东汤江巷	46876.5	13860	1283.3	62010.8	2063.9	75.7%	22.4%	1.9%	100%
总计	218988.5	70201	6734.5	295924.0	2791.8	73.9%	24.0%	2.1%	100%

收入的大部分也是来自土地。

表 4-12　各项收入比较[①]

项别／村别	农产品	副兼业	合计	每家平均	百分比 农产品	副兼业	合计
张子燕桥	2560.3	309.7	2870.0	712.5	89.2%	10.8%	100%
赵家宅	1071.2	380.0	1451.2	241.8	73.8%	26.2%	100%
东汤家浜	3608.16	1215.60	4823.76	267.7	74.8%	25.2%	100%
张江巷	993.5	718.7	1712.2	285.3	58.0%	42.0%	100%
金许家宅	1567.2	543.8	2111.0	211.1	74.2%	25.8%	100%
周家湾	3969.6	788.2	4757.8	339.8	83.4%	16.6%	100%
徐家宅	4424.9	1156.4	5581.3	310.0	79.4%	20.6%	100%
东汤江巷	4526.6	2693.2	7219.8	240.6	62.7%	37.3%	100%
总计	22721.46	7805.6	30527.06	282.3	74.4%	25.6%	100%

　　贫困农民出卖土地以维持生产生活，地主和商人则通过经营商业及高利贷积累财富，这种财富的重要表现形式就是土地。

　　不过，贫困农民缓慢出卖土地以维持生产生活的同时，土地的价格

---

① 载于李文海主编《民国时期社会调查丛编》二编《乡村社会卷》，福建教育出版社，2009，第543页。

同时也在缓慢上升。如果从农民的整体来说，根据我们前面所提供的数据进行估算，在出卖土地的过程中，他们掌握的财富总量并没有减少，反而可能增加了。

如果不允许土地买卖，社会商品的流通和价值的转换就不能实现，社会生产就会受到滞碍。所以土地的资本化构成传统中国社会生产转换的重要环节，一旦打破这个循环，就可能对社会生产生活造成重大的破坏和影响。

我们往往能够看到近代中国的贫困和大量土地被抵押、典当与出售，于是认为土地允许买卖、抵押和典当是贫困的根源，却没有反过来考虑，正是中国的贫困才导致大量的土地被抵押、典当和买卖。

如果没有田地的私有化，没有国家和社会对土地产权的尊重，那么就不会有土地的资本化乃至货币化。考虑到农业部门整体上的资金流出情况，如果不存在土地资本化乃至货币化带来的现金回流，农业生产和农村的生产将无法维持，中国的社会和经济就不仅仅是贫困的问题，而是崩溃的问题，在当时落后的技术水平条件下，也根本供养不了4亿~5亿的人口。

由于某种原因，近代国际金融市场极不稳定，中国的国际收支常常是逆差，这导致资金加剧从国内及农业部门流出，极大地打击了农业生产和农业经济活动。只是由于存在土地的资本化和货币的创造作用，才在一定程度上缓解了这种压力。

但是国民党统治期间的减租运动造成了土地价格的下降，这等于切断了农村与金融市场的联系，破坏了土地内在的货币创造功能，在很大程度上加剧了农村高利贷的猖獗和民生的凋弊。

假设田底权价格与地租的比例是5:1，当地租减少30%的时候，田底权的价格至少也要降低30%，这实际上造成了社会财富存量的倍数减少，即5倍的减少。

考虑到进入租佃市场的土地大概占总土地数量的1/3，当一部分土地价格下降的时候，整个土地市场的供求和预期都会相应发生变化，其他土地的价格也会下降。假如是同比例下降的话，当地租减少30%的时候，整个社会的财富总量其实是15倍的减少，这对整个社会财富存量及经济正常运行机制都会造成巨大的干扰。

当然，在田底权价格下降的时候，田面权的价格其实是在上升的。问题是田面权多数是在本地循环，只具有生产组合的作用，流动性很弱，不具备田底权那样强的资本的作用，不能够吸引外部资本的流入。而且根据前面所提供的数据，田面权的价格上升是远比不上田底权价格下降的。

所以田底权价格的下降会造成外部资本流入农业部门的急剧下降，可能会造成农村和农业资金的枯竭。

上文已经说明：元明清以来，政府规定的利率一般为三分。虽然常有突破这个利率水平的事例，但并不占主流。然而，李金铮考证的 20 世纪二三十年代的高利贷利率明显要比《清代山东经营地主经济研究》中的高利贷利率高得多。

> 与乡村资金短缺形成鲜明对比的是，农民对资金的迫切需求。二三十年代的各种调查资料表明，农民借债率一般达到 60% ~ 70% 以上。资金的供不应求，为高利贷的横行提供了社会土壤，农民的现金借贷多为月利 3 分以上的高利率，粮食借贷月利率高达 5 分以上……①

"另外，据中央农业实验所 1933 年 12 月 22 省的调查，地主、富农、商家、钱局、亲友、合作社等向农民借贷货币的年利率平均为 34%，借贷粮食的年利率为 71%。"② 而且这里所说的借贷者，还包括亲友之间和合作社的贷款利率在一起的加权计算，而亲友和合作社的贷款利率水平是比较低的，因而会拉低利率水平。

而《清代山东经营地主经济研究》一书记述了五户地主的放债利率：两户二分，两户三分，一户一分半，平均大概为二分多一点。该书没有区分借钱和借粮，不过这些地主都是同时经营各种工商业，所以很可能是借钱和借贷其他实物兼而有之。不过，即使仅仅是借钱的利率，也明显比上述李金铮计算的利率水平低得多。

---

① 李金铮：《近代中国乡村社会经济探微》，人民出版社，2004，第 224 页。
② 《农情报告》第 2 卷第 4 期，1934 年 4 月，转引自李金铮《近代中国乡村社会经济探微》，人民出版社，2004，第 491 页。

而毛泽东也发现赣南地区的市场利率水平在显著上升。

　　所有放高利贷，差不多全属这班新发户子。大地主、中地主放债也是放的加三利，加五利非常之少，捡谷钱、捡油钱可说没有。还有更凶的"月月加一"利，即见月还利百分之十，一年便对倍有过。这种借贷都要抵押品……前清时候放恶利的比较少，民国以来放恶利的渐渐加多。"现在人心更贪了"，就是贫民对于高利贷者含有历史意义的评语。"今个人，人心较贪了咧"这个话，在寻乌贫民群众中到处都听见。[①]

其实并不是因为人心贪了，从"经济人"的角度来分析的话，人心在什么时候都是贪婪的，利率的上升跟资金的紧缩是有很大关系的。而资金的紧缩原因很多，除了国际市场的原因之外，大量资金从农业流向城市也是重要原因，而这又在相当大程度上是农村的动乱造成的。而减租运动又恰在此时候推波助澜，恰恰对农村经济和农民生活造成了"名曰爱之，实则害之"的效果。

　　分为两个阶段。民国十六年以前要三分利（百元年利三十元），但不是每个人都能借到的，有田有山有屋作抵才可借到。民国十六年后"世界起变化"，把钱出借的就很少了。[②]
　　值得注意的是，地主兼放高利贷者有增加之势。如昔阳、武乡的老封建主（为祖传财主，主要靠出租土地剥削农民），在新兴商业高利贷者的竞争下，转向商业高利贷，"加强剥削，巩固与发展自己"。[③]
　　"1920年以前，因地价有增长之势，土地抵押贷款相对较高，如1912-1921年江苏南通县头总庙村，土地抵押借款占地价的66.7%-83.3%。到1930年代，因地价跌落，抵押贷款随之降低。据1934年全国土地委员会的统计，江苏12县的土地抵押价多则占地价的58%，

①　中共中央文献研究室编《毛泽东农村调查文集》，人民出版社，1982，第130页。
②　中共中央文献研究室编《毛泽东农村调查文集》，人民出版社，1982，第201页。
③　魏宏运主编《晋冀鲁豫》第二辑，第1350页，转引自李金铮《近代中国乡村社会经济探微》，人民出版社，2004，第335页。

少则占 38%，一般在 50% 左右；浙江龙游、东阳、永嘉 3 县土地抵押贷款占地价的比例，1928 年分别为 49.3%、42.4%、56.7%，1933 年分别为 46.2%、41.6%、60%。也多在 50% 左右。1940 年安徽繁昌县接晏乡的调查也说明，土地抵押贷款可得地价的 50%。总之，30 年代至 40 年代土地抵押贷款约为地价的一半，比 20 年代减低了 15% -30%。"[1]

特别是在 1927 年之后，地主更是被上升的赋税和下降的地租这把铁钳牢牢地夹住了。[2]

上升的赋税和下降的地租，肯定会导致地价的下降，这时候受损害的不仅仅是地主，其实也还有农民，包括佃农自己。在减租运动中，考虑到地价下降的直接损失和地价下跌导致的资金流入农村和农业部门渠道的中断，农民受到的损失肯定会大于其得到的利益。

与我们一般人的理解和认识相反，中国共产党在中央苏区是鼓励土地的私有化和买卖、抵押、租佃的。

这个土地法（1928 年《土地法》）有几个错误：（一）没收一切土地而不是只没收地主土地；（二）土地所有权属政府而不是属农民，农民只有使用权；（三）禁止土地买卖。这些都是原则错误，后来都改正了。[3]

1931 年 2 月 8 日，中共苏区中央局发出《土地问题与反富农策略》的通告，认为"农民是小私有者，保护私有是他们的天性"。"他们热烈地起来参加土地革命，他们的目的，不仅要取得土地的使用权，主要的还要取得土地的所有权"。因此，"必须使广大农民在革命中取得了他们惟一热望的土地所有权，才能加强他们对于土地革命和争取全国苏维埃

---

① 李金铮：《近代中国乡村社会经济探微》，人民出版社，2004，第 372 页。

② 〔美〕白凯：《长江下游地区的地租、赋税与农民的反抗斗争（1840—1950）》，林枫译，上海书店出版社，2005，第 16 页。

③ 中共中央文献研究室编《毛泽东农村调查文集》，人民出版社，1982，第 37 页。

胜利的热烈情绪，才能使土地革命更加深入"。[①]

非如此不足以维持苏区生产的进行和经济的稳定。也正是因为中国共产党鼓励和允许土地的私有化和买卖、抵押、租佃行为，才能让苏区得到农民的拥护，并在国民党的围剿和封锁面前长期坚持并发展。

其次，土地资本的存在可以调节社会的货币量，稳定市场价格，提高价格杠杆的作用。

又次，土地的货币化使得土地成为一种重要的次级货币形式，相当于当前金融市场中的大额可转让存单，随时可以转化为货币，调节和提高了社会的总需求，这其实在另一个方面促进了社会经济的活跃和市场的发展。而市场的发展也给更多人的生存和生活创造了条件。

严格地说，近世中国土地的实际流转速度很慢，但是考虑到土地抵押和典当的普遍存在，则与之相关的资金流动并不慢。再考虑到土地资本的规模，每年因为各种与土地有关的各种资产交易而注入农村及农业部分的资金总量还是应该具有比较大的规模的，再考虑到货币乘数的影响，这笔资金对农村和农业的发展可以说是至关重要的。

特别是在近代中国经济受国际市场影响很大、资金大量外流的情况下，这种机制更是具有决定性意义的。当然，在国民党政府正式确立起纸币体系之后，中央银行在理论上能够向经济体任意注入货币，那么这种机制的作用就大部分失去了，但是并未完全丧失。

土地货币化与现代中央银行的货币创造作用相比较：效率不是那么高，货币创造的能力不是那么强，但是由于是内生货币创造，与经济体的基本运行结合更加密切，所以也更加稳定，绝对不可能出现通货膨胀。而且也很难出现通货紧缩，因为实践证明：清代以来，土地的价格一直是上升的，直到民国20世纪20年代末期的减租运动。

（二）　土地资本化的社会意义

土地资本是对人民生命与财产安全的一种保障，非常类似于对底层人民和实际社会生产的一层缓冲力量。

首先，我们一定要意识到，很多的家庭和人口在危难的时候，在经济贫困的时候，都是靠着出卖手中的土地而度过难关。

---

① 　余伯流、凌步机：《中央苏区史》，江西人民出版社，2001，第252、269页。

《清代山东经营地主经济研究》一书中重点记载的两户地主：

山东章丘县太和堂李家是经营地主，从乾隆二十六年（1761）至光绪三十一年（1905）144年间，共购买土地515亩半，这些土地是分105次购入的，每年不到一笔交易，平均每笔4.91亩。[①]

山东章丘县矜恕堂租佃地主孟家，从咸丰四年（1855）至宣统三年（1911），共购买土地694.593亩，分60次购入，其中最小规模为0.467亩，最大145.299亩，100亩以上2笔，10亩以上11笔，1亩以下的有3笔，其余40多笔都在1~10亩之间，平均每笔交易11.58亩。从民国四年（1915）至二十四年（1935）共购买土地162.673亩，分14次购入，其中5笔在10亩以上，其余均在1~10亩之间，平均每笔11.62亩。[②]

这两户地主的差异在于：前者为经营地主，依靠农业经营发家，商业活动范围小，仅限于在本村开设酒坊、药铺、杂货铺之类，土地积累慢；而后者土地出租不占收入主要部分，主要身份为商业巨子，商号遍及京、津、沪、济南、青岛、烟台等大中城市，土地积累规模较大，兼并速度较快。但这两家地主有一点是共同的，即积累土地都不很容易，一次购买土地规模最常见的是在1~10亩之间，低于1亩和高于10亩的次数都比较少。

人民出版社1975年影印出版的《武训地亩账》记录年代应在同治光绪年间，地点亦是山东，里面记录得很详细，既有地契存根，也有地亩帐单，清晰可辨的交易记录有75笔，计地296亩多。其中规模最大的18亩，最小的0.29亩，平均每笔约4亩。规模低于1亩的有9笔，高于10亩的7笔，其余均在1~10亩之间。

是谁出售了这些土地？而且是零星出售？答案当然大部分是那些经济紧张的农民。他们依靠零星出售土地，获得生活和生产上的有限支持。

祖先遗留下来的土地，甚至可以允许全家出售几十年甚至上百年。在这几十年甚至上百年的长时期内，这个家族多次濒临绝境，而政府和社会又不能提供保障，只是因为土地被允许自由买卖，他们才能够生存下来。

---

① 罗仑、景甦：《清代山东经营地主经济研究》，齐鲁书社，1985，第65~69页。
② 罗仑、景甦：《清代山东经营地主经济研究》，齐鲁书社，1985，第96~103页。

而且中国近世社会中土地的交割过程其实相当缓慢，回赎和加找的传统导致卖地农民在相当长时期内都存在着赎回土地的可能性。只要外部条件允许，这种过程是很容易被逆转的。

"1940年以后局势恢复平静，由于地价迅速上涨，土地出售再度增加。负债的农民只要卖一小块地就能赎回典当出去的耕地。"[①]

其次，动乱时期，危险首先针对的是富有者。在资本这层保护被揭开之前，更贫穷弱小一些的人其实是得到了保护的。

一、四川北部……军队征派军费，自然是地主的负担，不过有时也有强迫农民全部出资的。小地主不能负担军队的诛求时，就压迫佃农分担，所以引起了许多的纠纷。土匪的掠夺，初以富豪为对象，富豪迁入城市，后来少有产者，也都逃去。留在农村的，只有贫穷人。于是就劫掳贫穷人，榨取几元的赎身费，不出的就遭到杀戮了。……二、江苏北部。淮河以北，受土匪害的很多，农民不能安然耕种，大农遂多离村而移于城市了。小农和佃户，最初还好，可是到大农逃出以后，逐次地由中农而小农，到现在都完全不能安心了。[②]

又次，土地货币化是相对国家非常时期赋税增加的缓冲。

国家财政常常在非常时期急剧增加，这种增加如果直接压在贫困农民身上，社会经济基础可能会迅速崩溃。但是由于土地货币化造成的主佃关系——这种主佃关系不仅是个人关系，也是社会关系——却可能在相当大程度上缓冲这种税收的猛增。

20世纪30年代初，附税和正税的比率从2.72到26.20（这个比率颇为骇人，出现在海门县）不等，平均为8.79。而东南部仅为1.67。……因为承自清代的税收基础依土地的肥沃程度而定，比较富裕的东南各县要比北部各县控制着更大的数量的正税收入，因而

① 〔美〕马若孟：《中国农民经济》，史建云译，江苏人民出版社，1999，第84页。
② 〔日〕长野郎：《中国土地制度的研究》，强我译，中国政法大学出版社，2004，第154页。

强征繁重的附加税和捐税以满足新的预算要求的需求也就更少些。①

观察家常常指控地主在非常时期增加了对佃农的压榨，从表面上看的确是这样的，但是我们还必须要看到事情的另外一面。

> 苏州地主在最大限度上利用了折租的灵活性，他们通常将折价定在高出通行米价的水平上，且至少高出 10%～20%，有时甚至于高达 60%～70%，从而实际上提高了地租的数额。……苏州地主为自己的行为辩解，他们指出，市场价格与漕价之间的差距更大。这个理由不是没有依据的。例如，1879 年，江苏的漕价就高出苏州通行米价 118%～135%，而苏州租栈索取的地租折价只比米价高出 39%～50%。随后数年同样表现出漕价与地租折价之间的重大差异。1880 年，110% 对 34%；1900 年，106% 对 35%；1904 年，124%～169% 对 47%～77%。②

> 在高税低租的 1933 年，纳税消耗了占虚租的 50%、实租的 52%～62%；……根据同时期对邻近的嘉兴进行的调查，税收上涨了 42%，地租折价下跌了 36%，地主收入因此被侵蚀了 2/3 之多。③

如果我们再考虑到近世中国是一个等级社会和关系社会，不同身份和社会地位的人纳税是不平等的，如果是平民和佃农亲自纳税的话，代价可能更高。"19 世纪 50 年代早期，每石正额，苏州城里的大户只要交纳 1.2～1.3 石稻米，相比之下，其他人却要交纳 3～4 石。"④

如果我们考虑到纳税成本问题，即纳税人因为纳税而承担的损失远大于交纳给国家的数量，那么我们可以意识到：如果没有地主的缓冲作

---

① 〔美〕白凯：《长江下游地区的地租、赋税与农民的反抗斗争（1840—1950）》，林枫译，上海书店出版社，2005，第 301 页。

② 〔美〕白凯：《长江下游地区的地租、赋税与农民的反抗斗争（1840—1950）》，林枫译，上海书店出版社，2005，第 203 页。

③ 〔美〕白凯：《长江下游地区的地租、赋税与农民的反抗斗争（1840—1950）》，林枫译，上海书店出版社，2005，第 310 页。

④ 〔美〕白凯：《长江下游地区的地租、赋税与农民的反抗斗争（1840—1950）》，林枫译，上海书店出版社，2005，第 73 页。

用，没有地主的收租纳税，而是佃农亲自去纳税的话，他承担的成本恐怕还要高于缴租的额度。

这种缓冲当然是不完善的，但是如果没有这种机制，农业生产就会直接面对冲击，生产就可能会停顿下来。而存在地主这个阶级的话，基层贫农受到外界环境的冲击就会减缓。在国家赋税猛增和社会动乱的时候，都有地主阶级帮他们先承受一部分冲击。

从本书上面的分析中我们还可以看到：租佃制度既有利于创造资本，也有助于资本的流动，还具有强烈的经济发展和社会保障意义。在近世中国，农民最大的一部分资本就是土地。——而这正是土地资本化的结果。从这个意义上说，土地租佃制度是有其深刻内涵的。

根据上述分析，其实我们能够意识到：佃农的确是很贫苦，但是地主也不容易，当时甚至还很艰难。减租能够让佃农有一时的喘息，但是同时又导致了田价的下跌和土地资本的贬值，社会总资本存量的消散。减租对农民的整体而言，是以其土地资本价值的下降和危机时支付能力的减弱为代价的。即使对佃农而言，总计言之，所失也可能反而多过所得数倍。所以近代中国的问题其实并不应该一刀切式地减租，而是应该改善金融体系，保障地主和佃农双方面的产权，以增加对土地的投入。这样才是既对地主有利，也是对佃农有利的。而且有可能从根本上扭转近代中国那种极度贫困的状态。

第五章　结论

第一节　中国近世租佃制度的历史评判

一　本书主要观点总结

总结之前的分析，本书揭示了如下问题。

（1）在中国近世时期，由于市场的发展和国家、宗族及地主之间的制衡关系，佃农相对地主而言，总的来说是日趋自由和独立。无论是在人身地位还是在经济能力方面，都是如此。这种趋势是一种历史发展的必然。当然，也是国家、地主和佃农共同努力、彼此竞争与制衡的结果。这种改变对国家和地主而言，一般是有利的。对那些拥有足够资本和企业家才能的佃农而言，总体来说也是有利的。但与此同时，超经济的社会保障机制的瓦解，人格化交易关系的削弱，也导致了某些佃农在遇到各种变故时缺乏保障，从而在某些局部激化了社会矛盾。因此，佃农相对地主的独立性的提高总体上固然是一种进步，但是在具体的社会表现当中，其损益却是相当复杂的。

（2）在中国近世时期，佃农的经济实力和独立性的确处在不断加强的过程中。但是这种加强毕竟还是有限的，并没有实现经济上的完全独立，甚至没有实现人身上的完全独立。中国近世佃农还是处于由超经济依附关系向纯粹经济关系的转化过程中。因此，对近世中国佃农经济实力和独立性的提高程度，应持谨慎客观的态度，不可做过高估计。当然，我们还必须意识到，部分佃农的依附地位是一种有意选择的结果，而非被迫。而这样主动选择的依附地位，当然也与传统中国社会存在的等级制现实有关。至于一个人是否可以拥有出卖自己自由的自由，在当代政治学领域也是有争议的，在传统社会当然是普遍存在的现实。

（3）中国近世的佃农，无论其身份和经济实力如何，无论是定额租还是分成租，基本上都要在不同程度上独立面对市场，既通过市场获利，也同时承担市场风险。因此，佃农的经济既是充满活力的，同时又是相当脆弱和不稳定的。对此，无论是学术界还是实践领域，都必须要有全面清醒的认识，不可夸大或者估计不足。

（4）中国近世土地的市场化配置可以得到确认。尽管存在种种不平等的约束条件，中国近世以来的土地流转大致还是可以认为是通过市场进行，市场机制比较充分地发挥作用。因此，土地资源的配置效率比较高，而这种效率是通过"计口授田"实现不了的。这也是宋明清以来中国人口增长的重要条件之一。中国近世以来，国家对土地配置的基本态度是：只要能够从土地上获得足够而稳定的收益（比如说税收），则对其配置权的归属就不太关心。这也是土地得以通过市场进行配置的重要原因之一。但是国家始终拥有土地的最高所有权和最终所有权——这也是非常必要的。

（5）近人乃至当下国人普遍混淆了不同含义下的"土地"与"地租"概念。所以本书花了相当大篇幅对不同语境下的"土地"和"地租"概念进行了区分。在近世的现实生活中，人们常说的"土地"一词，其实并非经济学意义下的"土地"，而是"土地资本"。现实生活中的"地租"，绝大部分也是利润，而非经济学意义上不劳而获的"地租"。计算表明：中国近世社会中，地主其实不能获得"地租"，地租其实是归属国家的。这其实也从另一个侧面证明了土地的最高所有权和最终所有权归属国家。即：严格地说，中国传统社会只有一个地主，就是国家。近代以来所说的"地主"，其实是古人所说的"田主"。同样，也不存在什么"国有土地"和"私人土地"之区别，而只有古人所说的"官田"与"民田"之区别。

（6）中国近世的土地上建立起复杂而丰富的产权结构。这样的权利结构既不是英美法系，也不是大陆法系所能够充分覆盖和解释的，它是立足于中国自身的社会经济现实建立起来的符合中国实际情况的一整套权利体系。

（7）中国近世的租佃问题中，资本因素大于土地因素。否则，我们就不能解释为什么华北地区的租佃率低于江南。因为在华北地区，土地租佃问题很大程度上是一种土地在生产中的组合配置问题。而在江南，租佃问题更多地是反映资本与土地结合的问题。相应地，在中国近世社会中，租佃关系实际上更多地是信贷关系的替代，本质上是一种信贷关系，只是以土地及土地上的生产组合作为抵押品而已。进而言之，在中国近世社会中，土地已经不仅仅是使用价值，更是一种价值。土地不仅仅是一般生产要素，它还代表着一种重要的购买力，并且常常是一种准货币。在中国近世社会金融发展不足的条件下，土地买卖和租佃关系建立发展的过程实际上也是货币创造的过程，反映着一种货币内生关系。

（8）租佃制度在经济上的好处还在于：它相当于企业内部交易外部化，有利于加快社会资源配置的速度，提高配置效率。租佃制度实际上代表着要素市场运行机制的实现。从总体上说，租佃制度生产效率是比较高的。因此，土地租佃制度既是市场发展的结果，也是市场发展的原因，而且本身就是市场深化的一个重要方面。

（9）中国近世的租佃制度，其实是以土地为载体的全要素转移。四种生产要素必须通过交易才能实现要素高效搭配。但是以哪一种要素为核心来完成交易呢？答案是以企业家才能为核心，土地作为载体带动其他要素向企业家才能流动——这是最高效的要素交易和组合方式，也是对社会流动和下层劳动人民最有利的方式——而这正是中国近世以来租佃制度的本质。因此，租佃制度对社会最大的好处在于：它既能够提高经济效率，也能够给最贫穷，但是最勤勉的人提供更多的机会，减轻他们的负担。所以对社会的不平等和贫富差距而言，这些并不是租佃制度简单的结果，还存在一种逆向调节的机制，即有效减少社会的不平等和贫富差距，而并不是相反。

（10）重大矛盾在于，卜凯的调查表明，在中国近代社会，佃农群体反而有着更为丰富的劳动和企业家才能。为了提高土地的生产效率，佃农作为一个整体反而应该得到更多的土地和更多的资本。租佃制度从整体和长远来看，在近世中国起到了土地市场的调节作用，促进了企业家才能和资本的优化与有效利用。租佃制度本身就是一个既尊重土地产权关系，同时又尽可能低成本突破产权壁垒的制度安排，因而具有突出的优越性。当然，仅仅依靠土地的租佃制度还是不够的，还需要有更多制度安排加以配合。

因此，中国历史上的土地租佃制度，是复杂社会关系及多重需求共同作用的产物，内在的机制极为复杂。如果不深入了解传统中国社会的内在关系，是无法充分理解租佃制度的。当然，反过来，如果对租佃制度本身没有深刻的认识，就无法充分理解中国传统社会。

二 中国近世土地制度优劣评判

中国近世以来，在土地关系中，自耕制度、雇工经营和租佃制度长期并存，互为补充，并且在不同时期互有消长。那么这种制度组合的实际效率如何呢？能否满足社会的发展需要呢？

对此，我们可以引用下述两段话加以证明。

担任晚清海关总税务司48年之久的英国人罗伯特·赫德在1901年发表的《中国及其对外贸易》中说：很多人认为中国人口众多，物品应该非常困乏，肯定要大量购买别国的商品，但事实却不是这样的。"中国既不需要进口，也不需要出口，他们可以没有对外交往而安然独处"，"中国有世界上最好的粮食——大米，最好的饮料——茶叶，最好的衣料——棉布、丝绸和皮革。中国拥有这些大宗物产，还有无数的土特产品，他们实在不需要从外面购买哪怕是一分钱的东西。"[①]

高王凌则通过计算认为，很多人认为传统中国社会的农业生产长期不足。然而，真实情况是，"在民国年间，中国约有15亿亩耕地，4亿人口，若以亩产200斤计，当生产粮食3000亿斤，人均750斤（如以5亿人口计，人均约600斤）；而在18世纪初，约有8亿亩耕地，人口只有1亿出头，人均占有粮食当在1 000斤以上，显然就不需要也不可能'充分生产'。实际上，尽管清代中国人口有着大幅度的增长，但在很长时间之内，都处于这种颇有'余地余力'的状态，我们对这一点似乎应有更加充分的认识"。[②]

赫德的观察和高王凌的研究应该引起我们的深思。我们过去的研究，常认为中国的农业生产及农业制度非常落后，农业产出水平常常是严重不足，但是如果真的是这样，那么为什么近世时期中国的人口会有如此巨大的增长？即使是在民国的混乱时期，人口的增长也一直没有停止。

---

① 〔英〕赫德：《这些从秦国来——中国问题论集》，叶美凤译，天津古籍出版社，2005，第39~40页。
② 高王凌：《租佃关系新论》，《中国经济史研究》2005年第3期，第22页。

赫德和高王凌的观察研究告诉我们：并非如此。中国土地制度带来的生产能力在一般情况下其实完全可以满足中国社会的基本需求。

我们还必须意识到，土地制度不仅仅是经济制度，也是社会制度，除了完成经济职能外，也需要实现社会职能和政治职能。在近世中国，土地制度应该说是充分完成了任务，不仅满足了农产品基本供给的需求，而且维持了社会的稳定和人口的再生产。导致近世中国混乱与贫穷的是别的原因，不能归罪于土地制度，特别不能归罪于土地租佃制度。

第二节　关于租佃制度的发展前景

土地租佃制度的确存在若干缺陷，但不能因此说它是一种不好的制度，它所表现出来的若干弊病与其说是自身的结果，不如说是原因。在某种程度上，土地租佃制度可能还减轻了这些弊病的严重程度。

随着时代的发展，经济的进步，土地租佃制度的前景如何呢？是否可能被消灭呢？

本书认为，要从根本上解决或者说消灭土地租佃制度，无非有两种途径。

一是土地无限广大，所以价格很低，甚至根本就没有价格，任何人不可能凭借土地和别人合作进行生产，这时自然就不会发生土地租佃制度。

在中国人多地少、土地价值极高，并且土地价值在不断提高的近世社会，这是不可能存在的。在所有其他发达国家似乎也不大有实现的可能性。只有在新开拓的土地上，比如说古代西周的移民社会，古希腊的海外新建殖民地以及欧洲人在 15 世纪、16 世纪发现的"新大陆"上才有可能实现。因此，对解决中国现实问题而言，这是一种不可能完成的任务。

二是社会高度富裕，农业生产之外的机会很多。而且资本市场高度发达，土地作为资本市场的一部分，可以灵活买卖。[①] 作为拥有资本的人不必一定投资农业；作为农民也有足够的资金可以购买土地，并进行生产。同时，资金的利率也很低，社会一般利率水平低于地息率，农民

---

① 但是这种可能性似乎也不大，因为当代社会土地的价值极高。

不必求之与地主之间的合作。在农民可能通过除土地租佃方式之外的其他金融手段以更低成本获得资金的条件下，土地租佃制度在大部分情况下是不必要的。因此，促进社会富裕、大力增加社会资本和促进金融市场发展、降低市场利率才是消灭租佃制度的最好途径。

当然，除了消灭土地租佃制度之外，更理想的做法可能是保存土地租佃制度，发扬其优点，抑制其缺点。世界上并不存在绝对优良的土地制度，凡事都具有两面性。租佃制度的确是有缺陷的，但是在各种实际条件的约束下，这种缺陷也许并不如我们原来认为的那样严重。相反，租佃制度内在的各种优点反而更值得我们研究，能够给当前中国的土地制度变革提供借鉴和指导。

事实上，既然土地租佃制度既有缺点，也有优点，那么允许租佃制度的存在并发展，同时扬长避短，发挥其优势，抑制其缺陷可能是更合理、更有利的做法，这可能比简单要求消灭土地租佃制度合理得多。事实上，直到今天，在世界各地乃至在曾经完全消灭土地租佃制度多年之后的中国大地上，土地租佃关系依然是普遍存在的，并且发挥着应有的积极作用。

参考文献

一 古代文献

（唐）陆贽：《陆宣公集》，刘泽民校注，浙江古籍出版社，1988。

（五代）刘昫、张昭远等：《旧唐书》，中华书局，1975。

（宋）陈舜俞：《都官集》，迪志文化出版有限公司，2003。

（宋）范仲淹：《范文正公集》，北京图书馆出版社，2006。

（宋）李焘：《续资治通鉴长编》，中华书局，1995。

（宋）吕祖谦：《宋文鉴》，中华书局，1992。

（宋）欧阳修：《欧阳修文集》，《唐宋八大家文集》编委会编《唐宋八大家文集》，中央民族大学出版社，2002。

（宋）苏洵：《苏洵集》，邱少华点校，中国书店，2000。

（宋）司马光撰《涑水记闻》卷一，邓广铭，张希清点校，中华书局，1989，1997。

（宋）王应麟撰《困学纪闻》，孙通海校点，辽宁教育出版社，1998。

（宋）薛季宣：《浪语集》，迪志文化出版有限公司，2003。

（宋）叶梦德：《石林家训》，商务印书馆，民国16。

（元）脱脱等：《宋史》，中华书局，2000。

（元）单庆修，（元）徐硕纂《至元嘉禾志》，嘉兴市地方志办公室编校，上海古籍出版社，2010。

（明）陈子龙、徐孚远、宋徵璧等：《皇明经世文编》，中华书局，1962。

（明）顾炎武：《顾炎武全集》，顾宏义、严佐之、严文儒校点，上海古籍出版社，2012。

（明）顾岕：《海槎余录》，载《元明善本丛书征录汇编》，商务印书馆，1937。

（明）顾起元：《客座赘语》，谭棣华、陈稼禾点校，中华书局，1987。

（明）海瑞：《海瑞集》，陈义钟编校，中华书局，1962。

（明）霍韬：《霍文敏公全集》，清同治元年石头书院刊本。

（明）黄宗羲：《明夷待访录》，孙卫华校释，岳麓书社，2011。

（明）涟川沈氏：《沈氏农书》，钱尔复订正，中华书局，1985。

（明）吕坤：《吕坤全集》，中华书局，2008。

（明）沈鲤：《文雅社约》，齐鲁书社，1995。

（明）申时行等：《明会典》，中华书局，1989。

（明）徐光启：《农政全书》，中华书局，1956。

（明）谢肇淛：《五杂俎》，远方出版社，2005。

（明）张履祥：《补农书》，当代中国出版社，2014。

（明）张萱：《西园闻见录》，杭州古旧书店，1983。

（明）朱国桢：《大训记》，崇祯原刻本，台湾文海出版社影印，1984。

（明）张履祥：《杨园先生集》，中华书局，2002 年。

《明实录》，台北中研院历史语言研究所校勘，国立北平图书馆红格钞本影印本，1962

（明）吕本等撰《皇明宝训》，台北中研院历史语言研究所校勘，国立北平图书馆红格钞本影印本，1962。

（清）陈梦雷：《古今图书集成》，中华书局，1934。

（清）陈确：《陈确集》，中华书局，1979。

（清）曹雪芹、高锷：《红楼梦》，人民文学出版社，2002

（清）丁宜曾：《农圃便览》，王毓瑚校点，中华书局，1957。

（清）鄂尔泰、张廷玉纂辑《雍正朱批谕旨》，北京图书馆出版社，2008。

（清）方苞撰，彭林，严佐之主编《方苞全集》，复旦大学出版社，2018。

（清）冯桂芬：《显志堂稿》，光绪二年校邠庐刊。

（清）顾嗣立：《皇明文海》，京都大学人文科学研究所，1961。

（清）黄彭年：《陶楼文钞》，沈云龙主编《近代中国史料丛刊》第36辑《陶楼文钞 杂著》，1973。

（清）贺长龄：《清经世文编》，中华书局，1992。

（清）嵇璜、刘墉等奉敕撰《皇朝通典》，浙江书局，光绪八年

（1882）。

（清）蒋良骐、王先谦：《东华录》，林树惠，傅贵九校点，1980。

（清）姜皋：《浦泖农咨》，上海图书馆，1963。

（清）纪昀等编《四库丛书》，台湾商务印书馆发行《文渊阁四库丛书》影印版，1982。

（清）蒲松龄撰，李长年校《农桑经校注》，农业出版社，1982年。

（清）钱谦益：《牧斋初学集》，（清）钱曾笺注，上海古籍出版社，1985。

（清）陆燿：《切问斋文钞》，道光四年（1824）崇陽楊氏刻本。

（清）凌焘：《西江视臬纪事》，影印中国科学院图书馆藏《续修四库全书》清乾隆八年剑山书屋刻本，第882册。

（清）雷晋：《清人说荟》，上海文艺出版社，1990。

（清）李兆洛：《养一斋文集》，道光二十四年增修民国影印版。

（清）琴川居士辑：《皇清奏议》，罗振玉整理，张小也、苏亦工等点校，凤凰出版社，2018。

（清）石成金编著《传家宝全书》，张惠民点校，中州古籍出版社，2002。

（清）孙珩：《归田文稿》，清道光十七年刻本。

（清）陶煦：《租核》，载赵靖、易梦虹主编《中国近代经济思想资料选辑》，中华书局，1980。

（清）吴敬梓：《儒林外史》，张慧剑校注，人民文学出版社，2002。

（清）王昶：《春融堂集》，出版信息不详，北京大学图书馆藏书。

（清）王庆云：《石渠余纪》，沈云龙主编《近代中国史料丛刊》075，文海出版社，1966。

（清）魏礼：《魏季子先生文集》，道光二十五年版。

（清）徐松：《宋会要辑稿》，中华书局，1957。

（清）薛允升：《唐明律合编》，怀效锋、李鸣点校，法律出版社，1999。

（清）叶梦珠：《阅世篇》卷一，中华书局，2007。

（清）俞正燮：《癸巳类稿》，清道光刻本。

（清）张英：《笃素堂文集》，上海源记书庄，1933。

（清）张廷玉等：《明史》，中华书局，1974。

（清）光绪《大清会典事例》，沈云龙主编《近代中国史料丛刊三编》0642－660，文海出版社，1992。

（清）钱泳：《履园丛话》，中华书局，1979。

《清实录》，中华书局影印版，1986。

（清）《大清律集解附例》，马建石、杨育棠主编《大清律例通考校注》，中国政治大学出版社，1992。

（清）《湖南省例成案》，杨一凡编《清代成案选编》，社会科学文献出版社，2014。

（民国）丁祖荫编《虞山丛刻·虞阳说苑》，广陵书社，1999。

二　方志

（明）王一化纂，（明）程嗣功修《万历应天府志》，南京出版社，2011。

（明）李培、黄洪宪纂修《万历秀水县志》，上海书店出版社，1993。

（明）盛敏井、（明）顾起元纂《万历江宁县志》，南京出版社，2012。

（明）方越贡修，（明）陈继儒纂《崇祯松江府志》，书目文献出版社，1991。

（明）冯梦龙纂修《崇祯寿宁待志》，福建人民出版社，1983。

（清）王相修、（清）姚循义修，郑丰稔纂《康熙平和县志》，上海书店出版社，2000。

（清）江为龙修、（清）李绍莲纂《康熙宜春县志》，康熙四十七年刻本。

（清）顾汧、（清）李辉祖修，（清）张沐纂《康熙河南通志》，清康熙三十四年刻本。

（清）朱维熊、（清）陆莱纂修《康熙平湖县志》，清康熙二十八年刻本。

（清）徐景曾纂修《乾隆顺德府志》，见《中国地方志集成 河北府县志辑 乾隆顺德府志 民国柏乡县志》，上海书店出版社，2006。

（清）金志节原本，黄可润增修《乾隆口北三厅志》，乾隆二十三年刻本。

（清）嵇曾筠、（清）李卫等修，（清）沈翼机、（清）傅王露等纂《中国地方志集成 省志辑浙江 雍正浙江通志》，凤凰出版社，2010。

（清）怀荫布修、（清）黄任纂《乾隆泉州府志》，清光绪八年补刻本。

（清）韩琮修、（清）朱霞纂《乾隆建宁县志》，乾隆二十四年刻本。

（清）伍炜、（清）王见川修纂《乾隆永定县志》，福建省地方志编纂委员会整理，厦门大学出版社，2012。

（清）陈（荀大）纕、丁元正修，倪师孟、沈彤纂《乾隆吴江县志》，乾隆十二年（1747）刻本，江苏古籍出版社，1991。

（清）吴宜燮修《乾隆龙溪县志》，光绪五年增刻本。

（清）吴裕仁、（清）娄云纂修，（清）杜昌丁修，郑翘松等纂《嘉庆惠安县志》，上海书店出版社，2000。

（清）李廷辉修，（清）徐志鼎纂《嘉庆桐乡县志》，清嘉庆四年刻本。

（清）熊学源修，李宝中纂《嘉庆增城县志》，中国方志丛书，1820年刻本。

（清）万在衡修，（清）甘庆增纂《嘉庆祁阳县志》，清嘉庆十七年刻本。

（清）德昌修，（清）王增纂《嘉庆汝宁府志》，赵心田、徐则挺点校，中州古籍出版社，2018。

（清）裘树荣修，吴九叙竺纂《永安县志》，道光十三年刻本。

（清）江远青纂，梁奥、李再灏修《道光建阳县志》，道光十二年抄本。

（清）顾传金辑《蒲溪小志》，王孝俭、金九牛、陈益明标点，闵行区区志办公室整理，上海古籍出版社，2003。

（清）黄永纶修，杨锡龄等纂《道光宁都直隶州志》，凤凰出版社，2013。

（清）林一铭：《道光宁陕厅志》，清道光九年刻本。

（清）汪日桢纂《咸丰南浔镇志》，清咸丰九年修同治二年刻本。

（清）刘昌岳修，邓家祺纂《同治新城县志》，同治九年，凤凰出版社，2013。

（清）牛树梅原本，（清）何庆恩、（清）韩树屏修，（清）李朝栋等增纂《同治彰明县志》，巴蜀书社，1992。

（清）张国英修，（清）陈芳、（清）杨本初纂《同治瑞金县志》，瑞金市地方志办公室编，三秦出版社，1999年。

（清）汪文炳等修纂《光绪富阳县志》，清光绪三十二年刊影印本，《中国方志丛书》，华中地区第583号，台北成文出版社有限公司印行，1983年台一版。

（清）博润修，（清）姚光发等纂《光绪松江府续志》，上海书店出版社，1991。

（清）彭润章修，（清）叶廉锷纂《光绪平湖县志》，清光绪12年，上海书店出版社，2011。

（清）于万培修，谢永泰续修，王汝琛续纂《光绪凤阳县志》，光绪十三年刻本。

（清）李鸿章，（清）黄彭年纂《光绪畿辅通志》，崔广社点校，河北大学出版社，2017。

（清）李镜蓉、（清）盛赓修，（清）许清源、（清）洪廷揆纂《光绪道州志》，1877年版，中国方志丛书。

（清）李文炬修，（清）朱润芳纂《光绪清远县志》，1880，中国方志丛书。

（民国）朱世镛、黄葆初修，刘贞安纂《云阳县志》，民国24年刻本，中国地方志集成编委会编，巴蜀书社，2017。

（民国）方鸿铠、陆炳麟修，黄炎培纂《川沙县志》，上海书店出版社，1991。

三　近现代研究成果

范文澜、蔡美彪：《中国通史》，人民出版社，2008。

曹幸穗：《旧中国苏南农家经济研究》，中央编译出版社，1996。

陈登原：《地赋丛钞》，中国财政经济出版社，1987。

陈翰笙：《解放前的地主与农民——华南农村危机研究》，中国社会科学出版社，1984。

陈翰笙：《帝国主义工业资本与中国农民》，复旦大学出版社，1984。

邓大才：《土地政治：地主、佃农与国家》，中国社会科学出版社，2010。

傅衣凌：《明清农村社会经济　明清社会经济变迁论》，中华书局，2007。

方行：《中国封建经济论稿》，商务印书馆，2004。

冯尔康：《顾真斋文丛》，中华书局，2003。

费孝通：《江村经济》，江苏人民出版社，1986。

高王凌：《租佃关系新论——地主、农民和地租》，上海书店出版社，2005。

何增科、周凡主编《农业的政治经济学分析》，重庆出版社，2008。

李炳东等：《广西农业经济史稿》，广西民族出版社，1985。

李文治等：《明清时代的农业资本主义萌芽问题》，中国社会科学出版社，1983。

李文治、魏金玉、经君健：《明清时代的农业资本主义萌芽问题》，中国社会科学出版社，2007。

罗仑、景甦：《清代山东经营地主经济研究》，齐鲁书社，1985。

李文治：《明清时代封建土地关系的松解》，中国社会科学出版社，2007。

李伯重：《江南的早期工业化 1550—1850》，社会科学文献出版社，2000。

李伯重：《唐代江南农业的发展》，农业出版社，1990。

李金铮：《近代中国乡村社会经济探微》，人民出版社，2004。

毛泽东：《中国革命与中国共产党》，《毛泽东选集》，人民出版社，1991。

秦晖、苏文：《田园诗与狂想曲——关中模式与前近代社会的再认识》，中央编译出版社，1996。

史志宏：《清代前期的小农经济》，中国社会科学出版社，1994。

汪敬虞：《中国近代经济史（1895－1927）》，人民出版社，2000。

吴滔：《清代江南市镇与农村关系的空间透视——以苏州地区为中

心》，上海古籍出版社，2010。

　　吴慧：《中国经济史若干问题的计量研究》，福建人民出版社，2005。

　　许涤新、吴承明：《资本主义萌芽》，人民出版社，2003。

　　薛暮桥：《旧中国的农村经济》，农业出版社，1980。

　　谢国兴主编《改革与改造》，台北，中研院近代史所，2010。

　　尹绍亭：《云南刀耕火种研究》，云南人民出版社，1991。

　　叶孝信主编《中国民法史》，上海人民出版社，1993。

　　余伯流、凌步机：《中央苏区史》，江西人民出版社，2001。

　　杨彦杰主编《长汀县的宗族经济和民俗》，（香港）国际客家学会等出版，2002。

　　张研：《清代族田与基层社会结构》，中国人民大学出版社，1991。

　　仲亚东《集体化前的小农经济：1930－1952 徐海地区东海县农村研究》，清华大学博士学位论文，2007。

　　张佩国：《地权分配·农家经济·村落社区：1900－1945 年间的山东农村》，齐鲁书社，2000。

　　周远廉、谢肇华：《清代租佃制研究》，辽宁人民出版社，1986，

　　庄吉发：《清世宗与赋役制度的改革》，台湾学生书局，1985。

　　张履鹏、孙陶生、李扬、张翔迅：《中国农田制度变迁与展望》，中国农业出版社，2009。

　　章有义：《明清徽州土地关系研究》，中国社会科学出版社，1984。

　　周一良、吴于廑主编《世界通史资料选编》上古部分，商务印书馆，1962。

四　资料和调查汇编

　　陈振汉等编《清实录经济史资料》，北京大学出版社，1989。

　　冯和法：《中国农村经济资料》续编，上海黎明书局，1935。

　　国民政府主计处统计局编《中国租佃制度之统计分析》，正中书局印行，1946。

　　李文海主编《民国时期社会调查丛编·乡村经济卷》，福建教育出版社，2009。

　　章有义编《中国近代农业史资料》第二辑，三联书店，1957。

行政院农村复兴委员会编《河南省农村调查》，商务印书馆，1934。

华东军政委员会土地改革委员会编《安徽省农村调查》，1952（无出版地点与出版社名）。

华东军政委员会土地改革委员会编《浙江省农村调查》，1952（无出版地点与出版社名）。

华东军政委员会土地改革委员会编《江苏省农村调查》，1952（无出版地点与出版社名）。

前南京国民政府司法行政部编《民事习惯调查报告录》，胡旭晟、夏新华、李交发点校，中国政法大学出版社，2000。

商务印书馆编辑发行：《东方杂志》，1904～1948。

沈时可等：《台湾土地改革文集》，张力耕编校，内政部编印，2000。

萧铮主编《民国二十年代中国大陆土地问题资料》，成文出版社有限公司（美国）中文资料中心，1977。

彭杰士：《台湾土地改革后米谷增产与米价之研究》，载萧铮主编《台湾土地及农业问题资料》，成文出版社，1981。

中共中央文献研究室编《毛泽东农村调查文集》，人民出版社，1982。

中国人民大学清史研究所编《康雍乾时期城乡人民反抗斗争资料》，中华书局，1979。

《中国大百科全书》第二版，中国大百科全书出版社，2009。

中国人民大学中国历史教研室编辑《中国资本主义萌芽问题讨论集》，三联书店，1957。

中国第一历史档案馆、中国社会科学院历史所编《清代地租剥削形态》，中华书局，1982。

中国人民大学清史研究所编《康雍乾时期城乡人民反抗斗争资料》，中华书局，1979。

中国社会科学院经济研究所中国现代经济史组编《第一、二次国内革命战争时期土地斗争史料选编》，人民出版社，1981。

中国农村经济研究会：《中国农村》，1934～1943。

张闻天：《张闻天晋陕调查文集》，中共党史出版社，1994。

五　国外相关研究成果

〔美〕卜凯：《中国农家经济》，张履鸾译，商务印书馆，1936。

〔美〕卜凯：《中国土地利用》，金陵大学农业经济系出版，1941。

〔美〕张五常：《佃农理论：应用于亚洲的农业和台湾的土地改革》，商务印书馆，2002。

〔美〕罗纳德·哈里·科斯：《企业、市场和法律》，格致出版社，2009。

〔美〕路易斯·普特曼、兰德尔·克罗茨纳：《企业的经济性质》，孙经纬译，上海财经大学出版社，2000。

〔美〕马若孟：《中国农民经济》，江苏人民出版社，1999。

〔美〕舒尔茨：《改造传统农业》，商务印书馆，1987。

〔美〕黄宗智：《华北的小农经济与社会变迁》，中华书局，1986。

〔美〕黄宗智：《长江三角洲小农家庭与乡村发展》，中华书局，1992。

〔美〕张仲礼：《中国绅士的收入》，费成康、王寅通译，上海社会科学院出版社，2001。

〔美〕赵冈：《中国传统农村的地权分配》，新星出版社，2006。

〔美〕赵冈、陈钟毅：《中国土地制度史》，联经出版事业公司，1982。

〔美〕赵冈、陈钟毅：《农业经济史论集——产权、人口与农业生产》，中国农业出版社，2001。

〔美〕王业键：《清代田赋制度刍论》，高风等译，人民出版社，2008。

〔美〕白凯：《长江下游地区的地租、赋税与农民的反抗斗争（1840-1950）》，林枫译，上海书店出版社，2005。

〔美〕费正清：《剑桥中国晚清史》，中国社会科学出版社，1985、1993。

〔美〕埃德加·斯诺：《西行漫记》，董乐山译，三联书店，1979、1995重印。

〔美〕萨缪尔森、诺德豪斯：《经济学》上册，中国发展出版社，1992。

美国不列颠百科全书公司：《不列颠百科全书》国际中文版修订版，中国大百科全书出版社，2007。

〔美〕斯塔夫里阿诺斯：《全球通史》，吴象婴、梁赤民译，上海社会科学院出版社，1999。

〔美〕T·伊利、W·莫尔豪斯：《土地经济学原理》，商务印书馆，1982。

〔美〕德·希·珀金斯：《中国农业的发展（1368 – 1968 年）》，宋海文等译，上海译文出版社，1984。

〔美〕韩丁：《翻身——中国一个村庄的革命纪实》，北京出版社，1980。

（台湾）大美百科全书编辑部《大美百科全书》第一版，外文出版社、光复书局，1994。

〔英〕A-D／约翰·伊特韦尔（John Eatwell）等：《新帕尔格雷夫经济学大辞典》，经济科学出版社，2001。

〔英〕亚当·斯密：《国富论》，唐日松译，华夏出版社，2005。

〔英〕马歇尔：《经济学原理》，廉运杰译，华夏出版社，2005。

〔英〕李嘉图：《政治经济学及赋税原理》，商务印书馆，1962。

〔英〕威廉·配第：《配第经济选集》，商务印书馆，1981。

〔英〕赫德：《这些从秦国来——中国问题论集》，叶美凤译，天津古籍出版社，2005。

〔日〕野口悠纪雄：《土地经济学》，商务印书馆，1997。

〔日〕长野郎：《中国土地制度的研究》，强我译，中国政法大学出版社，2004。

〔日〕富田彻男：《技术转移与社会文化》，张明国译，商务印书馆，2003。

〔日〕岸本美绪：《清代中国的物价与经济波动》，刘迪瑞译，社会科学文献出版社，2010。

〔德〕卡尔·马克思、弗里德里希·恩格斯：《马克思恩格斯论中国》，严中平等译校，北京解放社，1950。

中共中央马克思恩格斯列宁斯大林著作编译局编译《马克思恩格斯全集》，人民出版社，1995 ~ 2008。

〔德〕马克思：《资本论》第一卷，人民出版社，1975。

〔德〕马克思：《剩余价值理论》第二册，人民出版社，1975。

〔德〕马克思：《哲学的贫困》，人民出版社，1961。

〔丹麦〕Ester Boserup, *The Conditions of Agricultural Growth* (Chicago: Aldine, 1965)。

致　谢

衷心感谢导师秦晖教授、导师李伯重教授、副导师龙登高教授对我的精心指导及生活上的关心帮助，他们的言传身教将使我终生受益。

感谢参加我的博士论文开题和审稿的陈争平教授、师兄仲伟民教授和彭刚教授，他们给本书的写作提供了宝贵的修改意见。感谢北大硕士导师郭卫东教授，他在百忙之中帮我审稿。感谢北大经济学院萧国亮教授，他一直给我很多的指导和帮助。尤为荣幸的是，美国耶鲁大学陈志武教授也在论文写作过程中予以重要指导。

感谢清华大学人文学院历史系和经济所全体老师和同窗们的热情帮助和支持！常旭帮助我处理一些技术问题，马明辉帮助我排版，张湖东对我的论文题目提出修改意见。对于他们，我都致以诚挚的谢意。

本书出版承蒙国家社会科学基金后期资助支持，特此致谢。

感谢我的家人，他（她）们的无私奉献支持我完成了我的学业。

谨以此书献给我去世的父母，他们的谆谆教导引导我走到了今天。

图书在版编目（CIP）数据

近世中国租佃制度：地权逻辑下的博弈与制衡／彭
波著. -- 北京：社会科学文献出版社，2021.10
国家社科基金后期资助项目
ISBN 978 - 7 - 5201 - 3785 - 0

Ⅰ.①近…　Ⅱ.①彭…　Ⅲ.①租佃关系 - 研究 - 中国
- 近代　Ⅳ.①F329.05

中国版本图书馆 CIP 数据核字（2018）第 252172 号

国家社科基金后期资助项目
近世中国租佃制度：地权逻辑下的博弈与制衡

著　　者／彭　波

出 版 人／王利民
责任编辑／陈凤玲
文稿编辑／宋淑洁
责任印制／王京美

出　　版／社会科学文献出版社·经济与管理分社（010）59367226
　　　　　地址：北京市北三环中路甲 29 号院华龙大厦　邮编：100029
　　　　　网址：www.ssap.com.cn
发　　行／市场营销中心（010）59367081　59367083
印　　装／三河市龙林印务有限公司

规　　格／开　本：787mm × 1092mm　1/16
　　　　　印　张：24.5　字　数：389 千字
版　　次／2021 年 10 月第 1 版　2021 年 10 月第 1 次印刷
书　　号／ISBN 978 - 7 - 5201 - 3785 - 0
定　　价／128.00 元

本书如有印装质量问题，请与读者服务中心（010 - 59367028）联系